A L'ÉPREUVE DU TEMPS

BENOIST-MECHIN

A L'ÉPREUVE DU TEMPS

Souvenirs

I

1905-1940

Édition établie, présentée et annotée

par Eric ROUSSEL

JULLIARD
8, rue Garancière
PARIS

ISBN 2-260-00611-6

DU MÊME AUTEUR

Aux éditions Albin Michel, réédités dans la collection « Bouquins » :

HISTOIRE DE L'ARMÉE ALLEMANDE

I : L'Effondrement (1918-1919).
II : La Discorde (1919-1925).
III : L'Essor (1925-1937).
IV : L'Expansion (1937-1938).
V : Les Epreuves de force (1938).
VI : Le Défi (1939).

Réédition dans la collection « Bouquins », Laffont :

SOIXANTE JOURS QUI ÉBRANLÈRENT L'OCCIDENT

I : La Bataille du Nord (10 mai-4 juin 1940).
II : La Bataille de France (4 juin-26 juin 1940).
III : La Fin du Régime (26 juin-10 juillet 1940).

Réédition dans la collection « Bouquins », Laffont :

LA MOISSON DE QUARANTE

CE QUI DEMEURE

Lettres de soldats français tombés au champ d'honneur
(1914-1918)

L'UKRAINE

LE LOUP ET LE LÉOPARD

I : Mustapha Kémal ou la mort d'un Empire.
II : Ibn Séoud ou la naissance d'un Royaume.
III : Le roi Saud ou l'Orient à l'heure des relèves.
IV : Fayçal, roi d'Arabie.

UN PRINTEMPS ARABE

DEUX ÉTÉS AFRICAINS

À DESTINS ROMPUS

L'HOMME ET SES JARDINS

AVEC MARCEL PROUST

DE LA DÉFAITE AU DÉSASTRE

I : Les occasions manquées (juill. 1940-avril 1942).
II : L'espoir trahi (avril-novembre 1942).

A la Librairie Académique Perrin :

LE RÊVE LE PLUS LONG DE L'HISTOIRE

I : Alexandre le Grand ou le rêve dépassé.
II : Cléôpâtre ou le rêve évanoui.
III : L'Empereur Julien ou le rêve calciné.
IV : Frédéric de Hohenstaufen ou le rêve excommunié.
V : Bonaparte en Égypte ou le rêve inassouvi.
VI : Lyautey l'Africain ou le rêve immolé.
VII : Lawrence d'Arabie ou le rêve fracassé.

PRÉFACE

A sa mort, le 24 février 1983, Jacques Benoist-Méchin laissait une œuvre d'une importance exceptionnelle, traduite dans le monde entier, saluée par ceux-là même qui ne partagèrent pas ses options durant la dernière guerre. Indépendamment de sa série *Le rêve le plus long de l'histoire,* qu'il avait eu la satisfaction de terminer en 1980 en faisant paraître une biographie de l'Empereur Frédéric II de Hohenstauffen à laquelle il avait travaillé toute sa vie, plusieurs de ses livres constituent d'ores et déjà des classiques. Ecrite en deux temps, avant et après le second conflit mondial, sa monumentale *Histoire de l'armée allemande* reste, malgré l'évidente fascination de l'auteur pour son sujet, l'une des fresques les plus saisissantes de l'ascension du national-socialisme. Non moins engagé, ses *Soixante jours qui ébranlèrent l'Occident* demeure également indispensable à la connaissance de ces quelques semaines durant lesquelles, au printemps 1940, la France s'effondra avant de subir le joug du vainqueur. Pareillement, les nombreux volumes où, après 1945, il a scruté le monde islamique et son éveil, continuent de faire autorité. Pour savoir qui étaient Ibn Seoud, Mustapha Kemal, le roi Saud ou Fayçal, on se reportera longtemps à ces études rigoureuses, merveilleusement construites, traversées par un grand souffle. Plus circonstanciels, des récits tels que *Un printemps arabe* ou *Deux Etés africains* conservent enfin une incontestable valeur documentaire.

Pour impressionnants qu'ils soient, ces différents ouvrages ne représentent que la partie émergée d'un immense travail littéraire dont tout un versant, le plus personnel, est encore à découvrir. En 1984 et 1985 quand furent publiés les deux tomes de *De la défaite au désastre,* témoignage essentiel sur la France de Vichy et la collaboration, on pressentit que cet homme, décidément hors série, n'avait pas livré tous ses secrets. De fait, ses archives, à présent classées grâce à son héritier scrupuleux, Ifrene Benoist-Méchin, recèlent une masse considérable d'inédits, en particulier trois ensembles majeurs : une histoire de la dynastie alaouite en deux tomes, *Le soleil de minuit,* essai de philosophie des sciences comptant plus d'un millier de feuillets, et surtout les souvenirs dont nous commençons la publication et pour lesquels il avait lui-même choisi le beau titre : *A l'épreuve du temps.* Jusqu'à la fin du XXe siècle on peut par conséquent prévoir qu'un livre de Benoist-Méchin paraîtra presque tous les deux ans. L'histoire littéraire offre sans doute peu d'exemples d'écrivains ayant programmé avec un tel soin leur trajectoire posthume !

A la différence des trois autres séries, *A l'épreuve du temps* n'est pas totalement achevé. Jacques Benoist-Méchin, qui, selon toute vraisemblance, s'était lancé dans ce projet vers la fin des années 1950, avait l'intention de relater son existence en sept volumes intitulés respectivement : *Le premier souffle* (1905-1922), *Le second souffle* (1922-1940), *Le goût du combat* (1940-1942), *Les tambours voilés* (1942-1945), *Le soleil de minuit* (1945-1954), *La route reprend* (1954-1958), et *Enfin l'aurore* (1958-1975). Malade depuis 1975, absorbé par d'autres tâches, littéralement épuisé par son étude sur Frédéric de Hohenstauffen, il n'eut, hélas, pas la force de mener complètement à bien cette entreprise. Fallait-il pour autant renoncer à rendre public ce témoignage ? Après avoir pris connaissance du manuscrit, à la demande d'Ifrene Benoist-Méchin dont la confiance m'a beaucoup touché, il m'a au contraire paru urgent d'en réaliser l'édition. Certes, il était évident que personne ne pourrait écrire à la place de Jacques Benoist-Méchin les chapitres manquants. Toutefois, ceux, très nombreux, dont nous disposions étaient d'une telle qualité qu'il me semblait impardonnable de les laisser dormir dans des cartons. En outre, une autre raison non négligeable militait en faveur de l'option finalement retenue, à savoir l'état presque parfait des morceaux dont j'avais naguère eu le privilège d'être l'un des premiers lecteurs. Au gré de son inspiration, il arrivait naturellement à Benoist-Méchin de prendre quelque liberté avec la chronologie, mais lorsqu'il s'était attelé à la rédaction de telle ou telle séquence il n'avait plus d'autre souci que de la porter à son point d'achèvement. De ce fait, aucune suspicion ne pouvait peser sur les textes en notre possession.

Dans ces conditions, ma mission a consisté à rassembler tous ces chapitres souvent déclassés, à leur ajouter des notes* et à les ordonner. Le mémorialiste n'ayant pu poursuivre son dessein jusqu'à son terme, il était exclu d'envisager la sortie en librairie des sept volumes prévus à l'origine. Dès lors, sans trahir les intentions de Benoist-Méchin il me fallait trouver une autre solution. En définitive, avec l'accord d'Ifrene Benoist-Méchin, il m'a paru raisonnable de publier *A l'épreuve du temps* en trois volets, le premier réunissant *Le premier souffle* et *Le second souffle* (1905-1940), le second *Le goût du combat* et *Les tambours voilés* (1940-1945), le troisième enfin les trois derniers livres couvrant la période 1945-1975. Inévitablement, l'ultime tome de ces souvenirs comportera

* Volontairement réduites au strict minimum, afin de conserver au texte son caractère spontané. Mes notes sont précédées d'un astérisque ; les autres sont de Benoist-Méchin.

des lacunes, les deux premiers volumes, en revanche, correspondent, à quelques différences près, au plan détaillé établi par Benoist-Méchin. Notre seul vrai regret est que celui-ci n'ait pu rédiger le chapitre où il comptait évoquer ses « années américaines », son expérience aux côtés de William Randolph Hearst.

Le lecteur s'en apercevra vite, cette œuvre est tout autre chose qu'une simple suite de clichés jaunis. En prenant la plume au soir de sa vie Jacques Benoist-Méchin n'a pas seulement voulu saisir le pittoresque d'une époque, ressusciter une foule de personnages de premier plan et aussi divers que Marcel Proust, Hitler, Gabriele D'Annunzio, Nasser ou Khadafi. Comme il le suggère, il a également essayé de voir clair en lui-même, cherché à savoir à quels mobiles profonds obéirent ses actes. A l'intérêt proprement historique de ce document se superpose une dimension psychologique captivante. Nietzsche se demandait : « Comment devient-on ce que l'on est ? » Au fond, c'est à cette question essentielle qu'a tenté de répondre Benoist-Méchin en faisant le bilan de son destin singulier — un destin dont il faut connaître les grandes lignes pour saisir toute la portée de cette confession.

Au départ, rien, il faut bien l'admettre, ne prédisposait cet arrière-petit-fils d'un baron d'Empire, gouverneur de la Rhénanie sous Napoléon, à devenir, pour son infortune, l'un des acteurs clés de la sombre période 1940-1944. Rien non plus ne paraissait devoir le conduire à s'intéresser un jour au monde musulman pour lequel il se passionna après 1945. Né à Paris le 1er juillet 1901, comblé de dons, attiré par tous les champs du savoir, Jacques Benoist-Méchin n'avait, en vérité, d'autre ambition dans sa jeunesse que de réaliser une double carrière d'écrivain et de musicien. Elève de Vincent d'Indy à la Schola Cantorum, ami d'Henri Sauguet, mêlé très tôt au milieu littéraire, familier de Marcel Proust, il fit d'ailleurs des débuts très remarqués en composant de nombreuses partitions et même plusieurs opéras et en publiant à vingt-quatre ans un essai plein de promesses : *La musique et l'immortalité dans l'œuvre de Marcel Proust.* En fait, ce fut la disparition prématurée de son père qui l'obligea à modifier ses projets. L'importante fortune familiale, issue des spéculations du baron Méchin sous l'Empire, Gabriel Benoist-Méchin l'avait en effet dilapidée en s'adonnant d'abord aux mondanités, puis en montant, à ses propres frais, une caravane de cent cinquante personnes à la tête de laquelle, à la fin du siècle dernier, il avait exploré les régions les plus reculées de la Chine. A son fils, auquel il s'était violemment opposé et dont il avait sans cesse contrecarré la vocation, il ne légua de la sorte qu'un lourd passif. Pour assurer son avenir, pour subvenir aux besoins de sa mère qu'il adorait, Jacques Benoist-Méchin n'eut donc d'autre alternative que de tenter de vivre de sa plume en se tournant vers le journalisme. Néanmoins la politique ne semble pas avoir été à cette époque au centre de ses préoccupations. A l'aube de l'âge adulte, une seule expérience l'avait véritablement marqué : son service militaire qu'il avait accompli en Allemagne, à Aix-la-Chapelle plus précisément, c'est-à-dire à l'endroit précis, à l'endroit même où son ancêtre avait jadis exercé ses talents d'administrateur pour le compte de Napoléon Ier. Témoin de la profonde misère du peuple allemand après 1918, il avait été impressionné au plus haut point par l'action des corps francs qui, livrés à eux-mêmes, en l'absence d'un vrai pouvoir central, tentaient alors de maintenir les vieilles traditions prussiennes de discipline, de hiérarchie et d'ordre.

Comme le reste de son itinéraire, le passage de Jacques Benoist-Méchin dans la presse fut plutôt mouvementé et non dénué de paradoxes. Entré en 1924 au *Quotidien,* feuille de nuance radicale socialiste, sur la recommandation de Romain Rolland et du Président de la Ligue des droits de l'homme, il n'y fit qu'un séjour éclair puisque presque immédiatement, en 1925, William Randolph Hearst, propriétaire d'une des plus importantes chaînes de journaux américains, modèle du célèbre Citizen Kane, le remarqua et le nomma directeur de l'agence parisienne de l'International News Service, avant de lui confier des missions de caractère plus personnel, entre autres la construction d'une extravagante « folie » gothique en Californie sur les bords du Pacifique. Mais, là encore l'expérience fut de courte durée : lassé par les caprices de son employeur, le futur historien ne tarda pas à revenir à Paris où, au bout de quelque temps, en 1929, il devint rédacteur en chef de *l'Europe Nouvelle,* organe d'inspiration briandiste. D'emblée il s'y imposa grâce à son évidente supériorité intellectuelle, à telle enseigne que quarante ans plus tard, Louise Weiss, animatrice du journal, engagée par la suite dans un tout autre camp, n'hésita pas à écrire à son propos : « Mon souvenir reconnaissant s'adresse à quatre personnes qui assumèrent mon secrétariat pendant des années : Jacques Benoist-Méchin, Rachel Gayman, Louis Joxe et Esther Nez. Lorsque je le connus, le jeune baron Jacques Benoist-Méchin s'était oublié à quelques sottises comme conseiller artistique de Hearst, le "tycoon" de la presse américaine. Il errait haut le pied dans Paris à la recherche d'une situation. Il me séduisit instantanément. La culture qui jaillissait de son infatigable mémoire, sa perception originale des êtres et des choses animaient en lui une sensibilité d'artiste que sa logique, pourtant forte, n'oblitérait jamais. Il était musicien jusqu'au bout des ongles. Je dus à son intelligence des synthèses le répertoire des milliers de documents que nous publiâmes au cours de nos dix premières années et à sa connaissance du monde germanique mon intuition prématurée de l'écrasement de la France par Adolf Hitler. »*

A l'instar d'un certain nombre d'intellectuels de sa génération ce fut au cours des années 30 que Jacques Benoist-Méchin bifurqua dans une direction qui faillit lui être fatale. Alors secrétaire général de *l'Intransigeant,* le grand quotidien conservateur de Léon Bailby, envoûté par

---

* *Combats pour l'Europe* de Louise Weiss, p. 203 (Albin Michel).

l'Allemagne de longue date, il commença d'éprouver, il ne le cacha jamais, une réelle attirance vis-à-vis de l'entreprise d'Adolf Hitler. Conscient de la faiblesse française, il s'inquiétait, bien sûr, de voir naître de l'autre côté du Rhin une formidable puissance militaire, mais il était en définitive persuadé que notre pays ne parviendrait à juguler le danger qu'en empruntant une voie similaire, autrement dit en répudiant les principes de la démocratie représentative. Monument d'intelligence et d'érudition, les deux premiers tomes de son *Histoire de l'Armée allemande,* écrits en ces années-là (parallèlement à des traductions de grands auteurs allemands ou anglo-saxons, dont Joyce), ne pouvaient dans ces conditions qu'être ambigus. Leur orientation, en tout cas, n'était pas fortuite. Refusant de voir les horreurs déjà perceptibles du nazisme naissant, Jacques Benoist-Méchin était bel et bien fasciné par le redressement opéré par Hitler dans l'ordre économique et militaire. Entre l'anarchie et la misère qu'il avait observés lors de son premier séjour et le spectacle grandiose qu'il voyait maintenant à Nuremberg il n'hésitait pas et comme, au surplus, il était convaincu de la nécessité d'un rapprochement franco-allemand et ardemment pacifiste, il ne tarda pas à forger dans son esprit l'image fallacieuse d'une Allemagne totalement mythique. Tragique, cette erreur le conduisit d'abord dans les rangs du PPF, fondé par Jacques Doriot, et au comité France-Allemagne. Après 1940 elle devait, hélas, l'entraîner beaucoup plus loin encore.

Depuis la parution de *De la défaite au désastre,* on sait exactement quel fut le rôle de Jacques Benoist-Méchin dans le gouvernement de Vichy où, à sa grande surprise, il entra en février 1941 après avoir été fait prisonnier le lendemain de l'armistice en tant que deuxième classe, libéré le 15 août et nommé à l'automne chef de la délégation des prisonniers de guerre à Berlin. Secrétaire d'État chargé des rapports franco-allemands dans les cabinets Darlan et Laval jusqu'en septembre 1942, avec une courte interruption en juin et juillet 1941, lors de sa mission diplomatique à Ankara, il se situa immédiatement parmi les ultras du nouveau régime. Sûr que l'Allemagne gagnerait la guerre, il était de ceux qui pensaient qu'il convenait de se ranger dans son camp, de s'aligner sur elle, voire d'opérer un retournement des alliances. A ce titre, il gagna la sympathie des intellectuels les plus engagés dans la collaboration, à commencer par Pierre Drieu La Rochelle, qui dans ses *Fragments de mémoires** l'a peint assez lucidement de la manière suivante : « Dans nos conversations du dimanche et dans d'autres il se montrait peu à peu à moi et je découvris une de ces natures où l'ambition semble se confondre avec le mouvement même de l'intelligence, qui progresse dans les affaires et conquiert les personnes. Sensitif comme un musicien, terriblement aiguisé par les réflexions de l'historien, Benoist-Méchin était obligé de prendre beaucoup sur lui pour supporter

* Gallimard, 1982.

les terribles froissements de la vie d'action. Mais il y avait été entraîné de bonne heure, et il ne paraissait pas trop d'émotion ou d'ennui sur son visage serré qui ne laissait affleurer que les mouvements de l'ironie ou de la séduction. Parmi ceux qui allèrent à Vichy, il était dans la situation la plus difficile, car il avait à essuyer non seulement l'effroi et la haine qui s'attachaient à tous les hommes ayant noué la discussion avec les Allemands, mais encore l'envie et le facile mépris qui s'attachaient au fait qu'il n'était pas un professionnel de la politique. »

Il est vain de le nier, Jacques Benoist-Méchin fut l'un des plus germanophiles des membres du gouvernement de Vichy et son départ des affaires, en 1942, résulta en grande partie de la méfiance extrême que Pierre Laval nourrissait à son endroit. Contre le général Weygand, arc-bouté sur sa célèbre formule : « L'armistice, rien que l'armistice ! », contre beaucoup de membres de l'entourage du Maréchal Pétain, il n'eut en réalité de cesse de faire entrer la France dans le jeu de Hitler et de lui proposer une véritable alliance militaire avec l'espoir que le jour venu, il saurait se montrer chevaleresque et magnanime. Sans se laisser impressionner par les fins de non-recevoir que lui opposaient régulièrement les maîtres du Reich, il persévéra dans cette voie pratiquement jusqu'au bout et n'hésita pas à assumer la présidence de la Légion Tricolore. « Le désastre » pour le ministre de Vichy, il faut bien le voir, ce n'était pas la position de faiblesse des démocraties, mais le manque de sagacité du Führer qui, mystérieusement à ses yeux, ne pouvait admettre qu'il ne pourrait triompher sans construire l'Europe nouvelle.

S'étant trompé, Jacques Benoist-Méchin eut malgré tout le mérite d'assumer avec dignité et courage ses responsabilités. Retiré des affaires publiques en 1942, arrêté à la Libération puis traduit en Haute Cour il fut, lors de son procès, en 1947, l'un des rares anciens collaborateurs de haut rang à défendre logiquement ses choix. Devant ses juges il fit face, lutta pied à pied, admit que « ce fut une erreur de croire que l'on peut faire triompher son point de vue quand on est désarmé » mais il ne craignit pas de souligner que loin d'avoir seulement voulu simplement « sauver les meubles » il avait eu le souci « d'agir selon des perspectives plus vastes en s'efforçant de tracer les grandes lignes d'une politique française susceptible de transcender les fluctuations de la stratégie ». On en conviendra, il était difficile d'être plus clair et à l'issue d'un procès retentissant l'ex-Secrétaire d'État fut condamné à mort. Logiquement il aurait dû être exécuté. Il ne dut son salut qu'à la mansuétude du président Vincent Auriol qui, les passions étant déjà un peu retombées, commua sa peine en travaux forcés à perpétuité.

On aurait pu penser que cette terrible épreuve briserait Benoist-Méchin, à tout le moins qu'elle marquerait le terme de sa carrière. C'était compter sans son inflexible volonté, l'humour aussi avec lequel il savait se défendre, s'amuser par exemple lorsque, au début, incarcéré à Clairvaux, il constatait que Louis Vallon, venu rendre visite à son ancien camarade de l'X, Paul Marion, ex-ministre de l'Information du gouvernement de Vichy, ne manifestait guère de hâte à rejoindre Colombey-les-Deux-Eglises où le général de Gaulle l'attendait ! Loin de l'annihiler, son incarcération à Saint-Martin de Ré lui donna au contraire l'occasion de rebondir en s'engageant dans une réflexion géopolitique sur un phénomène capital dont il fut sans doute l'un des premiers à avoir l'intuition : l'émergence de l'Islam. Au fond d'une cellule, coupé du monde, on a peine à croire qu'un homme ait pu avoir pareille illumination. Et pourtant, du propre aveu de Jacques Benoist-Méchin, ce fut bien ainsi que se décida sa seconde orientation. « Lorsque je fus condamné à mort le soir du 6 juin 1947, raconta-t-il lors de sa dernière allocution publique, devant l'Union des Intellectuels Indépendants, en 1980, on m'a ramené dans ma cellule du rez-de-chaussée à Fresnes. Là on m'a mis les fers aux pieds, je les ai gardés près de soixante jours dans l'attente de la mort. J'en avais tellement vu que je n'avais plus l'envie de continuer à vivre. Et puis, un jour, un représentant de l'Armée du Salut qui distribuait des livres aux condamnés à mort (il y en avait une bonne douzaine), se fit ouvrir ma porte et entra dans ma cellule. Il me dit : "Je suis désolé, je n'ai plus rien à vous offrir. J'ai déjà tout distribué à vos camarades, il ne me reste plus qu'un petit livre, mais je ne pense pas qu'il puisse faire votre affaire car il est en anglais." "Détrompez-vous, lui dis-je, je lis couramment l'anglais, montrez-le-moi toujours." Il me tendit un petit livre à couverture rose dont le titre était : *Lord of Arabia.* Son auteur était un certain H.C. Amstrong. Je le feuilletai rapidement et dis au représentant de l'Armée du Salut : "Laissez-le-moi, je crois qu'il fera étonnamment mon affaire."

« Lorsqu'il eut quitté ma cellule je regardai le volume avec une attention plus soutenue. Je m'aperçus alors qu'il portait le nom de Filipo Anfuso, l'ancien ambassadeur de Mussolini à Berlin. Arrêté arbitrairement par les autorités françaises alors qu'il venait apporter son témoignage dans l'affaire du meurtre des frères Roselli (où il n'était pour rien), il avait été libéré, et avait laissé ce livre derrière lui, sans se douter un instant qu'il tomberait entre mes mains. Il était pour moi comme un signe du destin. Je l'ai conservé depuis ce jour comme une relique et le possède encore dans ma bibliothèque. Je le lui devais bien car il a influencé tout le reste de ma vie... Un nouvel horizon s'ouvrait devant moi, un horizon où s'accumulaient de nouvelles tensions, de nouveaux orages : c'était le monde arabe en fonction duquel la nouvelle génération de Français allait avoir à se définir. C'était un monde plus vaste et peut-être plus riche en problèmes que ceux que nous avait posés l'antagonisme franco-allemand. Je décidai en conséquence de m'y consacrer si je n'étais pas exécuté. C'était soudain pour moi une nouvelle raison de vivre...

« C'est alors que je commençai à rédiger ma biographie d'Ibn Seoud, le fondateur du Royaume d'Arabie. J'étais aidé dans cette tâche par le petit livre rose que m'avait "légué" Anfuso ainsi que par la bonté de quelques amis et le dévouement de ma mère (âgée alors de quatre-vingt-cinq ans) qui m'apportèrent dans ma retraite un très ample complément d'informations. J'estimais comme la tâche la plus urgente de lutter contre le sentiment de mépris que la plupart des Français éprouvaient à l'égard des Arabes — ces créateurs d'une des plus riches civilisations de la terre — et de le remplacer par un fort courant de compréhension et de sympathie. Par son génie politique, sa dimension humaine et l'ardeur de sa foi, l'unificateur de l'Arabie en fournissait un parfait exemple. »

Outre cette biographie et *Soixante jours qui ébranlèrent l'Occident,* Jacques Benoist-Méchin rédigea également en prison — « sans téléphone ni visite inopportune », disait-il ironiquement — son étude sur Mustapha Kemal, le fondateur de la Turquie moderne. En dix ans de solitude l'ex-condamné à mort réalisa ainsi tout à la fois un travail considérable et un stupéfiant retournement de situation. Lorsque, à la suite d'une remise de peine, il fut libéré en 1954, il n'était pas, comme tant d'autres vaincus de l'Histoire, un fantôme : devant lui s'ouvrait une nouvelle phase de son existence et elle s'annonçait passionnante. Publiés respectivement en 1954 et 1955 *Mustapha Kemal ou la mort d'un Empire* et *Ibn Seoud ou la naissance d'un Royaume* connurent immédiatement un succès foudroyant. En France et à l'étranger ces deux livres établirent la renommée d'islamisant de leur auteur dont, de toutes parts, les avis furent à partir de ce moment sollicités. Plus incroyable encore, Benoist-Méchin retrouva rapidement une position semi-officielle par le biais de missions discrètes menées en liaison avec le Quai d'Orsay.

Après le retour au pouvoir du général de Gaulle en 1958 il a parfois été dit ou écrit que l'historien était régulièrement reçu par le fondateur de la Ve République et consulté par lui sur les problèmes du Proche-Orient. L'information était inexacte. Bien que ses sentiments vis-à-vis du chef de la France Libre eussent évolué (il approuvait l'orientation du régime et un jour, après m'avoir confié que le regret de sa vie était de n'avoir pas lancé l'appel du 18 juin, cet extraordinaire défi à la fatalité, il me précisa qu'à son avis, Georges Pompidou, par le courage dont il avait fait preuve durant sa maladie, avait voulu se montrer aussi *grand* que le général de Gaulle.) Jacques Benoist-Méchin avait trop de fierté, trop de douloureux souvenirs pour demander une audience au chef de l'État. Dans les relations franco-arabes il n'en joua pas moins, de 1958 à sa mort, un rôle important.

En 1957, à l'instigation de Jean Prouvost, il avait effectué pour le compte de *Paris-Match* un grand reportage au Moyen-Orient (qui ne fut jamais publié à la suite d'une intervention de Paul Raynaud). A Riyad, à Amman et au Caire il avait observé avec acuité la montée de ces nations islamiques, encore défavorisées, mais riches à ses yeux d'un avenir prometteur. Partout également, il avait rencontré les dirigeants comme l'atteste *Un printemps arabe,* récit de ce périple paru en

1959. Parmi cette nouvelle génération de gouvernants Nasser l'avait particulièrement impressionné et ce fut en quelque sorte par l'intermédiaire du chef de la Révolution égyptienne qu'il fut réintégré dans les circuits diplomatiques. Quelque temps plus tard, alors que la France et l'Égypte, en froid depuis l'affaire de Suez, n'échangeaient plus d'ambassadeurs, le Rais eut en effet l'idée de prier l'ancien ministre de Vichy, qu'il savait favorable à l'indépendance de l'Algérie, d'intervenir auprès du général de Gaulle afin que fût mis un terme à la tuerie qui, inutilement, se prolongeait de l'autre côté de la Méditerranée. Transmis par Maurice Schumann, à l'époque président de la Commission des Affaires étrangères de l'Assemblée Nationale, le message n'eut pas de suites immédiates, néanmoins il permit l'ouverture d'un dialogue. Quoi qu'il en soit, à dater de ce jour, Jacques Benoist-Méchin fut fréquemment en contact avec Antoine Pinay, Maurice Couve de Murville et Georges Pompidou qui connaissaient ses liens privilégiés tant avec les souverains marocain et saoudien qu'avec le Président Boumediene. D'accord avec la politique méditerranéenne du Président de la République, accueilli avec égards dans les ambassades françaises à l'étranger (on lui donnait même son titre de Ministre !), il servit alors souvent d'émissaire officieux entre Paris et les capitales arabes. Après 1967 il s'employa notamment à restaurer les rapports franco-marocains, mis à rude épreuve par la malheureuse affaire Ben Barka.

Au lendemain de l'élection de Georges Pompidou à la magistrature suprême son influence ne faiblit pas, bien au contraire. Bénéficiant de l'appui agissant de Michel Jobert il resta, pour les questions se rapportant au monde musulman, l'un des conseillers écoutés du nouveau chef de l'État, à l'égard duquel il avait beaucoup de sympathie. A intervalles réguliers il venait à l'Elysée l'informer du résultat de ses pérégrinations. Et ce fut lors de leur ultime entrevue, fin 1973, qu'il lui fit part de son inquiétude quant à l'équilibre mental du colonel Khadafi qui, l'ayant reçu quelques mois plus tôt dans des circonstances extravagantes, en plein désert, au pied d'un gigantesque cimetière de voitures, ne lui avait pas caché son vœu de voir l'Islam devenir religion d'État en France ! Georges Pompidou, il faut le préciser, ne fut guère surpris par cette confidence, car au cours d'une visite éclair à Paris, à l'automne, l'imprévisible colonel avait exprimé devant lui la même exigence. Pour sa part Benoist-Méchin, qui dans un premier temps avait été séduit par Khadafi, tira assez raisonnablement de cet incident la conclusion que le tout-puissant maître de la Libye n'était « qu'un primaire n'ayant que deux choses dans la tête : le Coran et le règlement militaire ». Peu à peu il commença à se préoccuper exclusivement de son œuvre, convaincu que son rêve de rapprochement euro-arabe ne verrait jamais le jour. A Jacques Chirac et Raymond Barre, il donna quelques avis puis prit du champ et s'enferma définitivement dans sa retraite.

Marqué par un engagement tragique de 1940 à 1944, témoignant de deux fascinations successives, celle de l'Allemagne et celle de l'Islam, la trajectoire de Benoist-Méchin n'est pas, on l'avouera, aisément déchiffrable et c'est à juste titre que François Nourissier l'a caractérisé en ces termes : « Benoist-Méchin paraît avoir vécu plusieurs vies. Le rapport n'est pas toujours facile à établir entre l'esthète des années 20 qui fréquentait Proust, Ezra Pound, T.S. Eliot, Romain Rolland et le ministre de Vichy ; entre le représentant en Europe du groupe de presse Hearst et le vieil amateur de jardins ; entre le traducteur de Joyce, de D.H. Lawrence ou de Lou Andreas Salomé et l'historien de l'armée allemande ; entre le germaniste et le grand connaisseur du monde arabe. »*

Par bonheur ce grand acteur et témoin de notre siècle n'a pas pris congé sans explications. Pourvu que l'on sache lire parfois entre les lignes, *A l'épreuve du temps* nous fournit enfin les clés d'un cheminement en apparence paradoxal. A travers les deux volumes de *De la défaite au désastre* Jacques Benoist-Méchin avait, certes, déjà tenté de faire la lumière sur son action politique durant la guerre. S'adressant à une postérité à propos de laquelle il observait, non sans lucidité, qu'elle risquait de ne pas comprendre son point de vue, il y disait avec une sorte de naïveté provocante ce qu'avaient été ses espérances, ses certitudes, ses illusions. Mais, pour sincère, voire passionnée, qu'elle fût cette confession ne laissait apparaître l'homme qu'en filigrane. Tout autre est *A l'épreuve du temps*. Quoique les notations de caractère vraiment intime en soient absentes, ce qui ne surprendra guère, compte tenu de la réserve toujours observée par le mémorialiste à cet égard, ces souvenirs, on le verra, vont loin dans l'introspection, l'exploration du moi le plus profond. Pour la première fois Benoist-Méchin se montre ici sans masque. Animé par le seul souci d'être honnête vis-à-vis de lui-même, il nous dit tout de ses années de formation, lève le voile sur ses relations complexes avec un père tour à tour craint, haï, admiré, ne dissimule rien de l'extraordinaire attachement qu'il portait à sa mère, femme d'une qualité rare, disparue en 1966 à l'âge de quatre-vingt-dix-sept ans et qui ne cessa de l'épauler dans son travail. En des pages d'une extrême densité, il nous révèle enfin le traumatisme durable que provoqua en lui la découverte de l'existence d'un frère mort-né, lui aussi prénommé Jacques. D'évidence, un futur psycho-biographe trouvera là ample matière à réflexion et de même qu'André Gide n'a été véritablement capté dans sa vérité que lorsque Jean Delay s'est penché sur son destin en démontrant que dès l'enfance tout était joué, de même il n'est pas interdit de penser que l'énigme Benoist-Méchin sera résolue le jour où aura été entreprise, selon des règles similaires, l'étude méthodique de sa personnalité.

Sans s'aventurer sur ce terrain, il ne fait guère de doute que nous tenons, avec ces trois volumes de *A l'épreuve du temps,* l'un des récits les

* Benoist-Méchin, l'inclassable, le *Figaro Magazine,* 12 mars 1983.

plus saisissants du drame de l'intellectuel égaré dans la politique, un document de premier ordre qui, au-delà du propre cas de Benoist-Méchin, permet sans doute d'entrevoir plus précisément les raisons pour lesquelles tant d'écrivains et d'artistes de sa génération se laissèrent attirer par le totalitarisme. Car, comme Brasillach et Drieu La Rochelle, entre autres, l'auteur de *la Moisson de quarante* fut d'abord et avant tout un homme de culture passionnément attaché à l'héritage européen. D'un bout à l'autre de son existence ses mobiles ne furent ni l'appât du gain, ni l'ambition vulgaire, ni la course aux honneurs ; ce qui le poussa à agir ce fut, en vérité, la sauvegarde d'un certain idéal hérité de Rome, revivifié par la Renaissance, porté à son point de perfection pendant la période classique — l'âge d'or de ces jardins à la française où il voyait l'une des expressions les plus parfaites du génie humain. Présentant en 1984 *l'Histoire de l'Armée allemande* j'avais avancé l'hypothèse selon laquelle son attirance vis-à-vis des régimes autoritaires fut avant tout d'ordre esthétique. Pour l'essentiel, ces souvenirs, me semble-t-il, corroborent cette explication. Qu'on lise, par exemple, les chapitres où il dépeint la République de Weimar et l'on se rendra compte que ce qui le heurte, le révolte, le révulse, c'est au premier chef l'étalage du désordre, l'émergence de forces qui à ses yeux constituent de redoutables facteurs de désagrégation. A l'époque toute une partie de l'intelligentsia découvrait et célébrait l'explosion de l'irrationnel, les voies nouvelles offertes à l'Art par le surréalisme, le cubisme, et l'expressionnisme. Benoist-Méchin quant à lui ne partagea jamais cette ferveur. A son estime, rien de bon ne pouvait sortir de cette remise en cause des canons éternels du Beau et du Vrai, tels qu'ils avaient été définis par des siècles de civilisation occidentale. Partant, lorsque les doctrines totalitaires surgirent, il ne fut pas insensible à leur prétention de forger un nouvel ordre se réclamant d'anciennes racines et les pages où il relate, visiblement hypnotisé, les Jeux Olympiques de Berlin en 1936 suffisent pour s'en convaincre. Par un étrange aveuglement il ne vit pas que ces idéologies funestes n'étaient que des caricatures, qu'elles étaient porteuses de principes inévitablement destructeurs de la part la plus précieuse et la plus respectable de la tradition occidentale.

Bien sûr, on s'étonnera qu'un esprit aussi fin ait pu commettre pareille erreur d'appréciation en se laissant abuser par des simulacres, entraîner par des impressions partielles, fugitives et fallacieuses. Pourtant, sur ce point Benoist-Méchin dans son témoignage ne fait pas preuve de la moindre ambiguïté. Pour l'histoire il aurait pu avoir la tentation de maquiller les motifs de son attitude. Or à l'inverse, et c'est cela qui est d'un prodigieux intérêt, il nous rapporte sans retouche les sentiments qu'il ressentit voici plus de cinquante ans face au national-socialisme et qui faillirent le perdre. Tout en déplorant la légèreté de l'analyse, on ne pourra reprocher à Benoist-Méchin de n'avoir pas joué franc jeu.

Apport irremplaçable à la connaissance de notre époque, cette œuvre suscitera très naturellement des controverses. En revanche nul ne pourra, je crois, contester qu'elle constitue une étonnante réussite littéraire. Sans adhérer le moins du monde à l'idéologie qui sous-tend ces pages il est difficile de ne pas être entraîné par cet ample mouvement d'une plume qui a tant de ressources. Jusqu'à présent on connaissait surtout un Benoist-Méchin « en majesté », proche des chroniqueurs de la grande époque, avec, parfois des accents romantiques conformes à son curieux tempérament à la fois très dialecticien et émotif. Tout au long de ces trois volumes on retrouvera ce classique-né, doué d'une puissance d'évocation peu courante mais on découvrira par ailleurs d'autres facettes de son talent. A l'instar d'Henri de Montherlant, Benoist-Méchin savait aussi se montrer naturel, familier, drôle, caustique, gouailleur. Peu apparente dans ses livres les plus célèbres cette veine est ici beaucoup plus sensible et c'est elle qui donne à ces souvenirs une telle liberté d'allure.

Le génie littéraire, sans doute, n'excuse pas tout et après la Libération certains se trompèrent lourdement en insinuant que l'éclat du style plaçait beaucoup d'intellectuels compromis avec l'occupant hors des normes applicables au commun des mortels. Aujourd'hui, heureusement, nous n'en sommes plus là. Chacun comprend qu'admirer un écrivain n'implique nullement de ratifier tous ses choix. Jacques Benoist-Méchin, me semble-t-il, l'entendait bien ainsi, lui dont les curiosités étaient universelles et sans a priori et qui ne demandait qu'une chose : être jugé sur ses actes.

Eric ROUSSEL

NOTE LIMINAIRE

Passant, qui as tant vu et tant éprouvé de choses,
Si tu ne les dis pas toi-même, qui les dira pour toi ?

C'est cette exhortation de Saadi, lue dans le hall d'attente de l'aéroport du Caire, qui m'a décidé à écrire le présent ouvrage.

Qu'on ne le prenne cependant pas pour un livre de « Mémoires ». Les Mémoires sont en général un récit continu où les réflexions personnelles et les affections intimes tiennent une plus grande place que les événements extérieurs. Ils sont la résurgence d'une zone plus profonde et plus obscure.

Tout autre est ce recueil de « Souvenirs ». J'ai voulu y réunir la description de quelques journées mémorables survenues au cours de ma vie et liées, assez souvent, à une situation historique. Je dis « assez souvent », car certaines d'entre elles n'offrent pas ce caractère. Je les ai retenues quand même parce qu'elles m'ont profondément marqué. Chacune d'elles a représenté une étape dans mon existence et a contribué à faire d'un enfant triste, qui ne tenait pas à vivre, un homme engagé dans une lutte dont les efforts n'ont guère été compris. On m'excusera d'avoir accordé dans ces récits plus d'attention à moi-même que dans mes autres écrits. Ce n'est ni par complaisance ni par souci de justification. Mais, encore une fois, si je n'avais pas dit ces choses moi-même, qui les aurait dites pour moi ?

Ce livre est imagé. Pourtant, rien n'y est imaginaire. Toutes les scènes que j'y relate ont été vécues. Je les raconte telles quelles, dans leur ordre chronologique, sans rien y ajouter ni rien en retrancher, et sans me préoccuper de les relier les unes aux autres. Mon souci d'exactitude a été constant, mais plus d'une fois les mots m'ont paru impuissants à rendre le relief ou la coloration de tel ou tel épisode. Quant à la diversité des thèmes et des situations, seuls en seront surpris ceux qui ignorent ce que la vie de notre époque a pu comporter d'imprévu.

Ce n'est pas à moi de savoir ce que valent ces pages. Ni même, peut-être, à mes lecteurs contemporains. C'est pourquoi je les soumets « à l'épreuve du temps » — le temps qui seul dira si elles méritaient d'être retenues.

Tous les fleuves n'en font qu'un puisqu'ils se rejoignent dans l'océan. De même toutes ces journées ne font qu'une vie. Une vie riche en péripéties, certes, mais à tout prendre ni meilleure ni plus mauvaise qu'une autre. Le moment n'est peut-être plus loin où je la quitterai les mains vides.

Car on n'emporte avec soi que ce qu'on était en venant au monde et nous laissons, ici-bas, les fruits de l'expérience acquise...

A moins que la lanterne magique ne s'éteigne d'un seul coup, ne laissant même pas subsister ces ombres sur un mur.

Un homme est contenu tout entier dans chaque fragment de sa vie.

Marguerite YOURCENAR.

Ce que tu nommes échange, je le nomme communion.

Paul CLAUDEL.

Il ne me coûte point de réitérer l'aveu que mes ambitions n'ont cessé de grandir et de me dépasser. J'ai donc rempli mes granges de tout le blé et de tout le foin que me proposait la connaissance du monde, à charge pour moi d'en faire le tri et la mouture, et de n'en conserver que la fleur de la farine pour la cuisson du pain.

Herbert LE PORRIER.

I

LE PREMIER SOUFFLE

CHAPITRE PREMIER

APPELLE-MOI PAR MON NOM..

(mars 1905 ?)

Un brouillard épais m'enveloppe de toutes parts. Il n'est pas seulement autour de moi, mais en moi. Je me laisse porter par lui dans un engourdissement profond. Je ne sens rien, je n'entends rien qu'un bruissement vague. Cette substance perlée de gouttelettes, d'abord immobile, s'est mise à couler le long de mes flancs en longues traînées blanchâtres. Je cherche à les étreindre : mes mains ne saisissent rien.

Du temps passe. Beaucoup de temps. Le brouillard devient moins opaque. Il laisse filtrer une lumière hésitante à la faveur de laquelle je commence à discerner des choses : la froideur d'une bavette humide qui me serre le cou ; un bouton de porte luisant que ma main ne peut atteindre ; le chant lointain d'un orgue mêlé au tambourinement de la pluie contre une vitre ; le tic-tac d'une pendule dont le grignotement ne rime à rien...

Du temps s'écoule encore. Lentement, très lentement, la brume se dissipe. Elle n'a plus que la minceur d'un voile à travers lequel transparaît une succession d'images : un corridor triste éclairé au gaz, le long duquel j'avance, porté sur les épaules de quelqu'un dont je ne vois pas le visage... Un pâté de sable au bord de la mer... La tache rouge d'un géranium posé sur la margelle d'un puits... La cascade d'un torrent où un jeune homme plonge dans un remous d'écume. Mais ces images sont discontinues. Rien ne les relie entre elles, ni ne les rattache à moi.

Brusquement, sans que je sache comment, le voile se déchire.

Je me trouve assis à côté de ma mère dans une limousine grenat, capitonnée de drap beige orné de glands, de pompons et de franges que je m'amuse à tresser.

— Laisse donc ces franges tranquilles, me dit ma mère, tu vas les abîmer. Regarde ! Elles sont déjà toutes sales !

Nous roulons à travers le bois de Boulogne. Robert, notre chauffeur, est assis devant nous. Il est revêtu d'une peau de bique à poils longs qui lui donne l'aspect d'une grande bête amicale.

Bien que le printemps soit avancé, il fait encore frais. Ma mère porte un tailleur gris, coupé dans une étoffe rêche que je déteste, car elle me râpe la joue quand je pose la tête contre son bras. Elle est coiffée d'une petite toque de fourrure, retenue par une écharpe de mousseline rose, nouée sous le menton.

Soudain, la voiture s'arrête en bordure de l'allée des Acacias, à peu près à la hauteur du « Tir aux pigeons ». Robert pousse un grognement et descend. Il se dirige vers l'arrière et s'affaire aussitôt. Il n'a pas l'air content. Je l'entends qui grommelle :

— Sacré Bon Dieu ! Le frein est encore grippé... Cela va prendre un bon moment.

Un bon moment ? Il ne croit pas si bien dire. Un bon moment que je vais pouvoir passer seul avec maman à qui j'aime tant parler et me confier sans réserve. Aujourd'hui une question me hante, dont il faut que je me délivre.

Je lui jette un regard. Qu'elle est belle ! Mais elle a l'air absente. Elle consulte une petite montre en or qu'elle tire de sa ceinture en gros-grain noir. Oserai-je formuler la question qui me tourmente ? Il le faut. Si je ne le fais pas à présent, peut-être ne le pourrai-je plus jamais...

Je prends son bras et le serre pour fixer son attention. Maman semble sortir d'un rêve et se penche vers moi.

— Qu'y a-t-il, mon chéri ? me dit-elle d'une voix très douce.

J'hésite un instant. Mon cœur bat plus vite.

— Maman, je voudrais te demander quelque chose. Mais promets-moi de me répondre.

— Bien.

— C'est promis ?

J'ai dit ces mots avec une vigueur qui m'a surpris moi-même. Son visage devient attentif.

— C'est si grave que cela ?

— Oui, maman.

Un silence. Ma mère se cale dans le fond de la voiture.

— Eh bien, vas-y mon chéri. Je t'écoute...

— Dis-moi, maman, comment est-ce que je m'appelle ?

Maman secoue la tête et part d'un léger éclat de rire.

— Ce n'est que cela ? Quelle question ! Voyons, tu le sais bien ! Tu t'appelles Jacques.

— Non, maman.

— Comment, non ?

Je lui serre le bras un peu plus fort.

— Jacques, c'est le nom que tu me donnes, ainsi que papa. Mais beaucoup d'autres garçons s'appellent Jacques. Je voudrais savoir mon nom à moi, celui qui m'appartient à moi tout seul et que vous n'avez pas choisi.

Comme elle garde le silence :

— Réponds-moi, maman, je t'en supplie, insisté-je.

— Eh bien, tu t'appelles Benoist-Méchin. Jacques Benoist-Méchin.

— Ah !

Je ressens un léger choc. C'est la première fois que j'entends ce nom et pourtant il ne me surprend pas. Il me semble que je l'ai toujours connu. Il m'arrive comme l'écho d'une cloche lointaine. Comme une réminiscence, une confirmation.

Ce qui se passe alors en moi est bien difficile à décrire. Je me dis en moi-même :

— Ainsi donc, Jacques Benoist-Méchin, c'est moi !

Pas un autre. Maintenant j'en suis sûr. Je suis lié à ce nom par des liens que rien ne peut détruire. Il faudra que je le porte toujours, que je fasse tout ce que Jacques Benoist-Méchin est appelé à faire. C'est étrange qu'il soit moi et que je sois lui. Pourtant c'est ainsi. Ce qu'il doit faire, je l'ignore. Mais je devrai le faire sans hésiter, car être infidèle à mon nom serait briser le lien qui me rattache à... à quoi ?

Je lâche le bras de maman et regarde fixement devant moi.

— Qu'as-tu, mon Jacquot ? me demande ma mère. Tu as l'air tout bizarre ?

A vrai dire le mot « bizarre » ne correspond nullement à mon état. Je me sens comme une barque qui vient d'être amarrée. Mon nom n'a en lui-même aucune signification. Identifié à moi-même et distinct des autres il ne me cause ni plaisir ni déplaisir. Seulement un sentiment de certitude, mêlé à un peu de crainte. La crainte de n'avoir pas la force de le *porter* jusqu'au bout. Car il m'apparaît avant tout comme une obligation une exigence

Jamais je n'aurais cru qu'il pouvait exister des liens de cette nature entre un nom et une personne...

J'ai retrouvé exactement la même émotion, beaucoup plus tard, au cours d'un voyage en Egypte, lorsque le guide qui me conduisait à Tell el-Amarna m'a traduit l'inscription qu'Akhénaton avait fait graver sur sa tombe :

> *Appelle-moi par mon nom pendant l'Eternité*
> *et je te répondrai : Présent !*

Oui. C'est cela. Quelque chose dont je n'avais pas pris conscience vient d'éclore en moi. Jusqu'ici je vivais, mais à présent j'existe. Peu à peu ce sentiment se transforme en certitude ; cette certitude en joie. Une joie profonde, jubilante comme un lever de soleil. Elle gagne de proche en proche. Maintenant je connais mon nom. Et parce que je le connais, je vais pouvoir désigner par le leur toutes les choses qui sont au monde...

Je regarde autour de moi. La brume qui masquait tout à l'heure les coteaux de Suresnes s'est dissipée. Robert, qui a fini de réparer le frein, remonte dans la voiture et la remet en marche. Nous nous dirigeons lentement vers la Porte d'Auteuil. A présent tous les arbres du Bois et les collines de Saint-Cloud qui bordent l'horizon sont inondés de lumière. Je suis heureux. Le don qui vient de m'être fait dépasse toute mesure. Il n'est pas de ceux que l'on puisse oublier. Bien que je sois incapable de le situer dans le calendrier il a marqué le véritable début de mon itinéraire terrestre.

*

Quant au jour où je suis effectivement entré dans ce monde, c'était le 1er juillet 1901. Mais je n'en ai connu les péripéties que plusieurs années plus tard parce que ma mère me les a racontées. Ce fut un épisode bien moins radieux et moins ensoleillé que celui que je viens d'évoquer : un épisode cruel, douloureux, imprégné de sang, de larmes et de douleur ; de beaucoup d'amour aussi.

Ma mise au monde dura soixante-treize heures sans interruption. Elle équivalut à une véritable agonie. L'accouchement fut pratiqué par le professeur Landouzy assisté par le docteur Dieulafov. Ils étaient à l'époque les deux obstétriciens les plus renommés de Paris et pourtant la scène fut horrifiante. Elle n'eut pas lieu dans une maternité ou dans un hôpital, mais dans notre appartement de la rue Brémontier, à côté de l'église Saint-François-de-Sales. Elle se déroula au pied d'une grande tapisserie que mon père avait rapportée de Chine, et qui représentait trois philosophes chinois jouant de la cithare dans un kiosque à musique, élevé au bord d'un cours d'eau. Ainsi, d'entrée de jeu, les joies de la musique et l'esprit de l'Orient présidèrent à mes premiers cris. Mais en attendant cet heureux dénouement il me faut expliquer les circonstances qui amenèrent mes parents à commettre cette grave imprudence.

Mon père, né en 1854, avait déjà quarante-sept ans, et ne voulait pas remettre à plus tard le bonheur d'avoir enfin un héritier. Quant à ma mère, elle avait déjà donné le jour, le 25 mars 1899, à un premier enfant — un fils — qu'elle avait prénommé Jacques, et dont l'existence ne devait m'être révélée que beaucoup plus tard par le plus grand des hasards, comme je le raconterai plus loin. Il était mort dès sa naissance ou presque, n'ayant guère vécu plus d'une heure. Or, dès cette époque, les médecins avaient prévenu ma mère que si elle cherchait à avoir un second enfant elle y risquerait sa vie. Elle désirait cependant ardemment avoir un fils. Je ne pouvais douter que ce fils ne fût moi puisqu'elle avait donné mon prénom à celui qui m'avait précédé. En m'enfantant à mon tour elle savait donc qu'elle mettait en jeu sa vie et pourtant elle était prête à affronter la nuit pourvu que mes yeux s'ouvrissent au jour.

A plusieurs reprises, on la crut perdue et moi-même aussi du même coup. On eût dit que je ne tenais guère à franchir le seuil du monde des vivants, comme si je pressentais toutes les épreuves qui jalonneraient ma route et auxquelles je devrais me soumettre car elles aussi feraient partie intégrante de moi-même. C'est pourquoi je n'hésite pas malgré tout à écrire que la prise de conscience de mon identité me marqua d'une façon plus décisive que ma naissance elle-même.

CHAPITRE II

EXISTENCE ET DESTINÉE

J'ai dit plus haut, en relatant cet après-midi de printemps au bois de Boulogne où ma mère m'avait révélé mon véritable nom, que je n'avais pris, sur le moment, qu'une conscience assez vague de ce qui s'était alors passé dans mon esprit. Mais le seul fait aujourd'hui d'en ressusciter le souvenir m'oblige à y ajouter certaines réflexions complémentaires. Car, en réalité, à dater de ce jour, je pressentis que ma vie se déroulerait sur deux plans : mon existence et ma destinée, deux plans parallèles et simultanés qui, tous deux, faisaient partie intégrante de l'être que j'étais, sans que je puisse dire lequel des deux l'emportait sur l'autre.

J'en vins à penser que la mort n'est que le moment où l'existence se dissout dans la destinée et la parachève, alors que l'existence n'est que l'ensemble d'événements dont la puissance a jalonné notre vie pour que nous en forgions nous-mêmes une destinée. Non pas n'importe quelle destinée, mais celle qui nous a été dévolue avant même que nous venions au monde. En d'autres termes, ces événements sont, à l'état brut, la substance au sein de laquelle il nous faut discerner les éléments de cette destinée en séparant l'essentiel du tuf des épisodes éphémères et indifférents, un peu comme un sculpteur dégage une statue d'un bloc de marbre. Il arrive cependant que, par maladresse ou par manque de vigilance, notre instinct soit dévié et que nous laissions les deux voies se séparer l'une de l'autre ; nous disposons alors d'un ultime recours pour empêcher qu'elles ne s'écartent trop dangereusement, ce qui rendrait impossible l'accomplissement de notre destinée : ce recours, c'est la conscience.

Que les deux voies restent parallèles et s'accordent, c'est la plénitude car c'est s'insérer toujours plus profondément dans la vie. Qu'elles divergent ou s'affrontent, et l'on se sent la proie d'un tourment mortel. Ce dont les pages qui suivent fourniront plus d'un exemple. Mais n'anticipons pas...

CHAPITRE III

A LA RECHERCHE D'UN FRÈRE

(1er novembre 1907)

Le second événement dont j'ai gardé le souvenir remonte à la Toussaint 1907. J'avais à cette époque un peu plus de six ans. Le premier me distingue, en m'amarrant à ma destinée ; le second me situe, car on ne réalise jamais sa destinée que par rapport aux autres.

Ma famille possédait un caveau au Père-Lachaise où nous n'allions jamais. Mon père, sceptique et voltairien, n'en éprouvait pas le besoin. Quant à ma mère, bien que profondément croyante, elle eût considéré comme une hypocrisie d'aller simuler une douleur qu'elle ne ressentait pas sur la tombe de défunts qu'elle n'avait pas connus. « Ses morts à elle », comme elle disait, c'est-à-dire sa sœur Madeleine, sa mère et sa grand-mère Larrey, étaient enterrés à Bordeaux. Pourtant, cette année-là, elle décida de se rendre au Père-Lachaise et de m'y emmener, contre l'avis de mon père qui trouvait la fréquentation des cimetières « malsaine pour les adultes et pernicieuse pour les enfants ».

C'était la première fois que je voyais ce quartier de Paris. Le boulevard de Ménilmontant, avec ses bandes d'enfants jouant à la marelle en poussant des cris aigus et ses étalages de fleuristes débordant de chrysanthèmes, m'apparut comme un endroit où il devait faire bon vivre, bien meilleur à coup sûr que dans les rues quasi désertes de la Plaine Monceau où j'étais né. Mon plaisir s'accrut encore lorsque nous pénétrâmes dans le cimetière. Une foule de gens s'y promenaient en vêtements du dimanche, serrant dans leurs bras de gros bouquets de fleurs. Ils n'avaient pas du tout l'air triste et s'entretenaient à haute voix. Je m'étais représenté les cimetières comme des endroits lugubres, pleins de fossoyeurs, de squelettes et de chauves-souris. Je m'apercevais avec surprise qu'ils étaient beaucoup plus accueillants que je ne l'avais imaginé et me demandai en quoi leur fréquentation pouvait être « pernicieuse ». J'avais dû mal comprendre. Mon père avait dû dire « délicieuse ». C'était beaucoup plus conforme à mon impression du moment.

Nous remontâmes l'allée centrale. Elle était bordée des deux côtés par des rangées de maisonnettes séparées les unes des autres par des plates-bandes de gazon. Comme j'aurais aimé en posséder une pour moi tout seul ! Quel lieu idéal pour jouer à cache-cache ! J'y aurais invité des amis. Nous aurions pique-niqué sur l'herbe et nous nous serions amusés en toute liberté. Ç'aurait été bien autre chose qu'au Parc Monceau où nos gouvernantes ne nous quittaient pas du regard. Ma mère me montra en passant la tombe de Rossini. Comme j'ignorais tout de l'auteur du *Barbier de Séville*, je n'y prêtai guère attention, si ce n'est qu'elle me parut d'une prétention bouffonne. Par la suite, je n'ai jamais pu passer devant elle sans croire entendre s'en élever un long éclat de rire.

Nous obliquâmes à droite et redescendîmes le long d'une allée moins large où les édifices étaient plus serrés. Il y avait des fleurs partout.

— Attention ! Nous approchons, dit ma mère. Famille Bonessien, Famille Hauducœur... Nous y voilà.

Bonessien, Hauducœur, ces noms me parurent beaux. C'étaient des cris de guerre, des devises de chevaliers ! Si je ne m'étais pas appelé Jacques Benoist-Méchin, je me serais volontiers appelé Olivier Bonessien ou Roland Hauducœur. Mais j'avais mon nom à moi, mon nom indélébile, auquel j'étais lié par des liens que la mort elle-même ne parviendrait pas à trancher.

Ma mère sortit une petite clef de son sac à main et ouvrit la porte du caveau. L'intérieur était bien éclairé, mais exigu. On y voyait un prie-Dieu et une espèce d'autel en marbre gris, sur lequel étaient posés des vases et des statuettes représentant deux anges agenouillés, en porcelaine blanche. Comme un peu de poussière s'était accumulée sur leurs ailes, ma mère me dit :

— Je vais chercher quelque chose pour les épousseter. Attends-moi ici et surtout ne t'éloigne pas. Je reviens tout de suite.

Je m'assis à cheval sur le prie-Dieu, le visage tourné vers la porte, et laissai mes regards vagabonder au-dehors. Le ciel était d'un gris très doux. Le vent soufflait dans les arbres déjà dépouillés de feuilles et y suscitait une rumeur qui ressemblait à celle de la mer. Ce bruissement continu, que je n'entendais jamais à la maison, m'ouvrit soudain l'accès d'un monde imaginaire. J'étais un oiseau perché sur la plus haute branche d'un arbre qui se balançait dans le vent. Mieux encore : j'étais le capitaine d'un navire qui cinglait vers le large et toutes les petites chapelles qui m'entouraient étaient autant de barques qui voguaient avec moi vers une destination inconnue. Peut-être aborderions-nous à quelque île merveilleuse... L'idée de devoir retourner chez nous, dans cette Plaine Monceau que je détestais, était une perspective si déprimante que j'aimais mieux ne pas y penser.

Ma mère revint au bout d'un instant avec un petit plumeau et se mit à épousseter les statues.

— Comme on est bien ici ! lui dis-je en soupirant. Si on y restait ? On est tellement mieux qu'à la maison !

Ma mère posa sur moi un regard alarmé. Elle se demandait d'où pouvait provenir mon attirance pour ces lieux. Mes mots étaient-ils prémonitoires ? Indiquaient-ils que je n'avais pas longtemps à vivre ?

— Ne dis donc pas de bêtises ! me répondit-elle d'une voix un peu enrouée. On est bien mieux rue Brémontier... Ici, rends-toi compte, c'est beaucoup trop petit.

Je n'étais pas du tout de son avis. Ici, il y avait des fleurs, de l'espace et ce merveilleux bruit du vent dans les branches qui me rappelait les vacances.

Je regardai autour de moi. Le mur du fond, au-dessus de l'autel, était recouvert de petits rectangles de marbre où étaient gravés les noms de mes grands-parents paternels. Chacun d'eux était suivi de deux dates : celle de leur naissance et celle de leur mort.

Soudain, mes yeux s'arrêtèrent à l'une d'entre elles placée juste au-dessous des autres. Elle était plus claire, plus récente aussi et portait cette inscription :

Jacques BENOIST-MECHIN
25 mars 1899

Ces mots éclatèrent en moi comme une déflagration. Jacques Benoist-Méchin ?... Mais c'était moi ! Personne d'autre n'avait le droit de s'appeler ainsi : comment était-ce possible ? Mon cœur se mit à battre.

— Dis-moi, maman, lui demandai-je en m'efforçant de garder mon calme, je m'appelle bien Jacques Benoist-Méchin ?

— Bien sûr, mon chéri ! Je te l'ai déjà dit.

— Alors c'est moi là-haut ! répliquai-je avec une logique implacable, en désignant d'un doigt la plaque mortuaire.

— Mais non ! mais non, bêta ! Ne dis donc pas de sottise, répondit ma mère qui semblait n'avoir plus qu'une hâte : quitter le caveau. Prends plutôt ce chiffon et aide-moi à remettre ces statues en place.

Elle cherchait visiblement à détourner mon attention. Mais j'insistai. Je voulais savoir. Rien ne m'en ferait démordre.

— C'est mon nom ! Alors c'est moi. Ça ne peut pas être un autre, n'est-ce pas ? Maman, réponds-moi, je t'en supplie...

Qui dira toute la détresse que peut contenir le cœur d'un enfant de six ans ? Ma mère dut s'en apercevoir car, après un moment d'hésitation, elle me dit à voix basse :

— Ce n'est pas toi, c'est ton frère.

La foudre tombant à mes pieds ne m'aurait pas fait plus d'effet. Mon frère ? J'avais donc un frère ? Pourquoi me l'avait-on caché ? Moi qui m'ennuyais à mourir, moi qui jouais toujours seul, moi qui aurais tout donné, mon ours en peluche, mes soldats de plomb, mon pistolet Eureka et jusqu'à mon petit orgue à manivelle auquel je tenais tant, tout pour avoir un frère, pour avoir auprès de moi quelqu'un de mon âge avec qui je puisse parler, partager mes secrets et même me bagarrer ! Pourquoi m'avait-on condamné à être toujours seul, sans personne sur qui épancher mon besoin de tendresse ?

Un vent sombre se leva en moi et se mit à souffler en rafales. Il fallait que je sache. Il fallait que je comprenne. J'étais placé devant une énigme. Je ne quitterais pas le caveau avant de l'avoir élucidée.

— Où est-il, mon frère ? demandai-je avec une feinte indifférence.

Maman ne répondit pas. Elle remettait les statues en place d'une main mal assurée. Je l'entendis murmurer : « Je n'aurais pas dû ; non, je n'aurais pas dû... » Qu'est-ce qu'elle n'aurait pas dû ? Mon trouble augmenta. Ce qui sortit alors de ma bouche fut moins une question qu'un cri :

— Il est mort ?

Elle resta un moment perplexe.

— Disons plutôt.. qu'il nous a quittés...

— Il nous a quittés ? Il a préféré s'en aller que de rester avec nous ?

C'était encore pire que je ne pensais ! Dans la seconde qui suivit, je me sentis dépossédé de tout. En s'en allant, mon frère avait tout emporté avec lui. Absolument tout. Même mon identité. Je n'étais plus rien. Je n'avais plus le droit de vivre. Je n'avais même plus *envie* de vivre. J'étais un fraudeur. Je portais un nom que je croyais le mien, mais auquel je n'avais pas droit, puisqu'il appartenait à un autre. J'étais dépouillé, annihilé, rejeté hors de la vie. Comment pourrais-je survivre à une pareille découverte ?

Mon tumulte intérieur prenait une allure de tempête. C'était vrai qu'il n'était pas mort. Il était parti ! Maman avait dit vrai. J'en avais la preuve sous les yeux. Toutes les autres plaques portaient deux dates. La sienne n'en portait qu'une : la date de sa naissance. C'était donc qu'il n'était pas mort. Qu'il était vivant. Qu'il vivait quelque part dans le monde. Très loin, peut-être. Mais où ? Où ? Il fallait que j'aille à sa recherche. Il était beaucoup plus que mon frère. Il fallait que je le retrouve pour qu'il me rende mon droit d'exister. Mais comment le reconnaîtrais-je, puisque je ne l'avais jamais vu ? Oh ! ce serait facile, car je savais d'avance comment il était fait. Il était tout le contraire de moi. Il était grand, il était beau, il était fort, il était intelligent. J'étais sûr qu'il était brave. En un mot, il était parfait. Il était tout ce que j'aurais voulu être et que je ne serais jamais. A moins que je ne puisse le retrouver et qu'il m'apprenne à lui ressembler ! Mais peut-être était-il malade ou en danger de mort ? Peut-être qu'en ce moment même il gisait au fond d'un fossé et m'appelait à son aide ? J'avais tellement besoin de lui que j'aurais donné la moitié de ma vie pour qu'il eût un peu besoin de moi. Il fallait que je le retrouve coûte que coûte pour le défendre, le secourir, le soigner, le panser s'il était blessé. Pourvu que je puisse le retrouver vite ! Même si cela devait prendre des années, je ne me découragerais pas. Je le chercherais jusqu'au bout du monde, s'il le fallait. Le tout était de me mettre en route. Oui. Je partirais dès demain. Non. Dès ce soir. Le temps d'enfiler un pantalon et de chausser mes gros souliers de marche. Je voulus le dire à ma mère. Mais, pour la première fois, je sentis que c'était impossible. Quelque chose me l'interdisait. J'adorais maman. Mais je ne pouvais pas, je ne devais pas le lui dire. C'était plus fort que moi. J'avais un frère ! J'avais un frère ! J'aurais voulu le crier à tue-tête, le proclamer à haute voix. Mais ceci devait rester un secret. C'était le genre de chose que les grandes personnes ne pouvaient pas comprendre. Si je le leur disais, elles se moqueraient de moi. Les grands peuvent tout dire et faire tout ce qu'ils veulent. Moi, je devais cacher que j'allais partir à la recherche de mon frère, que ma vie désormais dépendait de lui. Quand nous nous serions retrouvés, mon frère et moi, nous serions si unis que nous ne formerions plus qu'une seule flamme, un seul feu, un seul être...

— Qu'as-tu ? me demanda ma mère. Tu es tout pâle...

— Rien, maman, répondis-je en faisant de mon mieux pour dissimuler mon agitation.

D'ailleurs j'étais un peu plus calme maintenant que je savais à quoi m'en tenir. Mon tumulte intérieur s'était apaisé. J'entendais de nouveau chanter le vent dans les arbres. Mais tout était différent, maintenant que je savais que j'avais un frère. Je n'étais plus seul ! Quelle splendeur ! Une cloche tinta au loin.

— Nous nous sommes beaucoup trop attardés, dit ma mère en relevant le col de ma pèlerine. C'est à cause de cette poussière. D'ailleurs, on ferme. Dépêchons-nous de rentrer.

« J'ai un frère ! J'ai un frère ! » Je répétais ces mots en moi-même avec une sorte de jubilation.

Nous sortîmes du caveau. Maman tira la porte et la referma à clef. J'aimais mieux cela. Mon secret serait bien gardé...

La nuit tombait. Nous regagnâmes l'allée centrale. Le cimetière était vide. Nous devions être les derniers. A peine avions-nous franchi l'entrée principale que le gardien verrouilla la grille derrière nous.

Vingt-cinq ans plus tard, je racontai cette scène au professeur Hesnard, un psychanalyste éminent, mais en l'attribuant à un ami pour ne pas lui avouer que c'était de moi qu'il s'agissait. Je lui fis part, néanmoins, de quelques détails que j'avais glanés dans l'intervalle : à savoir que la plaque qui portait le même nom que moi était celle d'un frère né presque deux ans et demi avant moi, mais décédé peu de temps après sa naissance. C'est pourquoi on n'y avait gravé qu'une seule date. En somme, ce frère tant recherché n'avait jamais vécu. J'ajoutai que, bien que parfaitement informé de ce fait, mon ami avait été si profondément ébranlé par l'émotion qu'il avait ressentie, encore tout jeune, au cimetière, qu'un quart de siècle après il éprouvait encore une nostalgie lancinante pour ce frère insaisissable dont la vie l'avait frustré. Ou, plus exactement, ce désir avait changé de nature au fil des années. Comme un rayon lumineux qui va en s'élargissant, il avait fini par se poser sur une foule d'êtres et de situations qui paraissaient n'avoir aucun rapport avec le choc initial qui l'avait suscité. « A vrai dire, ajoutai-je, il ne semble pas que mon ami persiste à chercher ce frère trop tôt disparu. Il paraît s'efforcer plutôt de lui trouver un substitut, sur lequel il puisse transférer son besoin inné d'aimer, de se dévouer, de servir. Est-il possible qu'un tel état d'esprit puisse se prolonger aussi longtemps après que le fait qui a été à son origine a été dépouillé de son halo de mystère ? »

— Bien sûr, me répondit le professeur. Je vous ai écouté attentivement. Le diagnostic est facile. Votre description correspond exactement à un phénomène psychique que nous appelons, nous autres hommes de science, le complexe de Pollux.

— Le complexe de Pollux ? Quel joli nom ! Mais je ne vois pas ce que l'expérience vécue par mon ami a à voir avec le fils de Zeus et de Léda !

— Détrompez-vous ! Vous connaissez l'histoire des Dioscures ?

— Je ne m'en souviens pas bien.

— Alors, écoutez-moi. Zeus, étant tombé amoureux de Léda, s'était métamorphosé en cygne pour la séduire. A la suite de leurs amours Léda pondit deux œufs. De l'un sortit Pollux et Hélène ; de l'autre Castor et Clytemnestre. Remarquez bien : quoique engendrés en même temps, Castor et Pollux n'étaient pas jumeaux, puisqu'ils étaient issus de deux ovules différents. Pourtant ils s'aimaient passionnément, au point de ne pouvoir vivre l'un sans l'autre. Ils grandirent côte à côte, livrant les mêmes combats et encourant les mêmes périls. On les représenta sous l'aspect de deux jeunes gens vêtus de tuniques blanches, tenant une lance à la main et coiffés d'un casque étoilé. Ils prirent part ensemble à l'expédition des Argonautes. Invités aux noces de Phœbé et de Télaïre — les deux filles de Leucippe —, chacun des deux frères tomba amoureux de l'une des deux sœurs. Mais ils durent affronter en combat singulier les fiancés des jeunes filles, Idas et Lyncée. Au cours de ce duel, Lyncée transperça

Castor de sa javeline. Lorsque Pollux vit le corps de son frère étendu à terre, il s'écroula, terrassé par une douleur comme il n'en avait encore jamais ressenti. Bien après que la dépouille de Castor eut été portée en terre, Pollux continua à le chercher partout en prenant le ciel à témoin que Castor en mourant lui avait tout ravi, y compris son propre destin...

— Comme c'est étrange... En êtes-vous sûr ?

— Oui. Il se sentit soudain dépouillé de tout. Alors il supplia Zeus de le faire mourir lui aussi, pour lui permettre de rejoindre son frère au royaume des ombres. Il fut si éloquent que son père le prit en pitié. Mais Zeus ne lui permit pas de mourir, car sa destinée terrestre n'était pas encore achevée. Il décida que Castor et Pollux, se relayant l'un l'autre, passeraient alternativement six mois sur terre et six mois dans l'Hadès...

— Quelle sentence cruelle ! Ils aspiraient à vivre ensemble et leur père les condamnait à vivre à jamais séparés ?

— Moins cruelle que vous ne le pensez. Voyez-vous, Castor et Pollux étaient des êtres distincts, mais qui ne possédaient, à eux deux, qu'une seule existence. Le sort avait tranché les jours de Castor. Pollux devait donc sacrifier la moitié des siens pour permettre à son frère de ne pas mourir tout à fait et de revenir passer six mois par an sur la terre. Après avoir vécu l'un *avec* l'autre, ils étaient condamnés à vivre l'un *grâce* à l'autre. C'était la façon la plus intime dont ils pussent être unis. Lorsque Pollux mourut à son tour, Jupiter, pour le récompenser, les transporta tous deux au ciel, où ils rayonnent aujourd'hui sous la forme de deux étoiles de première grandeur que l'on appelle les Gémeaux.

— Quelle légende magnifique !

— Comprenez-vous à présent ce que nous autres psychanalystes entendons par « le complexe de Pollux » ? C'est une notion très riche, pleine de résonances et qui se prête à une foule d'amplifications ; mais remarquez que seuls peuvent en subir les atteintes ceux qui y sont prédisposés...

— Comment cela, prédisposés ?

Ce mot me dérouta, tant il correspondait peu à la façon dont les choses s'étaient déroulées, du moins en ce qui me concernait. Je n'étais nullement « prédisposé » à découvrir que j'avais un frère, le jour où je m'étais rendu au Père-Lachaise avec ma mère. Ç'avait été pour moi une révélation subite. D'où la violence du choc.

— Saisissez-moi bien, poursuivit le professeur. Ce complexe

ne se manifeste que chez les tempéraments solitaires et émotifs, qui disposent d'un grand potentiel d'affection inutilisé. En outre, il faut que ce potentiel puisse se porter sur un être — mort ou absent — susceptible d'être idéalisé, c'est-à-dire paré de toutes les vertus imaginables. A la longue, ce frère exemplaire mais absent — et donc passionnément recherché — finit par revêtir un éclat extraordinaire. Celui qui est le siège d'un phénomène de ce genre aura l'impression qu'une étoile vient de s'allumer en lui. Là encore, la légende contient une grande part de vérité.

— Une étoile ! C'est cela... C'est exactement cela... J'en informerai mon ami, si vous le permettez.

— Je n'y vois aucun inconvénient, répondit le professeur. Mes propos n'ont rien de confidentiel. Mais dites-lui aussi de ne pas s'en alarmer. C'est un complexe dont on guérit très vite grâce à la psychanalyse. Il suffit pour cela d'une dizaine de séances.

Je sortis de chez Hesnard profondément désemparé. Pour nous autres modernes, le complexe est quelque chose de malsain, de honteux, une tare dont il convient de se débarrasser au plus vite. Comme je préférais les Grecs qui projetaient vers l'extérieur leurs problèmes intérieurs et les transformaient en mythes ! Et puis, pouvais-je considérer comme *une tare* cette soif de fraternité que rien ne parvenait à étancher ? Que serais-je sans elle ? Un homme aride et desséché, n'éprouvant aucun besoin de se porter au-devant des autres... Vouloir en « guérir » me parut une lâcheté. C'eût été renoncer à tout élan et m'amputer volontairement d'une part de moi-même. Je préférais de beaucoup l'autre forme de guérison, qui consistait à conserver ma blessure, à obéir à ses injonctions jusqu'au jour où elle se transformerait enfin en étoile.

Dès lors je décidai non d'extirper ce complexe — si tant est que j'en fusse affligé —, mais d'écouter ses appels, de m'en faire *une raison d'être*. Quoi qu'il m'en ait coûté de souffrances et de déceptions, je crois que la voie que j'ai choisie était la meilleure parce qu'elle était la plus conforme à ma nature.

CHAPITRE IV

L'EXEMPLE DE L'ARBRE

(avril 1908)

A partir de 1905, la maladie sembla s'être installée chez nous à demeure. Mon père était constamment souffrant. Aussi loin que je m'en souvienne, j'avais toujours vu sa tête enveloppée d'un épais pansement de crêpe blanc, enroulé autour de ses tempes comme un turban neigeux. Avec sa haute stature — mon père mesurait près d'un mètre quatre-vingt-quinze —, cette coiffure bizarre ne passait pas inaperçue. Elle lui donnait une ressemblance étrange avec les ambassadeurs d'Orient, venus rendre hommage au Doge de Venise, tels que Carpaccio les a peints dans une de ses toiles.

Agé à l'époque de cinquante-quatre ans, il m'apparaissait avec sa barbe grise et sa calvitie prononcée non point comme un père, mais comme un homme prématurément vieilli, séparé de moi par une distance infranchissable. D'où provenait l'infection pernicieuse qui ne cessait de le ronger ? D'une mauvaise piqûre que lui avait infligée, vers 1895, un insecte inconnu, au cours d'une longue équipée à travers l'Extrême-Orient. De nos jours, une ou deux injections de pénicilline auraient suffi à l'en débarrasser. Mais, en 1908, les antibiotiques n'avaient pas encore été découverts, de sorte que mon père dut subir successivement onze opérations à la tête. Sinusites, otites et mastoïdites se suivaient à intervalles rapprochés et nécessitaient autant d'interventions chirurgicales. De ce fait, une cavité profonde s'était creusée dans son occiput gauche et lui avait fait perdre l'usage de l'oreille correspondante.

Cette semi-surdité élargissait encore le fossé qui nous séparait. Cependant, il n'est que juste d'ajouter que mon père supportait son mal avec une résignation stoïque et ne faisait jamais allusion aux souffrances qu'il endurait. Mais son mauvais état de santé avait assombri son caractère et lui avait enlevé une grande partie de sa vitalité qui durant sa jeunesse avait été exceptionnelle. Toute conversation avec lui était devenue très difficile parce qu'il fallait lui parler à travers un appareil acoustique. Ah ! être fils unique et ne pouvoir rien dire à son père sans le truchement d'une sorte de téléphone portatif, cela ne facilitait guère les confidences ni les élans du cœur ! J'étais tellement accoutumé de voir sa tête enturbannée de blanc que cette image m'était devenue familière.

Sur ces entrefaites, ma mère tomba brusquement malade à son tour. Cette nouvelle épreuve me frappa comme un événement d'autant plus cruel qu'il nous prit au dépourvu.

Le docteur Goldschmidt, notre médecin de famille, avait diagnostiqué un cas de tuberculose intestinale. On fit examiner ma mère par le professeur Pozzi, qui confirma cette opinion et déclara qu'elle était perdue si on ne lui faisait pas subir de toute urgence une « laparotomie ».

La laparotomie était une opération des plus graves à laquelle on n'a que très rarement recours aujourd'hui. Elle consistait à ouvrir de bas en haut le ventre des malades pour en sortir à pleines mains les entrailles, à les exposer quelques instants à la lumière du jour ; puis à les laisser retomber dans la cavité abdominale où elles reprenaient d'elles-mêmes leur place naturelle — du moins on l'espérait. Il va sans dire que cette manipulation n'allait pas sans risques pour le patient, risques que seul le professeur Pozzi se targuait de pouvoir maîtriser grâce à sa virtuosité technique. Afin de subir cette opération terrible, ma mère avait été transportée à la clinique de la rue Georges-Bizet où exerçait ce « grand patron », secondé par une équipe d'assistants triés sur le volet.

Le départ de ma mère, son absence prolongée, joints au souci qui se lisait sur le visage de mon père, m'avaient alerté. En surprenant une conversation chuchotée derrière un paravent entre mon père et le docteur Goldschmidt, je compris que ma mère était en danger de mort et pourrait bien ne jamais revenir à la maison. Cette perspective me remplit d'une tristesse déchirante.

Si ma mère disparaissait, j'en éprouverais un tel chagrin que je n'y survivrais pas.

Après huit jours d'absence, où ma mère, suspendue entre la vie et la mort, était hors d'état de recevoir des visites, j'appris que je serais autorisé à la voir quelques minutes le mercredi suivant « à condition de rester bien sage et de ne pas la fatiguer ».

Le dimanche, le lundi et le mardi s'écoulèrent dans une attente fébrile, qui allait en augmentant au fil des heures. Enfin arriva le mercredi tant désiré où je devais être admis en sa présence. Comment allais-je la trouver ? Me reconnaîtrait-elle et, surtout, pourrions-nous échanger quelques mots ? Ou bien devrais-je me borner à la contempler pâle, exsangue et presque inanimée sur son lit de douleur ? Telles étaient les questions que je me posais en me rendant rue Georges-Bizet. En arrivant à la clinique, je crus me trouver mal, tant était forte l'odeur d'éther et de formol qui imprégnait tout. J'entrai, le cœur battant, dans la petite chambre blanche où elle était allongée. Elle était très pâle ; son visage était émacié et ses deux mains amaigries, où couraient des veines mauves, reposaient, immobiles, sur le drap de son lit. Nous étions convaincus, elle et moi, sans toutefois nous l'avouer, que cette première visite serait la seule et ne se renouvellerait pas, car elle accusait une forte fièvre depuis la veille et le docteur Pozzi parlait, en fronçant les sourcils, de complications imprévues. Pourtant, en me voyant pénétrer dans sa chambre, ma mère entrouvrit les paupières, sourit imperceptiblement et eut malgré tout la force de me parler : mes yeux se remplirent de larmes en entendant sa voix. C'était bien la sienne, mais elle avait été profondément altérée par la souffrance. Je reconnus son timbre tendre et enveloppant ; mais elle paraissait beaucoup plus faible que d'habitude.

Me prenant la main, elle me rapprocha du lit et s'adressa à moi en faisant appel à toutes les forces qui lui restaient. Je faillis éclater en sanglots tant était intense mon émotion.

— Mon petit Jacquot, je me sens faible et c'est peut-être la dernière fois que nous nous parlons. Alors écoute-moi bien et souviens-toi de ce que je vais te dire. Tu me le promets ?

— Bien sûr, maman, je te le promets.

— Peut-être certains te diront-ils, quand tu seras plus grand, qu'il n'y a rien de plus enviable pour un homme que d'appartenir à la « race des seigneurs » et moi je te dis : n'en crois rien ; ce qui est le plus beau, et de loin, c'est d'appartenir à la « race des serviteurs », des vrais, de ceux qui n'en font pas étalage et n'en parlent jamais. C'est d'ailleurs infiniment plus difficile et, par conséquent, plus méritoire. N'oublie jamais qu'en vieux français le mot « Meschin » signifie « serviteur » et aussi « jeune homme ». Les chevaliers désignaient ainsi familièrement l'écuyer qu'ils emmenaient avec eux à la bataille et qui portait leur écu.

J'avais beau avoir bientôt sept ans, ces notions d'étymologie étaient un peu trop compliquées pour moi.

— Comment arriverai-je à être un bon serviteur ? lui demandai-je avec une voix où perçait une pointe d'anxiété. Comment saurai-je jamais si j'y suis parvenu ?

Ma mère resta un long moment silencieuse ; puis elle me dit : « Va à la fenêtre et dis-moi ce que tu y vois. »

Je m'approchai de la baie vitrée et jetai un regard au-dehors. Un superbe marronnier se dressait dans toute sa splendeur au milieu de la cour. On distinguait sur ses branches des centaines de fleurs prêtes à éclore, comme autant de petites chandelles blanches.

— Maman, je vois un arbre.

— Apprends la leçon qu'il te donne et suis fidèlement son exemple, répondit ma mère d'une voix plus assurée.

— Quelle leçon ? lui demandai-je.

— Celle qu'il t'enseignera si tu l'observes avec suffisamment d'amour.

De nouveau ma mère garda le silence. Puis elle reprit, en appuyant sur chaque mot :

— Il est né d'un petit marron planté en terre et puis, jour après jour, il a grandi en haussant sa cime vers le ciel. Ce fut un travail gigantesque quoique imperceptible. Il a duré sans interruption année après année jusqu'à ce qu'il soit devenu une véritable cathédrale de verdure. Et qu'a-t-il pris à la terre pour accomplir ce prodige ? Très peu de chose ; on peut même dire presque rien : un peu de terre, un peu d'eau, quelques sels minéraux et beaucoup de lumière. En échange que nous a-t-il donné ? Tout ! Absolument tout. Il n'a rien conservé pour lui-même. Il nous a tout restitué et même bien davantage, sous les formes les plus diverses. Avec sa frondaison, il nous donne de l'ombre et de la fraîcheur en été ; de son tronc on tire le bois dont nous habillons nos maisons ; avec ses feuilles, quand elles sont tombées à terre, il recrée de l'humus indispensable à sa croissance. Il n'a rien en lui qu'il ne nous donne et, finalement, quand il nous a tout donné, il nous recueille encore entre ses planches où nous reposerons tous en attendant la résurrection...

— Reste fidèle à l'exemple de l'arbre, car il est le modèle du bon serviteur. Il est celui qui donne tout aux autres, infiniment plus qu'il ne prend. Remarque aussi qu'il accomplit cette tâche avec les trois qualités suprêmes : l'altruisme, le silence et la générosité. Si l'on peut discerner chez lui du courage et de la ténacité, on chercherait en vain la moindre trace de présomption ou d'orgueil. Certes, il doit lutter pour assurer sa croissance, car rien dans ce monde ne s'obtient sans combat. Mais il ne cherche jamais à s'imposer aux autres ; impossible de déceler en lui la moindre « volonté de puissance » ni la moindre trace de violence. Il s'efforce simplement d'occuper le plus parfaitement possible le fragment d'espace qui lui a été dévolu par les lois de son espèce. C'est pourquoi il répand autour de lui une si profonde impression de calme et de sérénité. Et quand il s'effondre enfin, au terme de sa course, frappé à mort par l'âge ou par l'adversité, nous le dépouillons une dernière fois de ses ramures desséchées au feu ardent desquelles nous réchauffons nos corps et nos âmes...

Je lève la main dans la direction de ma mère car j'ai peur qu'elle ne se fatigue. Elle est encore si faible ! C'est la première fois qu'elle me tient un discours aussi long et qui m'intéresse bien plus que les leçons de mes professeurs d'école. Je voudrais lui prouver que je l'ai bien comprise et que je ferai de mon mieux pour suivre son conseil. Ce qu'elle vient de me donner, je m'en rends bien compte, est une leçon de vie, mais l'aurait-elle fait, si elle ne s'était pas trouvée elle-même au seuil de la mort ?

Puis, se reprenant, elle ajoute :

— Si tu fais dans ta vie seulement le centième de ce que fait un arbre dans la sienne, tu pourras te dire, sans risque de te tromper, que tu appartiens véritablement à la race des serviteurs.

J'écoute ma mère les yeux écarquillés, émerveillé d'apprendre de sa bouche tant de si grandes choses en si peu de temps.

— Dis-moi, maman, où as-tu appris tout cela ? lui demandé-je avec étonnement.

— Tu en sauras bien davantage lorsque tu seras plus grand.

Certes, je ne comprends pas entièrement le sens de toutes ses paroles, mais je me dis que j'aurai le temps d'y réfléchir au cours des jours qui viennent. Je suis certain, cependant, et je le suis dès à présent, que l'exemple de l'arbre restera gravé dans ma mémoire, inextricablement mêlé à l'odeur entêtante de l'éther et du formol, et aussi à cause de l'expression de gravité solennelle avec laquelle ma mère m'a parlé de lui. A présent, sa tête retombe sur l'oreiller. Mais son front est plus lisse et son visage plus rasséréné que lors de mon arrivée.

Avant de quitter la pièce, je jette un dernier regard à travers la fenêtre et contemple le marronnier qui ne m'a jamais paru plus beau ni plus digne d'admiration qu'à cet instant.

*

A quelque temps de là, ma mère commença à aller mieux et rentra à la maison pour y achever sa convalescence. Celle-ci fut longue et difficile. Moins longue toutefois qu'on aurait pu le craindre, car l'examen de son système digestif n'avait laissé apparaître aucune trace de tuberculose. En fin de compte, le diagnostic était erroné ; on aurait pu éviter cette opération qui avait failli lui coûter la vie. Elle pardonna leur erreur à ses médecins.

Bien qu'immobile et silencieux l'arbre m'avait rendu un double service. D'une part, il avait élargi le cercle de mes connaissances ; de l'autre, il avait contribué à accélérer la guérison de ma mère. Deux bienfaits trop grands pour que je puisse jamais les oublier.

CHAPITRE V

LA MORT DE TOLSTOI

(novembre 1910)

Comme d'habitude, je suis seul dans ma chambre. Je rêvasse. Je m'ennuie. Il doit être tard, car la cour de l'immeuble est sombre et seules les fenêtres du pavillon d'en face sont éclairées.

Ma mère entre. Elle est en robe du soir, toute blanche, avec une traîne. Elle doit dîner en ville et vient me souhaiter bonne nuit avant de partir. C'est un moment très doux. Presque une cérémonie, que je voudrais prolonger le plus longtemps possible. Mais je sens tout de suite qu'elle est triste. Elle ne sourit pas comme d'habitude. Son visage est grave. Pourquoi est-elle triste puisqu'elle va à une fête ? Elle me prend dans ses bras, pose un baiser sur mon front et me dit à voix basse :

— Mon chéri, je ne devrais pas t'en parler, mais j'ai pensé qu'à neuf ans tu étais assez grand pour comprendre...

Je suis suspendu à ses lèvres. J'attends un drame, quelque chose d'irrémédiable et d'inattendu qui va transformer ma vie.

— Tolstoï est mort !

Qui est ce Tolstoï ? Je ne le connais pas. Si c'est un chien, ça va. Mais si c'est une personne, il a un drôle de nom. Peut-être un ami de papa ? Pas un ami intime à coup sûr, car je ne me souviens pas d'en avoir entendu parler. Alors pourquoi faire tant d'histoires ? J'espérais quelque chose de pire. Je suis déçu.

— Naturellement, tu ne sais pas qui c'est...

— Mais si, maman, je le connais très bien, dis-je d'un air entendu pour cacher mon ignorance.

— Tu le connais ? Ne dis donc pas de bêtises...

— C'est le monsieur que nous avons rencontré dimanche dernier, avenue du Bois...

— Mais non. C'était le prince Murat. Tolstoï est un écrivain russe qui n'est jamais venu ici.

— Et tu as du chagrin ?

— Beaucoup, mon petit.

Tout cela me surprend. Pourquoi maman a-t-elle du chagrin à cause d'un monsieur russe que nous ne connaissons pas ?

— On n'a pas toujours besoin de connaître les gens pour les aimer...

Je trouve cela outrageant. Comment ? Maman aime une quantité de gens qu'elle ne connaît pas et que je n'ai jamais vus ? Peut-être les aime-t-elle plus que moi ?

— Il était jeune et beau ? demandé-je avec inquiétude.

— Non, répond maman. Il était vieux — et beau quand même.

— Très vieux ?

— Quatre-vingt-deux ans.

Qu'un homme puisse avoir quatre-vingt-deux ans me dépasse. Quatre-vingt-deux ans ! Il devait être vieux, vieux, vieux, comme un arbre. Une distance incommensurable m'en sépare. Je dirais aujourd'hui des années-lumière. Est-ce que les années-lumière peuvent traverser la nuit ? Car il est entouré de noir. C'est un grand arbre dans la nuit.

— Qu'est-ce qu'il faisait ?

— Il écrivait des livres que tu liras plus tard : *les Cosaques*, *Guerre et Paix*, *Résurrection*...

Ces titres me plaisent. Tolstoï, je commence à le voir. C'était un cosaque, mort à la guerre et qui est ressuscité.

— Je t'ai apporté un numéro de *l'Illustration* avec des photos de lui. Regarde !

Je m'attendais à voir un cavalier galopant à travers la steppe avec une toque d'astrakan et un dolman à brandebourgs. Je vois un vieux monsieur avec une grande barbe, qui n'a d'ailleurs pas l'air aussi vieux que je l'imaginais. Il porte une blouse blanche. Ses grosses mains fatiguées sont posées sur ses genoux comme celles d'un paysan. Il a un nez en pomme de terre et des yeux tristes. Il ressemble à un chien très bon, que l'on voudrait caresser.

— Et ça ? dis-je, en regardant une autre image.

— C'est sa maison de Iasnaïa Poliana.

— Iasnaïa Poliana ?

Je répète ce nom plusieurs fois. Il est doux et chantant.

— Mais c'est une grande maison. Un château. Il devait y être très bien... Et celle-ci, la plus petite ?

— C'est la gare où il est mort.

— Ah !

C'est drôle. Est-il mort de fatigue à force d'attendre le train ?

— Pourquoi n'est-il pas mort chez lui ?

— Parce qu'il y était malheureux.

Il y a quelque chose que je n'arrive pas à comprendre. Maman a dû voir une interrogation dans mes yeux, car elle me dit, d'une voix très douce, comme lorsqu'elle m'apprend l'Histoire sainte :

— Ecoute-moi bien, et souviens-toi de ce que je vais te dire. Il avait tout pour être heureux : la gloire, la fortune, une femme qui l'aimait, des enfants qu'il adorait et qui l'aimaient eux aussi. Pourtant, il n'était pas heureux. Il était malheureux parce qu'il y avait trop de misère, trop d'injustices sur la terre. Trop d'indigents qui n'avaient ni fortune ni famille. Des gens qui étaient seuls et que personne n'aimait. Alors il souffrait en pensant à eux. Il se disait que sa gloire, que sa maison, que son bonheur, il ne les méritait pas. Il s'est débattu pendant des années. Et puis, sentant venir la mort, il a voulu se mettre en règle avec sa conscience. En règle avec Dieu qui avait dit : « Qui m'aime doit tout quitter pour me suivre. » Alors il a décidé de rejoindre la grande armée des pauvres et de tout abandonner, sans rien emporter avec lui.

J'écoute ce que dit ma mère avec une émotion grandissante. Les belles histoires m'ont toujours fasciné. Perséphone descendant aux enfers ; Orphée enchantant les animaux ; Roland sonnant le cor ; les Chevaliers de la Table ronde... Tolstoï allant rejoindre l'armée des pauvres restera gravé dans ma mémoire comme une vieille légende.

— Alors, la semaine dernière... poursuit ma mère.

— La semaine dernière ? m'écrié-je en sursautant.

Comment ? Cela ne s'est pas passé dans un monde lointain et révolu ? Cela a eu lieu il y a quelques jours, pendant que je jouais tranquillement dans ma chambre ? J'aurais pu y assister si j'avais été là ? La légende est toujours vivante et présente parmi nous ? Cette notion subite me bouleversa encore plus que le récit de ma mère. Ainsi, hier Orphée ; aujourd'hui Tolstoï ; demain, moi — qui sait ? — je pourrais être happé par elle ? Il va falloir prendre garde. Quelle découverte prodigieuse...

— Alors, la semaine dernière, reprend ma mère, il est parti de chez lui. C'était déjà l'hiver là-bas, en Russie. Il faisait très froid. Des flocons de neige tombaient. Le ciel était gris. Il a mis sa grande houppelande…

— Qu'est-ce que c'est une houppelande ? Une armure ?

— Mais non. C'est un manteau de berger. On n'a pas besoin d'armure pour aller retrouver les pauvres. Mais je n'en finirai jamais si tu m'interromps tout le temps. Ton père va venir. Il va falloir que je m'en aille. Pourtant, je n'en ai guère envie. J'aimerais bien mieux passer la soirée avec toi, à te parler de notre ami.

Ces derniers mots m'inondent de bonheur. Moi aussi, je préférerais rester toute la nuit avec maman à parler de Tolstoï, plutôt que d'aller me coucher.

— Il a mis sa houppelande et il est parti. Il a marché à travers la neige, pour fuir le monde, ses injustices et ses mensonges. Il ne savait pas très bien où il allait. Il n'allait pas quelque part. Il s'en allait de tout. Il n'y avait pas de lumière à l'horizon ; il ne portait pas de lanterne à la main pour éclairer sa route. Seulement une lumière dans son cœur. Tiens, tu le vois sur cette image, s'enfonçant dans la neige…

Je regarde l'image. Ce n'est pas une photo, c'est une lithographie. Mais pour moi c'est tout comme. J'y vois une grande étendue de neige, quelques sapins, une piste bordée par deux talus. Un grand vieillard très droit, avec une longue barbe blanche où s'entremêlent quelques flocons. Il s'appuie sur un bâton noueux. Je ne distingue pas bien ses traits. Il a l'air d'un patriarche. Et la neige, toujours la neige, à perte de vue. Quelle tristesse ! Quelle solitude… Ma gorge se serre.

— Tu m'as dit qu'il avait des enfants. Aucun d'eux ne l'a accompagné ?

— Non, dit ma mère après un instant d'hésitation. Peut-être étaient-ils en voyage…

— Et où est-il allé, puisqu'il n'avait pas de but ?

— Le sentier sur lequel il s'était engagé conduisait à la petite gare du village. Il y est arrivé, à bout de force. C'était une gare très froide, au milieu de la plaine. Il a ouvert la porte. Il est entré dans la salle d'attente. Elle était vide. Alors, il s'est couché par terre et a attendu la mort.

Ah non ! C'est trop injuste.

— Il n'y avait personne auprès de lui pour lui tenir la main ?

— Tu sais, Jacques, toutes les choses vraiment grandes s'accomplissent dans la solitude. Quand Jésus s'est trouvé sur le mont des Oliviers, dans la nuit qui a précédé la crucifixion, il était seul. Tous ses amis, tous ses disciples l'avaient abandonné...
— Pas un seul n'était là ?
— Pas un seul. Et pourtant jamais personne n'a aimé les autres autant que lui... Vois-tu, mon chéri, ni le succès, ni la gloire, ni la fortune ne sont rien. Il faut savoir tout quitter pour suivre son chemin, sans s'occuper de ce qu'en diront, de ce qu'en penseront les autres. Quand on a entrevu la vérité, il faut être assez fort pour tout lui sacrifier.
— Ça doit être facile.
— Moins que tu ne le penses.
— Moi, je ne l'aurais pas laissé seul. Je l'aurais accompagné et il ne serait pas mort.
Ma mère me caresse les cheveux.
— Bien sûr ! Mais il ne suffit pas de le dire. Il faut pouvoir le faire. Nous verrons cela plus tard. Pour le moment, tu n'en as pas la force.
Comment, je n'en ai pas la force ? J'en ai cent fois la force. Et je le prouverai... D'ailleurs, quand je serai grand, je serai plus fort que tout le monde. Sauf mon frère, bien entendu. Mais lui, c'est autre chose...
— Alors, il est mort ? demandé-je à voix basse.
— Oui.
Cela me donne à réfléchir. Je suis prêt à tout quitter. Mais mourir ? Pas encore. J'ai encore trop de choses à apprendre et à faire...
— Et comment est-il mort ?
— Il est mort dans la salle d'attente. Sans lumière. Sans feu. Sans témoin. Sans personne. Il est mort de froid et d'épuisement. Mais au moment de mourir, il a dû voir les cieux s'entrouvrir et des légions lumineuses descendre vers lui pour accueillir son âme.
— Et après ?
— Après ? La neige a continué à tomber sur Iasnaïa Poliana... Doucement. Calmement... C'est seulement le lendemain matin qu'on l'a découvert et qu'on a su qu'un saint venait de quitter la terre.
Ma mère s'arrête. Je vois une larme briller dans ses yeux.
— Mais toi, maman, tu ne vas pas me quitter, au moins ?
— Oh non ! C'est toi qui es ma vérité... Et toi ?

— Oh moi...

Je ne sais plus que dire. Tout cela est trop bouleversant. Je m'affale sur les genoux de ma mère. J'enfouis ma tête dans sa robe blanche comme la neige qui continue de tomber sur Iasnaïa Poliana.

Et nous pleurons tous deux sur la mort de cet homme que nous n'avons connu ni l'un ni l'autre.

CHAPITRE VI

LE SANG DES LARREY

Mon père était un représentant typique de la grande bourgeoisie française. J'entends par là cette catégorie de citoyens qui avait pris son essor grâce à la révolution de 1789, qui s'était copieusement enrichie durant l'Empire et la Restauration et qui n'avait cessé depuis lors d'assurer une part grandissante dans la direction des affaires publiques. Parmi ses ascendants on comptait un grand nombre de fonctionnaires, de préfets, de députés et de grands commis de l'Etat. Mais, quand je cherche l'adjectif le plus propre à le dépeindre, je dirais qu'il était « seigneurial ». Il l'était dans ses paroles, dans ses gestes, dans son comportement, dans la manière de se vêtir comme dans le port de sa tête dont la majesté était accentuée par son turban blanc qu'il conservait jour et nuit. Sa haute taille lui donnait une allure de distinction et d'autorité.

Né à Chinon en 1854, il avait quinze ans de plus que ma mère. Il fréquentait les noms les plus huppés de l'aristocratie française — les Breteuil, les Blacas, les Mailly-Chalon ; il habitait un hôtel particulier, 11, rue de la Faisanderie, était membre du Jockey Club, possédait une écurie de courses à Chantilly, avait sa loge à l'Opéra. Bref, il était à Paris de tous les bals et de toutes les fêtes et menait la vie insouciante d'un jeune homme fortuné, oisif et élégant. Ajoutons encore qu'il était fort bien vu à la cour de St. James en raison des liens d'amitié qui l'unissaient au futur Edouard VII qui le considérait comme son maître d'élégance et suivait docilement ses conseils en matière vestimentaire. A son retour des Indes où il était allé chasser l'éléphant sur les terrains réservés à la famille royale, le prince de Galles qui avait succédé à la reine Victoria dans l'intervalle (1901), sachant qu'il était un des plus fervents artisans de l'Entente Cordiale et connaissant sa réputation d'honnêteté, lui avait confié le soin de représenter les mines d'or du Transvaal à la Bourse de Paris. Enfin, il était chaleureusement recommandé au Roi par un de ses conseillers les plus écoutés — Sir Ernest Castel — et passait fréquemment les week-ends au château de Sandringhan avec l'ambassadeur de France à Londres, M. Waddington.

Tout autre en revanche était l'extraction de ma mère. Elle était issue d'un milieu honorable mais modeste qui comprenait surtout des travailleurs de force, des artisans, des vignerons et des pêcheurs de la Gironde. L'un d'eux n'avait pas hésité à se faire inscrire à l'état civil comme portefaix ; un autre, nommé Robert Dagrant, était fondeur et avait obtenu, à la suite d'un concours difficile, le certificat de meilleur ouvrier de France.

Elle avait grandi dans la petite maison que sa mère possédait rue Monadey, dans un des quartiers périphériques de Bordeaux. Autant le comportement de mon père était fier et majestueux, autant celui de ma mère était humble et réservé. Elle avait horreur de se faire remarquer. Pourtant, à la fois distinguée et ravissante, elle avait tout lieu d'être fière aussi de sa lignée car elle descendait, par sa grand-mère, du baron Jean Dominique Larrey que Napoléon avait anobli et promu chirurgien en chef des Armées impériales, en considération de ses capacités de praticien, de ses qualités humaines exceptionnelles, ce qui valait à mes yeux les plus belles lettres de noblesse. Né en 1766 à Beaudéan (comté de Bigorre), il avait accompagné Bonaparte dans sa campagne d'Egypte en 1798 ; il avait fait à côté de lui une entrée triomphale au Caire le 25 juillet de la même année, s'était promené, au mépris total de la mort, parmi les pestiférés de Jaffa en 1799 et avait protesté avec vigueur contre le massacre des prisonniers de cette ville. Après le retour du corps expéditionnaire, Larrey était rentré à Paris et, ayant survécu à l'Empereur, il assista à la révolution de 1830 où on le vit, malgré son âge, se précipiter dans la mêlée pour relever et soigner les blessés tombés sur les barricades (c'étaient pour la plupart des élèves de l'Ecole Polytechnique). Tous ceux qui l'ont connu témoignent d'un trait particulier de son caractère : son horreur de la souffrance et son souci de soigner et de guérir sans distinction tous les blessés qu'il rencontrait sur sa route. J'ai toujours été convaincu que c'était à la part du sang des Larrey qui coulait dans ses veines que ma mère devait une ouverture de cœur peu commune. Elle aussi avait la passion de soigner et de guérir ou, plus exactement, un sens intuitif de la souffrance qui contribua grandement à alléger celles de mon père lors des innombrables opérations qu'il dut subir à la tête. Dans presque tous les hôpitaux où il passait successivement, les infirmières-majors étaient stupéfaites de constater les talents innés et l'entrain de ma mère et la requéraient souvent auprès d'elles pour les seconder dans leur service. Bref, elle méritait pleinement l'épithète d'*Anima naturaliter christiana* par laquelle saint Jean de la Croix cherche à définir sainte Thérèse d'Avila, formule que je devais lui appliquer plus tard lorsque je lui dédiai ma traduction des *Lettres de Goethe à Augusta de Stolberg*. Alors que n'importe quelle autre femme de sa condition se serait réjouie d'habiter un appartement de dix-sept pièces dans la Plaine Monceau, elle n'arrivait pas à y vivre sans éprouver un sentiment de gêne et de culpabilité en pensant à tous les déshérités. Un jour, mon père quelque peu irrité de cette attitude lui avait dit en ma présence, avec l'accent que l'on prend pour exprimer une chose allant de soi :

— Mais, ma chère amie, avant de vous avoir rencontrée, je ne savais même pas ce qu'était un pauvre !

Ce mot m'avait surpris, je dirais même choqué, surtout après ce que ma mère m'avait dit lors de la mort de Tolstoï et de l'empreinte que m'avait laissée la description qu'elle m'avait faite de ce grand écrivain quittant en plein hiver son foyer et sa maison pour aller au-devant de la « grande armée des pauvres ».

CHAPITRE VII

COLLÉGIEN EN ANGLETERRE

(1910-1911)

Nous passions souvent nos vacances en Angleterre. Mon père aimait particulièrement ce pays et ne mettait rien au-dessus de l'éducation britannique. « En France, disait-il, on fabrique des bêtes à concours ; en Angleterre, des caractères, ce qui est bien préférable. » Malgré ses conformismes apparents, mon père était un esprit très original : « De toute façon, aimait-il à dire, mon fils est français ; il parlera donc le français inévitablement. Commençons par autre chose pour gagner du temps : apprenons-lui l'anglais. » Craignant d'autre part que la présence de ma mère ne développât en moi un penchant fâcheux à la sensiblerie, mon père me mit en pension à l'âge de dix ans à l'école de Bedales, *Preparatory School* du Hampshire, située à quelques kilomètres de Petersfield, où la plupart des fils de grandes familles anglaises allaient faire leur apprentissage de la vie. Les garçons étaient destinés aux plus hauts postes de la Marine, de l'Armée ou de la diplomatie, y compris celui de « Vice-Roi des Indes » qui devait échoir, plus tard, au fils de Lord Curzon.

Bedales était un collège mixte et très en avance sur l'époque. Avec les écoles d'Eton et de Harrow auxquelles Bedales préparait l'accès, ces collèges étaient « la voie royale » menant aux universités d'Oxford et de Cambridge, ces hauts lieux de l'éducation anglaise. Filles et garçons y étaient élevés sur un pied de stricte égalité ; mais cela ne me dispensa pas de recevoir une série de brimades humiliantes et douloureuses, pour bien me faire comprendre que je n'étais qu'un Français, c'est-à-dire peu de chose auprès de mes camarades de classe britanniques. En veut-on un exemple ? Lorsque mon père voulut m'inscrire au cours de boxe, on me donna pour partenaire un gaillard de quatorze ou quinze ans ; moi-même en avais à peine dix ; la disproportion des poids et des forces était telle que je devais me contenter de recevoir les coups sans jamais pouvoir les rendre. Bientôt, les arcades sourcilières meurtries et le visage tuméfié, je me dégoûtai rapidement du « noble art ».

A Bedales néanmoins, j'avais perfectionné mon anglais au point de le parler aussi correctement que mes camarades préférés, Herbert Montagu et Vivian Cunningham. J'y avais aussi fait du football, de l'équitation, de la course à pied ; mais, à part cela, je n'y avais pas appris grand-chose.

Pourtant, quand je dis « je n'y ai pas appris grand-chose », je mesure plus exactement aujourd'hui la portée et la signification d'événements dont les conséquences étaient alors imprévisibles.

En effet, mon séjour à Bedales coïncida avec la première révolution chinoise et la proclamation de la première république par Sun Yat-sen, en octobre 1911. Nos professeurs nous en parlaient longuement chaque jour, ce qui n'aurait sans doute pas été le cas à Paris. La France possédait un empire, mais ne suivait ce qui s'y passait qu'avec détachement. Au sein de l'Empire britannique, il n'en allait pas de même ; l'Anglais suivait l'évolution de chacune de ses parties avec une attention passionnée et, plus particulièrement, les événements qui se déroulaient en Chine, car ils pouvaient avoir une répercussion directe, à la fois sur les Indes et sur la métropole. J'acquis ainsi une sorte d'ouverture sur le monde et, comprenant très tôt que tous les continents étaient interdépendants, je n'établis jamais de cloison étanche entre ce qui est « français » et ce qui est « étranger », comme le font si souvent mes compatriotes ; j'évitai également de tomber dans l'erreur inverse qui consistait à considérer toutes nos possessions d'outre-mer comme interchangeables, sans tenir compte de leur spécificité, et en appliquant une politique d'assimilation absolument contraire à leur propre nature.

Malgré ce brusque arrachement au milieu familial qui avait surtout pour objet de m'éloigner de ma mère, je ne regrette nullement le temps que j'y ai passé. Bedales fut pour moi une école d'endurance. Aucun exercice n'y était jamais assez dur ni le « porridge » assez clair pour rappeler le brouet spartiate.

Chaque fois qu'il pleuvait — c'est-à-dire souvent —, les leçons étaient suspendues et l'on nous envoyait escalader au pas de gymnastique les flancs d'une colline qui s'appelait *Shoulder of Mutton Hill.* J'arrivais généralement au sommet dans le peloton de tête, mais cassé en deux par un point de côté. C'est sans doute à ces courses à travers la campagne, effectuées le torse nu, en toute saison, que j'ai dû la résistance physique dont j'ai bénéficié par la suite.

Je n'ai gardé qu'un souvenir confus du directeur de l'école, M. Bradley ; qu'un souvenir irrité de Miss Hornyblow, la gouvernante, qui avait le physique et le comportement d'un dragon. Je supportai assez bien la coexistence des garçons et des filles ; mais la rudesse de l'éducation anglaise finit par compromettre ma santé. Au bout d'une année scolaire, j'avais maigri de six kilos et j'avais, comme disait le docteur Goldschmidt, « une mine de papier mâché ».

— Vous savez, dit alors le docteur à mon père, je ne vous conseille pas de renvoyer Jacques l'année prochaine à Bedales, car il finira par y tomber réellement malade. De quoi souffre-t-il ? Je n'en sais rien ; je serais même incapable d'établir un diagnostic. Je suppose qu'il s'agit des effets combinés du mal du pays et de la tristesse que lui cause la séparation d'avec sa mère. En tout cas, vous courez un risque que je n'ai pas le droit de vous cacher. Pourquoi vous acharnez-vous à vouloir lui donner l'éducation d'un grand fonctionnaire anglais ? Il ne le sera jamais. Croyez-moi : ramenez-le en France.

CHAPITRE VIII

GIBIER DE POTENCE

(1911)

Lorsque le docteur Goldschmidt avait recommandé à mon père de ne pas me renvoyer en Angleterre à la rentrée d'automne mais, au contraire, de me ramener à la maison et de me réintégrer à la vie familiale, le visage de mon père avait exprimé un mécontentement marqué, car c'était exactement tout ce qu'il était résolu à ne pas faire. J'ai expliqué plus haut les raisons pour lesquelles il souhaitait diminuer l'influence que ma mère pouvait exercer sur moi. Il finit cependant par se ranger à l'avis du docteur, convaincu qu'il trouverait un moyen de contourner l'obstacle et arriverait à me faire poursuivre mes études tout en me tenant à l'écart du foyer familial.

S'étant ouvert de ces soucis au baron de Turckheim, un membre de son cercle, celui-ci attira son attention sur l'Ecole Alsacienne, rue d'Assas, et mon père, ayant pris des renseignements sur les qualités de cet établissement scolaire, se résolut à m'y envoyer l'année suivante. Cette décision qui lui déplaisait lui fut facilitée lorsqu'il apprit que certains professeurs de l'Ecole prenaient chez eux, comme internes, un petit nombre d'élèves qu'ils logeaient et nourrissaient à leur domicile privé ; ainsi, comme on le fit remarquer à mon père, je pourrais, grâce à ce système, ne l'encombrer rue Brémontier que deux jours par semaine, le samedi et le dimanche. Restait à choisir le professeur. Après consultation avec M. Beck, le directeur de l'Ecole, mon père jeta son dévolu sur Mme Bronner, un professeur de septième, classe dans laquelle j'allais justement entrer. Deux jours plus tard, rendez-vous était pris entre mes parents et elle pour que je lui fusse présenté et qu'elle dît si elle consentait à me prendre comme pensionnaire.

Quand nous arrivâmes à son domicile — rue Madame —, je fus saisi à la gorge par une terrible odeur de gaz et de soupe aux choux que je n'avais jamais sentie rue Brémontier. Son appartement me parut incroyablement petit comparé à celui où j'avais vécu jusque-là. Mme Bronner était une sexagénaire corpulente aux cheveux grisonnants. Elle était assise dans un fauteuil élimé et commença par prononcer une petite allocution dont les termes m'étaient particulièrement destinés mais dont elle espérait aussi, bien sûr, qu'ils plairaient à mes parents :

— Alors, voilà ce petit Jacques dont on m'a déjà tant parlé ! Vous verrez, poursuivit-elle en se tournant vers mon père, comme je le chouchouterai, comme je le cajolerai ! Aussi bien que chez lui. Tu verras, mon petit chérubin, tu seras aussi bien que chez toi !

En entendant ces mots, mon père fronça les sourcils, car c'était exactement pour éviter cela qu'il cherchait à m'éloigner de la maison. Je m'aperçus de la bévue que Mme Bronner venait de commettre.

— Et puis, ajouta-t-elle, tu auras ici des petits camarades charmants avec lesquels tu t'entendras bien, je l'espère. Pour l'instant, il y en a trois ; vous serez donc quatre en tout, et je suis sûre que la bonne entente régnera entre vous. Il y a un Brésilien nommé Emmanuel d'Harcourt, un Juif alsacien nommé Max Haguenauer, un Hollandais qui va arriver la semaine prochaine.

Pendant tout ce discours, j'observai Mme Bronner. Je remarquai qu'elle avait le regard absent et semblait préoccupée par une question à laquelle elle cherchait en vain une réponse. Lorsque je la revis le lendemain en tête à tête, elle employa soudain un tout autre langage ; ce n'était plus celui de la veille, mais bien au contraire des propos fort sévères. Il était évident qu'elle avait trouvé la réponse à la question qu'elle se posait.

Que les parents qui habitaient au Brésil, en Alsace, en Hollande ou en Angleterre missent leurs enfants en pension chez elle était en soi normal. Mais comment se faisait-il qu'une famille aisée, vivant dans le XVIIe arrondissement, c'est-à-dire à Paris même et non loin de chez elle, choisissent d'y placer comme pensionnaire un fils unique qu'ils avaient largement la possibilité de loger, de nourrir et de garder chez eux, voilà qui lui semblait un mystère inexplicable ; il fallait que cet enfant ait un caractère impossible, quelque vice caché pour qu'on le reléguât ainsi sur l'autre rive de la Seine ! S'étant arrêtée à cette solution comme étant la plus plausible, elle me jeta un coup d'œil rempli de méfiance, résolue à percer cette énigme et à découvrir la perversité que je devais porter en moi et qui seule pouvait expliquer l'attitude de mes parents à mon égard. Très vite elle me renvoya dans ma chambre en me disant :

— Sois tranquille !... Je t'aurai à l'œil et je te soumettrai à une surveillance de tous les instants. Ne cherche pas à faire le mariolle : de toute façon, c'est moi qui aurai le dernier mot.

Ce discours me glaça. Mais je n'en éprouvai pas moins une certaine commisération pour cette femme aux cheveux gris qui était obligée d'accepter des pensionnaires chez elle au lieu de vivre seule dans son appartement et de jouir d'une tranquillité bien méritée à son âge.

Le lendemain — jour où l'odeur de chou avait cédé la place à une odeur de lentilles —, Mme Bronner se mit à se plaindre de l'augmentation du prix de la vie et de la difficulté qu'elle éprouvait, elle, pauvre veuve, à joindre les deux bouts et à assurer ses fins de mois avec le prix ridiculement bas qu'elle demandait aux parents de ses pensionnaires. A partir de ce moment, elle me mit en « résidence surveillée ». Chacun de mes regards, chacune de mes paroles, chacun de mes gestes fut observé méticuleusement. Bref, rien ne fut négligé pour arriver à mettre enfin au jour le vice mystérieux dont je devais être affligé. Je me sentais de plus en plus brimé, car Mme Bronner n'avait pas hésité à me dire que je ne lui cacherais pas longtemps mes travers les plus honteux et que, si néanmoins j'y parvenais, d'autres pensionnaires bien intentionnés ne manqueraient pas de les lui faire découvrir. Je me sentais littéralement cerné parmi tous ces observateurs et décidai de réagir. Hélas, mon initiative fut exactement contraire à celle que j'aurais dû prendre : je m'efforcerais de gagner la faveur de Mme Bronner en l'aidant à surmonter ses difficultés financières, ou tout au moins de me faire moins dissimulé et plus serviable.

Mais à vrai dire, comment m'y prendre pour ne pas raviver encore sa suspicion ?

Je cherchai longuement quelque moyen d'opérer au mieux ma

métamorphose et de m'attirer enfin ses faveurs, lorsqu'un soir je crus trouver effectivement l'occasion aussi inespérée que spectaculaire de la délivrer de toutes ses petites misères matérielles.

A chaque fin de journée, Mme Bronner nous réunissait dans le salon et confiait à chacun de nous une lampe Pigeon allumée pour nous permettre de retrouver nos chambres respectives.

Un soir que je regagnais la mienne, je remarquai une affichette sur le panneau de ma porte où je pus lire en caractères bien moulés :

UNE PRIME DE 10 000 FRANCS SERA VERSEE
A QUICONQUE REUSSIRA A FAIRE EXPLOSER
LA LAMPE.

« 10 000 francs ! ne pus-je m'empêcher de répéter à voix basse, voilà qui permettrait sûrement à Mme Bronner d'assurer ses fins de mois ; ça lui permettrait même de ne plus prendre de pensionnaires et de vivre en toute tranquillité chez elle. Mais je suis sûr qu'elle ne saura jamais comment s'y prendre pour obtenir cette récompense ! Je vais donc l'y aider car, telle que cette lampe est construite, ça ne me paraît pas si difficile que ça. »

Je me mis aussitôt à réfléchir en me cachant de tout regard indiscret. Mais Emmanuel d'Harcourt vint à passer devant ma porte et, me voyant penché sur ma lampe, me cria :

— Qu'est-ce que tu fabriques ?

Je fus si surpris que j'en frémis de tout mon corps, et ce frémissement me trahit. Impossible de dissimuler à Emmanuel quelle était mon intention et de ne pas lui dire en même temps les raisons qui me poussaient à tripoter cette lampe.

— Moi, si j'étais toi, je ne toucherais pas à ce truc-là ; ça pourrait être dangereux. Tu pourrais mettre le feu à la maison.

— Penses-tu : c'est simple comme tout !

— Tu crois ?

— Bien sûr ! Et puis la somme promise en récompense, à qui fera-t-elle plaisir ? Je suis bien certain que Mme Bronner serait heureuse d'en disposer.

Cette nuit-là je ne poussai pas plus loin mon entreprise philanthropique. Le lendemain, je décidai de renouveler ma tentative ; mais, au moment où je tenais dans une main un tournevis et dans l'autre ma chaussure en guise de marteau,

Mme Bronner entra à pas de loup et sa main droite s'abattit sur mon épaule sans me laisser le temps de dissimuler mon attirail.

— Ah ! je te prends sur le fait, gibier de potence ! Tu es tombé dans le piège. Je savais bien que je te démasquerais tôt ou tard ; je ne m'étais pas trompée. Avoue que tu n'as pas pu résister. Je ne comprenais pas pourquoi tes parents voulaient te placer chez moi ; c'était normal pour les autres, mais pas pour toi dont les parents étaient presque mes voisins... Regarde : tu t'es sali l'avant-bras gauche. La flamme de la lampe a laissé une trace de fumée noire. Va vite te laver le bras et reviens me le montrer.

Je courus vers la salle de bains et me frottai vigoureusement l'avant-bras et, ce faisant, je mis à découvert un dessin que la traînée de suie avait recouvert, mais auquel je n'attachai aucune importance. Il représentait un poignard entouré de plumes de peau-rouge, accompagné d'un bandeau portant la devise d'un chef sioux : « J'oublie quelquefois, mais ne pardonne jamais. » A cette époque, mes gouvernantes anglaises me donnaient à lire une publication hebdomadaire dont les péripéties m'enthousiasmaient ; rédigée en anglais, elle s'appelait *les Aventures du Capitaine Cody (Buffalo Bill)*. On y trouvait, condensée à l'avance, toute la poésie des westerns à laquelle devaient s'enivrer les générations suivantes ; on y voyait pour la première fois la lutte menée par un groupe de pionniers de l'armée fédérale américaine contre les tribus de Sioux, des courses de chevaux, des trains attaqués en pleine campagne par des groupes de Cheyennes... Bref, tout un style de roman de cape et d'épée devenu familier depuis mais qui, alors, était tout à fait à ses débuts. Abreuvé de ces lectures, pour moi, un tatouage n'avait rien d'infamant ; au contraire, c'était plutôt de ne pas en avoir qui paraissait blâmable. Aussi m'étais-je tracé, avec une petite plume et de l'encre de Chine, ce tatouage sur l'avant-bras gauche que le savon et l'eau chaude faisaient brusquement apparaître avec un éclat particulier et accusateur. En le voyant, Mme Bronner eut un sursaut de jubilation et, pointant son index vibrant en direction de mon bras, vociféra :

— La voilà la preuve tangible de tout ce que je pensais de toi ! Ne me dis pas qu'en manipulant la lampe Pigeon tu n'avais pas, en plus, l'intention de mettre le feu à la maison et de faire que tout, en un clin d'œil, soit dévoré par les flammes. Tu m'aurais mise dans de beaux draps !... Et pas une seconde tu ne t'es demandé ce que je deviendrais avec tout mon linge et mon mobilier réduit en cendres... Je savais que tu avais une vilaine nature, mais je ne te croyais quand même pas capable de pousser les choses jusque-là !

J'étais consterné. Je n'arrivais pas à comprendre comment la vue d'un simple tatouage sans importance pouvait éveiller en elle une pareille fureur et un tel acharnement. Elle paraissait à la fois désolée de ce qu'elle venait de découvrir et enchantée de ce que ces faits abominables confirmaient la justesse de l'opinion qu'elle s'était faite de moi.

— Je vais être obligée de faire part de tout cela à tes parents et de te renvoyer chez eux car j'ai peur que tu ne sois un bien mauvais exemple pour mes autres pensionnaires.

Mme Bronner jeta un regard fixe devant elle et poussa un soupir. Au bout d'un moment, elle secoua la tête et s'exclama : Non ! non ! il serait malhonnête de ma part de ne pas prendre immédiatement toutes les mesures qui s'imposent.

Quelques jours plus tard, je vis arriver mon père rue Madame. J'en fus d'autant plus inquiet qu'il n'y venait jamais. Il s'enferma dans le salon avec Mme Bronner tandis qu'il m'invitait à rester dans ma chambre en me disant :

— Tiens-toi tranquille. Je t'appellerai quand j'aurai besoin de toi.

Je demeurai chez moi, convaincu que le tonnerre allait me tomber sur la tête. Au bout d'une demi-heure, j'entendis la voix de mon père qui m'appelait et qui m'enjoignait de descendre au salon. Les deux interlocuteurs étaient debout, face à face, immobiles et silencieux, uniquement séparés par la fameuse lampe Pigeon, posée sur un guéridon.

— Tu n'as pas honte de ce que tu as fait ? A ta place je n'oserais plus me montrer. Cette situation est intolérable pour ton père. J'exige des explications...

— Je voulais toucher les 10 000 francs de récompense promis à celui qui détraquerait la lampe...

— Oui ! coupa Mme Bronner, et c'est comme ça que tu t'apprêtais à mettre le feu partout !...

Je ne sus que répondre tant était grand l'écart qui existait entre mes intentions réelles et celles, vraiment abominables, qu'on n'hésitait pas à m'imputer. « Gibier de potence !... » Qu'avais-je fait de mal ? Je cherchai au fond de moi-même sans trouver de réponse. Profondément blessé par cette accusation, je ne me sentais nullement disposé à finir ma vie en prison : mais bien plutôt à galoper à travers les montagnes Rocheuses aux côtés de Buffalo Bill !

Mon père avait beau n'entendre que d'une oreille, il n'en avait pas moins remarqué la différence de ton sur lequel Mme Bronner avait prononcé ses deux allocutions ; la première, destinée à séduire mes parents, avait été débitée d'un ton mielleux, alors que la seconde avait la rigueur d'un réquisitoire. Aussi mon père décida-t-il, avant de laisser retomber les sanctions que Mme Bronner faisait planer sur mes épaules, de s'ouvrir de ce grave problème au directeur de l'Ecole. Cette fois-ci, ce fut M. Farral, le censeur, qui intervint. Il agit envers moi non comme un ennemi mais presque comme un complice et dit à mon père d'un ton rassurant :

— Allons ! Allons ! Ce n'est pas si grave que ça. Je connais Mme Bronner ; elle est un peu aigrie par son veuvage et par les difficultés de la vie actuelle ; elle prête souvent à ses internes des intentions sans fondement. Vous n'allez pas enlever votre fils de notre école pour ces vétilles. Changez-le simplement de professeur et placez Jacques chez M. de Saint-Etienne, le professeur de sixième ; il a beaucoup de bon sens ; lui et sa fille Geneviève, âgée de vingt-cinq ans, s'entendront mieux avec lui. Je suis sûr que, dans un mois, cet incident sera oublié.

Ainsi fut fait et, à la rentrée, je me retrouvai non plus dans mon collège anglais, ni rue Madame chez Mme Bronner, mais chez M. de Saint-Etienne, rue du Cardinal-Lemoine. L'atmosphère y était si différente que je me sentis délivré d'un grand poids et comme soudain absous des accusations qui pesaient sur moi. Tout aurait été rapidement oublié si je n'avais pas commis la faute, autrement lourde, de m'engager dans l'épisode de « la locomotive » que je raconterai plus loin et qui devait confirmer en l'aggravant celui de « la lampe Pigeon », et détériorer davantage encore les relations hostiles qui s'étaient installées entre mon père et moi.

CHAPITRE IX

LA BÉNÉDICTION DE MICHELET

(hiver 1911)

Pour mieux comprendre l'attitude de ma mère, il faut dire que, obéissant à une impulsion irrésistible jaillie du tréfonds de sa conscience et de son sens inné de la charité — cette charité dont ma mère avait coutume de dire que la façon la plus sûre de la tuer était de lui assigner une limite —, ma mère, donc, avait l'habitude de ramener à la maison des clochards qu'elle trouvait sur les bancs de l'avenue de Villiers, avec un dédain parfait des différences sociales auxquelles elle n'accordait aucune importance car elles n'existaient pas dans son esprit. Elle les introduisait chez nous pour les réconforter en leur donnant un repas, parfois du linge propre, et un peu de chaleur et de repos à l'abri des intempéries. Naturellement, elle faisait tout cela à l'insu de mon père car l'appartement s'y prêtait : une chambre transformée en lingerie était située tout au bout d'un long corridor donnant sur l'escalier de service et permettait à ses visiteurs de n'être vus de personne.

Mais, un jour, l'affaire tourna mal. L'un d'entre eux, qui se disait ancien séminariste chassé de son Institution pour une peccadille, était sorti de la lingerie et s'était mis à arpenter l'appartement. Jules, notre valet de chambre, l'avait retrouvé tout seul dans un salon en train d'examiner les magnifiques coffres en laque dorée du XVIIIe siècle que mon père avait rapportés d'un long séjour au Japon.

— Vous êtes folle, ma chère amie, s'était écrié mon père en

tançant vertement ma mère, je vous prierai désormais de ne plus introduire des inconnus chez nous, de mettre un terme à vos excentricités et de faire en sorte qu'un pareil incident ne se reproduise pas.

— Mais ce n'est pas un voyou. C'est un séminariste, un futur prêtre, chassé d'Issy-les-Moulineaux, expliqua ma mère pour se faire pardonner. Il se trouvait dans la rue car tout le monde lui tourne le dos et personne ne veut plus l'accueillir.

— Et pour quel motif a-t-il été chassé ? J'aimerais bien le savoir, insista mon père.

— Pour vol..., répliqua le clochard d'une voix contrite.

— Pour vol, c'est un comble, interjeta mon père.

— Oh ! monsieur, soyez certain que ce n'était pas par goût du lucre, ni pour m'approprier quoi que ce soit qui ne m'appartînt pas, ajouta le jeune homme en jetant à ma mère un regard implorant.

« Merci, madame, d'avoir eu pitié de ma détresse. J'ai volé, parce que je connaissais des pauvres à Issy qui n'avaient rien eu à manger depuis plusieurs jours. J'ai voulu les aider à apaiser leur faim. Je ne croyais pas commettre un péché aussi grand qu'on me l'a fait comprendre par la suite. Mais je sens, dit-il en s'essuyant le front avec le revers de sa manche élimée, que ma place n'est pas ici.

— En effet, dit mon père en désignant du doigt la porte de l'escalier de service.

J'avais assisté à cette scène avec une vive émotion. Je n'aurais pas voulu que l'on mette ce jeune mendiant à la porte. On lisait dans ses yeux quelque chose de franc et de sympathique, je dirais même de fraternel, qui inspirait confiance. « S'il restait chez nous, me disais-je en moi-même, peut-être pourrait-il remplacer mon frère, me tenir compagnie. Je lui apprendrais à tourner la manivelle de mon petit orgue mécanique et, du coup, il me semble que ma solitude serait moins lourde à porter. » Mais mon père ne l'entendait pas ainsi. Il lui avait ordonné de déguerpir, et, dans son esprit, cette décision était irrévocable. L'inconnu se dirigea, la tête basse, vers la porte et tira doucement le loquet qui la tenait fermée. Cependant, comme mû par une inspiration subite, il se retourna en arrivant sur le seuil et dit, en s'adressant à mon père :

— Pour vous remercier quand même de m'avoir accueilli ce soir, permettez-moi de donner à votre fils ma bénédiction.

Sans même laisser à mon père le temps de répondre, l'inconnu avait levé un bras et avait commencé à tracer un signe de croix en murmurant : « Au nom du Père et du Fils et du Saint-Esprit, ainsi soit-il. Que cette bénédiction t'accompagne tout au long de ta vie. Je ne t'oublierai pas, mon petit Jacques, ni toi ni ta mère, et je suis sûr que vous ne m'oublierez pas non plus. »

Comment savait-il que je m'appelais Jacques ? Sans doute ma mère avait-elle prononcé mon nom devant lui. Alors mon père, un instant interloqué par cette démonstration qu'il jugeait provocante et déplacée, emporté maintenant par la colère, lui lança :

— Vous n'avez pas honte de donner votre bénédiction à mon fils, vous, un voleur ! Mais qui vous croyez-vous donc ? Et au nom de quoi, sapristi !

— Il n'y a pas de mal à ça, répliqua-t-il en baissant les yeux et en rougissant légèrement, en mon propre nom, monsieur, aussi vrai que je m'appelle Michelet Jules, et j'ai pris soin de le bénir avec ma main gauche car c'est la droite qui a volé.

Ma mère avait trouvé cette réflexion sublime et les larmes lui étaient montées aux yeux. Mais elle ne diminua en rien l'inquiétude de mon père à l'idée de voir un inconnu en haillons se promener dans son salon décoré de coffres japonais d'une si grande valeur.

— Maintenant ça suffit, déclara mon père d'un ton péremptoire. La plaisanterie a assez duré. Veuillez quitter ces lieux, monsieur Michelet, puisque tel est votre nom, et que je ne vous revoie plus jamais ici.

Michelet se dirigea vers la porte, la referma doucement derrière lui et disparut à mes regards. J'en conçus aussitôt une tristesse indicible. Je savais que je ne le reverrais jamais plus ; peut-être était-ce lui ce frère que je cherchais partout depuis que j'avais vu sa plaque dans notre caveau du Père-Lachaise et que je me représentais parfois gisant dans un fossé, malade ou blessé, et qui comptait sur moi pour le soigner et le guérir. Jamais plus je n'aurais l'occasion de le lui demander et je m'en sentais accablé.

Par la suite, j'ai toujours considéré les inconnus qui pénétraient par hasard dans ma vie comme des êtres à part, envoyés vers moi par une puissance invisible et surnaturelle pour me conseiller et me dicter ma conduite.

J'étais à mille lieues de savoir et même d'imaginer que je serais un jour historien (à cette époque, je pensais me consacrer à la musique) et voilà que, d'avance, comme pour m'encourager dans cette voie, j'avais reçu la bénédiction d'un mystérieux personnage ramené par ma mère un soir de pluie et qui portait le nom du plus illustre historien de France. Comment aurais-je pu effacer cette scène de ma mémoire ?

CHAPITRE X

LE SACRIFICE D'HÉLIOS

(été 1911)

Des roses trémières... Oui, un pays de roses trémières derrière lesquelles vous dévisageaient de petites maisons basses, encapuchonnées de chaume ; des étendues de gazon douces comme du velours ; des chemins sinueux bordés d'aulnes et de noisetiers... Tel est le souvenir que j'ai conservé du Devonshire où nous avions l'habitude de passer l'été.

Cependant, cette année-là — 1911 —, mes parents préférèrent choisir un hameau nommé Croyde dans ce comté du sud de l'Angleterre, situé entre le Devonshire et la Cornouaille. Nous nous étions installés chez Mike Meadows, le boucher du village, un gros homme à la tignasse rousse, dont l'épouse nous avait loué pour la saison trois chambres et une salle à manger. Avec leurs plafonds bas à poutres apparentes, leurs parquets cirés, leurs fenêtres à croisillons et leurs lits recouvets de gros édredons rouges, elles offraient l'image d'une paisible rusticité.

Il y avait là ma mère, mon père et Joan, la jeune Anglaise qui s'occupait de moi. Quel âge pouvait-elle avoir ? Il me serait impossible de le dire exactement. A dix ans, on n'a encore aucune notion de l'âge de ceux qui vous entourent. Je me bornais à classer ceux que je connaissais selon le degré d'affection que je leur portais. Je pense que Joan, à cette époque, devait avoir vingt-cinq ans.

Etait-elle ma « nurse », ma gouvernante ? Que non ! C'était évidemment pour remplir ce rôle que mes parents l'avaient engagée. Mais très vite elle s'était libérée de toutes ces contingences ; elle appelait ma mère « Amie » et mon père « F.F. », ce qui était les initiales de *French Father*, mon « père français ». C'est dire qu'elle se considérait comme un membre de la famille. Quant à moi, au bout de quelques semaines, « Miss Charles » était devenue tout simplement « Joan ». Je l'adorais. A part ma mère, personne n'a eu autant d'influence qu'elle sur la formation de mon esprit.

Il faut dire qu'elle avait une personnalité si marquée qu'elle ne pouvait laisser personne indifférent. Dans la rue, les passants se retournaient pour l'admirer ; *vera incessu patuit dea*, « elle ressemblait au Printemps de Botticelli et avait la démarche d'une véritable déesse ».

A Paris, j'élevais un couple de canaris dans une cage. J'attendais avec impatience qu'ils aient des petits. Un matin, ayant trouvé dans leur nid un gros œuf de poule (c'était Jules, le valet de chambre, qui l'y avait déposé) et m'étant précipité dans la salle de bains où Joan faisait sa toilette pour lui annoncer la grande nouvelle, j'oubliai de frapper à la porte et la surpris complètement nue, debout sur une descente de bain en tissu éponge dont les plis faisaient des vagues écumeuses autour de ses chevilles. Elle poussa un cri. Avec ses longs cheveux dorés répandus sur ses épaules, son cou légèrement incliné, sa main droite pudiquement abaissée devant son sexe, elle me parut Vénus elle-même « fille de l'onde amère ». C'était le premier corps de femme que j'apercevais dans sa totale, dans sa radieuse nudité. J'en eus le souffle coupé, comme si je m'étais trouvé devant une apparition céleste. Du coup, j'en oubliai complètement l'œuf qui avait motivé ma brusque irruption dans la salle de bains.

— Oh ! balbutiai-je, oh Joan ! Que tu es belle !

Elle rougit des pieds à la tête. L'expression n'est pas trop forte, car ses cuisses se colorèrent d'un rose inimitable. Plus tard, au lycée, lorsque le professeur de français nous parla en termes méprisants des formules alambiquées dont se servaient les Précieuses de l'Hôtel de Rambouillet pour désigner les couleurs et notamment un certain ton de rose qu'elles avaient baptisé « cuisse de nymphe émue », je sus parfaitement ce à quoi elle faisait allusion et ne partageai nullement l'hilarité générale.

— *Go out ! Go out immediately, you silly thing*..., s'écria-t-elle d'un ton courroucé.

Je restai cloué sur place, ne pouvant détacher mon regard de la courbe adorable de ses hanches et de ses seins. Alors elle m'empoigna par les épaules, me repoussa au-dehors et me claqua la porte au nez. J'essayai de la rouvrir avec fureur. En vain : elle avait tiré le loquet.

Mais il n'y avait pas que son corps : Joan était douée d'une nature romantique et fantasque qu'elle tenait peut-être de ses origines irlandaises. Tantôt elle était Deirdre des douleurs exhalant sa plainte au bord de l'océan ; tantôt une bacchante d'Euripide frappant du talon le proscenium d'un théâtre antique. Elle aurait voulu être Isadora Duncan, qui venait de donner un festival au Trocadéro et pour laquelle elle avait une vive admiration. Lorsque nous étions au bord de la mer, elle se levait à l'aube pour aller danser sur la plage encore déserte, toute nue sous un simple voile de mousseline. Pétrie de légendes celtiques et de poésie grecque, elle me lisait le dimanche, « en guise d'office religieux » comme elle disait elle-même, des passages de Platon, d'Homère, de Sophocle, de Lucien de Samosate et des *Bucoliques*, de Virgile, entremêlés d'extraits de Walt Whitman, de Yeats et d'Edward Carpenter. Ou encore, elle me conduisait au Louvre pour me faire admirer des effigies d'athlètes et de gladiateurs combattant. Lorsque nous passions devant la *Vénus* de Milo, elle m'obligeait à détourner les yeux.

— Ne regarde pas cela ! me disait-elle. C'est dégoûtant ! Ce n'est qu'une femme trop grosse, qui devrait porter un corset.

Joan avait un culte pour la beauté masculine et, lorsqu'elle se maria quelques années plus tard, elle épousa un superbe garçon venu d'Afrique du Sud qui ressemblait à l'Achille Borghèse. En un mot c'était une créature dionysiaque. Grâce à elle, je grandis dans une Hellade peuplée d'éphèbes et de demi-dieux. L'Olympe m'appartenait. Ganymède et Endymion n'avaient pas de secrets pour moi. Avec le recul du temps, je me demande si c'était bien l'éducation qui convenait à un garçon de mon âge. Dans un sens supérieur, oui. Car elle m'a initié très tôt à des formes de vie poétiques et mythiques que ne m'auraient jamais révélées la rue de Prony ou l'avenue des Ternes. Mais ce n'était sûrement pas le moyen de faire de moi un petit bourgeois conformiste de la Plaine Monceau, ce que ne souhaitaient d'ailleurs ni mon père ni ma mère.

En dehors de Joan et de mes parents, je ne fréquentais personne au village, si ce n'est Fred, le commis du patron boucher, avec lequel je m'étais rapidement lié d'amitié.

Fred devait avoir entre dix-huit et vingt ans. Ce qui créait un certain écart entre lui et moi (encore une fois, à dix ans, je n'avais aucune notion de l'âge exact des gens. Ou bien ils étaient des « grands », pour lesquels j'éprouvais volontiers de l'admiration ; ou bien ils étaient des « petits », que je traitais avec tout le dédain qui était de mise).

Fred était paré, à mes yeux, d'un prestige inégalable. Il était plus grand, plus fort et, surtout, plus déluré que moi. Il avait un menton à fossette, des gros poignets et des mains épaisses comme des battoirs, toutes choses qui me semblaient le comble de la distinction. Il possédait une bicyclette sur laquelle il se livrait à des acrobaties vertigineuses, s'arrêtant d'un coup de frein brutal devant la boucherie avec un sifflement strident qui me coupait le souffle, car j'avais toujours peur qu'il n'aille se fracasser le crâne sur un des deux butoirs de pierre qui se dressaient à l'entrée de la cour. Lorsqu'il en avait le temps, il m'apprenait à monter sur son vélo, mais j'étais loin d'y faire preuve de la même virtuosité que lui. Enfin — et c'était peut-être là ce qui m'impressionnait le plus —, il vivait au milieu d'un arsenal de couteaux et d'affûtoirs qu'il maniait avec une dextérité qui me donnait le frisson, et qui étaient comme le complément symbolique du tablier maculé de sang dont il nouait les cordons autour de ses hanches durant les heures de travail. Rien qu'à le voir manipuler ces lames brillantes et acérées, je comprenais qu'une partie importante de la vie se passait dans un monde auquel je n'avais pas accès, au contact d'une réalité trop proche de la mort pour ne pas être auguste. Par-delà le découpage des côtelettes et le vidage des poulets, je le sentais initié à des mystères dont je cherchais en vain à deviner les rites.

— Et hop ! criait-il en lançant un couteau en l'air et en le rattrapant de l'autre main, sans jamais se couper. J'en demeurais muet d'admiration.

Un jour où j'étais entré dans la cuisine, je le trouvai attablé devant une tasse de thé fumante en compagnie de Mike, son patron, et d'un troisième personnage que je ne connaissais pas. Il était lui aussi rouquin ; ses bras étaient couverts de poils et de taches de rousseur qui exhalaient une odeur aigre. Je devais apprendre par la suite qu'il s'appelait Alec.

— Tout de même..., répliqua Mike après mûre réflexion.

— Ce sera un drôle de boulot ! remarqua Alec, en hochant la tête.

— Pour sûr, rétorqua Mike. Ce serait une génisse, ou même un bœuf, je ne dis pas... mais un taureau de trois ans...

— Pourquoi le font-ils abattre ?

— Il s'est cassé une patte de devant. Il n'y a rien d'autre à faire.

— Il ne tient plus debout ?

— Si. On lui a serré la patte cassée entre deux éclisses.

— Ça doit l'avoir rendu furieux ?

— C'est probable !

Un silence.

— Eh bien, pour du boulot... grommela Alec, à trois on ne sera pas de trop ! Où se trouve-t-il ? demanda-t-il en se tournant vers Fred.

— Chez le père Simon... Tu as bien dû le voir, une bête toute noire avec une étoile blanche sur le front...

— Ah, mais c'est Hélios ! Une bête splendide !

C'était Joan, toujours férue de mythologie hellénique, qui avait donné le nom d'Hélios à cette bête sans pareille ; idée qui ne serait jamais venue toute seule à ce petit paysan du Devonshire.

— Quel malheur de devoir l'abattre !... Et c'est pour quand ?

— Demain matin. Bob doit me l'amener sur le coup de six heures. Alors, c'est entendu ?

— D'accord.

Alec vida sa tasse de thé et se leva pour prendre congé. Je m'aperçus à ce moment que c'était une vraie montagne d'homme, une masse de chair que son chandail bleu marine tricoté à grosses mailles rendait encore plus impressionnante. Il devait avoir plus d'un mètre quatre-vingt-dix. Sa tête touchait presque le plafond. Fred avait l'air d'un gringalet auprès de lui.

J'avais suivi toute leur conversation sans prononcer un mot.

— Et toi, me demanda Mike. Ça t'amuserait de voir abattre un taureau ?

— Bien sûr !

Mes yeux brillaient d'excitation. Comment n'aurais-je pas eu envie de voir sacrifier Hélios ? C'était un spectacle auquel on n'assistait pas tous les jours dans la Plaine Monceau !

— Tu sais, il faut avoir l'estomac bien accroché.

— C'est mon cas, répliquai-je avec assurance. (J'aurais juré n'importe quoi pour ne pas être tenu à l'écart de la fête.)

— Alors viens demain matin à six heures dans le hangar au fond de la cour. Ces choses-là, il faut les connaître pour devenir un homme. Mais n'en dis rien à tes parents. Ils pourraient faire des chichis. Je ne veux pas avoir d'histoires...

Cette nuit-là, je dormis mal, tant je craignais de ne pas me réveiller à temps. A cinq heures et demie je me glissai hors de mon lit avec mille précautions pour ne pas faire craquer le plancher et enfilai rapidement mon maillot de corps et ma culotte. Il faisait déjà jour, un coq chantait. Je sortis de ma chambre sur la pointe des pieds.

Lorsque j'arrivai dans la cour, Mike, le patron boucher, Fred, son commis, et Alec y étaient déjà ; mais je ne les reconnus pas tout de suite car ils étaient affublés d'un accoutrement bizarre : leur tenue de cérémonie sans doute. Ils portaient de longs tabliers fauves en cuir bouilli, retenus par des bretelles et serrés à la taille par des ceinturons militaires. Ils étaient chaussés de bottes de caoutchouc noir dans lesquelles ils avaient enfoncé le bas de leurs pantalons et portaient sur leurs têtes de petites toques blanches qui leur donnaient tout à la fois un air d'infirmiers et de mages. Bien que nous fussions en plein été, il faisait frais. Je frissonnai car j'avais oublié de passer mon chandail. Mais ce n'était pas la fraîcheur qui me faisait trembler : c'était l'excitation. Je savais que j'allais assister à quelque chose de terrible.

— Si tu as déjà la trouille, tu ferais mieux de t'en aller avant qu'on ne commence, me lança Fred d'un ton gouailleur.

La vache ! Comment avait-il deviné que c'était exactement ce qu'il fallait me dire pour m'obliger à rester ? Maintenant, s'ils voulaient que je parte, il faudrait qu'ils m'entraînent de force...

Un grand fourgon à bestiaux recouvert d'une bâche était arrêté au milieu de la cour. Bob, son conducteur, était descendu à terre. Il avait un air malingre et souffreteux. Pourvu qu'il s'en aille ! Sa présence gâchait tout. Elle m'enlevait le privilège d'être l'unique spectateur du drame. Et puis, mon instinct me disait qu'il n'était pas des nôtres, qu'il n'avait pas le droit d'être là. Une toux rauque le secouait par moments. Après quoi il crachait tristement devant lui. J'aurais bien voulu qu'il disparaisse. C'était un intrus...

Mike et Alec s'approchèrent du fourgon. Ils en abaissèrent le tablier arrière et placèrent une planche inclinée contre le bord de la plate-forme. On y avait cloué de petites lattes de bois transversales pour empêcher la bête de glisser au cours de sa descente.

Hélios apparut. Il leva son mufle vers le ciel et huma l'air du matin. Sa tête frisée était noire. Une large étoile blanche s'étalait sur son front, juste entre les deux cornes. Deux filets de bave s'écoulaient de sa bouche. Il aurait voulu gratter de son sabot le plancher du camion, mais en était empêché par les éclisses qui soutenaient sa patte cassée. Il jeta un coup d'œil autour de lui et poussa un long beuglement. A qui s'adressait-il ? Etait-ce un salut ou un adieu ?

— Pour le faire descendre de là, ce ne sera pas de la tarte, remarqua Alec d'un ton bourru. Il doit peser au moins deux tonnes. S'il trébuche en cours de route on ne pourra jamais le relever !

— On va lui passer un filin autour des cornes, dit Mike. Nous le tirerons vers nous, tandis que Fred le piquera aux fesses avec un aiguillon...

Mike saisit une grosse corde de chanvre semblable à celles qui servent à amarrer les bateaux, l'enroula autour des cornes de l'animal et la fixa par un nœud compliqué comme savent en faire les matelots. Puis Alec et lui se placèrent de part et d'autre du plan incliné, saisirent la corde chacun par un bout et tirèrent de toutes leurs forces. Hélios ne bougea pas. Comment faire avancer cette masse énorme et réticente de muscles et de chair ? Fred sauta lestement sur l'avant du fourgon. Il brandissait un aiguillon pointu avec lequel il piqua l'échine de la bête. Hélios poussa un nouveau beuglement, plus puissant que le premier. Finalement, il fit un pas en avant, puis un second et s'engagea lentement sur la planche. Mike et Alec continuèrent à tirer sur la corde qui était tendue à se rompre. Ils ahanaient. La sueur commençait à perler sur leurs fronts. Encore un effort ! Enfin Hélios descendit à terre. Fred sauta prestement en bas de la voiture tandis que Bob y monta, saisit les rênes et fit démarrer les chevaux avec un claquement de langue pour dégager la cour. Quel bonheur qu'il soit parti ! Il était vraiment de trop...

Le taureau se trouvait à présent au milieu d'un quadrilatère dont les murs et le plancher étaient revêtus sur trois côtés de carreaux de céramique blanche. Un petit caniveau creusé dans le sol conduisait à un trou d'évacuation recouvert d'une grille en fonte.

Je m'approchai d'Hélios pour l'admirer de plus près. Quelle puissance de la nature ! Il avait quelque chose de jupitérien. Son poitrail était trois fois plus large que son arrière-train. Son pelage était luisant. Deux légers jets de vapeur s'échappaient de ses naseaux. L'impression qu'il dégageait était celle d'une formidable concentration de vie. Il ressemblait au soleil dont il portait le nom. J'aurais voulu lui caresser les flancs, le couronner de fleurs en hommage à sa divinité.

Pendant ce temps, Mike était allé chercher un maillet de bois et un poinçon d'acier, long de vingt centimètres.

— Recule-toi, petit ! me dit-il en m'écartant d'un geste. S'il tombe de ton côté, il risque de t'écraser.

J'obéis, moins par souci de ma sécurité que par respect pour le sacrifice qui allait s'accomplir.

Mon excitation grandit. J'écarquillai les yeux pour ne rien perdre de ce qui allait se passer. Mike posa la pointe de son instrument au milieu de l'étoile blanche qui s'étalait sur le front de la bête. Puis il leva son maillet et rran ! Il en assena un coup formidable sur le poinçon d'acier. Celui-ci s'enfonça d'un pouce dans le crâne de la victime. Hélios poussa un beuglement atroce. Je m'attendais à le voir s'écrouler sous la violence du choc. Mais il ne broncha pas. Il tira un peu la langue et commença à haleter. Rran ! Mike lui assena un second coup. Le poinçon s'enfonça d'une main. Le taureau poussa un gémissement presque humain, tandis qu'un long frémissement se propageait tout le long de son échine. Il vacilla sur ses pattes, comme s'il ne savait quel parti prendre, et s'effondra de toute sa masse sur son flanc gauche. J'avais envie de crier, tant le spectacle était horrifiant. Hélios gisait à terre, immobile. Mais des spasmes musculaires continuaient à courir sous sa peau.

— Attention ! cria Mike. C'est le moment dangereux. Dans un dernier soubresaut, il pourrait encore bien nous éventrer d'un coup de corne !

En même temps, Mike détacha un long coutelas du mousqueton de sa ceinture. Il le plongea jusqu'à la garde dans le cou de la bête et l'agita dans la plaie. Puis il retira la lame et fit un bond en arrière. Non point un jet, mais une fontaine de sang jaillit de la blessure. Hélios frémit de tout son corps et poussa un long soupir. Son halètement diminua et finit par s'arrêter. Le sang ne sortait plus de son cou que par giclées intermittentes. Celles-ci cessèrent à leur tour et l'on ne vit plus, à l'orifice de la plaie, qu'un bouillonnement écumeux comme du moût qui fermente.

A présent Hélios avait cessé de vivre. Le sacrifice était consommé. Cette prodigieuse concentration de forces n'engendrerait plus la vie. Mike, Alec et Fred s'épongèrent le front avec leurs mouchoirs et contemplèrent d'un air grave ce qui n'était plus qu'un amas inerte de tendons, de muscles et de viscères. Ils avaient beau être frustes, ils n'en étaient pas moins impressionnés par la proximité de la mort. Mais une sorte de pudeur les empêchait de le laisser paraître.

— On a eu de la chance, remarqua Alec d'un ton neutre. En somme, tout s'est bien passé.

— Oui, répondit Mike. J'ai cru qu'il se débattrait davantage. Il s'est bien laissé faire...

Ces derniers mots soulevèrent en moi une vague d'indignation. Pauvre Hélios ! Mais non ! Il ne s'était pas laissé faire ! Il était mort avec une résignation stoïque. A cause de sa patte cassée, peut-être ? Dès qu'il était entré dans la cour, il avait su ce qui l'y attendait, et, lorsqu'il était descendu du char, il s'était livré de lui-même à ses bourreaux. Comment ces hommes ne le comprenaient-ils pas ? Moi je le comprenais facilement, bien que je fusse plus jeune qu'eux. Il est vrai que Joan m'avait souvent parlé des bêtes... Mais ce n'était pas le moment d'y penser. Il fallait regarder. Tout observer de près car c'était passionnant. A mesure que le corps d'Hélios se décontractait et que ses pattes s'étiraient, une boule se nouait dans ma gorge et, tandis que tout le sang répandu ruisselait dans le caniveau et s'écoulait par le trou d'évacuation, un sentiment si violent s'empara de moi que j'avais peine à le supporter. C'était un mélange d'horreur et de ravissement. Mon cœur battait à tout rompre, comme si quelque chose de la puissance d'Hélios était passé en moi. J'avais envie de trépigner de joie. Tout était rouge : les trois hommes qui s'affairaient autour de leur victime, le dallage sur lequel ils marchaient, les instruments qu'ils manipulaient. Oui : le monde entier était rouge. Je voulus l'être moi aussi ! Mû par je ne sais quelle impulsion irrésistible, je m'approchai du caniveau rempli de sang, y plongeai la main droite et m'en aspergeai le front.

— Mais qu'est-ce que tu fabriques ? s'écria Mike stupéfait. Ma parole, tu es cinglé ! Regarde, petit imbécile ! Tu es tout barbouillé de sang ! Enlève ton maillot de corps tout de suite et va le porter à ma femme pour qu'elle le lave. Et passe-toi de l'eau sur la figure par la même occasion...

J'obéis à contrecœur et revins quelques instants plus tard, le torse nu, mais la tête basse.

— Alors, te revoilà ? me dit Mike avec déplaisir. Tâche de ne plus faire l'idiot et de te tenir tranquille. Nous avons encore beaucoup de travail.

Puis se tournant vers Alec :

— On fait la pause ou on continue ?

— Allons-y tant qu'on y est, répondit Alec. Bientôt, il va se raidir et ce sera plus difficile. Nous irons boire un coup avec Bob quand tout sera fini.

Les deux hommes lièrent les pattes de derrière de l'animal avec un câble qu'ils engagèrent dans la rainure d'une poulie et le hissèrent à un croc suspendu par des chaînes à une poutre du toit. Qu'ils devaient être forts pour arriver à soulever un poids pareil ! Les muscles de leurs épaules et de leur dos se gonflaient sous leur chandail. A présent, la bête était accrochée à la verticale, la tête en bas. Son corps paraissait plus long que tout à l'heure. Il semblait se distendre sous l'effet de la pesanteur. Alec et Fred disparurent un moment. Ils revinrent avec des cuves de bois cerclées de fer, remplies d'eau bouillante. Un nuage de vapeur s'en élevait. Mike saisit un coutelas, l'affûta, en vérifia le fil en le faisant rebondir sur l'ongle de son pouce et, d'un seul coup, il éventra le taureau des testicules au thorax. Les entrailles de la bête dégoulinèrent avec un bruit flasque, répandant autour d'elles un flot de bile et une substance verdâtre, couleur d'oseille hachée. Son dernier repas. Mon cœur se soulevait. Mais je tins bon quand même. J'avais trop envie de voir la suite.

Mike et Alec jetèrent les entrailles dans les baquets d'eau fumante tandis que Fred lavait le sol avec un tuyau d'arrosage. Ce qui se passa ensuite, je ne le distinguai plus très bien car le rideau de vapeur qui montait des cuves s'interposa entre les trois bouchers et moi. Comme mes jambes commençaient à flageoler, je m'assis par terre, le dos appuyé contre le mur. De là où je les observais, on aurait des cyclopes, des titans. Avec des gestes quasi liturgiques, ils dépecèrent la bête, lui enlevèrent sa peau à petits coups saccadés pour ne pas entamer la viande, détachèrent la tête du tronc, l'empoignèrent par les cornes et la déposèrent doucement sur un lit de sciure dans un coin du hangar. Après quoi, Mike enfonça son bras dans le thorax d'Hélios, plongea les mains sous les côtes dont la cavité s'ouvrait en ogive comme la nef d'une cathédrale et lui arracha le cœur encore pantelant qu'il jeta dans un seau en émail rempli d'eau fraîche posé à côté de moi. L'horreur était à son comble. Tout commençait à vaciller. L'odeur du sang, de l'urine et de la vapeur chaude me donnait la nausée. J'étreignis de mes deux bras la bassine d'émail pour ne pas m'évanouir et fixai le fond du seau où le cœur d'Hélios, masse violine jaspée de blanc, continuait à battre, à battre, comme une étoile...

Lorsque je repris connaissance, je me retrouvai dans mon lit. Je grelottais. Je perçus confusément un bruit de voix. C'étaient mon père et ma mère. Ils étaient debout à mon chevet et discutaient à voix basse.

— C'est insensé ! dit ma mère. J'ai pris sa température : il a trente-neuf quatre ! A-t-on idée de faire assister un enfant à un spectacle pareil ? Il peut en rester marqué pour le restant de sa vie ! Ce boucher est une brute. Je m'en suis doutée dès le premier jour. Il aurait dû, au moins, nous demander notre autorisation. Nous l'aurions refusée, bien entendu. Qu'attend-il pour nous présenter des excuses ? D'ailleurs, excuses ou pas, je ne veux plus rester ici. Dès que Jacques ira mieux, nous ferons nos valises...

J'entrouvris les yeux et les refermai aussitôt. Je devais avoir la fièvre, puisque ma mère le disait. Mais ce n'était pas du tout comme quand j'avais la grippe. Au fond de moi-même, je me sentais détendu, calmé, heureux. Oui, Mike avait raison : ces choses-là, il fallait les connaître pour devenir un homme.

Joan entra dans la pièce.

— De quoi vous alarmez-vous ? demanda-t-elle à mes parents en voyant leur mine soucieuse. Jacques est bien assez fort pour voir tuer un taureau. Cela arrive tous les jours ! Il faut qu'il s'y habitue. N'est-ce pas, mon petit Thésée ? dit-elle en me caressant le front.

— Tu en as de bonnes ! répliqua mon père. Mon fils n'est ni Thésée ni un garçon boucher !

Je sentis, rien qu'à sa voix, qu'il était plus amusé qu'indigné. Joan avait toujours le don de le désarmer. Au fond, il était assez fier de savoir que je ne m'étais pas dérobé, que j'avais résisté jusqu'au bout de mes forces.

— En attendant, je vais lui donner une bonne dose d'huile de ricin. *That's the right thing : Caster Oil.* Demain, il n'y paraîtra plus. Vous verrez qu'en fin de compte cela lui aura fait du bien.

Elle sort et traverse le jardin en chantonnant : *It will do him good, it will do him good...* sans que l'on sache au juste si elle fait allusion à la mort du taureau ou à l'huile de ricin.

— Elle est étonnante..., remarque mon père.

— Dites plutôt qu'elle est toquée, répliqua ma mère en poussant un soupir. Enfin, ne réveillons pas Jacques. Venez. Laissons-le dormir...

Maman tire doucement les rideaux de ma fenêtre et se retire sur la pointe des pieds, tandis que je somnole dans une pénombre bienfaisante.

Demeuré seul, mon grelottement s'atténue, puis disparaît. Je me sens délicieusement bien. Car, à présent, je sais quelque chose de capital que j'ignorais jusqu'ici. J'ai découvert qu'en dehors du Dieu transcendant dont on me parle au catéchisme, il en existe un autre, immanent, tapi au plus profond de nous-mêmes dans les replis de notre chair, dans les pulsations de notre sang. Est-ce le même ? Question sans réponse. Et s'ils sont différents, lequel est le plus fort ?

Un sourire de contentement s'épanouit sur mon visage tandis que je m'endors en rêvant que je serre entre mes bras un seau rempli d'eau fraîche au fond duquel palpite un cœur immortel, qui bat, qui bat, qui bat...

CHAPITRE XI

AGNEAU SANS TACHE...

(5 avril 1912)

Dans notre appartement de la rue Brémontier, le grand salon était relié à la salle à manger par une large galerie vitrée, dont les baies donnaient sur l'église Saint-François-de-Sales. Elle était bordée, sur toute sa longueur, par une rangée de placards grillagés sur lesquels étaient posées des jardinières de fleurs. Azalées, fuchsias, hortensias, chrysanthèmes y alternaient suivant les saisons avec des massifs de fougères. C'était l'endroit que je préférais de tout l'appartement. J'y passais des heures entières, perdu dans mes pensées, rêvant à un monde plus beau que celui dans lequel les circonstances m'obligeaient à vivre. Tout y stimulait mon imagination : la couleur des fleurs, l'odeur de la mousse et du terreau humide, sans parler du ciel bleu que j'apercevais au-dessus du toit de l'église. Chaque semaine, Emile, un jeune fleuriste de chez Bouziat, venait arroser et renouveler les plantes avant qu'elles ne soient fanées. J'avais fait de cette clairière mon domaine personnel. Rien n'aurait pu m'ôter l'idée que tout ce qu'il y avait de réel et d'exaltant dans la vie commençait au-delà de cette barrière de fleurs.

Mais ce qui m'attirait avant tout dans cet endroit, ce n'était pas sa profusion végétale. C'était le fait qu'une fois l'hiver passé on entrouvrait les baies. Alors me parvenaient, mêlés aux premiers rayons du printemps, des grondements d'orgue, des chants et, lors des grands mariages et des fêtes carillonnées, des concerts alternés d'instruments et de voix. Je les entendais plus ou moins distinctement selon la direction du vent, ce qui en accroissait encore le caractère immatériel.

Peu à peu, ces flots de musique s'associèrent si étroitement dans mon esprit avec le retour de la belle saison que, malgré le temps écoulé, je ne puis écouter *l'Enchantement du Vendredi Saint* sans sentir remonter en moi, du fond de mon enfance, une floraison d'azalées et une odeur de mousse fraîche.

J'ai d'ailleurs dû être très tôt sensible à la musique car, de tous les jouets qu'on me donna pour mes cinq ans, il en est un dont je me souviens parce que je l'affectionnais beaucoup plus que les autres : c'était un petit orgue mécanique qui jouait des airs enregistrés sur une vingtaine de disques en carton perforé. Accroupi sur le parquet de ma chambre, j'en tournais la manivelle pendant des heures, envoûté par la cascade de sons cristallins qui s'échappaient de sa petite caisse noire. Oh ! mon goût musical était encore très peu développé. J'avais un long chemin à parcourir avant d'arriver à *l'Enchantement du Vendredi Saint* ! Mes morceaux préférés étaient *Funiculi-Funicula*, *Viens poupoule* et *Tyroleswaltz*. Mais pourquoi les appelé-je mes morceaux préférés ? Je n'en connaissais pas d'autres. C'étaient à peu près les seuls que reproduisaient mes disques. Mon répertoire était vraiment des plus limités.

Tous les trois mois, mon père se rendait à Londres pour ses affaires. Il lui arrivait parfois de nous y emmener, ma mère et moi. Nous descendions au Carlton. Un orchestre de Tziganes jouait des valses et des czardas dans la salle du restaurant. A l'heure des repas, rien ne pouvait m'empêcher de prendre un petit tabouret et d'aller m'asseoir aux pieds du chef d'orchestre. Je l'écoutais attentivement, en battant la mesure, ce qui semblait l'amuser. Mais lorsqu'il se penchait vers moi pour me demander : « Et maintenant, mon petit ami, qu'est-ce que tu veux qu'on te joue ? », je restais pris de court et répondais invariablement la *Matchitche*, sans oser lui avouer que cet air ne me plaisait pas tant que cela. Ah ! les émotions que suscitaient en moi les orgues de Saint-François-de-Sales étaient d'une autre nature. Elles me rapprochaient davantage de ce royaume mystérieux dont je pressentais l'existence, mais dont je n'arrivais pas à trouver la clé.

Ma mère avait bien tenté de m'y aider en me faisant donner des leçons de piano par Germaine de Castro, la sœur de la violoniste Yvonne Astruc. Mais à peine avions-nous dépassé les premières études de Czerny que mon père y avait mis le holà. Pour lui, la musique n'était pas seulement « le plus coûteux de tous les bruits », mais une occupation peu virile. Il préférait que je fasse de la boxe et de l'équitation.

Pourtant, lorsqu'il me mit à l'Ecole Alsacienne, il ne s'opposa pas à ce que je suive les cours de solfège, simplement parce qu'ils étaient « inscrits au programme ». Son grand principe était qu'il ne fallait jamais se singulariser. Ces cours étaient donnés par Paul Pierné, le cousin de Gabriel, auquel le fait de diriger les Concerts Colonne et d'avoir composé un ballet intitulé *Cydalise et le Chèvre-pied* avait valu une certaine notoriété. Très vite, Paul Pierné crut discerner en moi des dispositions pour la musique et s'efforça de les développer. Comme il poussa la gentillesse jusqu'à me donner bénévolement des leçons supplémentaires, je m'efforçai de ne pas le décevoir. Aussi mes progrès furent-ils rapides. Au bout de six mois, je pus passer au cours du second degré.

Vinrent les premiers mois de 1912. J'avais alors dix ans et demi. Une note de la direction circula dans l'école, demandant à tous les élèves « qui avaient une jolie voix et possédaient quelques rudiments de solfège » de se présenter chez Paul Pierné, afin d'y passer un examen spécial. Bien que n'ayant nullement ce qu'on pouvait appeler « une jolie voix », je m'y rendis sans avoir la moindre idée de ce qu'on attendait de moi. Après nous avoir rassemblés dans son salon, dont le centre était coupé par un immense piano à queue, M. Pierné nous expliqua que, durant la Semaine Sainte, l'orchestre et les chœurs du Temple de l'Oratoire donneraient, au bénéfice des pauvres, trois concerts à la salle Gaveau, sous la direction de Gustave Bret. Ils y exécuteraient *la Passion selon saint Matthieu*, de Jean-Sébastien Bach.

— *La Passion selon saint Matthieu*, poursuivit-il, est un des sommets de la musique, mais son exécution est très difficile. Elle nécessite le concours de sept solistes, d'un orgue, d'un orchestre, de deux chœurs mixtes et d'un chœur d'enfants. Je vous ai réunis pour vous demander si vous vouliez y participer en chantant dans le chœur d'enfants que je dirigerai moi-même. Mais je vous préviens, cela exigera beaucoup d'attention et de discipline. Quatre répétitions séparées sont prévues avant la répétition générale qui aura lieu dans un mois à la salle Gaveau avec l'ensemble de l'orchestre et des chœurs. Les répétitions séparées dureront chacune une heure. Elles se feront ici, le dimanche matin. Lesquels d'entre vous veulent y prendre part ?

Nous étions une trentaine. Je levai la main sans hésiter, m'attendant à ce que l'ensemble de mes camarades en fît autant. Mais, seules, douze mains se levèrent, et encore non sans réticence. J'en fus désolé, craignant que ce peu d'empressement ne compromît le projet.

— C'est très bien, déclara Pierné. Il ne m'en faut pas davantage. La première répétition aura lieu ici, dimanche prochain, à dix heures et demie. Quant aux autres — je parle de ceux qui ne veulent pas s'imposer ce petit effort —, ils ne savent pas de quoi ils se privent. Peut-être le regretteront-ils plus tard.

Ces derniers mots provoquèrent quelques ricanements.

— Penses-tu que je vais passer mon dimanche matin à faire le zigoto au lieu d'aller jouer au foot ? dit l'un de ceux qui avaient refusé de lever la main. On bosse bien assez comme cela toute la semaine. Les gens qui viendront au concert paieront leur place, je suppose, alors, que le père Pied-de-nez nous paie nous aussi. Il veut nous faire travailler pour rien. Moi, je ne marche pas.

J'essayai de ramener ce camarade à des sentiments moins mercantiles, mais en vain. Dans les jours qui suivirent, on appela par dérision « les bons Apôtres » ceux qui avaient accepté de chanter dans les chœurs. Nos camarades nous infligèrent toutes sortes de brimades, jusqu'à ce qu'une bagarre en règle eût mis fin à ce traitement.

La première répétition de travail fut une déception. Elle consista à répéter vingt fois de suite — si ce n'est davantage — une phrase traînarde et sans accent. Quelle désillusion ! Si c'était cela « un des sommets de la musique », ce n'était pas la peine de se donner tant de mal pour y accéder. Je sortis de chez Paul Pierné fortement ébranlé, en me demandant si mon royaume inaccessible n'était pas une chimère. Les répétitions suivantes aggravèrent encore ma déconvenue. « Un peu plus vite... Non, pas autant... Ouvrez plus largement la bouche... Ralentissez... Plus fort, nous disait Paul Pierné avec une patience angélique. Appuyez longuement sur le mot *vrai*... et ne laissez pas tomber *Dieu*... Respirez bien ; non, pas comme ça... Comme ça... »

C'était à désespérer ! Je faisais de mon mieux pour ne pas « laisser tomber Dieu ». Mais j'avais l'impression que je n'y arriverais jamais.

Vint enfin la répétition générale avec les solistes, l'orgue, l'orchestre et les chœurs au grand complet. Comme jusqu'ici chacun de ces éléments avait travaillé séparément, je n'avais aucune idée de ce que j'allais entendre.

Le chœur d'enfants dont je faisais partie était groupé tout en haut, à côté du buffet de l'orgue. De cette position surélevée, on dominait les gradins où s'étageaient les choristes et la fosse d'orchestre où s'accordaient les instruments. Il devait y avoir au moins deux cent cinquante personnes.

Soudain, Gustave Bret apparut à son pupitre de chef d'orchestre. D'un regard, il prit possession de l'orchestre et des chœurs, fit signe aux électriciens d'éteindre les lumières et la salle fut plongée dans une demi-obscurité. Gustave Bret donna quelques petits coups secs avec sa baguette sur le rebord de son pupitre, leva la tête et les deux bras vers l'organiste, demeura un instant immobile et par un léger mouvement des mains, commença à battre la mesure.

Lentement, comme montant du fond d'un abîme, l'orgue fit entendre une sorte de pulsation. Elle était si profonde et si régulière qu'elle semblait moins un son qu'une respiration, un souffle antérieur à la création du monde. Je n'avais encore jamais rien entendu de pareil. Au bout de quelques mesures, la pulsation engendra une mélodie plaintive, comme si le genre humain tout entier se mettait à gémir. La plainte montait, montait toujours, soutenue par l'ascension des violons et des instruments à vent qui la rendaient plus nostalgique et plus déchirante encore. Au fur et à mesure que les accords se succédaient, un sentiment indéfinissable s'emparait de moi, une émotion que je n'avais jamais ressentie, faite d'éléments contradictoires que je ne cherchais même pas à démêler. Comment une douleur aussi poignante pouvait-elle susciter une sensation de bonheur ? C'était cela, la musique ? Alors, c'était encore bien plus beau que tout ce que j'avais imaginé ! Je crus que cette lamentation avait atteint son point culminant, mais je me trompais. A ce moment précis, les chœurs entrèrent en jeu et la mélodie s'amplifia, comme si l'adjonction des voix lui apportait enfin sa vraie dimension. Mon ravissement était à son comble : la musique se déployait et m'emportait avec elle. Les vocalises des chœurs se succédaient comme les vagues de la mer. Et pourtant cette masse sonore, perpétuellement en mouvement restait si transparente que l'on continuait à percevoir dans ses profondeurs ultimes la pulsation initiale qui lui avait donné naissance.

Imperceptiblement, la pulsation s'accéléra et se mit à ressembler à un halètement. Les chœurs se scindèrent en plusieurs groupes et offrirent l'image d'une foule en marche, d'où fusaient des interrogations :

— *Venez mes filles !*
— *Pourquoi ?*
— *Partager mes sanglots.*
— *Voyez-le !*
— *Qui ?*
— *Mon fiancé divin.*
— *Voyez !*
— *Quoi ?*
— *L'agneau de Dieu !*
— *Voyez !*
— *Quoi ?*
— *Sa douceur infinie !*
— *Voyez !*
— *Quoi ?*
— *Vos propres péchés !*
— *Voyez-le tous, portant sa croix sur le chemin du calvaire...*

Questions et réponses se succédaient sans répit et avec une telle violence qu'on aurait cru assister au début d'une émeute.

Paul Pierné se tenait devant nous, la main droite tendue dans notre direction tandis que l'autre continuait à battre la mesure. Nous étions remplis par une émotion si intense qu'elle touchait à l'angoisse. Soudain, il nous donna le signal de l'attaque. Bravement, nos douces voix juvéniles s'élancèrent dans la mêlée :

— *Agneau sans tache, vrai Dieu !*
Quand sous ta croix tu défailles...

Au premier instant, j'eus l'impression de me jeter dans le vide. Je me demandai, avec une sorte d'effroi, ce qui allait m'arriver. Mais presque aussitôt, comme un oiseau reprend de la hauteur après avoir paru devoir s'écraser sur le sol, je trouvai un point d'appui dans ce tumulte lui-même. Les notes de mon chant étaient si parfaitement accordées aux remous de l'orchestre que je me sentis porté par lui et poursuivis ma partie avec plus d'assurance :

— *Tu pries encore pour ceux*
Qui te bafouent et te raillent...

Bientôt, je cessai de me sentir porté par cet océan de voix et de sons : j'eus le sentiment de les dominer, d'en être le maître. Cela tenait à la position surélevée que nous occupions par rapport aux autres exécutants, mais aussi au registre tendu du choral, que l'auteur avait conçu comme un message céleste descendant vers la terre ; comme une arche permettant à la bonté de Dieu de rejoindre les hommes pour alléger leur misère. Le chant qui sortait de mes lèvres me remplissait d'un extraordinaire sentiment de puissance, et cette puissance, à son tour, se transformait en joie. Aussi fut-ce avec une véritable allégresse que j'entonnai la dernière strophe :

— *Toi qui portes tous les péchés du monde*
Et nous empêches de mourir de désespoir,
Nos voix te rendent grâce, ô Jésus !

Tout cela n'avait plus rien de commun avec la mélodie insipide que j'avais ânonnée cent fois les dimanches précédents. Elle prenait une signification insoupçonnée du seul fait d'être soutenue par l'ensemble des exécutants et ne devenait rien de moins que l'annonce de la Rédemption. Je ne pus m'empêcher d'admirer la maîtrise avec laquelle Jean-Sébastien Bach avait superposé l'orgue, l'orchestre et les chœurs pour en former une architecture aussi solide que la nef d'une cathédrale. Mais ici, le matériau employé n'était pas la pierre. C'était une substance impalpable, faite de vibrations sonores, l'insertion dans le temps d'un fragment d'éternité.

Au bout d'une dizaine de minutes, le tumulte s'apaisa.

Les chœurs se turent. L'orchestre poursuivit seul sa plainte, comme s'il ne trouvait plus en lui-même la force de s'arrêter. Les chœurs intervinrent une dernière fois, brièvement. Puis tout se résorba dans le point d'orgue final.

Alors, une voix solitaire s'éleva du silence. C'était celle de Jésus. Soutenue par quelques archets, elle disait, sur le ton dont on fait part d'une chose inévitable :

— *Voici venir la Pâque. Avant que deux jours ne soient écoulés, le Fils de l'Homme sera trahi et livré, pour être crucifié.*

Pour ne pas nous obliger à écouter la suite où nous n'avions plus rien à chanter et qui durait trois heures et demie, il avait été convenu qu'une fois notre partie terminée nous serions autorisés à nous retirer, à condition de le faire avec le maximum de discrétion. Mes camarades en profitèrent pour s'éclipser sur la pointe des pieds par une porte latérale donnant sur un étroit passage ménagé entre les tuyaux et la soufflerie de l'orgue. A travers la paroi, je les entendis s'éloigner avec des exclamations joyeuses. Ils en avaient visiblement assez. Mais pas moi ! Bouleversé par ce que je venais d'entendre et tremblant comme une feuille, je demeurai assis sur la plus haute marche de l'escalier menant à la tribune de l'orgue, la tête enfouie dans mes mains, tandis que les chœurs entonnaient le choral suivant à voix si basse que l'on eût cru qu'ils faisaient allusion à quelque faute impardonnable :

— *O Divin Maître, quel crime as-tu commis,*
De quel forfait t'es-tu rendu coupable
Pour mériter un supplice aussi cruel ?

Pendant tout le concert je restai pelotonné à ma place, emporté vers un autre monde par un fleuve de musique. Je ne comprenais pas ce qui m'arrivait : je ne m'appartenais plus. Et justement, peut-être, parce que « je ne m'appartenais plus », chaque détail de « l'Œuvre », composée de trois éléments superposés : l'orgue, l'orchestre et les chœurs, se gravait en moi d'une façon indélébile. Bientôt, je m'aperçus que les chœurs eux-mêmes servaient de porte-parole à trois groupes évoluant sur des niveaux différents : d'abord un chœur terrestre chargé de haine et de violence, ensuite un chœur imprégné de paix et de sérénité, enfin, brochant sur le tout, le chœur d'enfants auquel je participais et qui jouait le rôle d'une arche radieuse capable de les réconcilier. Chaque groupe d'exécutants avait son rôle et sa physionomie propres.

A travers l'alternance de ces éléments progressait inexorablement le plus grand drame de tous les temps. Je suivais pas à pas le Christ dans sa montée au Calvaire. Mon cœur se serra en entendant le solo de flûte par lequel Bach a voulu exprimer la solitude de Jésus abandonné par tous ses disciples durant la nuit de Gethsemani (ma mère m'en avait souvent parlé en termes si désolés que j'en étais venu à penser que la défection de ses amis avait dû être, pour Jésus, une douleur plus cruelle que la crucifixion elle-même). J'assistai avec horreur aux péripéties du supplice (notamment au cri guttural de : « Barrabas ! Barrabas ! » plusieurs fois répété). Je frémis lorsque retentit le coup de tonnerre qui annonçait la destruction de Jérusalem. Enfin, quand tout fut consommé et que le corps du Rédempteur reposa, enveloppé de bandelettes, dans le caveau de Joseph d'Arimathie, je sentis mes yeux se remplir de larmes en entendant la foule murmurer, avec une tendresse qui en accentuait encore la sublime familiarité :

— *Bonne nuit, mon Jésus, bonne nuit !*

Jamais je n'aurais cru la musique capable de s'emparer de moi à ce point. Et pas seulement de moi, mais des autres, de tous les autres. Elle dissolvait les durées individuelles pour les remplacer par une durée commune où nos âmes communiquaient enfin sans entrave. Il n'y avait pas de limite à l'élargissement qu'elle provoquait en nous. Elle était un mode d'expression absolu. Elle dépassait le parler humain de toute la hauteur dont « le parler humain dépasse le langage des bêtes ».

Non seulement pendant la répétition générale, mais durant les trois concerts qui suivirent, je demeurai à ma place jusqu'à l'accord final, cramponné au buffet d'orgue de la salle Gaveau comme je m'étais cramponné jadis à mon petit tabouret du Carlton. Mais cette fois-ci j'avais découvert mon royaume. En vertu d'une injonction que je ne pouvais enfreindre et dans laquelle je voulais voir un effet de la volonté divine, j'y avais pénétré par une porte royale et m'étais juré de ne plus en ressortir. Lorsque les chœurs se turent à la fin du dernier concert, ma résolution était prise. Je serais musicien. Non point un interprète, mais un compositeur. J'ajouterais mon propre chant à celui des artistes qui m'avaient précédé et mourrais en laissant au monde un petit peu plus de musique. Existait-il une tâche plus grande et plus belle à laquelle je puisse consacrer ma vie ?

Je savais que ma mère n'y verrait pas d'inconvénient, car elle était très musicienne. Le difficile était de le faire admettre à mon père. Je le fis sept ans plus tard, le jour où, ayant passé mon bac, il me posa la question fatidique :

— Et maintenant, Jacques, que veux-tu faire dans la vie ?

Il me parlait en me regardant au fond des yeux, les deux mains posées sur mes épaules, avec un accent affectueux auquel je n'étais pas accoutumé. J'étais mis au pied du mur. Je rassemblai mes forces et répondis très calmement :

— Papa, je veux être musicien.

Je sentis trembler son corps, comme un arbre auquel un bûcheron vient d'assener un premier coup de hache. Je crus qu'il allait laisser éclater sa colère. Mais contrairement à mon attente, il me lança un regard navré et, sur un ton de profonde commisération, me dit :

— Mon fils ! Tu veux donc être domestique ?

Pour lui, en effet, être musicien, c'était être un de ces « violoneux » qui jouaient dans les bals du faubourg Saint-Germain, qui n'avaient pas le droit d'adresser la parole aux invités et auxquels on servait un verre de mousseux à l'office.

— Mais non, papa ! Je ne veux pas jouer du violon dans les bals. Je veux être organiste !

— De mieux en mieux ! répliqua-t-il. Comme les aveugles ?

Car pour lui, tous les organistes étaient nécessairement aveugles.

Il prononça ces derniers mots avec une douleur non dissimulée, car mon intention représentait l'écroulement de tous ses espoirs. Il aurait voulu que je sois ambassadeur et voilà que je préférais jouer de l'orgue de Barbarie dans les rues, accompagné d'un chien, une sébile autour du cou.

— Pourquoi choisis-tu exprès un métier de rien-du-tout, un métier de crève-la-faim ? ajouta-t-il à voix basse.

Cette fois-ci la musique ne brisait pas les murs qui séparaient les êtres. Elle en créait d'infranchissables. Je sentais que je venais de lui faire un mal qu'il ne méritait pas. J'en éprouvai de la peine. Mais pouvais-je abandonner mon royaume à la première difficulté, comme les disciples avaient abandonné Jésus au mont des Oliviers ? C'eût été une trahison. Je me serais méprisé...

Mon père laissa retomber ses bras et recula d'un pas, comme pour me faire comprendre qu'il ne pouvait plus rien pour moi, que je lui étais devenu étranger.

Je demeurai immobile, tous les muscles tendus. « Mon Dieu, mon Dieu, me dis-je, vous aurais-je mal compris ? Je cherche à suivre la voie que vous m'avez indiquée, et voilà que vous m'obligez à frapper ceux qui me sont le plus proches ! »

J'étais près de fondre en larmes.

Soudain, mon père se ressaisit. Se rapprochant de moi, il me dit :

— Eh bien, Jacques, si c'est ta vocation, je tâcherai de m'en accommoder... Mais à une condition : c'est que tu me promettes de devenir un grand, un très grand musicien.

La première qualité de mon père était le courage.

— C'est bien ce que j'espère, lui répondis-je en lui baisant la main.

Mais n'allons pas trop vite : au moment où je venais de découvrir *la Passion selon saint Matthieu*, je n'avais pas encore onze ans.

CHAPITRE XII

LA LOCOMOTIVE

(1913)

— As-tu vu le courrier ? Le catalogue de chez Maercklin est arrivé !

La voix de Georges vibre d'excitation tandis qu'il descend l'escalier quatre à quatre pour venir au-devant de moi. Georges est mon nouveau camarade à la pension de la rue du Cardinal-Lemoine où M. de Saint-Etienne remplace Mme Bronner. Il connaît mon intérêt pour les chemins de fer et, chaque année, le nouveau catalogue de Maercklin, publié à l'occasion de Noël et des étrennes du jour de l'An, nous arrache des exclamations d'enthousiasme. Maercklin est sans doute la meilleure fabrique de jouets en Europe, surtout dans le domaine des « chemins de fer ». Il présente chaque année le modèle le plus récent de locomotives, de wagons, d'aiguillages et de signaux ; tout y est reproduit avec une finesse et une précision impeccables.

Je cours chercher mon courrier et reviens en rapportant le catalogue dont Georges vient de me signaler l'arrivée. Nous l'ouvrons sur une table et le feuilletons, les yeux écarquillés.

— Regarde celle-là comme elle est belle !

Je tourne la page et découvre l'image d'une admirable locomotive « Pacific ». Rien n'y manque ; aucun détail n'est oublié. On a l'impression qu'il suffirait d'allumer la chaudière pour qu'elle se mette en route sur ses quatorze roues d'acier. Elle est vraiment d'une beauté irrésistible. Elle est peinte en vert foncé avec des cheminées noir et blanc et deux plaques rouges placées à l'avant et à l'arrière portant son numéro d'immatriculation. Tout en elle est fait pour stimuler l'imagination, ses flancs sveltes comme ceux d'un lévrier, ses bielles étincelantes ; il suffirait d'un rien pour la faire s'élancer à toute vitesse sur ses rails, pour me conduire à une destination inconnue où j'échapperais au confinement si triste de la rue Brémontier et à l'atmosphère de culpabilité qui continue à peser sur mes épaules comme une chape de plomb, pour une destination où je verrais enfin d'autres paysages, d'autres horizons. A la seconde même je sais qu'il faut que je l'achète ; je serai malheureux tant que je ne l'aurai pas. Mais comment faire ? Mon père subvient à tout, nourriture, vêtements et jusqu'aux moindres fournitures scolaires, il estime que 5 francs par semaine sont amplement suffisants pour pourvoir au reste.

Combien peut-elle coûter ? Je vais passer chez Maercklin pour en avoir le cœur net. Comme attiré par un aimant, je me rends faubourg Saint-Honoré le soir même, en rentrant de l'école. La maison Maercklin, dont le siège est à Nuremberg, possède un magasin dans la cour d'un immeuble qui abrite encore aujourd'hui la boutique de jouets à l'enseigne « le Nain Bleu ». Avant d'arriver dans ce lieu de délices, je fais des vœux pour trouver rapidement la locomotive de mes rêves. Mais sera-t-elle là ? Saurai-je la reconnaître parmi les autres ? Et si elle n'y était plus... J'approche du vendeur, le cœur battant.

— Avez-vous toujours la « Pacific 231 » ? Je ne l'ai pas vue dans votre devanture.

— Nous ne l'avons plus en vitrine mais j'en ai encore une ; c'est la seule qui nous reste. Si vous la voulez, il faut vous dépêcher parce que, cette année-ci, l'avenir est trop incertain et le réassortiment de nos modèles sera très difficile.

— Et combien coûte-t-elle ? demandé-je d'une voix étranglée par l'émotion.

— Le prix est très raisonnable, me répond-il ; 235 francs.

Je me mords la lèvre inférieure tant ce chiffre me paraît énorme. Je calcule rapidement sur le bout de mes doigts combien de temps il me faudrait pour l'acheter en mettant de côté mes cinq francs par semaine. « Impossible ! m'exclamé-je en moi-même ; c'est le dernier modèle disponible, il aura disparu avant ! » Comment faire ? *Il faut* que j'achète cette machine. Cette pensée s'empare de moi comme une obligation ; elle me possède comme une lanterne rouge dont la lumière est chaque instant plus forte. Comment échapper à cet envoûtement ? Cette locomotive s'identifie pour moi non pas à un jouet, mais à une libération splendide ; elle m'apportera une vie d'aventures à laquelle j'aspire depuis longtemps. Une phrase me revient constamment à l'esprit : « Où trouver l'argent nécessaire à son acquisition ? » L'emprunter à quelqu'un ? Ce serait mieux. Mais à qui ? Faire part de mon désir à mon père ? Je sais trop bien qu'il s'y refusera net. Alors sortant de ma réflexion, je me tournai vers le vendeur et pris congé de lui.

— Je vous remercie, monsieur, mais il me faut encore réfléchir et décider mes parents...

De retour à la maison, plus désemparé que jamais, j'aperçus mon père assis dans le vestibule devant un bureau à cylindre et comptant un à un des paquets de billets de banque. Je n'avais jamais vu une telle somme ! Ni mon père en pareille posture. Il y avait là de quoi acheter au moins cent locomotives.

— Dis-moi, papa, qu'est-ce que c'est que tout cet argent ?

— Ne t'en occupe pas. Cet argent n'est pas à moi ; il est déposé ici. Je dois faire comme s'il n'existait pas.

— Alors cet argent ne sert à rien ?

— Non, à rien !

Je ne peux réprimer un sourire quand je pense à quoi il servirait si seulement il m'appartenait : il se transformerait aussitôt en bonheur, en joie, en libération.

Mon père ramassa les billets, les classa par importance en terminant par une liasse de billets de 1 000 francs qu'il rangea dans le fameux tiroir. Dire qu'il y a là une fortune à portée de ma main et que j'en ignorais l'existence.

Aussitôt après le dîner, j'allai dire bonsoir à mon père. Peu après je l'entendis passer dans son cabinet de toilette où il a pour habitude de se déshabiller, d'enfiler son pyjama et de ranger ses affaires.

Tout mon corps transpirait à la fois d'angoisse et d'excitation. Je sentais quelque chose se rompre en moi ; dans quelques instants, j'allais commettre un larcin, une mauvaise action. Cette fois-ci, une vraie. J'avais tellement envie de ma locomotive qu'une force irrésistible m'entraînait.

Mon père entra dans sa chambre. Dès que sa lampe de chevet fut éteinte, je pénétrai dans le cabinet de toilette avec beaucoup de précautions et m'emparai du trousseau de clés ouvrant les tiroirs de son bureau.

A pas de souris, je me dirigeai ensuite dans la pièce où se

trouvait le bureau, j'ouvris le tiroir, en évitant de faire le moindre bruit, détachai un billet de 1000 francs de sa liasse et le glissai dans ma poche. Puis je refermai le tiroir et me retirai subrepticement dans ma chambre. Durant toute la nuit je pressai mon petit portefeuille sur mon cœur et — je n'hésite pas à le dire — je dormis divinement car je savais que, le lendemain, j'aurais enfin ma locomotive.

Ce matin, donc, comme chaque jour, je me levai à sept heures moins le quart et, sitôt mon petit déjeuner avalé, je pris le chemin de chez Maercklin. Pourvu qu'elle soit encore là !... Sinon ce serait tragique. Oui ! Par bonheur, elle est là ! J'entrai et je dis au vendeur d'un air détaché :

— Je voudrais acheter la « Pacific 231 ». Mes parents ont bien voulu me l'offrir pour mon anniversaire.

— Vous avez l'argent ?

— Oui, le voilà, dis-je au vendeur en lui tendant le billet en question.

Le vendeur regarde le billet et s'exclame :

— Mais c'est bien plus qu'il n'en faut ! Je vais vous rendre beaucoup de monnaie.

A ce moment précis, je m'aperçus de l'importance de mon larcin.

Le vendeur emballa ma locomotive, puis il me rendit la monnaie, c'est-à-dire qu'il déposa dans ma main un nombre de billets beaucoup plus élevé que la coupure unique que je venais de lui remettre. La tête me tourna. Tant que la locomotive allait m'apporter le bonheur, la liberté et peut-être la joie de retrouver mon frère, m'emparer de ce qu'il fallait pour l'acheter ne m'avait presque pas paru répréhensible. Mais maintenant qu'on me rendait la monnaie, je n'y comprenais plus rien. Je pris alors brusquement conscience du fait que j'avais volé puisque j'en avais pris trop. Encore une fois, que faire ? Mais je me rassurai en décidant d'aller aussitôt restituer la différence puisqu'elle ne m'appartenait pas.

Je rentrai à la maison, portant sous mon bras droit un long carton bordé d'or et, dans ma poche gauche, mon petit portefeuille étonnamment gonflé. Sans perdre une minute, je me dirigeai vers ma chambre pour y cacher la locomotive, puis courus au vestibule où je m'aperçus soudain que j'avais oublié par mégarde de refermer à clé le tiroir de citronnier qui contenait les billets, et y remis en silence ceux qui m'avaient été rendus sous forme de monnaie. Dans l'instant, je me sentis soulagé d'un grand poids, délivré, je dirais même « pardonné » puisque j'avais pris juste ce qu'il fallait, pas davantage. Je ne me doutais pas encore que le geste que je venais de faire était justement celui qui allait me dénoncer, car il allait immanquablement révéler mon prélèvement à mon père. Celui-ci, ayant trouvé dans le tiroir du bureau des billets qu'il ne reconnut pas, alla immédiatement les recompter et s'aperçut, du même coup, qu'un gros billet avait disparu de la liasse à laquelle il était attaché. On imagine la perplexité dans laquelle cette constatation devait le plonger. Qui pouvait avoir commis ce méfait inexcusable ? Ce ne pouvait être que quelqu'un habitant la maison et qui savait où mon père déposait son argent. Ayant réfléchi un instant, ses soupçons se portèrent inévitablement sur Jules, le valet de chambre, époux de Médéa, notre cuisinière. Médéa se plaignait depuis quelque temps que son mari jouait aux courses ; elle s'en était plainte à mon père que cette nouvelle avait terriblement affecté car il aimait Jules ; il avait pour principe que tout homme atteint de la passion du jeu était un homme perdu. Il décida donc de le mettre immédiatement à la porte de la rue Brémontier. L'annonce de ce renvoi me laissa abasourdi. Moi aussi j'aimais Jules ; c'était lui qui me transportait sur ses épaules le long du corridor allant du salon à la pièce qui me servait de chambre à coucher. Quand je sus qu'il allait partir, que je ne le reverrais plus, je fondis en larmes et ne pus contenir la vague de tristesse et de remords qui m'envahit.

Non ! Non ! Je ne pouvais pas laisser faire ça. Je ne pouvais pas laisser mon père le mettre à la porte pour le punir d'un méfait qu'il n'avait pas commis et dont j'étais le seul responsable. Je me précipitai vers mon père, posai ma tête sur ses genoux et lui dis :

— Mais non, papa, ce n'est pas Jules ! Je te jure que ce n'est pas lui !

— Mais alors, qui veux-tu que ce soit ? Il n'y a pas tant de personnes qui vivent dans cette maison !

Je serrai les poings. Comme j'aurais voulu à présent ne pas avoir acheté cette locomotive ! Mais il était trop tard ; l'acte était commis ; j'y restais attaché. Mon acte malhonnête commençait à porter ses fruits empoisonnés. « Ah ! non ! Jamais je ne laisserai accuser Jules ! » Je courbai le dos comme si je m'attendais à recevoir un coup et dis à mon père, le front bas et les yeux remplis de larmes :

— C'est moi, papa, qui ai pris de l'argent...

Et ma gorge se noua de sorte que je ne pus terminer ma phrase.

— Toi, Jacques ? dit mon père en s'éloignant brusquement de moi, comme s'il m'avait pris littéralement en horreur.

— Oui, moi ! Mais si tu y tiens, je te la donnerai, ma locomotive. Tu sais, elle est très belle... Je mesure à présent l'étendue de ma faute.

Je me jetai à son cou, mais il se détacha de mon étreinte.

— Arrière ! ou je te cravache jusqu'au sang, rugit-il, le visage empourpré de colère. Désormais, je t'interdis de m'adresser la parole.

Au même moment, il m'écarta de lui et se dirigea à grands pas vers la chambre de ma mère. Je l'entendis qui l'appelait. Il s'enferma avec elle dans la pièce encore tendue par la tapisserie chinoise au pied de laquelle j'étais né. Les deux battants de la porte ayant été refermés, je n'entendis plus rien sinon, au bout d'un instant, un gémissement étouffé. Je sentis brusquement ma mère en péril. Comme fou, j'ouvris la porte et pénétrai dans la pièce. Je ne vis tout d'abord que mon père car ma mère était effondrée, au pied de son lit, tandis que dressé au-dessus d'elle il lui répétait d'une voix rauque :

— Toi et ton fils, vous avez pourri ma race ! Vous avez pourri ma race !

Comment pouvait-il nous faire un tel outrage ! Et je pensai au même instant au « sang des Larrey » et au « meilleur ouvrier de France ».

Ce soir-là, je crus vraiment que je détestais mon père. Je courus à ma chambre et me recouvris la tête de mon oreiller pour ne plus entendre sa voix.

Telles que je vois les choses maintenant, cette époque m'apparaît comme une alternance de journées radieuses — le sacrifice d'Hélios ou le concert de la salle Gaveau — éclairant par moments un couloir sombre et maléfique où je partais à la dérive. Je dirais que je continuais à avancer sur le plan de l'existence, mais que j'avais complètement perdu de vue celui de ma destinée. Peu m'importait après tout de faire éclater ou non la lampe de Mme Bronner, ou même d'acheter une locomotive — fût-elle le symbole de mon désir d'évasion. Ce n'était vraiment pas pour cela que j'avais été fait. Il me fallait, avant tout, retrouver mon équilibre et savoir clairement ce à quoi la vie me destinait.

Certains jours, j'en suis venu à me demander ce que j'étais au juste : un « gibier de potence » ou un « agneau sans tache » ?..

CHAPITRE XIII

ADIEU JEUNESSE !

(juin-juillet 1914)

Mes parents avaient décidé de passer les vacances de 1914 à Filey, une station balnéaire du Yorkshire, située à mi-chemin entre Bridlington et Scarborough. Joan, ma mère et moi étions partis les premiers dans la deuxième quinzaine de juin. Mon père, retenu à Paris, devait nous y rejoindre par la suite.

De Filey même, je revois sa plage envahie de baigneurs, de parasols multicolores et de cabines de bain. Où avons-nous logé ? Dans un hôtel ou chez l'habitant ? Je ne m'en souviens plus. Car ce qui se passait alors dans ma tête commençait à m'intéresser davantage que ce qui se déroulait autour de moi. Ce dont j'ai gardé, cependant, une image très précise, c'est du moutonnement des dunes qui descendaient vers la mer. Elles étaient faites d'un sable très fin, hérissé d'une curieuse plante dont les tiges rondes et lisses comme des queues de rat frissonnaient dans le vent. Plus loin s'allongeait la plage et, plus loin encore, la mer du Nord, froide, glauque, tantôt couleur d'huître, tantôt couleur de nacre, qui crachait sur le sable des paquets de goémon.

Le matin, je passais mon temps à galoper le long de la mer, monté sur un petit cheval de louage. Ma course, où je m'efforçais de suivre la lisière des vagues, soulevait sur mon passage des troupes de mouettes, qui s'envolaient dans un grand battement d'ailes avec des cris moqueurs. J'allais, le plus souvent, jusqu'à un petit promontoire d'où l'on apercevait, au large, une grosse balise rouge, seule tache de couleur vive dans ce paysage d'opale.

Ces promenades, dont je revenais les cheveux en désordre et ma chemise détrempée par des paquets d'eau de mer, me grisaient. L'après-midi nous nous rendions à la plage, malheureusement envahie par une cohue d'estivants. Mais je réussissais toujours à me ménager un petit royaume personnel.

Face à la mer, une estrade rudimentaire était dressée au pied des dunes. Elle était faite de planches et de rondins mal ajustés, recouverts de bandes de toile. Leur couleur avait dû être criarde à l'origine. Mais elles étaient délavées par la mer et si fanées par le soleil qu'elles avaient pris, avec le temps, une teinte indéfinissable. Tout autour de l'estrade étaient disposées des rangées de pliants. Sur les tréteaux, une jeune fille et quatre garçons chantaient et dansaient en s'accompagnant de guitares. Ils s'interrompaient de temps à autre pour faire la quête parmi les spectateurs. Une banderole indiquait le nom de cette petite troupe improvisée : *The Yorkshire Minstrels.* Ils ne devaient guère avoir plus de vingt ans mais, pour moi, c'étaient quand même des « grands » avec tout ce que cela comportait de différence. La jeune fille était brune. Elle avait un visage potelé et des bras ravissants. Les garçons, eux, étaient blonds et efflanqués comme des chats de gouttière. Ils devaient être pauvres. Des fils de mineurs ou de dockers, sans doute, qui cherchaient à gagner un peu d'argent en distrayant les touristes. Cela se voyait à leurs poignets osseux et à leur gaucherie un peu plébéienne, qui n'était pas le moindre de leurs charmes. Mais le plus surprenant était leurs déguisements.

La jeune fille était vêtue en Colombine. Elle portait un collant rose, un tutu d'organdi blanc et un corselet de velours noir. Une étoile argentée tremblait dans sa chevelure. Quant aux garçons, ils étaient costumés en Arlequins. Ils portaient des justaucorps de tons pastel faits de losanges roses, verts, gris ou bleus et étaient coiffés de bicornes noirs d'où s'échappaient quelques mèches folles. Ils n'appartenaient ni à notre temps ni à notre monde, mais à cet univers irréel et fantasque où tout se passe en sérénades et en fêtes galantes. Ils chantaient sur une musique légèrement syncopée des airs d'opérettes et des romances sentimentales dont je n'ai conservé que quelques titres : *Daffodils* et *Your Smile is heaven.* Ou encore — pour amuser les tout-petits — des « Nursery Rimes » comme *Humpty-Dumpty* et *Three blind mice,* que tous les enfants anglais connaissent par cœur avant même de savoir lire. Dans l'intervalle des tours de chant, la jeune fille s'avançait sur le devant de l'estrade et exécutait quelques entrechats qui se terminaient par un grand écart. Puis le plus grand des garçons, que ses camarades appelaient Dodo, retirait son bicorne et faisait la roue. Mais ces exercices, pour pleins de bonne volonté qu'ils fussent, ne suscitaient que peu d'applaudissements.

Assis au premier rang, je les écoutais chanter et danser jusqu'à la tombée de la nuit. J'avais acquis un goût assez sûr en musique et ne m'abusais pas sur la valeur de leur répertoire. Mais je ne résistais pas au charme ambigu de leurs romances, au pincement de leurs guitares, à leurs mimiques d'adolescents narquois et dégingandés. Plus encore que par leurs chansons, j'étais fasciné par le contraste qu'offraient la gaieté de leurs costumes et la tristesse de leurs regards. J'aurais donné n'importe quoi pour leur parler, savoir à quoi ils occupaient le reste de l'année et deviner la raison pour laquelle leurs visages avaient une expression aussi mélancolique. Dans l'espoir de percer leur secret, j'essayais d'attirer sur moi l'attention de la jeune fille lorsqu'elle passait parmi les spectateurs pour faire la quête. J'avais décidé de lui dire *Your Smile is heaven,* en guise d'entrée en matière. J'ignore quel effet lui aurait fait cette déclaration impromptue car elle ne s'approcha jamais de moi. Elle préférait manifestement les personnes plus âgées qui laissaient tomber négligemment quelques « pence » dans sa sébile.

Un jour où je rentrais d'une de mes chevauchées un peu plus tôt que de coutume, je trouvai ma mère et Joan passablement agitées. Maman venait de recevoir une lettre de mon père, lui disant que nous serions sans doute obligés d'écourter notre séjour en Angleterre. Un jeune terroriste serbe, du nom de Gavrilo Princip, avait assassiné l'archiduc François-Ferdinand et son épouse morganatique, la duchesse de Hohenberg. L'attentat avait eu lieu huit jours auparavant dans la petite ville de Sarajevo[1]. Comme l'archiduc était l'héritier de la couronne d'Autriche et que mon père avait fait un brin de cour à son épouse au temps où il faisait des cures à Carlsbad — elle s'appelait alors la comtesse Sophie Chotek —, il avait suivi de près cette affaire et craignait qu'elle ne déclenchât une guerre générale.

— *Nonsense !* disait Joan. Personne ne fera la guerre parce qu'un petit étudiant serbe, qui a de très vilaines manières, a

1. Exactement le 28 juin 1914.

assassiné un archiduc antipathique et moustachu. D'ailleurs, je n'aime pas les moustaches, ajoutait-elle d'un ton péremptoire.

Je retournai à la plage le lendemain, comme d'habitude. Personne, apparemment, ne se faisait de souci. L'écho du coup de revolver qui venait de retentir en Bosnie-Herzégovine n'était pas parvenu jusqu'aux rives du Yorkshire. Les *Minstrels* continuaient à chanter : *Tell, tell, pretty blue bell...* et moi, je poursuivais mes efforts pour me faire remarquer d'eux.

La semaine se déroula sans incident ni progrès. Mais le samedi suivant, je constatai que l'assistance était plus clairsemée.

Soudain, aux alentours du 20 juillet, ma mère reçut un télégramme de mon père, lui disant :

> « GUERRE IMMINENTE STOP RENTREZ PARIS PROCHAIN BATEAU STOP VOUS ATTENDRAI GARE DU NORD STOP TENDRESSES
>
> GABRIEL »

— *Nonsense !* répéta Joan. Personne ne fera la guerre parce qu'un petit étudiant serbe probablement très mal élevé puisqu'il n'a jamais eu de gouvernante anglaise...

Le refrain était connu. Mais ma mère, qui écoutait volontiers Joan, refusa de se laisser convaincre.

— Non, non, dit-elle, Gabriel est mieux informé que nous. Nous partirons demain pour la France.

Ainsi, du jour au lendemain, mes vacances étaient terminées. C'était la première fois que pareille chose survenait. Pour que mon père ait pris une décision aussi grave, il fallait que nous soyons menacés par quelque réel danger. Mais j'avais beau faire : je n'arrivais pas à l'apercevoir. Tout paraissait si normal ! Qu'il y eût du malheur dans l'air me semblait impossible, pourtant, j'éprouvais un léger serrement de cœur. Mais mon cœur se serrait aussi pour une autre raison. Je n'avais guère poussé mon offensive du côté de Colombine, parce que je me disais que rien ne pressait, que j'avais encore tout le mois d'août devant moi. Ce brusque raccourcissement des vacances déjouait tous mes calculs. Allais-je devoir quitter Filey sans avoir adressé la parole aux *Minstrels,* sans avoir pénétré dans leur intimité, sans avoir réussi à percer le secret de leur mélancolie ? Je me résignais mal à l'idée qu'ils allaient disparaître et que, ne connaissant ni leur nom ni leur adresse, je ne pourrais même pas leur envoyer une carte postale... Une chose en tout cas était impossible, m'en aller comme ça, sans même leur dire adieu, sans même leur faire savoir que si on m'en avait laissé le temps je serais devenu leur ami... Je sentais confusément que cette rupture allait en entraîner beaucoup d'autres, que quelque chose d'important était en train de mourir. Les Arlequins avaient incarné, dans leurs pourpoints à losanges, tout un monde d'insouciance, de rêve et de fantaisie. Était-ce à tout cela qu'il allait falloir dire adieu ? Était-ce parce qu'ils le pressentaient qu'ils étaient si tristes ?

Le lendemain matin, je me rendis à la plage. Elle était vide. Les parasols étaient repliés et rangés contre un mur. Je craignis un moment que les *Minstrels* ne soient partis. Mais non. Ils étaient toujours là, sur leurs tréteaux. Face à une mer plus grise que jamais, ils chantaient en grattant de leurs instruments une chanson que je ne connaissais pas encore, mais que j'allais avoir l'occasion d'entendre bien souvent : *It's a long way, to Tipperary...*

Ils chantaient d'un air absent, pour personne, dans le vide, comme pour conjurer le mauvais sort. J'étais leur seul auditeur. Je leur adressai un salut de la main. Dodo y répondit par un geste, mais sans s'arrêter de chanter. J'éprouvai au fond de moi-même un déchirement douloureux. Cette fois, j'eus l'impression que ma jeunesse et la paix s'en allaient au son des guitares...

Le doigt pointé sur le large, l'un des Arlequins me fit signe de regarder derrière moi. Je me retournai, moins par curiosité que pour ne pas lui laisser voir que mes yeux étaient embués de larmes. Ce que je vis alors me glaça le sang tant c'était inattendu. Une longue file de vaisseaux de guerre remontait lentement vers le nord. Leurs silhouettes d'acier, d'un gris plus sombre que la mer, s'enfonçaient dans la brume. C'était la *Home Fleet* qui se réfugiait dans le Firth of Forth, pour se mettre à l'abri d'une attaque-surprise. Les équipages — grâce à leurs lorgnettes — avaient dû apercevoir le péril qui nous guettait... Papa avait raison : nous allions avoir la guerre.

Je jetai un dernier regard à la plage où j'avais passé quelques jours heureux. Elle s'étalait devant moi comme une étendue déserte, un espace illimité. J'en éprouvai une sorte de saisissement. Plusieurs fois, par la suite, cette image revint me hanter — toujours sous la forme d'une esplanade horizontale où rien n'arrête les regards. D'abord, la mer du Nord à la veille de la Première Guerre mondiale ; par la suite, la grande esplanade pavée qui couvre le sommet du mont Moriah à Jérusalem ; plus tard encore, à la fin de l'Occupation, la cour, moins vaste mais tout aussi vide, qui donne accès au ministère de l'Intérieur ; enfin, sous la forme d'un large quadrilatère empoussiéré qui était la cour de la Maison de Force et de Redressement de Clairvaux. Je me suis longtemps demandé ce qu'elle représentait et ce qu'elle signifiait. Aujourd'hui je le sais et je constate que son apparition a toujours coïncidé avec un moment décisif de ma vie. C'est pourquoi lorsqu'elle apparaît je la salue au passage. Mais ce jour-là, c'était la première fois. On comprendra qu'elle ait exercé sur moi un attrait invincible dès que j'eus compris qu'elle marquait un moment où ma vie s'identifiait étroitement avec ma destinée et qu'à ce titre elle contenait également en elle une annonce silencieuse des approches de la mort.

Lentement, comme un somnambule, je me dirigeai vers la lisière de la grève, vers cette mer où j'avais vécu des millions d'années et où avaient pris naissance tous les désirs confus qui s'agitaient dans ma poitrine. Derrière moi, les guitares jouaient toujours *It's a long way*... Je crois que je serais entré tout droit dans les eaux et m'y serais noyé si une voix angoissée ne m'avait appelé. C'était Joan.

— Jack ! Jack ! Que fais-tu ? Tu es fou ! Nous te cherchons partout ! Reviens immédiatement. Nous allons manquer le train. Les bagages sont déjà chargés dans la voiture.

J'étais tellement égaré que je ne savais quoi dire.

— Est-ce le défilé des croiseurs qui t'a mis dans cet état ? Dans ce cas je te pardonne. Il est normal qu'on soit impressionné par la puissance de l'Angleterre.

La réaction de Joan était *very british.*

Lorsque nous arrivâmes à Londres, John May, son fiancé, nous attendait sur le quai de la gare d'Euston. Joan et lui ne comptaient pas se marier aussi vite, mais l'imminence de la guerre les avait décidés à ne pas remettre à plus tard. Le lendemain matin, ils allèrent au *Register Office.* Une heure après, les formalités étaient accomplies.

Joan et John devaient rester à Londres en attendant qu'un bateau les emmenât à Cape Town. Ma mère et moi devions effectuer seuls le reste du voyage.

Au cours des derniers jours, les événements s'étaient précipités. L'ultimatum de Vienne à Belgrade, l'entrée des troupes autrichiennes en Serbie, suivie à brève échéance par la mobilisation russe, avaient provoqué partout une sorte de panique. Pas chez les Anglais, qui étaient toujours très calmes et pensaient que même s'il y avait la guerre en Europe ils n'y seraient pas entraînés. Mais tous les estivants qui passaient leurs vacances en Angleterre et beaucoup de ressortissants étrangers n'avaient qu'une hâte : rejoindre leur pays d'origine. Il en était résulté des embouteillages dans les gares. Les guichets étaient pris d'assaut. Nous ne pûmes obtenir de places que dans le train de nuit pour Douvres, qui partait le 31 juillet.

Joan et son mari nous accompagnèrent à Victoria. Il faisait complètement nuit. Après leur avoir dit adieu sur le quai, nous montâmes dans le wagon bondé. Lorsque le train s'ébranla, j'abaissai la vitre du compartiment et me penchai à la fenêtre. Je lançai un dernier regard à Joan. Elle agitait un mouchoir blanc, tandis que John la tenait enlacée. Un instant, le reflet d'une ampoule fit scintiller ses cheveux blonds. Puis — plus Vénus Anadyomène que jamais — elle disparut, enveloppée dans une volute de vapeur.

Je relevai la vitre et m'assis sur la banquette. Ma mère en face de moi paraissait très lasse. Je fermai les yeux. Jamais plus je ne verrais Joan, qui avait tenu une si grande place dans ma vie. Jamais plus elle ne serait là pour me dire : *Don't eat your nails... Don't show off... Don't try be funny... Don't make personal remarks... Don't be a cad...* Oui, ma jeunesse était bien révolue. Avec elle s'en allait le monde insouciant et un peu féerique dans lequel j'avais vécu jusque-là.

Je revis, comme dans un éclair, les Arlequins tristes chantant et dansant devant une grève déserte... La tribune d'orgue de la salle Gaveau où je m'étais cramponné durant l'exécution de *la Passion selon saint Matthieu...* Un cœur immortel battant au fond d'un seau d'eau... La plaque mortuaire portant le nom de mon frère... Enfin, plus éloigné et cependant distinct, le jour où, émergeant des brumes de l'inconscience, j'avais appris à connaître mon nom et avais vu, presque aussitôt, des arbres remplis de lumière...

Je regardai ma mère. Elle somnolait dans son coin. J'éprouvai soudain pour elle un sentiment nouveau. Nous étions seuls tous les deux. Pour la première fois de ma vie, elle avait besoin de moi. Je venais d'avoir treize ans mais je parlais l'anglais plus couramment qu'elle. C'était à moi de veiller sur elle, de la ramener saine et sauve à Paris. J'étais responsable d'elle. Il me sembla que je ne l'en aimais que davantage.

Oui, j'étais responsable. Tout prenait un poids, un sérieux qui n'existait pas auparavant. C'était merveilleux ! Désormais chacun de mes actes aurait de l'importance. Je devrais en *rendre compte.* A qui ? Cela restait obscur. Une chose, cependant, m'apparaissait avec évidence : il ne suffisait plus d'accepter la vie comme elle venait, il fallait l'empoigner, en faire quelque chose...

Comme nous approchions de Douvres, je réveillai ma mère et rassemblai nos bagages. Quand le train s'arrêta, je baissai la vitre et appelai un porteur. C'était à moi de prendre les décisions importantes. Au-dehors, la gare maritime, les quais, la ville étaient plongés dans l'obscurité. Cela ne facilitait pas le transbordement. D'autant plus qu'une véritable cohue encombrait les plates-formes. Je demandai au porteur pourquoi rien n'était éclairé.

— Le Premier Lord de l'Amirauté, Mr Winston Churchill, a prescrit d'éteindre toutes les lumières par mesure de sécurité, me répondit-il.

— Et comment s'appelle notre bateau ?

— Le H.M.S. *Southampton.* Si vous ne voulez pas le manquer, il faut vous dépêcher, ajouta-t-il en empilant nos valises sur un chariot. C'est le dernier bateau en partance pour le continent. A partir de demain, le trafic régulier sera suspendu.

— Pour combien de temps ?

— Cela, Dieu seul le sait !

J'en conclus qu'il nous fallait embarquer coûte que coûte.

Nous suivîmes le quai, au milieu d'une foule de voyageurs qui se ruaient tous dans la même direction. L'air était saturé d'iode et de goudron. Au loin, cinq projecteurs de marine fouillaient le ciel. Leurs minces pinceaux blancs se déplaçaient d'une façon saccadée, comme s'ils avaient voulu attraper une mouche. Un Zeppelin peut-être ? J'aurais bien aimé le voir...

Nous pressâmes le pas. J'aperçus, contre le quai, la longue carène du *Southampton.* Lorsque nous arrivâmes à la passerelle où se pressaient les passagers, le commissaire de bord nous arrêta en tendant le bras à travers la rampe d'accès.

— Impossible de monter, nous dit-il. Le bateau est archiplein. Il n'y a plus une seule cabine de libre. La salle de restaurant est bondée. Vous n'avez qu'à prendre le bateau suivant, si toutefois il y en a un.

Je sentis une fois de plus que tout dépendait de moi. Je me

démenai si bien que le commissaire de bord finit par nous laisser passer.

— Après tout, moi je veux bien. A condition que vous fassiez la traversée sur le pont découvert, assis sur vos valises.

J'acceptai sans hésiter. Le temps était très doux. Nous nous installâmes comme des émigrants, ma mère et moi, au milieu d'autres groupes qui se trouvaient dans le même cas que nous. Je dépliai une couverture et la posai sur ses épaules. J'étais très fier de moi. Je venais de remporter ma première victoire.

Une demi-heure plus tard, les hélices se mirent à tourner et le bateau s'éloigna de la rive. Deux torpilleurs nous précédaient. Ils nous accompagnèrent jusqu'à la limite des eaux territoriales. Arrivés là, ils firent demi-tour et regagnèrent le port de Douvres. Je vis apparaître au loin les faisceaux lumineux des projecteurs qui continuaient de fouiller le ciel. Arrivé en haute mer, je me dirigeai vers la poupe et m'accoudai au bastingage. J'y demeurai un bon moment, comme suspendu entre le sillage d'écume et le fourmillement des étoiles.

« La guerre... la guerre..., me dis-je. Qu'est-ce que cela signifie ? »

Je cherchai à m'en faire une image, mais dus y renoncer.

Lorsque nous arrivâmes à Paris, mon père nous attendait depuis deux heures sur le quai de la gare du Nord car notre train avait beaucoup de retard. Il était perdu dans une foule muette et anxieuse. Je l'aperçus le premier, enturbanné de crêpe Velpeau. Lorsqu'il nous vit à son tour, il vint au-devant de nous et embrassa ma mère.

— Dieu soit loué ! dit-il, vous voilà rentrés ! Je me suis fait du mauvais sang... J'espère que vous n'êtes pas trop fatigués...

Je m'attendais à ce que ma mère lui fasse un récit détaillé de notre voyage ; mais elle se borna à le regarder avec tendresse et lui répondit très simplement :

— Gabriel, votre pansement est en train de se défaire. Il va falloir que je le refasse.

CHAPITRE XIV

LA DÉCLARATION DE GUERRE

(août 1914)

La situation que nous trouvâmes à Paris durant la quinzaine qui termina le mois de juillet 1914 était très différente de celle que nous avions laissée en Angleterre. L'atmosphère était à la fois pesante et électrique. Les approches de la guerre se faisaient sentir partout et de gros nuages noirs s'accumulaient à l'horizon.

J'entends encore notre cuisinière Médéa — la femme de Jules — avancer à grands pas le long du corridor et se précipiter dans la pièce qui servait de bureau à mon père ; c'est là qu'il rédigeait sa correspondance et lisait les journaux ; il avait demandé qu'on ne l'y dérangeât pas, sauf en cas d'événement grave.

— Ça y est, monsieur ! Ça y est !

— Qu'est-ce qui y est ? dit mon père en relevant la tête.

— La guerre, monsieur !

— Comment le savez-vous ?

— Il paraît que l'ordre de mobilisation générale vient d'être affiché à la porte du bureau de pose de la rue Jouffroy.

— Vous êtes bien sûre, Médéa ? La mobilisation n'est pas la guerre ! Poincaré l'a affirmé l'autre jour.

— Pourtant, monsieur, il n'y a qu'à voir la foule qui se presse devant l'entrée du bureau de poste. Et puis la rue, elle aussi, a une physionomie particulière ; on y voit surtout des femmes et de moins en moins d'hommes. Ceux-ci sont entassés dans des camions qui se dirigent à toute vitesse en direction de la gare de l'Est et de la gare du Nord.

— Vous êtes bien sûre, Médéa ? Je vais aller à la poste et me rendre compte par moi-même.

Mon père était visiblement partagé entre deux sentiments : la surprise et, malgré tout, la volonté de rester calme devant l'approche d'un péril à l'imminence duquel il croyait depuis plus d'un mois et en prévision duquel il nous avait fait rentrer, ma mère et moi, d'Angleterre. Mais, toujours sceptique, il refusait de se laisser convaincre sans disposer de toutes les confirmations. Puis il ajouta en se tournant vers moi :

— Jacques, viens-tu avec moi ?

C'était la première fois qu'il me demandait de l'accompagner. La guerre, décidément, modifiait bien des choses. Je levai la tête et regardai son visage crispé par l'émotion.

— Bien sûr, papa.

Deux minutes plus tard, nous étions tous trois en route pour la rue Jouffroy. Devant la poste s'étirait une file de vieilles dames silencieuses ; contrairement à mon attente, elles ne sanglotaient pas ; elles ne versaient même pas de larmes ; leur comportement avait quelque chose de stupéfait et de désolé. Je me souviens parfaitement d'un détail qui me frappa : leurs mains, posées sur leurs robes ou leurs jupons, étaient immobiles, inertes, comme si tous les travaux qu'elles avaient entrepris au cours de leur existence pour se construire une vie plus confortable et plus digne étaient brusquement détruits, rendus inutiles, anéantis...

— A quoi bon avoir tant travaillé toute notre vie puisque, du jour au lendemain, tout cela est condamné à disparaître ?...

Ce n'était pas tant à la mort qu'elles pensaient, qu'à l'inutilité de tout. Il s'en dégageait une impression de stupeur et de découragement qui tranchait sur les quelques chants militaires que fredonnaient, en passant, les camions chargés d'hommes se dirigeant vers les gares menant à nos provinces de l'Est. Je regardai mon père ; il ne disait pas un mot, son visage était pâle. On eût dit qu'aucun mot ne servait à rien. Je m'enhardis à lui demander :

— Alors, c'est vraiment la guerre ?

— Pas tout à fait encore, mais je crains, pour ma part, que, dans quelques jours, la paix soit morte. Rentrons à la maison. Je vais téléphoner à Londres pour savoir ce qu'en pensent mes amis.

Lorsque nous arrivâmes rue Brémontier, la maison me parut vide. Ma mère s'était absentée et Médéa était maintenant à la cuisine pour préparer le dîner. Soudain, il se passa une chose si inattendue, une chose si brutalement inaccoutumée que je sentis comme un linge froid s'enrouler autour de mon cœur... et me demandai comment je devais réagir : pour la première fois de ma vie, je voyais mon père en larmes.

— Tu pleures, papa ?

— Oui. A la guerre de 1870, j'avais seize ans ; j'étais trop jeune pour m'engager. A présent, j'en ai soixante et je suis trop vieux pour participer à ce nouveau conflit. Quant à toi, tu en as treize et tu es trop jeune aussi pour partir au front. Quelle tristesse ! Aucun de nous n'aura rien fait pour défendre le pays...

La détresse de mon père était si profonde que je ne sus que faire, quel mot prononcer pour calmer sa tristesse. Je passai mes bras autour de son cou avec toute l'affection dont j'étais capable. Deux larmes qui coulaient sur ses joues roulèrent sur mes poignets.

— Ne pleure pas, papa. La guerre commence ; elle n'est pas encore terminée ; peut-être durera-t-elle assez longtemps pour que je puisse rejoindre l'armée et me battre à ta place.

— Mon petit Jacques, ton désir de bien faire me réconforte, mais tu ne sais pas ce que c'est que la guerre ; tu ne sais pas le cortège de deuils et de dévastations qu'elle entraîne avec elle. Sous quelque prétexte que ce soit nous ne devons pas souhaiter une guerre longue.

— Mais je voulais d'abord te consoler.

— Eh bien ! Puisque nous sommes tous les deux face à face dans cet appartement où tu es né et que cette communication avec Londres tarde à venir — la gravité et la précipitation des événements en sont certainement la cause —, nous allons passer cette soirée ensemble.

Mon père s'intéressant à moi ? Voilà qui était si nouveau que j'en eus le souffle coupé. Il réfléchit un instant, puis, se levant, alla s'asseoir dans le salon, sortit d'un coffre quelques crayons, une boîte de couleurs et des pinceaux.

— Je vais te dessiner un bateau anglais, le *Mauretania.* C'est le plus grand paquebot du monde. Ne t'attends pas à quelque chose d'extraordinaire car je ne sais pas bien dessiner. Enfin je ferai de mon mieux !

Je fus touché aux larmes de voir mon père spontanément me consacrer sa soirée. La barrière qui s'était dressée récemment entre nous semblait se dissoudre d'elle-même.

— Comment ! Tu vas me dessiner le *Mauretania* en couleurs ?...

La vie était donc plus belle que je ne l'imaginais.

Il s'installa à une table de bridge, y disposa ses crayons et ses pinceaux et se mit à dessiner en apportant à son travail une attention extrême. Quand je vis le soin qu'il prit à dessiner l'Union Jack qui flottait au sommet du mât arrière, ma gorge se serra. Je me sentis soulevé par un grand élan de reconnaissance et compris d'un seul coup qu'il m'aimait à sa façon. La rigueur dont il avait fait preuve à mon égard n'avait pas su trouver jusqu'à aujourd'hui le chemin de mon cœur. Cette fois-ci, je le comprenais. Mais il avait fallu pour cela une déclaration de guerre. Beaucoup de préjugés et d'idées toutes faites se dissipaient du même coup.

Puis, relevant la tête dans ma direction, mon père, le regard perdu dans un lointain intérieur et comme s'il se parlait à lui-même, commenca :

— Mon petit Jacques, les circonstances exceptionnelles et néanmoins dramatiques que nous vivons évoquent en moi tout un monde disparu. Et ce bateau que je te dessine se charge peu à peu d'innombrables et lointains souvenirs. Ce sont ceux de mes voyages de jeunesse et de toute ma vie. Je vais te les raconter. Tu découvriras ainsi un homme bien différent de celui que tu vois vivre dans cet appartement parisien. C'était la grande époque où les routes de l'Asie et tous les chemins du monde semblaient s'ouvrir devant moi. La chance me souriait et j'étais convaincu qu'elle m'accompagnerait toujours, alors que, depuis quelque temps, le destin ne m'a pas épargné ses coups.

Mon père se tut un long moment. J'eus peur tout d'un coup qu'il ne changeât d'avis.

— Raconte, papa, raconte ! Je voudrais tant savoir comment tu étais quand tu avais mon âge...

— Eh bien, je vais te le dire.

CHAPITRE XV

JE DÉCOUVRE ENFIN MON PÈRE

(1914)

Et maintenant, écoutons mon père dans les pages qui suivent, où tout ce que je relate est la reproduction fidèle de ses propres paroles.

« J'allais sur mes vingt-sept ans ; j'étais riche et j'étais physiquement très vigoureux, commença-t-il par déclarer d'une voix assurée mais exempte de toute forfanterie.

« J'avais hérité une partie de ma fortune de mon arrière-grand-père, le préfet Alexandre Méchin, qui avait tiré avantage de son passage à la préfecture de l'Aisne pour se livrer à de fructueuses spéculations sur le blé et surtout sur le sucre dont l'exploitation avait été décuplée par la mise en œuvre du décret prescrivant l'application du blocus continental. Toute importation étrangère étant temporairement bloquée, le sucre de canne avait été remplacé par la betterave sucrière, ce qui en avait fait monter les cours à un niveau jusqu'alors inégalé.

« L'autre partie de ma fortune, la plus considérable, m'était parvenue d'Alfred Benoist, colonel de la Garde Nationale, qui avait épousé la dernière des demoiselles Méchin ; celle-ci avait été autorisée à relever le nom et les dignités de "baron" et de "chevalier de la Légion d'Honneur à titre héréditaire" que, par décret du 31 décembre 1809 contresigné par Cambacérès, Napoléon avait accordés à mon arrière-grand-père, Alexandre Méchin, durant son voyage à Aix-la-Chapelle. Napoléon III (1852-1870) tenait en effet à maintenir en existence et à regrouper autour de lui les descendants des grandes familles qui avaient servi son oncle Napoléon Ier. Ces distinctions avaient été confirmées par le comité exécutif de la IIIe République (mai 1876) par ampliation de M. Alexandre Ribot, ministre de la Justice et garde des Sceaux. Cette fortune n'était pas à vrai dire une fortune colossale, mais elle me mettait largement à l'abri du besoin et me permettait en outre d'adopter la carrière qui me plairait le mieux. C'est dire que la vie s'ouvrait devant moi comme pouvant devenir une suite ininterrompue de voyages, d'explorations et de fêtes.

« Cette modification de l'état civil de notre famille eut un certain nombre de conséquences directes et indirectes. Tout d'abord, il fut convenu que les deux patronymes seraient joints l'un à l'autre par un trait d'union et que nous nous appellerions désormais "Benoist-Méchin". Ensuite, le colonel Benoist profita de cette circonstance pour abandonner la carrière militaire et embrasser la carrière préfectorale. Tout cela eut de ce fait une influence inattendue sur mes études.

« J'avais commencé celles-ci au lycée Louis-le-Grand, sous l'égide de l'académicien Désiré Nisard, un des hommes les plus cultivés de cette époque. Mais, chose étrange, M. Nisard — ou "le père Nisard" comme on l'appelait familièrement — avait une véritable aversion pour la littérature romantique qu'il estimait vulgaire et trop exaltée ; seuls trouvaient grâce à ses yeux M. de Barante et quelques autres écrivains aujourd'hui bien oubliés. Mais il s'ingénia à m'inculquer une rigueur extrême dans tous mes jugements et m'apprit à me méfier de toute effusion exagérée de mes sentiments, méfiance dont je ne me suis jamais départi par la suite.

J'écoutais mon père les yeux écarquillés et je reconnaissais bien là un trait de son caractère, mais je gardai le silence car je ne redoutais qu'une chose : qu'il interrompît son récit.

« J'ai commencé mes études au lycée Louis-le-Grand. Mais bientôt l'Impératrice Eugénie me fit venir à Compiègne où elle me confia le rôle, hautement honorifique, de compagnon de jeu du petit Prince Impérial, celui qui devait être tué par les Zoulous en 1879, quelques années par conséquent après l'écroulement de l'Empire. Nous devînmes d'excellents camarades sous la surveillance du général de Lacretelle, chef de la Maison Civile du Prince, et c'est en sa compagnie que je commençai à m'adonner à l'équitation.

« Ayant terminé la première partie de mes études, je fis mon service militaire au deuxième régiment de Cuirassiers alors stationné à Senlis. J'avais beaucoup grandi grâce aux longues randonnées à cheval faites en plein air dans la forêt. Je mesurais déjà près de un mètre quatre-vingt-dix et, à vrai dire, avec ma cuirasse étincelante et mon casque d'argent surmonté d'un plumet rouge qui dépassait en hauteur celui de tous les autres, j'offrais l'image d'un cuirassier assez exceptionnel que les belles dames applaudissaient ostensiblement lorsque je passais devant les tribunes officielles, au cours des défilés dominicaux qui étaient de rigueur.

« A quelque temps de là, ayant été invité à aller chasser le tigre aux Indes dans les terrains réservés à la famille royale anglaise, j'avais été d'emblée séduit par l'Orient et avais accompli un séjour de trois ans au Japon avant de rentrer en France.

« Je rêvais d'initier deux camarades du 2e Cuir que j'affectionnais particulièrement, le duc de Blacas (qui voyageait aussi sous le nom de "prince de Lisle-Montréal") et le comte de Mailly-Chalon, aux agréments de la *dolce vita* nippone. L'évolution irréversible du monde moderne ne tarderait pas à faire disparaître ces formes de vie raffinée qu'enchantaient les voluptueuses et délicates réceptions des geishas, leurs salons de thé, leurs récitals de poésie et de musique.

« A ce désir s'ajoutait le fait que j'avais pris un goût irrésistible pour l'équitation et, comme la France me paraissait offrir une superficie trop étroite au déploiement de ma passion, je leur proposai d'entreprendre, à mes frais, une expédition en Asie à la tête d'une caravane de cent cinquante personnes. Lorsque l'expédition parvint à son terme, elle avait parcouru une distance de plus de quatre mille lieues, après avoir traversé l'Asie d'est en ouest, du nord au sud, c'est-à-dire de Nagasaki à Pékin et de Pékin à Saint-Pétersbourg ; elle était demeurée deux ans sans donner de ses nouvelles en Europe, ce qui fit qu'à certains moments on la crut perdue corps et biens.

Mais ce qu'il ne faut pas oublier — et le récit consigné par mon père le confirme très clairement —, c'est qu'à son départ cette équipée s'était présentée sous un jour très différent. L'intention initiale de mon père n'avait pas été d'« engouffrer des kilomètres » ni de respirer le vent glacé des hautes vallées du Tian-Chan, encore moins de participer à une aventure politique, mais exclusivement de consacrer son temps à une partie de plaisir. C'était la vie japonaise, telle qu'on la menait encore dans les villes séculaires de Kyoto et de Yokohama, qui l'avait attiré et devait conférer à ce voyage une physionomie voluptueuse alors que, par la suite, il allait assumer une signification beaucoup plus intéressante. En cours de route, en effet, l'expédition revêtit un caractère stratégico-militaire et offrit un intérêt géopolitique infiniment plus grand que ne le prévoyaient, en montant en selle, mon père et ses compagnons de voyage. Cette mutation était imputable à la présence en Extrême-Orient de l'amiral Courbet.

De façon récurrente, la Chine était soulevée par des conflits armés (révolte des Pavillons Noirs — 1864-1890 ; guerre des Boxers — 1900) qui obligeaient les puissances occidentales à intervenir par l'envoi de corps expéditionnaires chargés de rétablir l'ordre dans les provinces saisies d'un véritable bouillonnement révolutionnaire. A l'époque où mon père et ses amis se trouvaient au Japon, l'amiral Courbet venait d'être nommé Commandant en chef des Forces Navales Françaises en Extrême-Orient. A ce titre, il avait pris contact avec les voyageurs et leur avait demandé :

— Que faites-vous ici à boire le saké avec des geishas, alors que des événements d'un intérêt primordial se déroulent en Chine ? Accompagnez-moi à Pékin ; je vous servirai de protection contre les pirates et vous-mêmes ; en retour, vous pourrez faciliter l'exécution de ma mission au cœur du Céleste Empire.

Courbet voyait juste car, outre le fait que mon père parlait japonais, il pouvait rendre de grands services à la mission française, grâce à sa connaissance des mœurs et de la psychologie chinoises. L'amiral ne s'y trompa point et décida d'annexer en quelque sorte cette caravane qui errait insolemment aux alentours de la mer de Chine. En même temps, il prévint le ministère à Paris de la présence insolite de ce groupe d'explorateurs et les fit prendre en charge par le Quai d'Orsay. Mon père reçut ainsi l'uniforme de secrétaire d'ambassade, ce qui lui valut, de la part des autorités mandchoues, le titre de « vizir », c'est-à-dire de ministre.

— Accompagnez-moi en Chine, insista-t-il auprès de mon père, et votre activité sera infiniment plus profitable à la France que l'initiation aux délices des maisons de thé japonaises.

Mon père avait cédé aux conseils et aux objurgations de Courbet. Mais ce n'est pas sans chagrin qu'il avait quitté le Japon, comme l'atteste clairement la partie de son récit où il fait allusion à ce changement d'itinéraire. (Je n'emprunte pas ce passage à une conférence qu'il donna devant la Société de Géographie, mais à une note complémentaire qu'il me lut pour la première fois ce jour-là) :

« ... Aussi, le 3 août 1881, quand il fallut se mettre en route et dire adieu au Daï Nippon, lorsque tous nos amis venus dans le salon du "Tokio Maru" nous souhaiter, le verre en main — comme on le fait dans ces lointains pays pour quiconque retourne vers la mère patrie —, un heureux voyage et prompt retour, lorsque je pressai pour la dernière fois leurs mains tendues et répondis à leurs derniers hurrahs !... il me sembla que je laissais au Japon une partie de moi-même, deux années pleines de soleil et de gaieté que rien ne devait remplacer. Je me faisais l'effet du soldat qui a déposé, pour une halte de quelques instants, son lourd équipement militaire, et le coup de sifflet du navire qui m'emportait me paraissait comme l'appel de clairon qui lui fait prendre les armes pour se remettre en route et pour aller au-devant de nouvelles fatigues et de nouveaux dangers.

« L'ancre est levée ; la machine est en mouvement et nous sommes sur le pont, agitant nos mouchoirs et répondant aux derniers *farewell* de ceux qui s'en retournent à terre et aux derniers baisers qui partent d'un sampang japonais où une délégation du corps de ballet de Tokyo est venue nous apporter les vœux de toutes les geishas de la capitale. Hélas ! Matsumura Yashuki n'existe plus... Nous n'y entendrons plus les grincements de vos *samisen* et nous ne vous y verrons plus danser la danse académique de l'éventail ni le *kapporé* entraînant et lascif... Plus de soupers où l'on nous servait l'*o sashimi* presque encore vivant, l'oignon de lys au goût douceâtre et le *gazen* sans lequel vous ne pouvez pas exister. Les coupes de saké ne circuleront plus comme autrefois au milieu de votre joie et de vos éclats de rire !... Tout est fini pour ceux qui partent, mais ils conserveront longtemps votre souvenir, petites geishas, mais vous, vous les oublierez vite parce que vous êtes femmes et japonaises, et vous aurez raison. A quoi bon, du reste, les souvenirs ? Vous nous avez charmés par vos chants, vos danses et surtout votre grâce et votre gaieté. Adieu ! Ne soyez pas tristes ; cela ne va pas à votre visage. Ce soir, vous danserez, vous chanterez et boirez le saké, non plus chez nous, mais à la *o'tchaïa* du renard ou ailleurs...

« Yokohama disparaît peu à peu dans la brume, et la terre et le ciel se confondent en une ligne indécise ; seule la crête étincelante du Fuji-yama nous rappelle encore un temps qui n'est plus, une terre que je ne saurais oublier, pas plus qu'on n'oublie une femme qu'on a aimée ou un ami que l'on a perdu.

« Peu après nous dépassons le phare de Misraki, un autre endroit de bon souvenir et de joyeux temps. La cloche sonne pour le dîner et nous nous trouvons à table en face d'un Japonais, le prince H...

qui donne ses ordres en anglais, tandis que moi je m'explique dans la langue du pays avec les Japonais qui nous servent : voilà le résultat le plus palpable du nouvel ordre des choses. Pauvre Japon !

« Le surlendemain matin, nous sommes à Kobé, le port de Kyoto. Je ne puis résister au désir d'aller faire une dernière visite à mon ami Etchegoya, le grand marchand de bibelots de l'endroit, et j'ajoute quelques porcelaines longtemps disputées aux nombreuses caisses qui me précèdent en France. Le vieux brigand m'apporte à bord une caisse d'objets avec force démonstrations d'amitié. A ce prix-là, ce n'est pas étonnant !

« Maintenant, c'est la mer intérieure qui déroule sous nos yeux un des plus éblouissants spectacles qu'il soit possible de voir. C'est au moins la quatrième fois que nous la traversons et cependant nous ne pouvons nous arracher à la contemplation de ce paravent animé. C'est une peinture japonaise en plein air, ou, plutôt, les Japonais, ces fidèles reproducteurs de la nature, nous ont tant de fois mis sous les yeux ces rochers invraisemblables, ces arbres tordus, ces lignes heurtées, ces paysages dont la lumière si étonnante du Japon semble exclure la perspective, qu'on croit les avoir déjà vus et qu'ils vous font l'effet de vieux amis qu'on revoit toujours avec plaisir et dont on ne se fatigue jamais.

« A Nagasaki, notre dernière escale dans l'Empire du Mikado, nous allons rendre une ultime visite à la colline aux camélias géants d'où l'on a une si belle vue sur la baie. C'est presque un pèlerinage, et le lendemain, lorsque les dernières terres du Japon s'évanouissent dans le lointain, nos cœurs se serrent à la pensée de ce que nous venons de quitter et, surtout, de l'inconnu qui se dresse devant nous, gros de fatigues et peut-être de dangers, sur cette route que nous n'avons pas encore entamée et au bout de laquelle est la France...

« Lorsque nous nous mîmes en route, reprit mon père, nous fûmes, dès le départ, subjugués par la dimension vertigineuse des espaces qui se déployaient au-dessus de nos têtes et par le friselis d'herbes sauvages qui ondulaient sous nos pieds jusqu'au fond de l'horizon. La région que nous traversions correspondait à la zone asiatique qui marquait les limites extrêmes de l'empire d'Alexandre puisqu'elle devait nous conduire jusqu'aux contreforts du Pamir. C'était vraiment l'aventure qui s'offrait à nous, une aventure dans toute la plénitude du terme. Le même voyage entrepris aujourd'hui n'aurait plus rien de commun avec le nôtre, car alors il n'y avait sur notre route ni chemins balisés, ni gîtes d'étapes, ni points de ravitaillement ; il fallait coucher sous la tente et la Mandchourie, comme le Turkestan chinois, était infestée de brigands. Durant tout ce trajet nous vécûmes, mes deux compagnons et moi, exactement comme des princes mongols, abattant les chevreuils et les buffles sauvages que nous rencontrions, y découpant d'énormes tranches de viande que nous placions sous nos selles pour les attendrir, en chevauchant sur elles douze à seize heures d'affilée. Ce n'était pas aussi simple qu'on pourrait le croire, car toute cette partie de l'Asie n'avait encore presque jamais été visitée par des Européens. Ni Teilhard de Chardin, ni *La Croisière Jaune* n'étaient encore passés par là. La Chine était un continent fermé, masqué aux regards étrangers par un halo de mystère.

« Nous étions convenus, au moment de monter en selle, qu'au terme de notre équipée nous ferions chacun un rapport sur une fraction du voyage, moi-même me réservant la partie du trajet allant de Pékin à Samarcande ; projet qui fut mis à exécution, conformément à notre plan.

J'écoutais parler mon père, retenant mon souffle, de peur qu'il ne s'arrêtât. Il était décidément un tout autre homme que je ne pensais. Je l'avais pris jusqu'alors pour un tyran familier de la Plaine Monceau, et voici que j'apprenais qu'il avait parcouru en long et en large les pistes les plus désertiques de l'Asie Centrale et que, plus extraordinaire encore, dans toutes les agglomérations où passait sa caravane, les régiments russes organisaient pour lui des concerts, donnaient des sérénades, comme s'il s'était agi d'accueillir des colonnes militaires commandées par les généraux romains victorieux. La même scène s'était reproduite à Khiva, à Boukhara, à Alexandrovsk, à Nertchinsk, à Samarcande, etc. Cette partie de sa vie avait donc été rehaussée par un faste et une magnificence exceptionnels qui offraient un contraste saisissant avec la vie terne et conventionnelle qu'il menait à Paris. Que l'on imagine les feux de camp brûlant dans la steppe, les grandes nuits asiatiques toutes palpitantes d'étoiles, les réceptions des gouverneurs coiffés de turbans multicolores et armés de poignards incurvés, niellés d'or et d'argent, les tentes en feutre noir décorées à l'intérieur d'immenses tapis brodés représentant des dragons gigantesques.

J'appris en l'écoutant qu'il était un cavalier émérite, un grand explorateur de son temps et qu'il joignait aux qualités d'un écrivain parfaitement maître de sa plume celles d'un observateur avisé de la vie politique d'alors.

Je me souviens encore de l'avoir entendu dire, plus tard, qu'il était convaincu que, sous peu, les Anglais seraient obligés d'évacuer les Indes et qu'il fallait s'attendre à deux révolutions qui bouleverseraient la physionomie de la planète : l'une en Russie, l'autre en Chine, ce qui, après tout, n'était pas si mal vu. Mon père ne s'était d'ailleurs pas borné à observer les choses ; il avait lui-même joué un rôle capital, intervenant personnellement dans l'équilibre des forces anglaises et russes qui s'affrontaient dans la zone frontalière que l'on appelle maintenant « Afghanistan ». En d'autres termes, la rivalité des impérialismes anglais et russe préfigurait étrangement les événements auxquels nous assistons en Afghanistan aujourd'hui, en 1980, c'est-à-dire — à quelques années près — il y a exactement un siècle.

Lorsqu'ils avaient choisi leur itinéraire, mon père et ses deux compagnons de voyage avaient décidé de visiter Samarcande, Mesched et Kesh, où le successeur de Gengis Khan, Tamerlan (le chef de la Horde d'Or), était né, le 8 avril 1336, « serrant deux caillots de sang dans ses petits poings crispés ». Sur leur route se trouvait la ville de Merv (aujourd'hui Mary) dont nul ne savait au juste ce qui s'y passait. Cette ville était âprement convoitée par les Anglais, car elle donnait accès à tout le bassin de l'Amou-Daria et pouvait servir d'axe d'expansion à la puissance britannique en direction du Gange. Or cette même ville était tout aussi violemment désirée par les Russes qui voyaient en elle *leur* axe de pénétration en Asie Centrale. Ces deux axes se recoupaient donc dans le territoire autour de cette ville et, sur les cartes anglaises publiées à cette époque, cette région porte le nom de « Turkestan Dominion », ce qui prouve que l'Angleterre la considérait comme déjà rattachée à l'Empire britannique, tout comme les Soviets considèrent aujourd'hui que l'Afghanistan fait partie de leur mouvance. Là, les deux puissances « convoitantes » se dévisageaient en chiens de faïence, sans cependant oser s'affronter parce qu'elles manquaient d'informations précises sur le nombre et la disposition de leurs garnisons respectives.

Le général Tchernayeff, gouverneur du Turkestan russe, avait tenu à prévenir mon père des dangers certains que courrait sa caravane s'il cherchait à pénétrer à Merv. Pour le convaincre, lui et ses compagnons, de ne pas s'exposer à un péril aussi évident, il lui avait écrit une lettre fort courtoise mais dont le ton pressant était presque celui d'un oukase. Mon père n'était pas homme à se laisser dicter sa conduite, fût-ce sur le ton du conseil le plus amical. Passant outre aux recommandations du général, il était entré à Merv comme s'il avait voulu relever le défi qui lui était lancé, et bien lui en prit. Cependant l'avance de la caravane fut considérablement ralentie et jalonnée d'une alternance de fêtes organisées en l'honneur des voyageurs et de rappels à l'ordre constamment réitérés émanant du grand état-major tsariste de plus en plus inquiet. Durant la semaine qui marqua son avance, toutes les chancelleries européennes traversèrent une période fébrile demeurée inscrite dans les annales de l'époque sous le nom de « grande crise de *mervosité* » *(sic)*. Finalement l'obstination de mon père eut raison de tous les avertissements et de tous les conseils de prudence. Son initiative, lui avait-on prédit, allait mettre le feu aux poudres dans tous les États de l'Asie Centrale... En fait, il ne se passa rien ; la caravane entrant dans Merv trouva une ville à moitié déserte : aucune garnison anglaise ne s'y était encore installée.

Dans sa conférence, mon père parle à mots couverts des terribles dangers qu'il courut au long de son périple ; mais en réalité ces menaces l'impressionnèrent moins que la dimension écrasante du paysage et surtout l'émotion qui les envahit lorsqu'ils franchirent la ligne de crête des cols situés à plus de 5 000 m. d'altitude, c'est-à-dire supérieure au vol des aigles, et découvrirent la frondaison des arbres gigantesques gonflés par un souffle primordial qui n'était rien d'autre qu'un vent venu de l'autre versant de la planète. Dans tous les passages particulièrement inquiétants, les voyageurs devaient prendre garde de ne pas provoquer d'éboulis de pierrailles au fond des précipices ; pour cela, ils enveloppaient les sabots de leurs montures de gaines de feutre pour empêcher les pierres détachées de rouler et de trahir leur présence et s'en chaussaient eux-mêmes car, au fond des précipices ainsi creusés, pouvaient toujours se loger — comme dans le couloir d'une cheminée — des sentinelles turkmènes, c'est-à-dire des gardes armés appartenant à une des populations les plus farouches et les plus belliqueuses de la terre, qui n'auraient pas manqué de les tailler en pièces et de mettre un terme brutal à leur avance.

Sans nul doute, les épisodes de ce voyage n'auraient jamais pu jouer le rôle décisif qu'ils ont eu dans la jeunesse de mon père si son itinéraire primitif n'avait pas été infléchi par les conseils et les objurgations de l'amiral Courbet et s'il ne s'était pas rendu du Japon en Chine. En veut-on un exemple ?

Un soir, à la tombée de la nuit, mon père vit apparaître une petite procession de dignitaires chinois qui recouraient à tous les stratagèmes imaginables pour que leur venue ne fût pas remarquée. Ils s'arrêtèrent devant l'espèce de pavillon léger où mon père et ses compagnons de voyage s'étaient installés dès leur arrivée à Pékin. Ils trottinaient à petits pas, dissimulant leurs bras sous les capuchons de leurs vestes bleues ; l'un d'eux se détacha du groupe et s'adressa à mon père avec un regard presque effarouché. Mon père l'écouta en silence et le dignitaire mandchou lui remit une invitation en le prévenant que ladite invitation devait conserver son caractère ultra-secret et que, s'il en parlait à qui que ce soit, elle ne pourrait être maintenue. Mailly-Chalon et Blacas, intrigués, s'approchèrent de mon père et lui demandèrent à voix basse de quoi il s'agissait.

— Chut ! fit-il en posant son index sur ses lèvres et en leur recommandant de garder le silence et de réprimer même toute expression de surprise qui risquait de paraître sur leur visage lorsqu'ils connaîtraient le contenu de l'enveloppe en soie cramoisie que venait de lui remettre le chef du protocole. Je vous annonce, dit-il, que nous allons avoir, d'ici quelques jours, l'insigne honneur d'être reçus au palais impérial, faveur inouïe pour des étrangers, mais que l'entrevue serait décommandée si elle n'était pas tenue rigoureusement confidentielle.

Mailly-Chalon et Blacas eurent peine à dissimuler l'émoi que leur causait cette nouvelle, mais ils gardèrent le visage calme et impénétrable qu'apprécient les Chinois dans leurs relations officielles.

Mon père prit aussitôt contact avec l'amiral Courbet et le pria de bien vouloir rédiger pour lui un message de bienvenue et de remerciement destiné à l'Impératrice mère, Ts'eu-hi, et au petit empereur Kouang-siu à qui il le remettrait en main propre, si toutefois celui-ci daignait être présent à l'audience.

Plusieurs jours s'écoulèrent dans l'attente. Enfin, un petit groupe de mandarins revinrent vers mon père et, la mine humble et modeste, lui demandèrent après deux ou trois saluts cérémonieux de bien vouloir les accompagner. Mon père acquiesça aussitôt et, la petite procession prenant les devants, traversa une série de salons tendus de soie jonquille menant à la salle du trône du palais d'été réservé aux réceptions particulières de l'Empereur.

Peut-être le souvenir de cette rencontre aurait-il été complètement effacé si un jeune peintre mandchou n'en avait fait une gravure qui en témoigne avec la précision habituelle aux peintures chinoises. On y voit le salon du palais d'été, pièce modérément grande, au toit soutenu par dix colonnes rondes d'une hauteur de huit à dix mètres dont le sommet semblait se perdre dans un nuage d'encens. Sur tout le pourtour de la pièce, alignée sur deux rangées, une série de grands dignitaires revêtus de vestes bleu nuit brodées et rebrodées d'or selon le rang qu'ils occupaient dans le protocole impérial. Ces hauts fonctionnaires, le cou orné de colliers d'ambre, ont une attitude silencieuse et hiératique ; ils sont coiffés du chapeau aplati rouge et blanc qui caractérisait les fonctionnaires attachés à la maison de l'Empereur, et des jupes, zébrées alternativement de soie indigo et de soie claire, leur descendent jusqu'aux talons. Sur le devant de la scène, tournant le dos au public, on distingue six personnages en tenue occidentale ; le premier à partir de la droite n'est autre que mon père ; il tient à la main gauche un petit rouleau de parchemin : c'est son discours de bienvenue ; à côté de lui, on reconnaît l'amiral Courbet, la poitrine barrée du grand cordon de la Légion d'Honneur ; sur sa gauche, l'on découvre deux diplomates avec des queues-de-pie et des ceinturons brodés d'or qui sont — selon toute vraisemblance — les ambassadeurs de France et de Grande-Bretagne. Au centre de la pièce, s'élève une estrade de trois marches, recouverte d'un tapis rouge parsemé d'idéogrammes d'or, destiné à guider les pas et les regards vers le personnage essentiel de la scène assis sur un trône blanc derrière lequel s'étale un panneau de fond, sorte de grand paravent bleu et or dont il est presque impossible de définir la couleur car ce n'est en réalité ni du bleu ni de l'or, mais ce ton symbolique dont les Chinois se servent pour indiquer celui des nuées célestes. Enfin, assis sur le trône blanc et entouré de petits groupes de gardes d'honneur, reconnaissables à leurs moustaches noires, un petit enfant : c'est le jeune empereur Kouang-siu, alors âgé de trois ans. Son visage ovale a une expression à la fois gourmande et effarouchée. Les couleurs dominantes de cette scène en font une symphonie de bleu nuit, de corail et d'or particulièrement chatoyante, rehaussée encore par les plumes de paon que certains des dignitaires portent attachées à leur nuque. L'impression qui se dégage de tout l'ensemble est fastueuse, mais cependant discrète ; pas le moindre clinquant ; on se sent, d'emblée, en présence d'une scène dont le calme et l'équilibre témoignent qu'elle est le fruit d'une civilisation millénaire. Sans cette peinture, aucune description, aucun souvenir exact de cette visite n'auraient été conservés.

Un autre facteur contribua à donner une coloration particulière à ce voyage. Ce furent les relations amicales que mon père noua durant son séjour à Pékin avec Mgr Alphonse Favier, archevêque de la ville. Cet ecclésiastique — auquel il avait été présenté par un des plus grands collectionneurs d'objets d'art chinois, un certain Etchegoya dont nous avons parlé plus haut lorsque nous avons décrit son escale à Kobé — lui avait fait signaler par un prêtre de son diocèse que les temps étaient durs, que les catholiques français avaient été décimés par une épidémie de peste consécutive au soulèvement des Pavillons Noirs et que, n'ayant les moyens ni de les guérir ni même, plus simplement, de venir à leur secours, il était à la recherche d'un riche amateur susceptible de lui racheter l'ensemble de ses collections privées, et demandait à mon père s'il était en mesure de lui rendre ce service. Mon père entama immédiatement une correspondance avec le prélat. Il lui proposa une somme globale destinée à couvrir les frais de cette acquisition. Si l'intervention de l'amiral Courbet avait donné à l'expédition une teinte politico-militaire, l'amitié nouée avec l'évêque de Pékin lui conféra à son tour un caractère artistique. Tous les biens de Mgr Favier furent emballés dans des caisses en laque et expédiés à Paris en attendant le retour de la caravane. Quelques semaines après son arrivée, des amis ayant appris la venue de ce pactole vinrent rendre visite à mon père et le conjurèrent d'en faire don au musée Guimet, spécialisé dans les œuvres d'art d'Orient et d'Extrême-Orient. Mon père hésita quelque temps car, n'ayant effectué cet achat que dans un but charitable, il ne trouvait pas convenable que cela se sût. Il y apporta donc une condition particulière : un autre collectionneur de ses amis, du nom du Grandidier, ferait don de deux pièces importantes de sa propre collection, et mon père y joindrait, en bloc, les objets de la collection Favier qui devraient figurer au catalogue sous le nom de « collection Grandidier ». C'est sous ce titre, en effet, qu'on peut les voir aujourd'hui au musée Guimet, place d'Iéna. Ainsi, tout était respecté : le caractère fondamentalement charitable de l'opération et la modestie pointilleuse de mon père.

La caravane poursuivit son avance et arriva après quelques semaines à Saint-Pétersbourg dans une atmosphère de fête et de réjouissances. Le voyage, dans son ensemble, avait duré plus de cinq ans. Le petit groupe de cavaliers était observé avec attention par toutes les autorités tsaristes. Mon père, Blacas et Mailly-Chalon étaient devenus les héros du jour. Dans tous les grands palais qui bordent la Néva, c'était à qui les recevrait avec le plus de munificence.

Au cours de ces réceptions, mon père fit la rencontre d'une femme dont Marcel Proust — qui la connut plus tard — devait dire qu'elle était « superbe, grande et d'une beauté saisissante ». Il s'agissait de la baronne Véra von Saltza, descendante (mais je ne sais trop comment) de Hermann von Saltza, fondateur et plus tard grand maître de l'Ordre des Chevaliers Teutoniques, et chancelier de l'empereur Frédéric II de Hohenstaufen, roi de Sicile et de Jérusalem, auquel je devais consacrer un livre en 1980. Dès le premier coup d'œil, mon père avait été séduit par la beauté de Véra et peut-être aussi par son caractère fantasque, impulsif et, pour tout dire, sauvage. Véra était alors âgée de dix-sept ans. On lui avait fait croire que mon père était fabuleusement riche, que sa fortune était comparable à celle des Galitzine et des Orloff qui évaluaient leur richesse non par le montant de leur compte en banque, mais par le nombre d'âmes qui vivaient sur leurs terres. La cérémonie nuptiale fut célébrée le 12 novembre 1887 dans la chapelle privée du Grand-Duc Gabriel, en la présence de M. Olivier d'Ormesson qui était Chargé d'affaires et ministre plénipotentiaire à l'ambassade de France. La journée se termina par un feu d'artifice somptueux et des festivités dont tous ceux qui se trouvaient alors dans la capitale de Pierre le Grand ont toujours gardé le souvenir.

C'est à cette occasion que le Tsar Alexandre III fit décorer mon père de l'Ordre de Saint-Stanislas « pour lui témoigner sa satisfaction de son entrée à Merv et le remercier des immenses avantages qui en avaient découlé pour son empire ». Et il est de fait que toute la politique des Romanoff en Asie Centrale allait s'en trouver modifiée.

Signalons en passant que, dès ce mariage accompli, mon père avait envoyé Véra en avant-garde à Paris pour y accompagner les caisses de la collection de Mgr Favier et pour en assurer l'installation dans la maison qu'il se proposait de mettre à sa disposition, un hôtel particulier situé au 11, rue de la Faisanderie, à deux pas du bois de Boulogne. Véra était terriblement dépensière et ne savait rien se refuser ; sa plus grande joie, à la sortie de l'Opéra, était de descendre de sa calèche et de se rouler dans la neige en robe de bal : elle prétendait que cela lui faisait pétiller le sang !...

Peu après, mon père rejoignait enfin Paris, le voyage avait duré plus de cinq ans.

Je l'avais écouté sans cesser de me dire : « Pourquoi, oui, pourquoi ne m'a-t-il pas raconté tout cela plus tôt ! Que de tracas et d'affrontements auraient été évités !... » Je m'apercevais à présent que mon père — pour qui je croyais ressentir de l'hostilité — était exactement l'homme que j'aurais souhaité avoir pour père, et que

— en ce qui me concerne moi-même quand j'en viens à considérer le reste de ma vie — je n'étais peut-être pas tellement différent du fils qu'il aurait espéré avoir... Car, en fin de compte, moi aussi j'aurais obtenu les titres de ministre et d'ambassadeur ; moi aussi, c'est, paré de ces dignités, que je serais chargé, en 1942, d'une délicate mission en Orient au cours de laquelle je serais reçu en audience par tous les chefs d'État de cette région du monde ; moi aussi, j'en rapporterais des cadeaux aussi précieux à mes yeux que les pièces de Mgr Favier pouvaient l'être aux yeux de mon père. Peut-être, en tout cas, est-ce le fait d'avoir, à ce moment-là, mis mes pas dans les pas de mon père qui me donna le sentiment profond d'obéir à ma destinée.

Maintenant que je le voyais rue Brémontier dans ses vêtements quotidiens, enturbanné de bandes Velpeau, ne communiquant avec moi que par le truchement d'un appareil acoustique, voilà que j'apprenais qu'il avait parcouru au galop les espaces les plus désertiques de l'Asie, que les régiments russes étaient venus à sa rencontre pour lui offrir des concerts ! J'apprenais qu'il avait été reçu en audience privée par l'Impératrice Ts'eu-hi et le petit Empereur Kouang-siu au palais d'été de Pékin, chose si impensable quand on y réfléchissait que moi-même je n'arrivais pas à en mesurer le caractère insolite !... Pourquoi ne m'en avoir jamais rien dit ?

J'en connais aujourd'hui la raison : c'est que cette partie véritablement fabuleuse de sa jeunesse avait eu un dénouement dramatique dont il ne voulait parler à personne (pas même à ma mère), et qu'il avait préféré la recouvrir d'un voile de silence. Tout ce que je vais raconter maintenant continuait en effet à l'accabler et avait marqué le début de la succession de malchances qui s'étaient abattues sur lui à partir de ce moment.

Durant sa grossesse, Véra s'était promenée un après-midi rue de la Paix et avait admiré, dans la vitrine de Cartier, un magnifique collier d'émeraudes dont chaque pierre avait presque la dimension d'une boîte d'allumettes. C'était — si je ne me trompe — celui que Napoléon avait offert à Marie Walewska lors de son séjour à Varsovie, et qui avait fini par échoir à la princesse Marthe Bibesco. Mon père s'était empressé d'en demander le prix, mais s'était entendu répondre que le collier n'était pas à vendre et que la princesse ne le laissait voir aux amateurs qu'à l'occasion de certaines grandes expositions internationales auxquelles, alors, elle le prêtait temporairement. Quand mon père rentra à la maison, Véra, à moitié dressée dans son lit, l'avait accueilli avec une explosion de joie, battant des mains comme une petite fille, certaine qu'il lui rapportait le bijou convoité. Prudemment, mon père lui révéla qu'il n'en était rien, le fameux collier n'étant pas à vendre.

Du coup, la joie de Véra tomba. « Bien, bien, fit-elle d'un air pincé, mais pourquoi me mens-tu, Gabriel ? C'est tout simplement parce que tu n'as pas voulu offrir le prix qu'il fallait ! Ne sais-tu pas les malheurs qu'entraîne le fait de ne pas satisfaire le désir d'une femme enceinte ? Enfin, puisqu'il en est ainsi, n'en parlons plus. »

L'enfant — c'était un fils — naquit le 27 janvier 1889. Il fut baptisé deux jours plus tard et reçut les prénoms d'Alfred-Gabriel-Robert. A peine arrivé au monde, il commença à dépérir pour des raisons mystérieuses que mon père ne s'expliquait pas, et mourut les premiers jours de juin 1889. A ce moment-là, Véra lui révéla la vérité :

— Tu veux savoir pourquoi Robert est mort ? C'est parce que je l'ai laissé mourir de faim ! Je t'avais prévenu, mais tu ne m'as pas crue. Son décès est le prix du collier.

Mon père poussa un cri de douleur et, dès ce moment, la présence de Véra lui devint intolérable. Il s'enfuit du domicile conjugal, abandonnant à Véra l'hôtel de la rue de la Faisanderie pour qu'elle en fasse ce qui lui plairait. S'il prit tous les torts à sa charge, c'était pour ne pas porter sur Véra une accusation si grave que sa réputation en aurait été irrémédiablement compromise. Le 8 mars 1897, il introduisait devant les tribunaux une demande en divorce, acte plus audacieux encore que son entrée à Merv et particulièrement scandaleux quand on songe à l'époque et à son milieu social. (Il semblait peu probable qu'un divorcé restât membre du Jockey Club, par exemple.)

Véra quitta Paris et mena une existence silencieuse à Cannes où elle se remaria avec un colonel anglais de l'armée des Indes. Mon père ne la revit jamais. Mais il ne resta pas longtemps seul car, le 6 juillet 1898, il épousait en secondes noces Marie-Louise Gatel. Ma mère n'était pas moins belle que Véra, mais sa beauté était d'un tout autre genre. Cette descendante du baron Jean-Dominique Larrey n'était faite que de douceur, de modestie et d'effacement. Où l'avait-il rencontrée ? Je ne l'ai jamais su au juste ; mais je me plais à croire qu'il avait fait sa connaissance au cours d'une réception chez nos cousins, les Guestier, des négociants en vins de réputation internationale du quai des Chartrons, qui étaient, comme elle, originaires de Bordeaux.

En entendant le nom de Robert, je rougis des sourcils à la racine des cheveux, comme si l'on venait de me révéler une faute dont j'aurais été moi-même coupable.

Ainsi, j'avais eu deux frères ! et pas seulement un ! Pourquoi m'avait-on tout caché ? Celui prénommé « Jacques », je m'en étais souvenu parce qu'il portait le même nom que moi ; mais celui prénommé « Robert », je n'y avais pas fait grande attention. Dès ce moment, j'étais en droit de me blâmer de l'avoir relégué au second plan. Il est vrai que celui-ci, d'entrée de jeu, m'avait été présenté comme « mort » (deux dates, en effet, étaient inscrites sur la plaque mortuaire), alors que ma mère m'avait simplement dit de l'autre « qu'il nous avait quittés ». Il n'avait donc pas été l'objet du même élan de cœur ; il n'avait pas subi la même sublimation psychologique que le prénommé « Jacques ». Des pensées contradictoires se heurtaient dans ma tête comme le cliquetis de deux épées se croisant dans l'eau ; je ne savais plus comment retrouver mon calme car je n'arrivais pas à les analyser. Je comprenais maintenant pourquoi mon père avait préféré garder le silence plutôt que de me laisser connaître une vérité qu'il tenait à effacer de sa mémoire et qui s'installait en moi avec la violence d'une seconde rafale de vent.

Je regardais mon père se débattre dans les affres d'une douleur inguérissable. C'est à ce moment précis, sous l'effet du choc émotif causé par la nouvelle de la mort de Robert, que l'infection mystérieuse qu'il avait rapportée de Chine prit une allure menaçante et l'obligea à subir les dix-sept opérations dans le crâne auxquelles j'ai déjà fait allusion. De là, aussi, le turban neigeux dont je voyais sa tête enveloppée depuis plusieurs années. Ces deux maux conjugués avaient abattu son courage et sa prodigieuse vitalité. Mais là ne se limita pas la vague de malchances qui devait déferler sur lui. L'hôtel particulier de la rue de la Faisanderie brûla de fond en comble, engloutissant une masse de soieries somptueuses provenant de la collection Favier et consumant du même coup des dossiers contenant toute la correspondance inédite d'Alexandre Méchin avec Benjamin Constant, La Fayette, le baron Laffitte, le général Foy, Lamartine et Victor Hugo.

Et voilà que je voyais mon père réfréner avec peine ses sanglots tant était grande la douleur causée par la seule évocation devant moi de « l'affaire du collier » et de la mort de Robert...

Mais qu'était-ce donc que cette vie, si différente de toutes les apparences sous lesquelles elle se présentait ? Décidément, je ne savais plus ni qui j'étais, ni lequel de mes deux frères j'aurais préféré faire revivre, emportés tous deux par cette marée silencieuse qui entraîne les morts et les sépare des vivants. C'est alors que je décidai de ne plus jamais me fier aux apparences, mais de toujours me laisser guider par les seules injonctions de ma conscience.

Le rempart de silence et d'incompréhension s'était écroulé, et pour cela il n'avait fallu rien de moins que l'émotion suscitée chez mon père par la déclaration d'une guerre.

CHAPITRE XVI

L'AGE INGRAT

(septembre-octobre 1914)

Les uhlans du Kronprinz avaient franchi le canal de l'Ourcq ; les Bavarois bivouaquaient dans la forêt de Compiègne. Devant la menace d'invasion, Paris avait été déclaré camp retranché. Ni les lycées ni l'Ecole Alsacienne n'avaient rouvert leurs portes. Mon père, qui n'aimait pas que je « traîne à la maison sans rien faire », avait décidé que je devais « me rendre utile ». Il m'avait inscrit chez les boy-scouts, ou plus exactement chez les Eclaireurs de France. Après quoi, il s'adressa à un ami de son cercle, pour me trouver une occupation, et je devins ainsi « garçon à tout faire » à l'hôtel d'Iéna, où un certain nombre de femmes du monde avaient constitué un groupe d'infirmières bénévoles. Dire que j'y travaillais serait excessif. J'y passais mes journées « à la disposition de ces dames », en compagnie de trois camarades — Eclaireurs eux aussi — dont l'un, Jean-Luc, le fils d'un mandataire aux Halles, avait seize ans, soit trois ans de plus que moi. C'est dire qu'un monde me séparait de ce gros garçon sanguin, très développé pour son âge.

En ces dernières journées de septembre 1914, l'hôtel d'Iéna était devenu un endroit surprenant. Ce n'était qu'un va-et-vient d'élégantes, avançant dans un frou-frou de satin et de dentelles, en laissant derrière elles un sillage de parfums : *Oppoponax* et *Trèfle incarnat*, venus directement de chez Henry, à la Pensée. Ceux-ci constituaient, paraît-il, le meilleur antidote contre les épidémies. Car la guerre, n'est-ce pas, exige certaines précautions...

L'une de ces dames me remplissait d'admiration. Souple comme une couleuvre, elle se glissait vite dans les tenues les plus diverses. C'était Ida Rubinstein. La célèbre créatrice du *Martyre de saint Sébastien* de Debussy n'avait pas encore tout à fait trouvé « son style », mais on sentait, en la voyant, qu'elle y parviendrait rapidement. Serait-elle Antigone, Bérénice ou Diane de Poitiers ? Non. Un jour elle arriva, revêtue d'une ravissante chlamyde de pharaonne, créée spécialement pour elle par Worth. Son voile d'infirmière, tombant en plis réguliers des deux côtés de son visage et surmonté d'un uréus d'or incrusté de rubis, lui donnait un air délicieusement hiératique. Elle avait trouvé son style : elle serait Néfertiti. De ce jour, elle cerna ses yeux d'un large trait de khôl et s'exerça à porter les plateaux sur ses deux mains tendues de profil, comme on le voit faire à Isis sur les bas-reliefs de Louqsor. Sûrement, nos soldats apprécieraient cette « vision d'art ».

Une autre de ces dames qui ne pouvait passer inaperçue me causait un certain trouble, bien qu'elle ne fût plus de la toute première jeunesse : c'était Liane de Pougy. Bien en chair, elle faisait à l'hôtel d'Iéna des entrées fracassantes. Corsetée, empanachée, emperlouzée, vêtue d'un corsage très échancré à brandebourgs de strass et coiffée d'une toque de velours cramoisi au sommet de laquelle frémissaient deux plumes de faisan, elle me faisait l'effet d'une langouste fabuleuse. Je la dévorais du regard, ce qui ne paraissait pas lui déplaire. Elle avait, me semblait-il, quelque chose de maternel, avec sa poitrine opulente et sa croupe rebondie. Mais Jean-Luc, auquel ses seize ans conféraient, en la matière une expérience bien supérieure à la mienne, m'avait mis en garde contre elle :

— Celle-là, méfie-toi d'elle, m'avait-il dit. Elle dit qu'elle est princesse, mais c'est une dame galante.

Comme je ne savais trop ce qu'il voulait dire par là, il avait précisé :

— Avant-hier, dans le couloir, elle m'a mis brusquement la main à la braguette. J'ai eu toutes les peines du monde à m'en dépêtrer. Il est vrai que toi, à ton âge, tu ne risques pas grand-chose, ajouta-t-il avec une pointe de supériorité qui me laissa à la fois rêveur et vexé.

D'ailleurs Jean-Luc se trompait. A quelques jours de là, au

moment où nous nous croisions dans le couloir fatidique, Liane m'adressa un sourire aguichant :

— Viens ici, mon chéri, me dit-elle à voix basse en jetant un regard autour d'elle, pour voir si personne ne nous épiait.

Et comme j'hésitais, elle insista : « Voyons, approche-toi. Je ne vais pas te faire du mal. »

J'avançai en tremblant, craignant d'être à mon tour « victime de ses artifices », comme avait dit Jean-Luc. Soudain, elle m'attrapa par le poignet et me pressa contre sa poitrine. Je crus périr étouffé dans ce moelleux édredon et me débattis faiblement. Au bout d'un moment, elle relâcha son étreinte et me dit :

— Ah, petit coquin ! Tu les regardes ? Tu aimerais jeter un coup d'œil dans mon corsage ? Eh bien écoute : j'ai un service à te demander, et elle me tendit une enveloppe mauve, d'une odeur entêtante. Va porter ce poulet à M. Deutsch de la Meurthe, qui habite dans la grande maison située presque en face de l'hôtel. Si tu me rapportes la réponse que j'espère, je ferai encore mieux : je te les laisserai toucher...

— Toucher quoi ?

— Mes doudounes, voyons !

— Vos doudounes, madame ? dis-je d'un air effaré.

— Oui, mes doudounes ! Bien qu'elles soient moins belles qu'autrefois, elles sont encore un morceau de roi. Leur seule vue suffit à mettre en émoi tous ces messieurs du Jockey Club. Quant à les toucher, il y a bien des souverains qui voudraient être à ta place...

Comme je demeurais de plus en plus interdit, elle eut un éclat de rire qui sembla retomber sur ma tête comme une cascade de perles. Le parfum qui se dégageait d'elle commençait à me tourner la tête. Et toujours ce côté maternel... Mais maman était moins parfumée et ne m'aurait jamais parlé comme cela.

— Il est charmant, ce môme, dit-elle en penchant la tête. Bien balancé pour son âge, n'est-ce pas, Susuki ? S'il avait quelques années de plus, je le ramènerais volontiers à la maison pour le déniaiser. Regarde-le comme il est drôle ! Quel âge as-tu, mon chéri ?

— Quatorze ans, madame.

(Je me vieillissais d'un an. En réalité je venais d'en avoir treize.)

— A cet âge-là, bien sûr, ça ne sait pas ! C'est ingrat...

Je me demandai à qui elle parlait. Je suivis son regard et

aperçus Susuki. C'était un pékinois à collier clouté d'or qui frétillait de la queue en levant vers elle des yeux énamourés.

J'aime bien les chiens. Mais voir prendre un pékinois à témoin de ma niaiserie me parut dépasser la mesure. Je savais bien que j'étais à l'âge ingrat. Mon père me l'avait souvent dit. Mais j'aurais préféré que cela ne se sût pas. Pourtant ce devait être vrai. Car le privilège de pouvoir toucher les doudounes de la vieille dame ne suscitait chez moi aucun élan de gratitude.

Comme je restais figé sur place, elle ajouta d'une voix à la fois suave et persuasive :

— Allons, cours, mon chérubin. Va porter cette lettre où je t'ai dit. Surtout ne la perds pas en route. Et rapporte-moi bien vite la réponse que j'attends...

Lorsque je racontai « l'incident » à Jean-Luc, celui-ci me regarda d'un air goguenard.

— Eh bien, moi, à ta place, je m'y serais pris autrement, me dit-il avec un sourire moqueur.

— Qu'aurais-tu fait ?

— Pour me payer de la course et me venger de Susuki, j'aurais exigé non seulement de les toucher, ses doudounes, comme elle dit, mais de les embrasser...

— Ah !

— Et j'en aurais profité pour les mordre.

A ces mots, je compris que Jean-Luc était déjà un homme — ce que je n'étais pas encore.

L'ennui, chez les garçons de treize à quinze ans dont la lèvre supérieure commence à s'orner d'un duvet, c'est la résurgence en eux de réactions puériles, c'est-à-dire appartenant à un âge qu'ils ont déjà dépassé et qui ne s'accordent pas avec leur développement physique, d'où leur gaucherie et leur timidité. Je n'échappais pas à la règle. J'étais totalement désarmé devant les assauts de ce genre. Et Dieu sait s'ils foisonnaient à cette époque ! Surtout à l'hôtel d'Iéna.

Car en dehors de leurs harnachements et de leurs intrigues sentimentales, ces dames ressemblaient à des louves affamées. Comment ! Elles s'étaient fait faire des tenues spéciales par les couturiers les plus réputés de Paris ; elles avaient trouvé « leur style » ; elles étaient ivres de dévouement patriotique ; elles brûlaient du désir de se tenir au chevet de la patrie meurtrie et les blessés n'arrivaient pas ? C'était trop injuste ! Assises en rond dans le hall de l'hôtel, en proie à cette morosité que l'inaction engendre dans les âmes bien nées, elles maudissaient une guerre qui ne faisait pas de victimes.

Heureusement, les premiers blessés finirent par arriver. Comme par une faveur de la Providence, ce furent des Anglais. On les installa tant bien que mal à l'hôtel Astoria, au coin des Champs-Elysées et de la rue de Presbourg, transformé pour la circonstance en hôpital auxiliaire. Tout le monde s'y précipita avec un soupir de soulagement.

Dans les couloirs de l'hôtel, des formes indistinctes gisaient sur des brancards. Ces hommes n'avaient pas l'air d'être blessés, car leur corps était recouvert de couvertures. Seule émergeait leur tête, aux cheveux roux ou blonds. C'étaient des Gallois et des Ecossais qui s'étaient battus dans les Flandres, des gaillards superbes, des soldats de musée qui sentaient la lavande et le tabac de Virginie. On s'affaira autour d'eux. On les répartit dans les chambres. Fort heureusement, toutes ces dames connaissaient parfaitement l'anglais. Pourtant, elles n'arrivaient pas toujours à les comprendre, car certains d'entre eux s'exprimaient avec un fort accent gaélique.

Lorsqu'on les déshabilla, ce furent des cris d'extase. Ce n'étaient que des blessés légers, car l'hôtel Astoria ne comportait aucun bloc opératoire et l'asepsie y était pratiquement inconnue. Mais la beauté physique des hommes n'était dépassée, semblait-il, que par la qualité de leurs équipements. Ces buffleteries ! Ces cuirs à la fois souples et résistants ! On eût dit une armée du XVIIIe siècle, des chevau-légers de Malplaquet. Ce que c'est, tout de même, que la monarchie ! Ces dames s'émerveillaient surtout des uniformes dont elles palpaient les étoffes d'une main experte.

— Vous avez vu ces lainages, ma chère ? Rien que du cachemire ! On a beau dire, on n'en trouve de pareils qu'à Londres...

Deux heures plus tard, les blessés étaient allongés dans des lits blancs, leur paquetage bien rangé au-dessus de leur tête. Alors ces dames firent assaut de prévenances :

— *What would you like ? A sip of brandy ? No ? A good cup of hot tea ? That's right.... What do you prefer ? China or Ceylan ? Milk or lemon ?... Have another slice of cake ?...*

Fidèles à leur vocation, ces dames ne *soignaient* pas : elles *recevaient.* Ida Rubinstein portait des théières (toujours de profil). Seulement, le monde était renversé. Jadis elles recevaient allongées et les hommes, debout. Maintenant les hommes étaient allongés.

C'étaient elles qui étaient debout, esclaves soumises du courage malheureux. Ce changement était d'ailleurs délicieux ; il faisait enfin sentir que l'on était en guerre.

Un après-midi, j'eus un moment d'émotion. Je crus reconnaître parmi les soldats alités un des chanteurs des *Yorkshire Minstrels* que j'avais laissés quelques semaines auparavant, dansant face à la mer sur la plage vide de Filey, tandis que défilaient au large les cuirassés de la *Home Fleet.* Il était légèrement blessé au genou. Son cou à la complexion délicate et ses avant-bras bronzés me parurent plus robustes maintenant qu'ils émergeaient d'une grosse chemise kaki et non d'un justaucorps d'arlequin. Quelle chance ! J'allais enfin pouvoir lui adresser la parole, lui confier tous les sentiments de tendresse inexprimée que m'avait laissés sa petite troupe gesticulant sur ses tréteaux aux toiles délavées. Surmontant ma timidité, je m'approchai de lui et lui dis à voix basse :

— *Your smile is heaven*, pensant que cette allusion équivaudrait à un mot de passe.

Il écarquilla les yeux et me jeta un regard ahuri.

— *Shit !* me répondit-il en se tournant vers le mur.

Je m'étais trompé : ce n'était pas lui !

Je rougis de confusion et m'éloignai, déçu et mortifié. Sans tenir compte de ma déception, la vie reprit son cours, pleine de petits cris d'extase et de parfums entrecroisés. Par infortune, le bonheur de ces dames ne dura qu'une quinzaine de jours. Par groupes de deux ou trois, les Anglais furent transportés ailleurs et remplacés par des Français. Des fantassins, des canonniers, des tringlots, appartenant à une unité qui s'était fait hacher dans les marais de Saint-Gond. Dieu, quel contraste ! Ce n'étaient que capotes déchirées, vareuses rafistolées à la diable, pantalons de garance maculés de sang, yeux creusés par la fatigue et barbes de six jours. Toute cette chair meurtrie faisait peine à voir.

On avait craint d'assister à un défilé de Prussiens sur les Champs-Elysées et voici qu'y débouchait la paysannerie française ! Des gars aux tignasses couleur de chaume, qui ressemblaient au Gaulois captif du musée du Louvre, des types aux regards méfiants ou narquois qui n'avaient cessé de prendre les armes pour défendre leurs métairies et leur bétail depuis le règne de Dagobert. Ils roulaient eux-mêmes leurs Scaferlati, refusaient obstinément de se laver les pieds et se croyaient très malades quand on leur offrait du thé.

Ida Rubinstein s'était éclipsée car il était vraiment impossible de servir le gros rouge « de profil » et les nouveaux arrivants étaient insensibles aux « visions d'art ». Ils préféraient de beaucoup palper la croupe des filles de salle. Un beau matin Daisy de Layenburg s'en alla en déclarant :

— Vous ne me voyez tout de même pas passer le bassin à quelqu'un dont j'apprendrai le lendemain qu'il est le fils d'un de mes métayers ?

Mais ce fut la seule à parler ainsi et son départ fut jugé sévèrement. On la traita d'« étrangère », et même de « sale Boche ». D'une façon générale, ces dames, en bonnes Françaises, encaissèrent le choc avec vaillance. Comme on devait le dire plus tard : l'arrière ne flancha pas.

L'hôtel Astoria changea de visage. La senteur délicate du tabac blond et du thé de Chine céda la place à celle du saucisson à l'ail et du formol.

— Il faut tenir le coup, assura la comtesse de La Motte-Rancé avec stoïcisme. C'est le dernier quart d'heure. L'Allemagne va s'écrouler. Il n'y en a plus pour longtemps. Le général Abonneau qui commande la cavalerie à Guise l'a affirmé hier à mon mari.

Elle ne croyait pas si bien dire. Car il arriva très vite ce qui devait arriver. Ces dames, bien que pleines de bonne volonté, étaient totalement inexpertes dans l'art de soigner les blessés, même en se faisant aider par leurs femmes de chambre. De leur vie, elles n'avaient pansé une plaie. Les blessures s'infectèrent. La gangrène s'y mit. Les soldats, baignés de sueur, se tournaient en gémissant sur leurs couches défaites. Les infirmières professionnelles étaient trop peu nombreuses ; leur matériel, insuffisant. L'hôtel Astoria se remplit d'une odeur de pourriture. La situation devint rapidement intenable. Une nuit, il y eut deux morts. Le lendemain, trois, faute de pouvoir procéder aux amputations nécessaires. Le Service de Santé militaire s'en émut. Les blessés furent transférés par petits groupes dans d'autres centres chirurgicaux. L'hôpital auxiliaire des Champs-Elysées fut évacué. Quant à ces dames, je ne devais pas les revoir. Je pense qu'elles avaient dû porter ailleurs leurs activités charitables.

Pour ma part, j'étais de nouveau au chômage. Comme les cours de l'Ecole Alsacienne ne reprenaient toujours pas, mon père se mit en quatre pour me dénicher une nouvelle occupation. A la suite de je ne sais quelle intervention, je me retrouvai placé comme coursier bénévole dans une librairie de la rue de Vaugirard.

C'était moins une librairie qu'une officine, sombre et poussiéreuse, située dans la partie de la rue qui va de la rue de Rennes au boulevard Raspail. Elle s'appelait « Aux Marches de l'Est ». Avec sa devanture couleur de rouille et sa vitrine vide, elle ne payait pas de mine. A l'intérieur, quelques livres de l'abbé Wetterlé et les poésies de Déroulède étaient exposés sur des étagères. Aux murs, un portrait du général de Castelnau, orné d'un ruban tricolore, des dessins de Hansi et une affiche représentant un jeune chasseur alpin se précipitant dans les bras d'une Alsacienne à coiffe noire, au pied d'un poteau-frontière renversé derrière lequel se profilait le clocher de la cathédrale de Strasbourg. Au-dessous, un calicot proclamait en grosses lettres « La Patrie est en danger », ce qui me paraissait en contradiction avec l'affiche.

Séparée de cette salle par une cloison de vitres dépolies, se trouvait une arrière-boutique où l'on apercevait des piles de papiers, de dossiers, de vieux journaux entassés jusqu'au plafond. Deux messieurs à moitié chauves y poursuivaient, du matin au soir, des conciliabules interminables. Le tout dégageait une atmosphère de conspiration.

Jamais aucun client ne franchissait le seuil du magasin. Mais on y voyait défiler plusieurs fois par semaine des personnages étranges en lesquels n'importe qui — sauf moi, bien entendu — aurait immédiatement reconnu des policiers en civil et de vieux officiers abonnés à *la Sabretache*. Quelques femmes aussi, qui n'offraient aucune ressemblance avec les belles dames de l'hôtel d'Iéna. Coiffées de bérets basques ou de bonnets de police, vêtues de tailleurs stricts ou d'imperméables mastic serrés à la taille et le sac à main en bandoulière, ce qui était considéré comme « très osé » à l'époque, elles passaient devant moi avec une allure martiale et ce regard assuré que donne une longue pratique du nationalisme intégral. Elles s'enfermaient pendant des heures avec les deux messieurs de l'arrière-boutique et je me demandais ce qu'elles pouvaient bien y faire, car je n'entendais plus rien. (C'est seulement plus tard que je l'appris : « Les Marches de l'Est » étaient une émanation du Deuxième Bureau.)

Mon travail consistait à expédier le courrier ou à porter à vélo des plis urgents dans différents quartiers de la capitale. J'étais assisté dans ma tâche par le fils d'un ébéniste « bien pensant » du faubourg Saint-Antoine, du nom d'André Ducreux. C'était un vrai titi parisien à figure de Jocrisse. Mince comme un fil de fer et les cheveux rouquins, il devait avoir un an de plus que moi, bien qu'il fût plus petit, et répandait une légère odeur de chèvre. Je le trouvais un peu casse-pieds, mais ne l'en appréciais pas moins, car c'était un véritable sac à malices. Bricoleur comme pas un, il connaissait un tas de « trucs » pour réparer les chaînes de vélos et rafistoler les vieilles chambres à air.

Quelques jours après mon arrivée, André, qui m'avait observé jusque-là en silence, me dit brusquement :

— Et puis j'en ai marre ! Je m'en vais boire un coup... Tu viens ?

— Où ça ?

— Au bistrot de la rue de Rennes, devant le métro Saint-Placide.

Je n'avais encore jamais mis le pied dans un bistrot, que l'on m'avait dépeint comme un lieu de perdition, non que ce genre d'endroit me déplût, mais faute d'occasion.

— J'arrive. Le temps de resserrer le frein de mon vélo.

Lorsque j'entrai dans l'établissement, je le trouvai beaucoup plus « chic » que je ne m'y étais attendu, avec ses banquettes en moleskine rouge et ses miroirs gravés d'arabesques *modern' style.* André était déjà installé devant le comptoir.

— Et toi, qu'est-ce que tu prends ? me demanda le patron.

Je réfléchis un instant et répondis, du ton détaché que je croyais d'usage :

— Une tasse de thé, s'il vous plaît.

Le patron me dévisagea avec stupeur.

— Bon Dieu, ce que t'es con ! me lança André en secouant la tête. Tu ne peux pas commander quelque chose de simple, comme tout le monde ?

— Quoi ?

— J'sais pas, moi : un Guignolet-Picon ou un Chambéry-fraise...

Je sentis très nettement que j'avais fait une gaffe. Une de ces choses qui déclassent un homme et qu'on a de la peine, ensuite, à se faire pardonner. Pourtant je ne voyais pas en quoi un Guignolet-Picon était plus simple qu'une tasse de thé.

— Va pour un Chambéry-fraise..., dis-je d'un air résigné qui acheva de me déconsidérer.

— C'que t'es con, c'que t'es con ! Il faudra tout t'apprendre, ne cessait de grommeler André, tandis que le patron remplissait mon verre.

Du coup, je sentis la moutarde me monter au nez.
— Tais-toi, m'écriai-je, ou je vais te casser en deux.
André vit à mon expression que je ne plaisantais pas.
— Ça va, ça va, les mômes, dit le patron. Videz vos verres et décampez. Je ne veux pas d'histoires ici !
Je vidai mon verre d'un trait, payai la tournée et sortis de l'établissement, suivi par André qui protestait d'une voix geignarde :
— T'es pas cinglé de te mettre en rogne, comme ça, à propos de rien...
Je sentis que j'avais rétabli mon prestige. Mais je n'en oubliais pas, pour autant, que j'avais été humilié.
En rentrant aux « Marches de l'Est », je fus appelé par un des messieurs de l'arrière-boutique. Se pouvait-il que quelqu'un l'eût déjà mis au courant ? Allait-il m'enguirlander ? J'étais encore en colère et m'apprêtais, s'il le faisait, à le planter là sur-le-champ, avec son général de Castelnau, son chasseur alpin et sa cathédrale de Strasbourg. Même l'idée que la patrie était en danger ne me retiendrait pas. J'aimais mieux passer pour un dur que d'être traité de con. J'étais donc prêt à en découdre.
Mais il ne fut pas question du Chambéry-fraise. Il me tendit une enveloppe blanche, fermée par cinq cachets de cire et me dit :
— Voilà un pli urgent pour M. Maurice Barrès. Il faut le porter tout de suite boulevard Maillot.
Maurice Barrès ! Ma colère tomba d'un coup.
— Bien, lui répondis-je en dissimulant mon émotion. Comptez sur moi.
Je sortis du magasin et enfourchai mon vélo. Mais à peine avais-je fait dix mètres que je me ravisai. Je mis pied à terre, revins sur mes pas et posai mon vélo contre un montant de la devanture.
Maurice Barrès ! Je n'avais encore rien lu de lui. Je ne connaissais même pas les titres de ses ouvrages. Mais je me souvenais que mon père avait dit un jour :
— C'est un Prince de l'esprit ! Il a une ressemblance frappante avec le Grand Condé...
J'en avais assez d'être traité de con, de niais et d'ingrat ! D'ingrat surtout. J'allais pouvoir prouver le contraire à tous ceux qui me jugeaient si mal. Cette enveloppe cachetée allait m'en fournir l'occasion. Car une lettre adressée à un « Prince de

l'esprit » ne pouvait lui être apportée qu'à pied. L'apporter à vélo eût été une inconvenance, un manque d'égards inadmissible. Sans doute le boulevard Maillot était-il loin de la rue de Vaugirard. Mais qu'importait. Même si Maurice Barrès avait habité Chartres, j'y serais allé à pied, quitte à marcher pendant plusieurs jours. Lui remettre le message que l'on m'avait confié était bien plus qu'une commission : c'était un pèlerinage.

Je pris le boulevard Saint-Germain jusqu'à la Chambre des députés, traversai le pont de la Concorde et m'engageai dans les Champs-Elysées. Le ciel était bas et triste. Il commençait à pleuvoir, mais je ne m'arrêtai pas pour me mettre à l'abri. Je savais que le pli était urgent et qu'il me fallait le porter à son destinataire le plus rapidement possible. Comme j'avais oublié de prendre ma pèlerine, qui était restée pliée dans la sacoche de mon vélo, je fus bientôt trempé. Mais je ne m'en apercevais pas, tant j'étais occupé à marcher le plus vite que je pouvais. Toutefois, je glissai l'enveloppe dans ma chemise pour éviter qu'elle se mouillât et avançai à grands pas en la pressant contre ma poitrine.

Pendant que je remontais les Champs-Elysées, mon esprit vagabondait. Malgré la grisaille du ciel, les frondaisons dorées des marronniers qui bordent des deux côtés cette avenue triomphale incitaient à la rêverie. Je me demandais comment pouvait être faite la demeure d'un Prince de l'esprit. Comme je n'avais aucune expérience dans ce domaine, je cherchai à me remémorer les plus beaux édifices que j'eusse vus. En approchant de l'Arc de Triomphe, je me dis que c'était là qu'il devrait vivre. Il suffirait d'en fermer les arches par de grandes tentures de velours rouge. Mais non. Cette idée était absurde ! Ce serait froid et inconfortable. Je me plus alors à imaginer des châteaux de légende, un grand Trianon de marbre rose, édifié en bordure du bois de Boulogne. « Après tout, me dis-je, il est difficile d'imaginer de pareilles choses à l'avance. On verra bien... »

Dans l'avenue de la Grande-Armée, je commençai à sentir la fatigue. Je pressai le pas. Sans doute la lettre était-elle impatiemment attendue. Je ne devais m'attarder à aucun prix. Mais une question venait sans cesse me harceler. A défaut de savoir comment était sa demeure, comment serait-il, *lui* ? Quel vêtement particulier, quel signe distinctif permettrait de l'identifier et de reconnaître au premier coup d'œil qu'il était un « Prince de l'esprit » ? Une toge à la Titus ? Un grand feutre à panache et des bottes à revers, comme Jean Bart ou Duguay-Trouin ? Mon père avait dit qu'il ressemblait au Grand Condé. Mais cela n'évoquait pour moi rien de précis, si ce n'était une statue équestre représentant le vainqueur de Rocroi en uniforme de général romain...

Mais non. J'oubliais que Barrès était un « Prince de l'esprit ». Il ne se distinguerait donc pas par quelque vêtement spécial ou par quelque signe extérieur : on devait le reconnaître à l'expression de son visage, à on ne sait quel rayonnement qui émanait de lui.

Après avoir traversé les grilles de la Porte Maillot — elles existaient encore à cette époque — je m'engageai dans le boulevard du même nom. Je jetai un coup d'œil à une horloge municipale et constatai que j'avais parcouru en un temps record la distance qui séparait la rue de Vaugirard du bois de Boulogne. Encore quelques centaines de mètres et je serai arrivé. Pourtant aucun édifice répondant à mon attente ne se profilait à l'horizon. Je précipitai mon allure et m'arrêtai devant un pavillon à peine moins laid que les autres. Je devais faire erreur ! Je sortis l'enveloppe de ma chemise pour comparer les numéros. 100 boulevard Maillot. C'était bien là. J'attendis quelques instants pour reprendre mon souffle et m'avançai, le cœur battant, vers une petite porte dont je pressai le bouton de sonnette. Qui sait ? Peut-être le maître m'offrirait-il un beau cadeau pour me remercier d'être venu si vite à pied, sous une pluie battante ?

J'attendis un long moment et dus sonner une deuxième fois. Enfin, la porte s'ouvrit. C'était la femme de ménage. Elle était vêtue d'une robe de chambre en pilou violet qui lui descendait jusqu'aux chevilles. Je remarquai ses yeux battus, cernés de mauve, son teint bistré et son menton fuyant. Une mèche sombre lui barrait le front. C'était, à n'en pas douter, une vieille Espagnole.

— Vous désirez, monsieur ? me demanda-t-elle d'une voix enchifrenée, qui me confirma dans mon impression.

— J'apporte un pli urgent pour M. Maurice Barrès.

Elle tendit vers moi une main jaunie par le tabac.

Ah non ! Je n'allais pas remettre le pli sacré à cette maritorne.

— C'est que j'ai reçu l'ordre de ne le délivrer qu'en main propre, dis-je d'une voix assurée.

— Eh bien ? Qu'attendez-vous ? C'est moi Maurice Barrès.

Je n'en croyais pas mes yeux. A ce moment précis, il inclina un peu la tête et je crus reconnaître, comme dans un éclair, le nez busqué du Grand Condé. Sans dire un mot, je lui remis la lettre. Il l'examina attentivement, comme pour s'assurer que les cachets n'avaient pas été brisés et me fit remarquer d'un ton sec :

— J'attends ce pli depuis plus d'une heure. Vous vous êtes amusé en route, mon garçon ! Je m'en plaindrai à vos chefs.

Puis il recula d'un pas et claqua la porte.

Tout tournait à ma confusion et s'écroulait d'un coup : mes rêves, mes espoirs, mon enthousiasme, tout. Les jeunes ont le tort de voir les gens et les choses non tels qu'ils sont, mais tels qu'ils devraient être. C'est pourquoi ils sont si vulnérables.

Je tournai les talons et courus d'une seule traite jusqu'à la rue Brémontier. Lorsque j'arrivai à la maison, mon père me trouva « l'air sauvage et fiévreux ».

— Quand donc auras-tu un peu de plomb dans la cervelle ? me dit-il. On n'a pas idée de se promener sans pèlerine sous une pluie pareille...

J'allai m'enfermer dans ma chambre pour cacher mon chagrin.

Une dame galante qui me taxait d'ingratitude parce que je montrais peu d'empressement à caresser ses doudounes ; un galopin du faubourg Saint-Antoine qui me traitait de con parce que j'avais commandé une tasse de thé ; un Prince de l'esprit qui me claquait sa porte au nez quand j'étais venu chez lui en pèlerinage ; un père qui me souhaitait plus de plomb dans la cervelle...

Décidément, pour moi, la guerre commençait mal.

II

LE SECOND SOUFFLE

CHAPITRE XVII

UNE VISITE A MARCEL PROUST

(juin 1922)

Je venais de revenir de Haute-Silésie lorsqu'un livre surprenant tomba entre mes mains. Dû à la plume de Ernst-Robert Curtius, un professeur de lettres romanes à l'Université de Marburg, il était composé d'une série d'études consacrées à Gide, Romain Rolland, Claudel, Suarès, Péguy et s'intitulait *les Pionniers littéraires de la France nouvelle*[1]. Surpris de n'y pas trouver le nom de Proust, je pensai que l'auteur ignorait encore *la Recherche du temps perdu* et résolus d'aller le voir pour attirer son attention sur l'importance de cette œuvre. J'échangeai donc mon uniforme bleu horizon contre un complet civil, franchis clandestinement la ligne de démarcation pour me rendre en Allemagne non occupée — ce qui pouvait me coûter trois mois à un an de prison, dont je n'avais cure — et débarquai, un beau matin, dans la petite ville universitaire de Marburg. Là, je louai une chambre à l'*Europäischer Hof*[2] — dont le nom, à lui seul, me parut d'heureux augure — et téléphonai à Curtius pour lui demander un rendez-vous. Quelques instants plus tard, il m'accueillait dans le beau logement qu'il occupait dans une aile de l'Université.

Je me présentai à lui et lui exposai d'emblée le but de ma visite.

— Ah, Proust ! me dit-il. Quel prodigieux écrivain ! J'ai lu

1. *Die litterarischen Wegbereiter des Neuen Frankreich*, Gustav Kiepenheuer, Postdam, 1920.
2. L'hôtel de l'Europe.

tous les volumes de son œuvre parus jusqu'ici et j'attends les suivants avec impatience. Je lui ai consacré une étude — bien trop brève à mon gré — dans une revue de Berlin et voyez la lettre admirable qu'il vient de m'adresser !

Il alla la chercher dans un tiroir de son bureau et me la tendit. Proust y remerciait Curtius de son étude. Il le félicitait de la « *pénétration* » de ses analyses et terminait par un passage consacré à la musique où il évoquait le finale du *XV*^e^ *Quatuor* de Beethoven, « *vers lequel* », disait-il, « *je me tourne comme les mourants vers l'hostie, avec un espoir bien incertain de guérison* ».

— Mais alors pourquoi, demandai-je à Curtius, le nom de Proust, que vous admirez tant, ne figure-t-il pas dans le recueil que vous avez consacré aux maîtres de la littérature française contemporaine ?

— J'ai voulu me limiter, me répondit-il, aux écrivains auxquels le public allemand peut avoir directement accès. Romain Rolland, Gide, Claudel, Suarès sont traduits dans notre langue. Proust, hélas, ne l'est pas...

— Ne pensez-vous pas qu'il conviendrait de le faire ? Son œuvre trouverait sûrement une large résonance dans le public allemand. Et puis, il y découvrirait une autre image de la France que celle que lui présentent les Tirailleurs sénégalais et les autorités d'occupation.

— C'est un problème délicat, dit Curtius en rangeant sa lettre. Mes compatriotes se débattent dans des difficultés quotidiennes qui n'ont vraiment rien à voir avec « les intermittences du cœur ». Vous les connaissez : l'inflation, le chômage, la misère. En outre, le style si personnel de Proust avec ses incidentes interminables risque de les déconcerter. Il faudrait, en tout cas, une traduction très soignée. Je n'ai malheureusement pas le temps de m'y consacrer moi-même. Mais j'en reverrais volontiers les épreuves si on me les confiait. Seulement...

Ici, Curtius marqua un temps d'arrêt et prit un air songeur.

— ... Seulement, il faudrait que l'auteur m'autorise à publier son texte sans acquitter de droits. La faiblesse du mark ne nous le permet pas et tout versement à l'étranger nous est pratiquement interdit. Comment lui demander une pareille faveur ? De plus, je suis allemand et nous sortons à peine de la guerre. Je ne voudrais pas m'exposer à un refus humiliant.

— Et si je la lui demandais moi-même ? suggérai-je avec impétuosité. Je suis français. Un refus de sa part ne m'humilierait pas. D'après tout ce que je sais de lui, il fait preuve, en toute circonstance, d'une rare délicatesse. La lettre qu'il vous a adressée n'en est-elle pas la preuve ?

— Ma foi, ce serait peut-être un moyen ! Je considérerais comme un honneur de pouvoir présenter à mes compatriotes un auteur de cette importance. Mais un échec serait impardonnable. Il faudrait commencer par quelques extraits de son œuvre, judicieusement choisis.

— Lesquels, selon vous ?

— Ceux qui ont trait à la musique — vous savez : la petite phrase de Vinteuil...

Comme c'étaient justement les passages que je préférais à cette époque car j'y retrouvais mes propres conceptions de la musique [1], ce choix me parut très judicieux. Je le dis à Curtius en ajoutant que j'allais me mettre directement en rapport avec l'auteur de *Swann*, pour obtenir de lui l'autorisation de les traduire.

— Eh bien, je vous souhaite bonne chance, me dit-il en me serrant la main.

*

De retour à Mayence, j'écrivis aussitôt à Proust pour lui soumettre ma requête. Je pensais, à vrai dire, qu'il ne me répondrait pas. Au bout de quelques jours le vaguemestre me remit une lettre dont l'enveloppe portait dans un coin la mention suivante : « En cas d'erreur d'adresse, prière de renvoyer à Marcel Proust, Nouvelle Revue Française, 3, rue de Grenelle. Paris. » Je la décachetai, le cœur battant, et lus :

> *(Sans date) Timbre de la poste : 17 mai 1922.*
> *Monsieur,*
> *Je vous remercie de votre lettre, des choses amusantes et gentilles que vous m'y dites. Je vous remercie un peu tardivement car je suis en ce moment très malade et, de plus, je viens d'avoir un accident qui, sans se rattacher à ma santé, me rend tout impossible. J'ai cependant écrit à Gallimard afin que vous ou vos amis (je n'ai pas votre lettre sous les yeux, de sorte que je ne sais pas au juste qui publierait ou traduirait les morceaux) n'ayez aucun droit à payer ni à lui, ni à moi. J'ai été stupéfait de réussir dans cette petite négociation sans*

1. Voir plus haut, *Agneau sans tache*.

importance. Il (Gallimard) vous libère donc de tout droit et demande seulement qu'on imprime que l'éditeur est « la Nouvelle Revue Française ». Il demande aussi trois exemplaires (je suppose pour se rendre compte si cela a été fait)...

Proust me demandait ensuite de lui envoyer ma photographie, pour voir si je ressemblais à ma mère, une des femmes les plus élégantes de Paris, qu'il avait rencontrée à plusieurs reprises vers 1895, date à laquelle il fréquentait encore les salons du faubourg Saint-Germain.

Je me souviens d'avoir vu jadis Madame votre Mère. Je ne la connaissais pas, mais me la rappelle très bien. Elle était superbe et très grande. Est-ce que vous lui ressemblez ? Comme je ne vous verrai probablement jamais, si vous pouviez me faire envoyer par la poste une photo de vous, je vous la renverrais aussitôt. Mais (vous avez dû voir cela par les considérations sur la ressemblance de Gilberte Swann avec son père et avec sa mère dans les Jeunes Filles en fleurs*) je suis toujours intéressé par les réincarnations d'un type admiré dans un autre sexe.*

Sa lettre se terminait fort aimablement par ces mots :

Toute ma reconnaissance encore d'avoir bien voulu être pour moi un lecteur si bienveillant et si compréhensif.

Marcel Proust.

Si vous avez quelque chose d'autre à me demander, les deux adresses les plus pratiques, bien qu'assez biscornues sont : La Nouvelle Revue Française, 3, rue de Grenelle, ou « Aux bons soins de M. Olivier Dabescat, Hôtel Ritz ». L'adresse Ritz est pour vous seul, et non à communiquer, car je tiens beaucoup à mon isolement.

P.S. : Il me semble que vous me demandez les morceaux les mieux (les moins mal). Mais vous êtes si intelligent (preuve votre lettre) que le mieux ce sera... ceux que vous préférerez. Et rien si vous voulez. Je suis aussi peu homme de lettres que possible et jette généralement toutes les lettres au panier. Ne vous croyez nullement engagé si vous avez changé d'avis.

Je laisse à penser quels pouvaient être les sentiments d'un jeune homme de vingt et un ans, recevant une pareille lettre d'un écrivain pour lequel il éprouvait une admiration sans borne !

J'avais beau me dire que les compliments qu'il m'adressait étaient dictés par une politesse excessive ; j'avais beau penser que le Ritz était un lieu très fréquenté et qu'il était curieux de l'avoir choisi pour s'y isoler du monde [1], ces lignes n'en avaient pas moins, à mes yeux, la valeur d'un trésor.

Mais elles me mettaient aussi dans un grand embarras. Car la personne à laquelle se référait Proust n'était pas ma mère, mais Véra, la première épouse de mon père.

J'ai déjà raconté dans quelles circonstances mon père l'avait épousée à Saint-Pétersbourg, au retour d'un long voyage à travers l'Asie et comment il avait été amené à s'en séparer quelques années plus tard, en raison de ses extravagances, pour épouser ma mère, une Bordelaise très belle elle aussi, mais de caractère beaucoup plus calme et d'extraction plus modeste. Je n'avais donc aucun lien de parenté avec la femme « superbe et très grande » qu'évoquait l'auteur de *la Recherche*. Je ne l'avais même pas connue. Que faire ? Si, d'entrée de jeu, je révélais à Proust que je n'étais pas le fils de Véra, ne risquais-je pas de perdre tout intérêt à ses yeux ? Peut-être ne répondrait-il plus à mes lettres, ce qui mettrait un terme à mon projet avec Curtius... Si je ne lui disais rien, en revanche, je me rendais coupable d'une grave indélicatesse. Pourtant, j'avoue que je trouvais un certain piquant à ce malentendu. Je décidai de lui envoyer ma photo, mais sans y ajouter le moindre commentaire, pour voir comment il réagirait. C'était un instantané pris par un camarade de régiment au cours d'une promenade en bateau sur le Rhin [2]. Je portai l'enveloppe au vaguemestre et attendis sa réaction.

Huit jours plus tard je reçus une seconde lettre de Proust. Il m'y remerciait de ma photographie et me demandait la permission de la garder « *car* », ajoutait-il, « *elle a fait revivre en moi le souvenir de Madame votre Mère, à laquelle vous ressemblez si étonnamment.* »

« Voilà bien les littérateurs ! me dis-je. Ils écrivent n'importe quoi, pourvu que cela s'accorde avec leurs théories romanesques. « J'étais amusé, je l'avoue, de le voir s'enferrer ainsi. Mais d'avoir triomphé à si bon compte d'un homme dont la bonne foi était évidente me remplit de confusion et, finalement, de honte. Je m'étais rendu coupable d'un abus de confiance. Comment

1. J'ignorais encore à cette époque que Proust habitait 44, rue Hamelin et ne venait au Ritz que de temps en temps pour y recevoir quelques amis.

2. Ce camarade s'appelait Robert Coquillot, dit Le Vigan, un jeune acteur en herbe, qui devait tenir une grande place dans la vie de Louis Ferdinand Céline.

avais-je pu agir avec tant de légèreté ? Pris de remords, je décidai de tout lui avouer et attendis sa réponse avec l'inquiétude que l'on devine.

Cinq jours plus tard je reçus une troisième lettre de Proust.

> *Ne vous excusez pas,* m'y disait-il, *c'est moi qui suis coupable. J'aurais dû mieux m'informer avant de vous écrire. Mais telles quelles, les choses sont beaucoup plus intéressantes que vous ne pouvez l'imaginer, car votre photographie m'a confirmé la justesse de mes conceptions de l'amour. Ne vous étonnez donc pas si je lui attache une grande importance. Je pense, en effet, que les hommes n'aiment pas telle ou telle femme isolée mais un certain type de femme dont ils ne s'écartent jamais. Si, par suite d'un deuil ou d'une séparation, ils perdent la femme qu'ils aiment, ils courent après son type, qu'ils poursuivent obstinément. Si votre père a épousé en secondes noces Madame votre Mère, c'est qu'elle incarnait ce type spécial qu'il aimait. Elle devait ressembler, par quelque côté, à sa première épouse. Il n'est donc pas étonnant que je retrouve sur votre visage quelques traits d'une femme qui n'était pas votre mère et que vous n'avez sans doute jamais connue. A travers elle, un reflet du type de femme qu'aimait votre père est venu se poser sur votre visage, créant, en quelque sorte, une ressemblance au second degré. Cela confirme tout ce que je pense et, comme vous le voyez, malgré les apparences, je ne me suis pas trompé. D'ailleurs, nous en reparlerons de vive voix lorsque vous viendrez me voir, car j'espère que vous me ferez ce plaisir, lors de la prochaine permission que vous passerez à Paris*[1].

J'étais ému de voir que Proust ne me tenait aucune rigueur de ma supercherie et allait presque jusqu'à m'en remercier. Mais j'étais surtout ébloui par les déductions qu'il en tirait. « Voilà ce qu'il en coûte de vouloir jouer au plus fin, me dis-je. Proust vient de te donner une leçon : il t'a apporté la démonstration de son génie. On ne trompe jamais les esprits supérieurs. »

*

Quelques semaines plus tard, je me trouvais à Paris et fis

1. Je cite de mémoire, car je n'ai plus cette lettre. Je l'ai confiée à Curtius, qu'elle intéressait au plus haut point. Par suite des événements, il est mort sans avoir pu me la restituer. Où est-elle ? Je l'ignore. Peut-être reparaîtra-t-elle un jour...

savoir à Proust que je serais heureux de lui rendre visite. Il me fit porter un mot par un chauffeur, m'informant qu'il me recevrait volontiers le surlendemain au Ritz, mais s'excusait de me fixer une heure aussi tardive ou — si l'on préfère — aussi matinale, car il ne serait pas libre avant une heure du matin. Je n'en fus pas surpris, sachant qu'il dormait ou travaillait pendant une grande partie de la journée et ne recevait que la nuit, au moment où ses crises d'étouffement lui laissaient un peu de répit.

Olivier Dabescat — Monsieur Olivier comme il convenait de l'appeler — jouait au Ritz un rôle discret, mais considérable, qui tenait à la fois du majordome et du confident de tragédie. Je me présentai à lui et lui dis que j'avais rendez-vous avec M. Proust. Il jeta autour de lui un regard effrayé, comme s'il redoutait que quelqu'un ait pu m'entendre prononcer ce nom, me conduisit à la chambre qu'occupait « Monsieur Marcel », ouvrit la porte sans bruit et la referma derrière moi.

Jusque-là, la figure de Proust m'était apparue baignée par la clarté vermeille qui colore les meilleures pages des *Jeunes Filles en fleurs*. Moi aussi, pour reprendre sa propre image, je le voyais « éclairé par la lueur mordorée qui se dégage de la syllabe *antes* ». Je me le représentais tantôt sous les traits d'un de ces jeunes cavaliers de Van Dyck dont la silhouette élégante se détache sur quelque colonnade empruntée aux châteaux de Blenheim ou de Buckhingham, tantôt sous ceux d'un conteur persan, déroulant son histoire dans un jardin rempli de lilas et d'aubépines en fleurs (je précise qu'à cette époque la grande nuit striée d'éclairs de *Sodome et Gomorrhe* et d'*Albertine disparue* n'était pas encore parue, qui devait modifier profondément mon optique de son œuvre). J'entrai dans une pièce tapissée de moire amarante où régnait une obscurité qui eût été complète si une petite lampe de chevet coiffée d'un abat-jour en taffetas rose n'eût brûlé dans un coin. Pour ajouter encore à mon dépaysement, l'air était imprégné d'une odeur de fumigation qui donnait une terrible impression de renfermé. Cela sentait le benjoin et l'essence de niaouli. Mes yeux mirent quelques secondes à s'accommoder à cette pénombre. J'aperçus alors l'auteur d'*un Amour de Swann*. Allongé sur un canapé, les jambes recouvertes par un plaid écossais, il portait un smoking dont l'échancrure laissait apparaître un plastron empesé. Ses joues, quoique rasées, avaient une couleur charbonneuse et la main qu'il me tendit était gantée de gris.

Ma déconvenue était immense. Où était l'atmosphère printanière dont mon imagination s'était plu à entourer le plus grand romancier de notre temps ? Où étaient les aubépines de Combray, les pommiers de Méséglise et la brise marine qui caressait la plage de Baalbek ? Il y avait loin du cavalier fringant que je m'étais apprêté à voir à ce mage assyrien aux paupières tombantes qui s'adressait à moi d'une voix étouffée ! Mais, soudain, je découvris ses yeux. Deux yeux de velours sombre, profonds et pénétrants, deux yeux resplendissant d'intelligence que je ne puis comparer qu'à ceux de ces bêtes dont le pouvoir de vision s'accroît avec le déclin du jour. J'en fus fasciné et compris à l'instant même que cette ombre moribonde qui me tenait la main n'était pas un malade comme les autres. C'était tout ce qui restait d'un homme qui avait sacrifié délibérément sa vie à son œuvre et s'était littéralement laissé dévorer par elle. Du coup, je me sentis soulevé par un grand élan de reconnaissance envers celui qui, n'ayant plus beaucoup de temps à vivre, me sacrifiait si généreusement un peu de ce qu'il lui en restait. Qu'étais-je, après tout, pour mériter une telle faveur ?

Notre conversation, d'abord tâtonnante, prit rapidement le chemin de la musique et il s'anima lorsque j'évoquai devant lui les passages qu'il lui avait consacrés. Il les considérait, me dit-il, comme ceux où il avait exprimé « ce qu'il y avait de plus haut dans ses pensées et ce qu'il y avait de plus profond dans son acceptation de la vie ».

— La musique, me dit-il, ... ah oui ! la musique... Elle a été une des plus grandes passions de ma jeunesse. Je dis *a été*, car à présent je n'ai plus guère l'occasion d'en entendre, autrement que dans ma mémoire. Elle m'a apporté des joies et des certitudes incomparables, comme une preuve qu'il existe dans ce monde autre chose que le néant, dans lequel nous finissons tous par nous engloutir. Elle court comme un fil d'or à travers toute ma *Recherche du Temps perdu*. Dans un des prochains volumes, qui n'est pas encore paru — mais que vous lirez bientôt — (il s'agissait de *la Prisonnière*), vous verrez reparaître la petite phrase de Vinteuil, mais sous une forme plus développée... C'est pourquoi il s'agit non plus d'une Sonate pour piano et violon, mais d'un Septuor... J'ai voulu qu'elle apporte à celui qui dit « Je » dans le cours de mon récit — qui est moi, bien entendu, sans être tout à fait moi — un bonheur identique à celui qu'elle avait apporté à Swann vingt ans auparavant. Pourtant, vous remarquerez qu'elle parle le même langage, qu'elle apporte la même promesse de bonheur à deux êtres qui ne se sont pour ainsi dire pas connus, car ils appartenaient à deux générations différentes. Avez-vous lu l'article de Paul Souday dans *le Temps*, où il pense qu'il y a dans *Swann* un défaut de composition qu'il attribue à un manque de rigueur chronologique ? Mais Souday confond le temps extérieur, sidéral, avec la durée intérieure, telle qu'elle nous est restituée par la mémoire. On ne pourra porter un jugement équitable sur mon œuvre que lorsque le dernier tome aura paru, car c'est seulement alors que l'on saura ce que j'ai voulu dire. Je n'en veux d'autre preuve que ce que me reproche Souday. C'était la seule façon pour moi d'exprimer certaines vérités, de faire comprendre que la musique est un langage universel doué d'un pouvoir de résurrection proprement illimité... Je suis content que vous aimiez ces passages et que vous en ayez saisi le sens... Vous devriez écrire quelque chose là-dessus... Oui, oui, je vous l'assure. Cela me ferait plaisir. Mais j'oubliais : vous êtes militaire ! (Je portais, en effet, mon uniforme bleu horizon.) Vous n'avez sans doute pas le temps de vous occuper de ces vétilles... Vous avez bien reçu mes lettres ? Tant mieux. Votre adresse est si biscornue que j'ai cru qu'elles ne vous parviendraient pas. C.I.C.F.C. ! Qu'est-ce que cela veut dire ?

— Commission Interalliée des Chemins de Fer de Campagne.

— C'est ravissant ! Et S.P. 180 ? Peut-on savoir où cela se trouve sans violer un secret d'Etat ?

— C'est Wiesbaden, lui répondis-je, une ville d'eaux située à quelques kilomètres de Mayence. Un *Spa*, comme on disait sous le Second Empire. C'est là qu'est installée une partie de l'état-major de l'Armée du Rhin.

— Et qu'y faites-vous ? Que se passe-t-il outre-Rhin comme disait M. Bidou, dans sa chronique militaire ? Nous sommes si mal informés ! Mon amie Anna de Noailles — dont vous admirez certainement l'immense talent — est allée il y a quelque temps à Mayence, mais je n'ai rien pu en tirer. Elle ne m'a parlé que de son ami, le général Mangin, qu'elle appelle un peu cruellement le « broyeur de Noirs ».

Je lui racontai alors quelques-unes des scènes auxquelles j'avais assisté durant mon séjour en Rhénanie. Je lui décrivis les champs de pommiers et de cerisiers en fleurs qui tapissent à cet endroit toute la vallée du Rhin, si étendus qu'au printemps on dirait qu'il s'est remis à neiger. Je craignais de l'ennuyer, mais il m'assura que non. Il m'écoutait avec attention et ses joues avaient pris une coloration rosée qui m'inquiétait, parce que je me demandais si elle n'était pas un effet de la fièvre. Et toujours ces grands yeux cernés de bistre, ces yeux de nyctalope qui ne cessaient de me dévisager...

Je lui décrivis le bouillonnement intense qui travaillait l'Allemagne, les grèves et les émeutes, les foules hâves et sous-alimentées qui ne savaient pas de quoi elles vivraient le lendemain. Je lui parlai du sursaut de vitalité qui parcourait le pays depuis 1919, des innombrables corps francs qui avaient jailli, comme spontanément, au lendemain de la défaite. Je lui parlai des marins de Hambourg et de Kiel et de ces jeunes officiers, dont certains portaient des noms illustres, qui s'étaient battus héroïquement à la tête de ce qui restait de leurs régiments dissous. Quelques-uns d'entre eux descendaient des généraux de Frédéric II ; d'autres, des maréchaux des guerres napoléoniennes. Ils s'appelaient von Alvensleben, Blücher, Hardenberg, von Seydlitz, von Mannteufel, von Lüttwitz, Rossbach. On en rencontrait même qui portaient des noms français, car ils avaient pour ancêtres des Huguenots qui avaient émigré en Prusse après la révocation de l'Edit de Nantes, tels ce Villeroy qui s'était distingué à la tête de ses chasseurs, ou ce jeune capitaine de Neufville, dont les cousins habitaient encore aux environs d'Arras et qui avait reconquis tout le centre de Berlin à la tête du 2e régiment de la Garde.

Je redoutais que tout cela ne le fatiguât et m'efforçai d'abréger mon récit. Mais sa curiosité était insatiable. Il me posait sans cesse de nouvelles questions et son intérêt paraissait croître au fur et à mesure que je déroulais devant lui un chapitre de l'histoire contemporaine dont personne, semble-t-il, ne lui avait encore parlé.

— C'est passionnant ! me dit-il. On ne sait rien de tout cela chez nous. Vous devriez l'écrire !

J'objectai que mes informations étaient loin d'être complètes et que, l'eussent-elles été, je ne me sentais aucun talent d'écrivain.

— Mais si, mais si, insista-t-il. Quand un sujet vous tient à cœur et qu'on en parle comme vous le faites, il ne faut pas se laisser arrêter par des considérations de ce genre. D'ailleurs, rien qu'à vous écouter, je suis *sûr* que vous l'écrirez...

Quand je me remémore, avec le recul des ans, l'entretien que nous eûmes en cette nuit de juin 1922, je ne puis chasser de mon esprit le sentiment qu'avec une sorte de prescience dont j'étais, pour ma part, totalement dépourvu, il voyait déjà se dessiner, dans ce jeune homme en uniforme bleu horizon qui se tenait au pied de son canapé, le futur auteur de l'*Histoire de l'Armée allemande.*

Mais je ne voulais pas le quitter sans avoir abordé d'autres thèmes. J'étais venu pour lui exprimer mon admiration, pour l'interroger sur la suite qu'il comptait donner à son œuvre et voilà que c'était lui qui me questionnait sans fin !

— Je ne voudrais pas abuser de vos instants, lui dis-je. Revenons à Combray, à Vinteuil, à Oriane de Guermantes. Est-il vrai — comme on me l'a dit — que *la Recherche du Temps perdu* soit un roman à clefs ?

Son visage prit soudain une expression attristée.

— Ah, pourquoi faut-il que vous m'ayez posé cette question ? J'espérais mieux de vous, me dit-il d'une voix lasse. Les gens tiennent absolument à mettre des noms sur mes personnages. Je ne vois vraiment pas à quoi ça les avance. Est-ce pour pouvoir se vanter d'avoir rencontré Mme de Cambremer chez Rumpelmayer ou Robert de Saint-Loup au tir aux pigeons ? Quelle vanité ! Relisez le passage où j'ai parlé de la façon dont Françoise préparait son bœuf à la mode, vous savez, ce plat qu'aimait tant M. de Norpois (qui n'est pas, comme on l'a prétendu, M. Paléologue*). Eh bien, je m'y suis pris de la même façon avec mes personnages. S'il y a eu des clefs, il y a longtemps que je les ai perdues...

Puis après un moment de silence :

— Ce que je cherche à faire est tellement plus difficile et, j'ose le croire, plus important ! Les gens veulent toujours tout ramener à eux... *La Recherche du Temps perdu*, comme son nom l'indique, est un long voyage. Non point à travers l'espace ou le temps, mais à travers l'âme humaine, une plongée vers cette zone où tout serait communicable, où nous pourrions voir non point un autre monde — car je ne suis pas certain qu'il existe — mais ce monde-ci avec les yeux d'un autre, de cent autres, voir les cent univers qu'est chacun d'eux. Nous entrerions alors dans un état ineffable, semblable à celui que les Pères de l'Eglise appelaient « la Communion des Saints »... J'ai pensé tout d'abord achever mon œuvre par un volume qui se serait appelé *l'Adoration perpétuelle.*

---

* Maurice Paléologue (1859-1944), diplomate, directeur des affaires politiques au Quai d'Orsay de 1912 à 1914. Ambassadeur à Pétrograd de 1914 à 1917. Auteur d'un témoignage important sur les dernières années du tsarisme : *la Russie des tsars pendant la guerre* et d'un journal publié en 1955, riche d'observations inédites sur l'Affaire Dreyfus.

Vous en retrouverez la trace au verso du faux titre de la première édition de *Swann,* parue chez Grasset. Finalement, j'ai dû me résigner à l'appeler *le Temps retrouvé.* C'était tout ce que je pouvais faire. Toute la souffrance de ma vie, toute l'expérience que j'ai accumulée en moi depuis ma jeunesse, tient dans l'écart entre ces deux titres. Il mesure en quelque sorte l'étendue de ma défaite... oui, de ma défaite. Je n'y peux rien. Vouloir pénétrer dans ce... comment dire ? dans cette zone lumineuse où l'homme échapperait aux ravages du vieillissement était une tentative désespérée. Je ne pense pas que personne l'ait tentée avant moi avec les mêmes moyens d'approche... Pendant une période assez brève j'ai voulu me persuader que *l'Adoration perpétuelle* et *le Temps retrouvé* étaient la même chose. Mais je n'ai pas pu m'abuser bien longtemps. C'était un leurre. Comme l'amitié, comme l'amour... J'ai tout sacrifié à la vérité et la vérité est triste : il n'y a pas d'extase durable... Il y aurait tant à dire là-dessus... Mais l'heure avance. Je ne veux pas vous retenir. Nous en reparlerons une autre fois...

Il était près de trois heures du matin et je sentis, malgré ses dénégations, qu'il était épuisé. Je me levai pour prendre congé. Il me tendit sa main gantée de gris que je gardai longtemps dans la mienne.

— Promettez-moi de revenir me voir à votre prochaine permission.

— Je vous le promets.

— Alors, à bientôt ! dit-il avec un sourire.

Je sortis de la pièce. Comme dans le couloir d'accès d'une sépulture égyptienne, une veilleuse éclairait faiblement le corridor.

CHAPITRE XVIII

LA VEILLÉE D'ARMES

(10-11 janvier 1923)

Mon premier soin, en rentrant à Wiesbaden, fut de retourner à Marburg, pour mettre Curtius au courant de mon entretien avec Proust. Je l'assurai que l'auteur de *Swann* approuvait son intention de présenter tout d'abord au public allemand les passages de son œuvre relatifs à la musique, et lui fis part — en pensant que cela lui ferait plaisir — de l'intérêt très réel qu'il prenait aux événements qui bouleversaient son pays.

Mais la pensée de Curtius était manifestement ailleurs. Il préparait à cette époque un gros ouvrage sur Balzac, et les remous de la politique contemporaine semblaient s'arrêter au seuil de la petite ville de Marburg, qui filait un songe léger au milieu de ses vignes et de ses groseillers. Il avait reçu entre-temps les premiers feuillets du *Temps perdu* traduits en allemand. Ceux-ci ne lui donnaient pas satisfaction. La traduction était entièrement à refaire. Les fragments que nous avions choisis en vue d'une prépublication ne pourraient pas paraître avant le début de l'année prochaine.

Septembre et octobre s'écoulèrent. Aux approches de l'automne, les collines qui bordaient le Rhin prirent une teinte cuivrée, semblable aux appels de cors qui accompagnent la chevauchée des Walkyries. Puis, en quelques jours, la vallée s'empourpra et ne fut plus qu'un immense brasier. Là où les fleurs des pommiers avaient mis une coulée de neige, les feuilles des cerisiers mirent une coulée de feu. L'incendie dura jusqu'aux premiers jours de novembre. Alors, tout s'éteignit et l'on passa sans transition des jours clairs aux jours sombres. Le défilé du 11 novembre se déroula dans une atmosphère oppressée. Des sonneries de clairon, des roulements de tambour retentissaient un peu partout, mais noyés dans une brume épaisse qui en étouffait l'écho. Huit jours plus tard, j'appris que Proust était mort et que je ne reverrais plus l'ombre, déjà à moitié désincarnée, qui m'avait si amicalement tendu ses mains gantées de gris dans son petit salon du Ritz [1]. Avait-il eu au moins le temps de terminer son œuvre ? J'avais noté plusieurs questions que je comptais lui poser lors de notre prochaine rencontre. A présent, ces questions se multipliaient dans mon esprit. Mais je savais qu'elles resteraient à tout jamais sans réponse. Que j'avais été sot de le laisser m'interroger sans fin, au lieu de lui demander tout ce que j'aurais aimé savoir !

Heureusement pour moi, la mort de Proust coïncida avec une période d'activité intense qui empêcha mon chagrin de prendre le dessus. Je *savais* que Proust était mort. C'était tout. Cette nouvelle n'avait pas encore pénétré les centres profonds de ma conscience. Les relations franco-allemandes se tendaient de nouveau et n'allaient pas tarder à entrer dans une phase critique. Je ne sais quelle livraison de poteaux télégraphiques n'avait pas été effectuée par les Allemands dans les délais prescrits (ils n'en avaient livré que 65 000 au lieu des 200 000 convenus). Ce n'était sans doute pas très grave, mais ce « manquement » — comme on disait — venait s'ajouter à beaucoup d'autres. La Commission des Réparations montrait les dents et échangeait avec le gouvernement du Reich des notes de plus en plus acerbes. Barthou fulminait dans son bureau du Quai d'Orsay. L'état-major de l'Armée du Rhin était en état d'alerte. Les cheminots de la classe 19 avaient été rappelés. Le gouvernement français avait décidé, par mesure de rétorsion, d'occuper le bassin de la Ruhr. Il fallait préparer le transport de nos troupes, ce qui incombait, au premier chef, à la Commission Interalliée des Chemins de Fer. Mais cette opération se heurtait à des difficultés imprévues. Les Anglais, qui occupaient la zone de Cologne et qui étaient hostiles à notre intervention, refusaient de laisser passer nos convois à travers le territoire qu'ils contrôlaient, les obligeant à faire un détour coûteux et difficile. Le directeur d'un des bureaux de l'état-major français crut devoir donner libre cours à sa mauvaise humeur en

1. Proust est mort le 18 novembre 1922.

notifiant à la municipalité de Cologne que « la courbe des voies ferrées qui sortaient de la gare pour emprunter le pont enjambant le Rhin n'était pas conforme aux normes de sécurité imposées par les règlements internationaux » et invitant les autorités municipales « à déplacer, dans un délai de quinze jours, la gare centrale, le pont ou la cathédrale — à leur choix ». Je fus chargé de porter cet étrange ultimatum au bourgmestre de la ville, M. Konrad Adenauer, qui s'empourpra en le lisant et me répondit d'un ton sec : « C'est bien... Nous en référerons aux Anglais. » C'était la guerre à coups d'épingles, mais qui pouvaient se transformer du jour au lendemain en coups de baïonnettes, car, de part et d'autre, les nerfs étaient surtendus. Une atmosphère lourde de menaces pesait sur la Rhénanie. Quant à la population allemande, bien qu'elle ne fût informée de rien, elle sentait qu'on se trouvait à la veille d'événements capitaux. Le 9 janvier 1923, contre l'avis de Clemenceau, de Briand et même du maréchal Foch, Poincaré résolut de passer aux actes.

Je reçus, ce jour-là, mon ordre de mission. Il me prescrivait de prendre un convoi qui partirait de Mayence le 11 janvier 1923 à deux heures du matin, pour rejoindre Düsseldorf où la Commission Interalliée des Chemins de Fer devait installer son nouveau Quartier Général. Je rangeai mes dossiers dans une sacoche, bouclai ma valise et, dès le milieu de l'après-midi, j'étais prêt à partir.

J'avais encore plusieurs heures à attendre. Que faire d'une soirée qui menaçait d'être interminable ? Voyant mon désœuvrement, le colonel Havard, qui présidait la Commission, m'offrit fort aimablement un billet pour l'Opéra.

— Si vous voulez en profiter, me dit-il, c'est le moment ; vous n'aurez guère l'occasion d'aller au théâtre dans les semaines qui vont venir.

J'hésitai tout d'abord à accepter sa proposition, tant j'étais angoissé par le drame approchant. Je n'avais aucune envie d'écouter la *Veuve joyeuse* ou la *Rose de Stamboul* qui tenaient l'affiche depuis quelques semaines. Finalement, comme je n'avais rien d'autre à faire, je me rendis au *Schauspielhaus*. Par bonheur, on y jouait, ce soir-là, *les Maîtres Chanteurs de Nuremberg*, ce qui triompha de mes réticences. Mon billet me donnait droit à une place dans l'ancienne loge de Guillaume II, une avant-scène entre colonnes, réquisitionnée en permanence pour les officiers et les membres de l'état-major. Elle était vide. Mais la salle, en revanche, était pleine à craquer et un brouhaha confus montait jusqu'à la balustrade gainée de velours grenat qui me séparait des fauteuils de balcon. Je m'étais assis tout au fond de la loge, car il n'y avait dans le théâtre aucun autre uniforme que le mien et je ne tenais pas à ce que la vue de ma tenue bleu horizon polarisât sur moi l'hostilité de la foule.

Les lumières s'éteignirent progressivement et, dans mon alvéole à peine éclairé par une petite applique, dont les ampoules étaient masquées par des abat-jour de taffetas rose, s'établit une pénombre étrangement semblable à celle au milieu de laquelle s'était déroulé mon entretien avec Proust. (J'ai oublié de dire que le salon du Ritz et l'ancienne loge de Guillaume II étaient tapissés tous deux de la même moire amarante.) Ce fut alors — et alors seulement — que je pris conscience du fait que je ne le reverrais jamais plus et que je mesurai pour la première fois l'étendue de ma perte. Aussi fut-ce avec un chagrin encore accru par les reproches que je me faisais de ne pas l'avoir ressenti plus tôt, que j'entendis l'orchestre attaquer les premières mesures de l'ouverture.

L'atmosphère qui régnait dans la salle avait quelque chose d'insolite. Elle n'avait rien de commun avec celle des représentations habituelles. L'air était chargé d'électricité. La tension augmentait de minute en minute et finissait par prendre une densité inquiétante. Tous les auditeurs qui remplissaient l'amphithéâtre se sentaient confusément à la veille d'un drame, mais ils ne faisaient que le *pressentir*. Tandis que moi, assis au fond de ma loge, je *savais* ce qui allait se déclencher au cours de la nuit. J'étais même *le seul* à le savoir. Cela me donnait à leur égard une sensation de puissance, mais aussi d'accablement. Car si j'étais au courant du danger qui les menaçait, il n'était en mon pouvoir ni de l'écarter ni même de les en avertir...

Mes artères battaient dans mes tempes, remplissant mes oreilles de leurs pulsations régulières. Un instant, je perdis toute notion du réel. Où étais-je ? Que signifiaient ces murs encastrés de colonnes, cet orifice béant qui s'ouvrait devant moi et par lequel m'arrivaient des bouffées de musique ? Pour m'assurer que je ne rêvais pas, je glissai la main dans la poche intérieure de ma vareuse et en tirai ma feuille de route. Je la dépliai et la relus attentivement. Oui, c'était bien cela ! Demain, 11 janvier, à l'aube, je serais entré dans la Ruhr, en même temps que tous les trains bondés d'armes et de troupes qui remontaient depuis la veille vers Oberhausen, Düsseldorf et Essen. Je consultai ma montre. Encore trois heures d'attente, avant de rejoindre mon convoi...

Le deuxième acte des *Maîtres chanteurs* était terminé et l'orchestre entamait le prélude du dernier acte. Si jamais les musiciens avaient paru être les officiants d'un culte surnaturel, c'était bien en ce moment où une mélodie lente, grave, solennelle, montait de la fosse d'orchestre. Tel un fleuve qui déborde et dont le niveau s'élève peu à peu, elle submergeait, rangée après rangée, les milliers de visages qu'éclairaient par en dessous les reflets de la rampe. Je sentis grandir de nouveau cette tension indéfinissable qui s'était emparée de moi au début du premier acte.

Mais autant, au début, je m'étais senti étranger à l'émotion qui emplissait la salle — de sorte qu'elle m'était apparue comme une force hostile dont je devais me garder —, autant à présent j'y participais malgré moi. Entraîné par le courant impérieux de la musique, je ne lui résistais plus. Et parce que je ne lui résistais plus, elle me montrait un visage accueillant, presque amical. De ses doigts invisibles, elle dénouait l'espèce de crampe qui m'étreignait le cœur.

Soudain, le décor changea. La lumière devint plus vive. Nous étions arrivés à la dernière scène, celle qui se déroule sur une prairie émaillée de fleurs où les Maîtres chanteurs rivalisent entre eux pour improviser leur chant le plus beau, celui que couronneront les acclamations de la foule. D'une voix ample et assurée Hans Sachs entonna son air en lui donnant l'accent d'une profession de foi :

Peuple, célèbre les maîtres de ton art,
Car toujours leur génie
Sera ton meilleur guide.
A l'heure de ta suprême détresse,
Quand tes princes t'abandonneront,
Ils seront encore ton refuge,
Et si tu sais leur rendre
L'hommage qui leur est dû,
Rien ne pourra t'abattre
Et tu seras sauvé...

Alors, aux fauteuils d'orchestre, sans prononcer un mot, une femme se leva, le visage chaviré par l'émotion. Une autre en fit autant. Puis une troisième. Un homme se leva à son tour au premier rang des fauteuils de balcon. Un à un, puis par groupes, puis par rangées entières, les deux mille personnes de l'assistance se levèrent.

Soutenus par un irrésistible crescendo de trompettes, les chœurs reprenaient à présent le motif lancé par Hans Sachs :

Que tombe en poussière
Le Saint Empire romain ;
Qu'importe s'il nous reste
Le saint empire de l'Art...

Les traits ascendants des violons et la jubilation des chœurs amplifiaient ce chant et le paraient d'une invincible allégresse. Pendant près d'une demi-heure, toute la salle, figée dans un silence religieux, écouta, debout, le message de confiance et d'espoir que Wagner lui adressait par-delà la tombe et qui semblait inspiré par la minute qu'elle était en train de vivre. « *A l'heure de ta suprême détresse, quand tes princes t'abandonneront...* » N'était-ce pas exactement ce qui venait de se produire ? Guillaume II s'était réfugié en Hollande, à Doorn ; le prince Ruprecht de Bavière s'était prudemment éclipsé ; Ludendorff s'était enfui en Norvège, le regard masqué par une paire de lunettes noires ; tous les « Seigneurs de la Guerre » avaient perdu la tête... La seule chose qui fût demeurée auprès du peuple pour le conforter était cette mélodie ample, indestructible, qui semblait devoir ne jamais prendre fin. L'émotion atteignait son paroxysme, mais elle n'avait plus rien d'accablant. On eût dit que l'assistance, délivrée de son angoisse, communiait avec elle-même et y puisait la certitude de son immortalité...

Lorsque l'orchestre se tut sur l'accord final, je crus que la salle allait crouler sous les applaudissements. Mais ce fut bien plus beau : durant un long moment, la foule garda le silence, un silence enivré, total, vertigineux, comme si elle avait peine à retrouver le chemin de la terre. Et puis, un à un, les groupes se défirent et les assistants quittèrent le théâtre sans proférer un mot.

Quel peuple étonnant ! Dans quel autre pays aurais-je pu assister à une scène similaire ? Pour ma part, j'étais comme terrassé par la toute-puissance de la musique. Jamais son pouvoir de résurrection ne m'avait paru aussi grand. Jamais je n'avais ressenti avec autant de force sa capacité de dissoudre les limites individuelles pour établir une communication directe entre les âmes. Et dans cette froide nuit de janvier où je regagnais mon train, je résolus de rédiger l'essai sur *la Musique et l'immortalité dans l'œuvre de Marcel Proust*, que l'auteur des *Jeunes Filles en Fleurs* m'avait encouragé à écrire.

Mais quelque chose m'avertissait que si cet essai marquait un commencement, il marquerait aussi un tournant dans ma vie. Car, pour inégalables que fussent les joies que m'apportait la musique, son pouvoir s'arrêtait au seuil de ce monde. Elle pouvait faire communiquer les êtres entre eux, les unir dans une même ferveur, les faire accéder ensemble à une extase unique. Elle n'avait aucune prise sur les événements eux-mêmes ; elle ne pouvait d'aucune façon en modifier le cours.

Or, plus les années passaient et plus les nuages s'accumulaient à l'horizon. Plus grandissaient les périls qui menaçaient notre vie et plus je me sentais tenu de répondre à l'appel qui m'enjoignait de faire tout ce qui était en mon pouvoir pour les empêcher de fondre sur nos têtes. C'était malheureusement une forme de lutte où la musique ne pouvait m'être d'aucun secours — sauf à me redonner du courage aux heures où j'en manquerais...

Ainsi s'ouvrait devant moi la route longue et difficile au cours de laquelle j'allais devenir ce qu'un de mes amis devait définir par ces mots :

— Je me suis longtemps demandé ce que vous étiez réellement. Je le vois à présent : vous n'êtes ni un musicien debout à son pupitre ni un écrivain assis à sa table de travail, mais un soldat montant la garde auprès d'une blessure — pour tenter de la guérir.

C'est pourquoi cette représentation des *Maîtres chanteurs* devait jouer, dans ma vie, le double rôle d'une ordination et d'une veillée d'armes.

CHAPITRE XIX

TEMPÊTE AUTOUR DU STAHLHOF

(11 janvier - 5 mai 1923)

Le lendemain matin, lorsque je débarque à Düsseldorf, il neige. En ces premières heures du jour, la ville paraît frappée de mort. Les rues sont désertes, les magasins fermés. Pas un tramway, pas un passant, pas une seule équipe d'ouvriers se rendant d'un pas lourd à son lieu de travail. De gros flocons gris tourbillonnent dans un ciel plus gris encore. Partout règne un silence d'autant plus angoissant qu'on le sent chargé de menaces. Je prends la première avenue qui s'ouvre devant moi pour me rendre au Stahlhof, où mon ordre de mission m'enjoint de me présenter à huit heures du matin.

Même si la porte d'entrée n'était pas flanquée de chevaux de frise protégés par des rouleaux de barbelé et de guérites bleu-blanc-rouge où se tiennent, l'arme au pied, des sentinelles en tenue bleu horizon, le Stahlhof — ou Palais de l'Acier — se serait signalé à mon intention par sa laideur pesante. Construit sous le règne de Guillaume II pour servir de siège au Cartel des Sidérurgistes de la Ruhr, c'est là où se sont réunis jusqu'à ces jours derniers les Krupp, les Thyssen, les Mannesmann et, d'une façon générale, les magnats de la sidérurgie allemande, Burgraves orgueilleux dont la volonté de puissance et le goût colossal se reflètent partout : dans la façade de l'édifice, comme dans la décoration du hall. Celui-ci est entièrement revêtu de panneaux de marbre noir et rouge, incrustés de filets d'or. Noir comme la houille qui sert de base à leur empire ; rouge, comme les coulées d'acier que vomissent leurs hauts fourneaux ; or, comme les richesses qui s'accumulent dans les coffres de leurs banques. D'habitude, ce hall doit être très animé, mais aujourd'hui il y règne une atmosphère sépulcrale. Les couloirs sont vides. Les moquettes ont été déclouées et roulées contre les murs. De plus, on y gèle, car le chauffage n'a pu être remis en marche, faute de charbon.

Je me dirige vers le bureau des entrées pour y signaler mon arrivée. Là, un officier emmitouflé dans des lainages me remet une carte m'autorisant à pénétrer à toute heure au Stahlhof, un billet de logement pour une chambre réquisitionnée dans un petit hôtel de la Friedrichstrasse, un revolver de fort calibre et trente cartouches, enfin une autorisation de circuler en ville après l'heure du couvre-feu.

— Mais, ajoute-t-il, évitez de circuler seul. Il faut être prudent. Nous sommes presque en état de guerre.

De là, je me rends dans un bâtiment annexe du Stahlhof où se trouvent installés les bureaux de la D.G.C.R.A. [1]. J'y retrouve le colonel Havard, le commandant Soyer et le capitaine Perdriguel, arrivés la veille au soir en voiture. Ils ont l'air préoccupés. L'un d'eux me désigne un bureau sur lequel s'entassent des piles de journaux allemands, de bulletins ronéotypés et de tracts émanant des principales centrales syndicales.

— Lisez ces documents, me dit le commandant, et faites-nous-en un résumé.

Sans retirer ma capote, je me mets au travail. Au bout d'une heure de lecture, je suis édifié.

— Alors, me demande le capitaine Perdriguel en hochant la tête, vous y comprenez quelque chose ? Ici, nous sommes complètement isolés du reste des forces d'occupation. Le téléphone est coupé, le télégraphe également. Les lignes ont dû être arrachées. Que pensez-vous de la situation ?

J'hésite à répondre tant elle me paraît grave. Le capitaine insiste :

— Pas fameuse, hein... ?

— C'est le moins qu'on puisse dire...

Je leur traduis l'essentiel de ce que je viens de lire :

« La Mission Interalliée de Contrôle des Usines et des Mines (ou M.I.C.U.M.) a débarqué à Essen dans l'intention d'entrer

1. Direction Générale des Communications et Ravitaillement aux Armées

en négociations directes avec les industriels allemands du bassin rhéno-westphalien. Mais M. Cuno*, qui exerce les fonctions de Chancelier du Reich depuis le 22 novembre dernier, a répondu à l'entrée de nos troupes dans la Ruhr par une décision inattendue : il a décrété l'état de "résistance passive". En application de cette mesure, le Cabinet de Berlin a défendu à tous les fonctionnaires de la zone occupée d'avoir le moindre contact avec les autorités militaires et civiles franco-belges. Cette mesure s'assortit d'une série d'interdictions dont la gravité ne saurait être sous-estimée : refus d'exécuter les livraisons de charbon et d'acier prévues au titre des Réparations en nature ; cessation officielle des paiements ; refus de subvenir aux frais des forces d'occupation ; grèves par ordre gouvernemental des chemins de fer, des administrations civiles, des douanes et des postes ; abandon systématique des mines, des voies ferrées, des ateliers ; mise hors service des signaux, des aiguillages, des installations électriques, des téléphones. De plus, le syndicat patronal du Charbon, qui est le cerveau du bassin minier et qui détient tous les leviers de commande de cette organisation, a quitté Essen dans la nuit qui a précédé notre arrivée en emportant avec lui toutes ses archives... »

Du coup, tout est paralysé. Je ne m'étonne plus du spectacle que m'a offert la ville ce matin, sans un passant, sans un tramway, sans la moindre équipe de travailleurs... Je me demande si je ne brosse pas un tableau trop sombre de la situation. Mais non : à peine...

— Tout cela c'est du bluff, déclare le commandant Soyer d'un ton péremptoire. Jamais le chancelier Cuno n'aura assez d'autorité pour faire appliquer ces mesures. Le peuple allemand n'est pas fou ! Il ne va pas se suicider pour un gouvernement qu'il méprise ! Quand il en aura assez de battre la semelle, il se tournera vers nous pour nous supplier de lui donner du pain et du travail. Après quelques jours de cafouillage, la situation redeviendra normale. Le tout est de ne pas perdre notre calme et de nous montrer décidés à imposer notre volonté !

Je souhaite que le commandant ait raison, mais je n'arrive pas à partager son optimisme. Certes, le chancelier Cuno n'est pas

---

* Wilhelm Cuno (1876-1933). Homme politique allemand, président de la Hamburg Amerika Linie (1918-1922, 1926-1933), adversaire du traité de Versailles, il succéda en novembre 1922 au chancelier Wirth, à la tête d'un gouvernement conservateur, et organisa la résistance passive contre les Français qui occupèrent la Ruhr en janvier 1923. Il dut démissionner en août 1923 à la suite de difficultés financières dues à l'inflation.

populaire. Mais là n'est pas la question. En promulguant « l'état de défense passive », il s'est rallié la presque totalité de l'opinion. A ce point de vue, l'attitude des syndicats est révélatrice. Voilà bientôt deux ans que j'étudie leurs réactions. Je les connais donc assez bien. Leur puissance et leur degré d'organisation n'ont d'égales que leurs divisions. Ce sont ces divisions qui les ont empêchés jusqu'ici de réussir tout mouvement d'envergure. D'une part, syndicats patronaux et ouvriers s'affrontent quotidiennement. De l'autre, syndicats communistes, socialistes et démocrates-chrétiens sont à couteaux tirés. Au sein même des syndicats, les diverses fédérations ne s'entendent guère : mineurs, cheminots, métallurgistes, travailleurs du textile et ouvriers agricoles sont constamment en désaccord. Or, cette fois-ci, pour la première fois, leurs points de vue coïncident. Patrons, fonctionnaires, techniciens, salariés, tous sont d'accord pour appliquer les consignes de cessation de travail. Plus encore : ils exhortent les travailleurs à abandonner leurs chantiers sans se préoccuper du sort des machines. Notre entrée dans la Ruhr fait l'unanimité contre nous. Je sais bien que les services secrets de notre état-major vont s'efforcer de la briser. Mais y parviendront-ils assez vite pour éviter le pire, c'est-à-dire l'extinction des hauts fourneaux et l'épuisement des stocks sur les carreaux des mines ? Car, alors, la situation deviendra proprement catastrophique.

Lorsque j'achève de rédiger mon rapport, la nuit est déjà tombée (elle tombe vite en cette saison). Je boucle mon ceinturon, m'assure que mon revolver est chargé et quitte le Stahlhof pour me rendre à l'hôtel Kaiserhof. Malgré son nom, c'est un hôtel modeste. A mon arrivée, un portier somnolent prend mon billet de logement, me dévisage d'un air hostile et me conduit sans proférer un mot dans une petite chambre du troisième étage. Les draps sont gris et humides. L'éclairage est réduit à une seule ampoule pour économiser l'électricité. Le chauffage est inexistant. Le tout est plutôt déprimant. Je m'approche de la fenêtre et écarte les rideaux. Ma chambre donne sur une courette, étroite comme une cheminée d'aération, où de gros flocons gris descendent d'un carré de ciel couleur de suie. Je me glisse en frissonnant dans mon lit. Pourtant, je m'endors rapidement, car je n'ai pas fermé l'œil depuis mon départ de Wiesbaden.

*

Le lendemain, il ne fait pas encore jour quand je retourne au Stahlhof. Il a cessé de neiger. Mais à l'exception de quelques rares passants qui s'enfoncent dans la brume, les rues sont toujours aussi vides. En traversant la Königsallee, je croise un détachement de Tirailleurs marocains. Leurs visages, patinés par le soleil africain, me causent une sorte de malaise. Que font-ils ici, dans cette crasse et ce brouillard ? Quand j'arrive à mon bureau, une nouvelle pile de journaux, d'appels à la grève et de tracts s'amasse sur ma table. Décidément la résistance allemande ne faiblit pas. Tout donne à penser qu'elle va encore se durcir. Chez nous, il a fallu rappeler les soldats de la classe 19 et plusieurs Sections de chemins de fer, car le contingent n'y suffit plus. Ils ont repris l'uniforme en rechignant et leur moral semble assez bas. L'état-major, de son côté, commence à s'énerver car tous les interlocuteurs sur lesquels il comptait se dérobent les uns après les autres. Il a l'impression — ce qui n'est pas faux — de s'escrimer dans le vide.

Pour tenter de briser la grève, nos troupes faisant tache d'huile étendent leur action à l'ensemble du bassin minier. Le 15 janvier, elles occupent Bochum, le centre de la production du coke ; le lendemain, Dortmund, mais sans autre résultat que d'aggraver la crise.

Alors le gouvernement français décide de recourir à la manière forte. Le même jour (16 janvier), la Commission des Réparations constate « deux nouveaux manquements » de l'Allemagne, sans d'ailleurs préciser lesquels. Ce « constat » permet à la Haute Commission Interalliée des Territoires Rhénans de décréter la saisie de certains revenus du Reich en territoire occupé : douanes, licences, forêts domaniales, impôt sur le charbon (18 janvier). Une semaine plus tard, la Commission des Réparations déclare que l'Allemagne est en état de « manquement général ». En conséquence, les gouvernements français et belge décident d'interdire tout envoi de coke et de charbon de la Ruhr à destination de l'Allemagne non occupée. Cette interdiction est bientôt étendue aux produits métallurgiques et fabriqués. « Ainsi, déclare M. Tirard, président de la Haute Commission Interalliée, la Rhénanie et la Ruhr vont se trouver totalement séparées du reste de l'Allemagne. »

Mais, à mesure que les autorités alliées multiplient les mesures de rétorsion, tout l'édifice économique allemand s'écroule entre leurs mains. La production du charbon, qui avait été de 90 millions de tonnes en décembre 1922, tombe à 8 millions et demi en février 1923 et à zéro en mars. Sur 70 hauts fourneaux en activité le 1er janvier, trois seulement sont encore allumés le 15 mars. Les stocks de coke et de charbon s'épuisent. Le trafic ferroviaire s'immobilise totalement. Il devient impossible de ravitailler la population rhénane, que la paralysie de son réseau ferré risque de réduire à la famine.

L'extinction des hauts fourneaux, l'épuisement des réserves de coke et de charbon, la paralysie des transports ne sont pourtant pas les éléments les plus spectaculaires de ce tableau sinistre. L'effondrement de la monnaie a des effets plus dévastateurs encore. Celui qui n'a pas vécu l'inflation en Allemagne entre 1922 et 1924 ne peut se faire une idée de l'impression de terreur qu'elle a laissée derrière elle. Le dollar, qui valait 4 marks le 11 novembre 1918, en vaut 75 le 1er juillet 1921, 401,49 le 1er juillet 1922, 7 260 le 1er juillet 1921. Après quoi la chute s'accélère d'une façon vertigineuse, pour atteindre des chiffres que l'esprit ne parvient même plus à concevoir : un million cent mille marks le 1er août 1923, 13 millions le 4 septembre, 242 millions le 1er octobre, 130 milliards le 1er novembre, 42 000 milliards le 30 novembre [1]. C'est dire qu'avec *un* dollar on pourrait acheter toute une ville, si les prix ne montaient pas d'une façon presque aussi fulgurante. L'argent se dépréciant d'heure en heure, les ouvriers exigent de toucher leur paye deux fois par jour, à midi et le soir. Encore leurs épouses doivent-elles se précipiter au marché pour dépenser leurs « allocations » — on n'ose plus parler de salaires — avant qu'elles ne soient totalement dévalorisées. Un ticket de tram — là où il en roule encore — coûte 1 milliard de marks le lundi et 2 milliards le lendemain. Les timbres collés sur les lettres mises à la poste le matin se déprécient à tel point dans le courant de la journée qu'ils ne valent plus rien à l'heure où ces lettres sont remises à leur destinataire. Un chien perdu est recueilli par la police. Quand son maître — Kiki von Mumun — vient le chercher au commissariat où la bête a passé la nuit, on lui réclame 3 milliards de marks pour prix de sa nourriture (une gamelle de patates *avariées,* sans quoi ç'eut été le double). Ne sachant plus que faire, les municipalités, le communes, voire certaines entreprises privées se mettent à imprimer leur propre monnaie ; mais ces assignats se déprécient encore plus vite que

1. Chiffres officiels de la *Reichsbank.*

Le Bon MECHIN,

Député du dép.^t de l'Aisne.

L'arrière-grand-père de Jacques Benoist-Méchin, gouverneur de la Rhénanie sous Napoléon Ier.

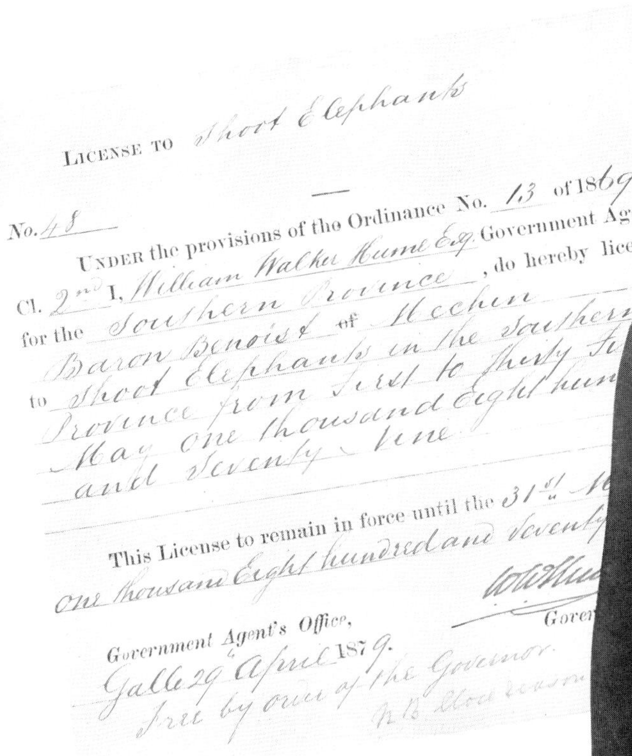

LICENSE TO Shoot Elephants

No. 48

UNDER the provisions of the Ordinance No. 13 of 1869

Cl. 2nd I, William Walker Hume Esq. Government Agent for the Southern Province, do hereby license Baron Benoist of Mechin to Shoot Elephants in the Southern Province from First to Thirty Fi[…] May one thousand Eight hun[…] and Seventy Nine

This License to remain in force until the 31st M[…] One thousand Eight hundred and Seventy[…]

Government Agent's Office, Galle 29 April 1879.

Free by order of the Governor

Licence de chasse
aux éléphants attribuée à
Gabriel Benoist-Méchin
en 1879.

Gabriel Benoist-Méchin
en tenue de chasse.

Gabriel Benoist-Méchin,
père de Jacques Benoist-Méchin.
←

Présentation de Gabriel Benoist-Méchin (troisième personne en partant de la droite) au petit empereur (1875-1879) de Chine Kouang Siu par l'amiral Courbet.

816-UU

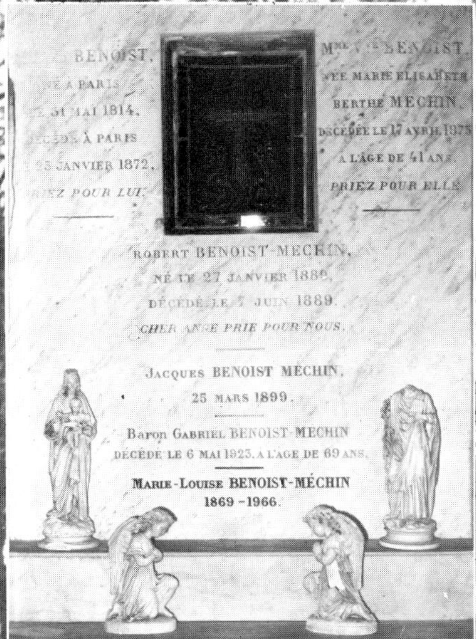

Chapelle de la famille Benoist-Méchin au Père-Lachaise. On remarquera l'inscription concernant le petit Jacques Benoist-Méchin qui ne vécut qu'une heure en 1899.

Prise d'identité de Jacques Benoist-Méchin au bois de Boulogne (1905)...

Jacques Benoist-Méchin
en 1907.

Jacques Benoist-Méchin
et sa mère
à Gruyère, en Suisse
(1908).

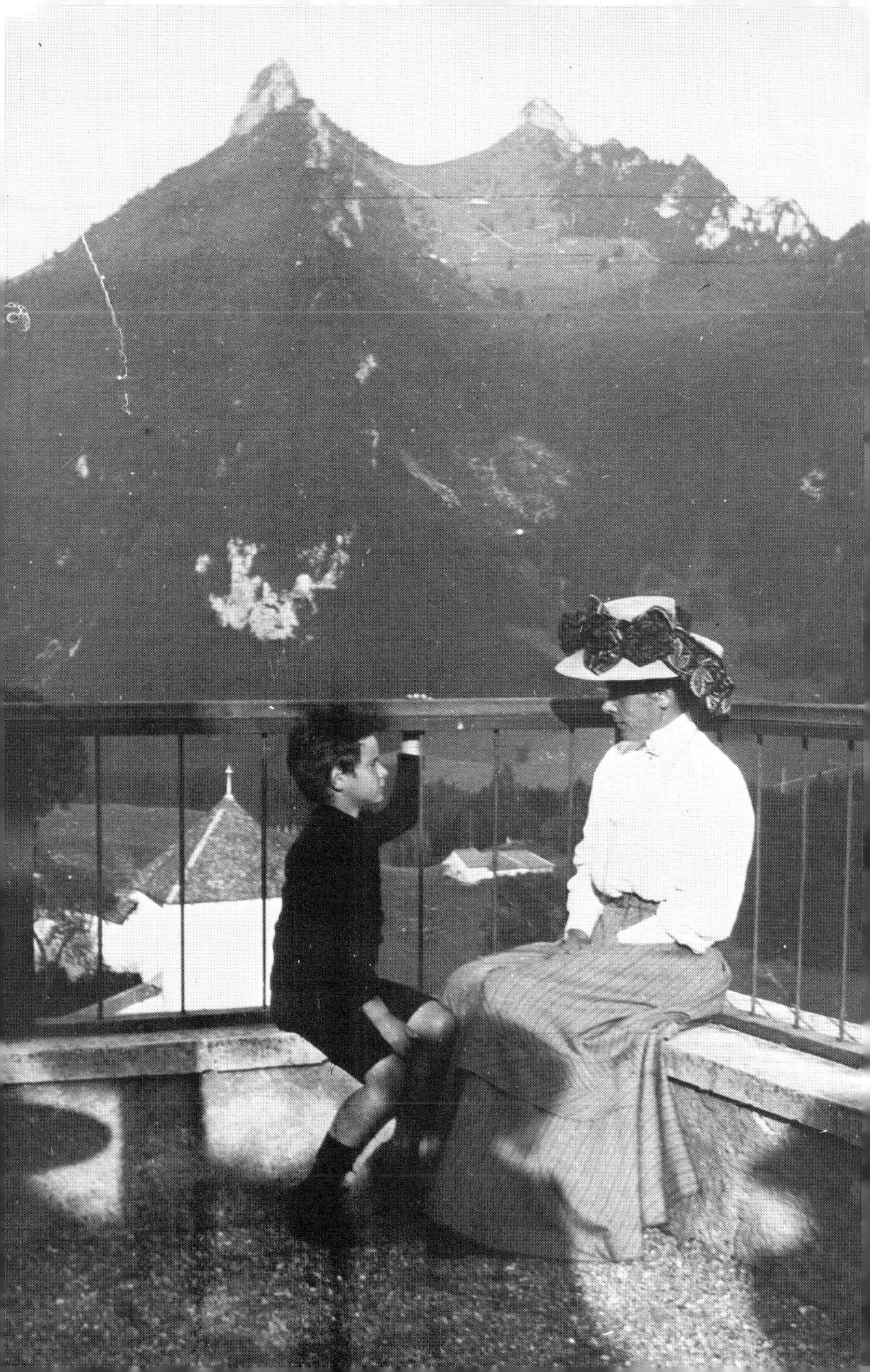

Gabriel et Marie-Louise Benoist-Méchin,
aux courses avec Marguerite Scala,
gouvernante de Jacques Benoist-Méchin en 1910.

1915. Jacques Benoist-Méchin à l'École Alsacienne, alors âgé de 14 ans,
est le troisième en partant de la gauche au troisième rang.

Jacques Benoist-Méchin à vingt-deux ans
au moment où, jeune militaire,
il connut Marcel Proust.

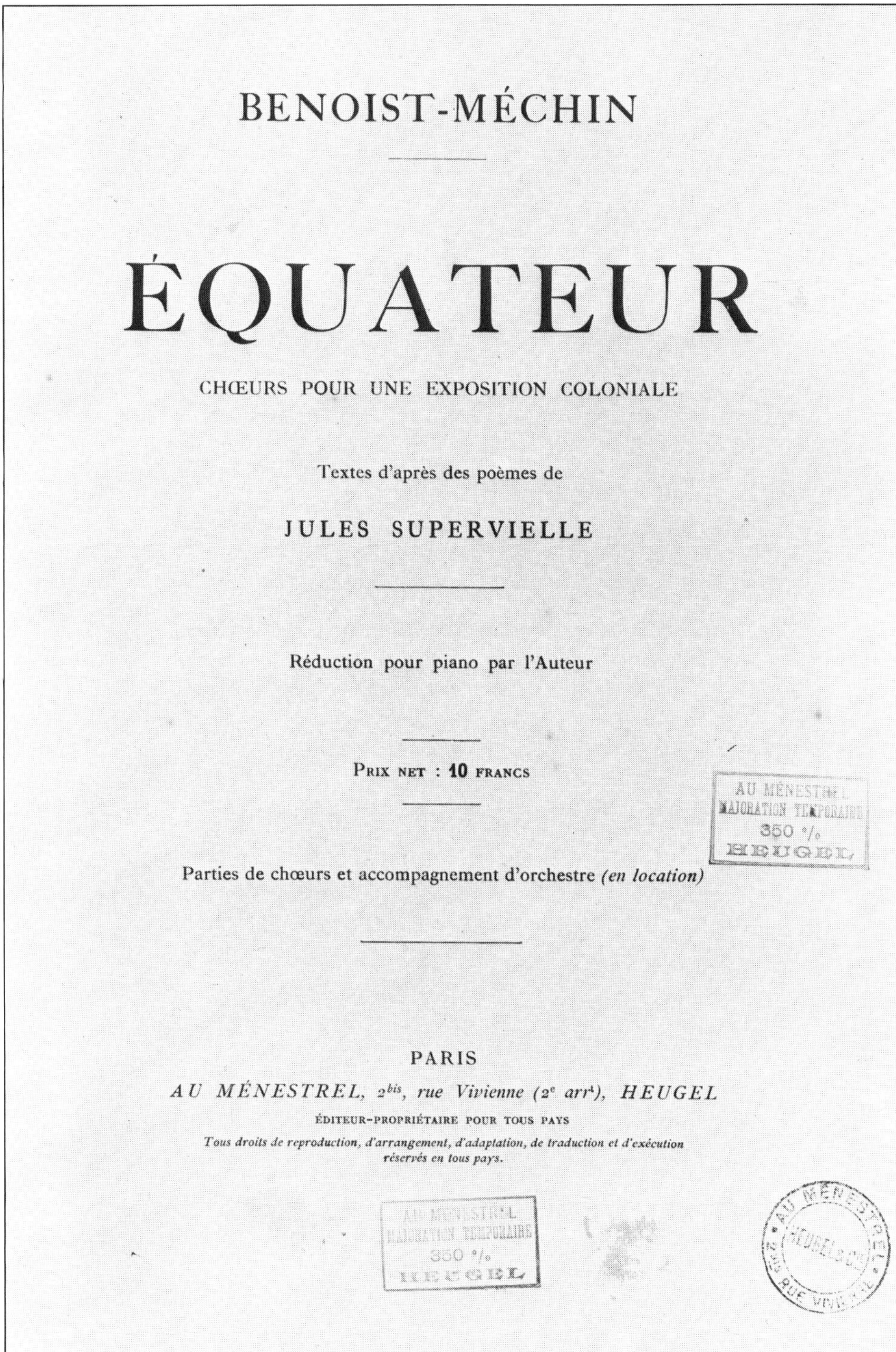

BENOIST-MÉCHIN

ÉQUATEUR

CHŒURS POUR UNE EXPOSITION COLONIALE

Textes d'après des poèmes de

JULES SUPERVIELLE

Réduction pour piano par l'Auteur

PRIX NET : 10 FRANCS

Parties de chœurs et accompagnement d'orchestre *(en location)*

PARIS
AU MÉNESTREL, 2bis, *rue Vivienne (2e arrt), HEUGEL*
ÉDITEUR-PROPRIÉTAIRE POUR TOUS PAYS

Jacques Benoist-Méchin, musicien.

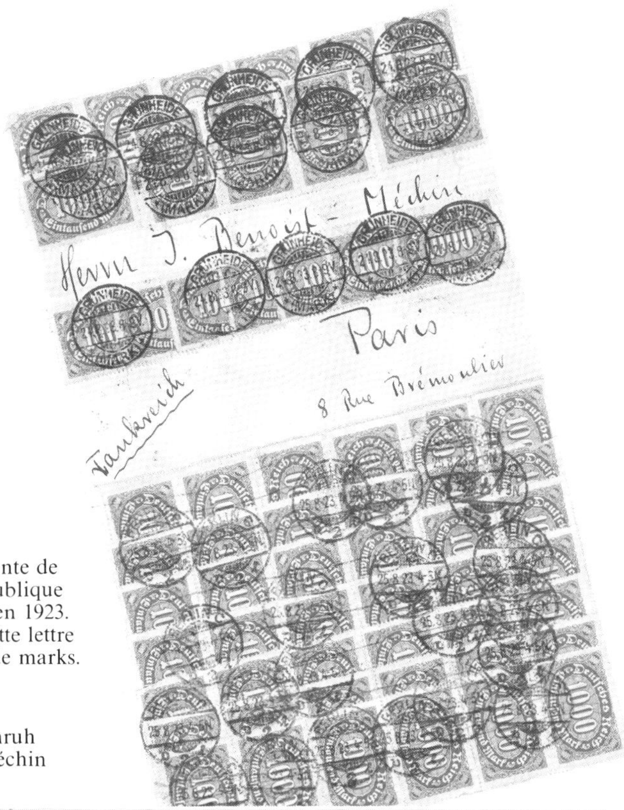

Une illustration frappante de l'inflation dans la République de Weimar en 1923. L'affranchissement de cette lettre représentait des milliers de marks.

L'écrivain Fritz von Unruh dont Jacques Benoist-Méchin traduisit l'œuvre.

Jacques Benoist-Méchin avec William Randolph Hearst.

Hearst Castle à San Simeon en Californie.
Jacques Benoist-Méchin construisit en partie ce domaine.

Page précédente : Les obsèques du maréchal Hindenburg à l'intérieur de la forteresse de Tannenberg élevée sur les lieux de la 2ᵉ bataille du même nom. Hitler, au centre, préside la cérémonie.

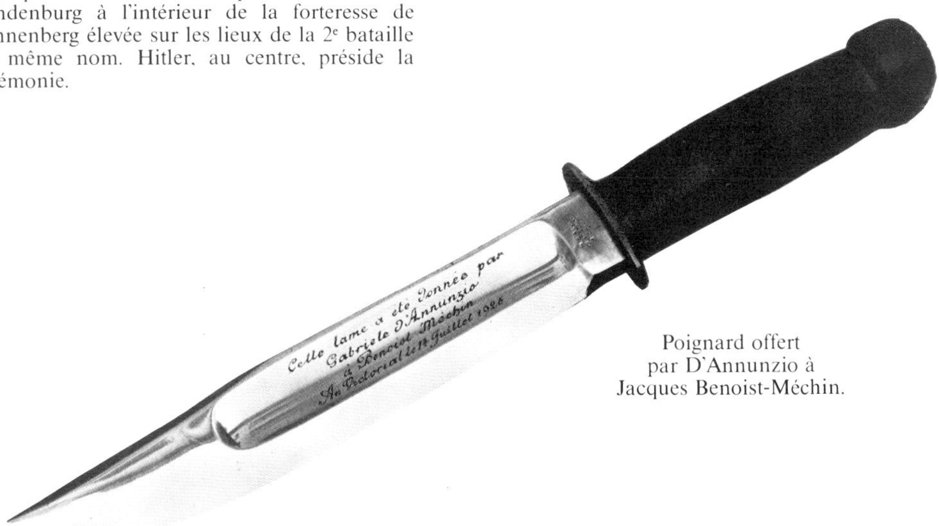

Poignard offert
par D'Annunzio à
Jacques Benoist-Méchin.

Dépôt d'une gerbe au tombeau du Soldat Inconnu à Berlin
par les membres du Comité France-Allemagne.
Au milieu, en clair, Jacques Benoist-Méchin ;
à l'extrême gauche, Fernand de Brinon.

les billets de la Reichsbank. On pourrait multiplier les exemples à l'infini, sans arriver à donner une idée du cauchemar au milieu duquel se débat la population. De mon bureau du Stahlhof, je vois se désagréger la substance physique et morale d'un peuple à travers la dégradation de sa monnaie.

Je suis d'autant mieux placé pour jauger l'ampleur de ce phénomène qu'une profusion de journaux, de publications et de tracts affluent chaque matin sur ma table de travail. J'en extrais l'essentiel pour en faire un rapport quotidien destiné au général Payot et au colonel Havard, présidents respectifs de la D.G.C.R.A. [1] et de la C.I.C.F.C. [2]. J'ai l'impression que le Stahlhof est le centre d'un cyclone dont les effets dévastateurs grandissent de jour en jour. D'autant plus que mon activité ne se borne pas à ce travail d'analyse. Comme on manque d'interprètes, je suis souvent envoyé en mission dans différentes villes de la Ruhr — Essen, Bochum, Dortmund, Recklinghausen —, soit pour accompagner des groupes d'experts français venus visiter les usines où toute activité a cessé, soit pour interroger des saboteurs qui se sont fait arrêter par nos patrouilles. C'est dire que je suis en contact quotidien avec la population et m'inquiète de voir grandir sa colère. Irons-nous jusqu'à l'insurrection armée ? Et, dans ce cas, devrons-nous faire face à une réaction en chaîne ? Ce serait terrible, étant donné la densité des villes et le peu de distance qui les sépare les unes des autres. Nos ingénieurs redoutent surtout que quelques enragés ne mettent le feu aux mines, ce qui causerait un dommage irréparable, car la plupart des galeries communiquent entre elles et forment une gigantesque termitière souterraine. Le feu pourrait s'y propager pendant des années sans qu'on parvienne à le maîtriser. Sans doute a-t-on pris le maximum de précautions. Tous les puits sont gardés par des détachements armés. Mais, comme dit le commandant Soyer — devenu soudain moins optimiste : « Sait-on jamais ce qui peut se passer dans la tête d'un fou ? »

Car la résistance allemande ne faiblit pas. Elle s'intensifie et prend de jour en jour un caractère plus agressif. Le nombre des sabotages augmente. On en compte 127 le 12 janvier ; 342 le 20 ; 1083 le 1er février. Nos services techniques ne savent bientôt plus où donner de la tête. Ce ne sont que câbles téléphoniques

---

1. Direction Générale des Communications et du Ravitaillement aux Armées.
2. Commission Interalliée des Chemins de Fer de Campagne.

arrachés, rails déboulonnés, élévatrices mises hors de service, locomotrices immobilisées. Les nuits, surtout, deviennent angoissantes. Certains de nos détachements tombent dans des embuscades où des groupes de manifestants les assaillent à coups de pierres. Demain sera-ce à coups de grenades offensives, distribuées par des réseaux d'agitateurs clandestins ? L'insécurité devient générale. Il est plus que jamais recommandé de ne pas circuler en ville sans être armé.

Un jeune homme de vingt-deux ans peut-il être précipité dans un drame pareil sans en rester marqué ? Je ne le pense pas. C'est pourquoi l'occupation de la Ruhr — venant sitôt après mon séjour en Silésie — a représenté un moment crucial dans cette période de ma vie. Il me suffit de l'évoquer pour en ressentir encore l'angoisse. Pour intenses qu'elles soient, les images que j'en ai gardées restent discontinues. Chaque jour était chargé de tant d'événements ! Impossible de garantir leur ordre chronologique. Je ne puis les restituer que comme elles me reviennent, c'est-à-dire en désordre : on ne se souvient que de ce qu'on peut...

*

Je me revois à Essen, devant l'entrée des usines Krupp. J'accompagne une vingtaine d'ingénieurs arrivés la veille de Lorraine. La neige a repris. Le paysage, balafré de nuages, est hérissé de grues, de pylônes, de cheminées gigantesques. Quatre hauts fourneaux disposés en quinconce découpent leur profil massif contre un ciel d'apocalypse. Ils sont éteints. Leurs carcasses mortes sont abandonnées. Seul, le bruit de nos pas trouble le silence qui les entoure. Nous entrons dans un immense atelier dont les dimensions évoquent une prison du Piranèse. On y voit d'énormes chaînes munies de crocs, suspendues à des treuils ; des wagonnets d'acier rangés le long des murs ; des mâchoires, des scies, des pinces ; des éperons en béton grands comme des proues de navires et tout un attirail d'instruments de supplice qui semblent faits pour broyer les membres d'un Titan. C'est l'atelier de laminage. Pas une âme qui vive. Deux marteaux-pilons se dressent, immobiles, sur leurs socles de fonte, comme les colosses de Memnon. Une température glaciale règne dans ce qui était, il y a peu de temps encore, l'antre du feu. Nous échangeons quelques propos à voix basse. La nuit tombe. Personne n'est là pour nous fournir la moindre explication. Nous errons comme des ombres oubliées au fond de la Cité maudite. Une sentinelle vient nous prévenir qu'on va fermer les grilles et qu'il faudrait nous retirer, car on ne peut plus garantir notre sécurité. Nous faisons demi-tour et nous dirigeons vers la sortie. De toute façon, nous n'en apprendrons pas davantage...

*

Nous voici en février. Après le froid et la neige, le temps s'est radouci. J'en profite pour aller regarder de plus près un petit palais baroque qui se dresse tout au bout de la Königsallee, la voie principale de Düsseldorf (je l'ai aperçu à plusieurs reprises en me rendant au Stahlhof). Il est d'un rose délicat comme l'intérieur d'une coquille. A travers ses larges fenêtres j'aperçois quelques officiers de l'Armée du Rhin qui y travaillent à je ne sais quoi. J'en franchis le portail et pénètre dans une salle spacieuse, revêtue de boiseries peintes en gris Trianon. Dans les angles, des trumeaux représentent des pipeaux et des cornemuses rattachés entre eux par un flot de rubans. Un salon de musique, sans doute. Je demande à un secrétaire quel est cet édifice. On l'appelle aujourd'hui le *Jägerhof*. Il m'apprend que c'est l'ancien palais de la Résidence. Jérôme Bonaparte s'y est installé quelque temps en 1807 avant de transférer sa capitale à Cassel, lorsque Napoléon l'a nommé roi de Westphalie. Mon arrière-grand-père a dû le suivre ici, quand l'Empereur l'a chargé de prendre en main l'administration du nouveau royaume, car il ne semblait pas avoir une confiance absolue dans les capacités de son frère. Qu'aurait pensé cet homme prudent et avisé de l'aventure dans laquelle nous nous débattons aujourd'hui ?

Et puis, franchissant d'un bond des centaines de kilomètres, ma pensée s'élance vers le chef d'atelier Heinz Thormann que j'ai laissé en Silésie. Que pense-t-il de tout cela ? Il doit bouillir de rage. A moins que, jugeant les choses d'un point de vue plus réaliste, il ne considère l'occupation de la Ruhr comme une commotion salutaire, un sursaut capable d'amorcer la renaissance de l'Allemagne ?

Ici se place une anecdote qui ne m'avait pas beaucoup frappé sur le moment — j'avais à cette époque bien d'autres sujets de préoccupation —, mais qui m'a fait sourire quand je l'ai retrouvée dans mes notes.

Un matin, en entrant dans mon bureau, le commandant Soyer me remet un questionnaire « secret et confidentiel » émanant des bureaux de la rue Saint-Dominique [1]. On y demande ce que pense l'état-major de l'Armée du Rhin d'un nouveau parti politique qui s'est fondé depuis peu à Munich, le Parti National Socialiste Ouvrier Allemand ou N.S.D.A.P., dont l'animateur serait un certain Aloysius Hitler. Celui-ci aurait rassemblé autour de lui un groupe d'anciens combattants dont les principaux membres seraient Richard Goering, Rudolf Hess, Dietrich Eckhardt, Anton Drexler, Arthur Rosenberg, Heinrich Himmler, Fritz Brückner et Ernst Röhm. Rien que des inconnus en somme. Mais leur porte-parole, Aloysius Hitler, aurait prononcé devant des salles fanatisées une série de discours contre la France, contre les communistes, contre le traité de Versailles, contre M. von Kahr, le chef du gouvernement bavarois, contre M. Cuno, le chancelier du Reich. Une attaque « tous azimuts » comme on dirait aujourd'hui.

— Vous connaissez ces gens-là ? me demande Soyer.

— Ma foi non, lui réponds-je. Je n'en ai jamais entendu parler.

Il est vrai que, par ces temps orageux, les partis politiques allemands prolifèrent comme des champignons.

— Je vais tâcher de savoir ce qu'en pensent les Anglais...

Quarante-huit heures plus tard, le commandant Soyer m'apporte la réponse du S.R. britannique. Elle dit en substance qu'il n'y a pas lieu de s'alarmer ; que le Parti National Socialiste ne sera qu'un feu de paille ; qu'il disparaîtra aussi vite qu'il est apparu ; qu'au demeurant le nommé Hitler ne s'appelle pas Aloysius mais Adolf, et Goering non pas Richard mais Hermann (c'est, paraît-il, l'ancien commandant de l'escadrille Richthofen). Quant aux autres, on ne dispose guère de renseignements précis sur eux, si ce n'est que ce sont des têtes brûlées, des agitateurs dépourvus de toute expérience politique. Selon des sources bien informées, ce seraient avant tout des « séparatistes bavarois », n'ayant aucune audience en dehors de quelques milieux réactionnaires de Munich et bien incapables d'étendre leur influence au reste du Reich. A ce titre, les Anglais estiment qu'il pourrait être intéressant de les aider, car leur but consiste à proclamer l'indépendance de la Bavière et à rétablir sur les bords de l'Isar

1. Là où est installé le ministère de la Guerre, à Paris.

le trône des Wittelsbach, ce qui précipitera le morcellement du Reich. Cette opinion est aussitôt transmise à Paris, où l'affaire a dû être classée car on n'en entend plus parler. Il est vrai que le Bürgerbrau est très loin des Champs-Élysées...

*

A partir de la première quinzaine de février, les rues retrouvent un peu d'animation. Mais les passants que l'on y croise sont mornes et hâves. Leurs conditions d'existence sont devenues très précaires, car ils ont épuisé leurs dernières ressources et leurs indemnités de chômage ne leur sont versées qu'à intervalles espacés. De quoi vivent-ils ? C'est une énigme. Certes, les mineurs de la Ruhr sont une race robuste, habituée à subir les épreuves les plus dures. Mais, bien que leurs vêtements soient élimés et leurs visages amaigris, ils ne semblent nullement disposés à suspendre la grève. Jusqu'à quand tiendront-ils ? Vraiment, on n'a pas tort de les assimiler à une armée. Ils défilent au pas cadencé en longues colonnes grises et s'assemblent par milliers devant les soupes populaires, où la municipalité leur fait distribuer une maigre pitance (les autorités d'occupation ont voulu s'y opposer, dans l'espoir que la faim les obligerait à reprendre le travail, mais elles ont dû y renoncer, de crainte de provoquer des émeutes). A présent, toujours silencieux, ils font la queue pendant des heures en battant la semelle dans le brouillard glacé du petit matin, jusqu'à ce qu'on leur remette une portion de chou rouge et trois louches de soupe claire avec lesquelles ils devront se nourrir ainsi que leur famille, jusqu'à la prochaine distribution de vivres. Ah ! c'est bien vrai : pour les habitants de la Ruhr, l'année 1923 est « l'année inhumaine »...

Pendant ce temps, loin de se calmer, la tempête qui gronde autour du Stahlhof s'étend au reste du pays. A Berlin, les ouvriers du S.P.D. organisent des meetings de solidarité et menacent de se mettre en grève à leur tour, si le chancelier Cuno s'incline devant les ultimatums des autorités d'occupation. L'effervescence gagne le Hanovre, la Saxe et la Thuringe. L'agitation dépasse même les frontières du Reich. A Paris, où vont avoir lieu des élections générales, les partis s'affrontent en de furieuses diatribes. Les partis de gauche, qui se sont constitués en « Cartel », font campagne contre « l'aventure insensée où Barthou et Poincaré ont précipité la France » et invitent leurs électeurs à chasser du

Parlement la Chambre « bleu horizon », née des élections de 1919. M. Tirard avait prédit que « la Ruhr se trouverait bientôt entièrement séparée de l'Allemagne ». Or, l'on assiste plutôt au phénomène contraire : sous la pression des événements, l'Allemagne rassemble ses forces, tandis que la France divise les siennes. Ajoutons à cela que le Quai d'Orsay est en conflit ouvert avec Downing Street. La « solidarité franco-britannique » n'est plus qu'un vain mot. Les Anglais, on le sait, ont désapprouvé notre intervention, ont interdit à nos convois de transiter par leur zone, ce qui nous a créé des complications sans nombre. Ils assistent avec ironie au spectacle de notre impuissance et refusent de nous aider de quelque façon que ce soit. Quand on songe que nous sommes entrés dans la Ruhr pour accélérer la livraison des Réparations allemandes et que notre action a eu pour effet principal de les arrêter totalement, on commence à se demander comment se terminera cette affaire.

Faut-il s'étonner, dans ces conditions, si les actes de terrorisme se multiplient au point d'atteindre le chiffre record de 2 713 sabotages pour la seule journée du 18 février ?

*

C'est le moment que choisit le Parti Communiste Français pour entrer en scène. Déjà son Bureau Politique a publié des motions annonçant sa volonté d'apporter « son soutien total aux grévistes de la Ruhr dans leur lutte révolutionnaire contre les Magnats du charbon » et invitant les ouvriers français de Lorraine à en faire autant « pour briser la tyrannie monopoliste des Maîtres de forges ». A présent, il envoie des militants dans les centres miniers, pour exhorter les travailleurs allemands à intensifier leur résistance, tant à l'égard de leurs patrons que des autorités d'occupation. Le colonel Havard me prie de me mettre en civil et m'envoie assister à une de leurs réunions.

L'orateur parle du haut d'une petite tribune improvisée. Ses cheveux blonds taillés en brosse et sa carrure massive me font tout d'abord penser qu'il s'agit d'un Allemand. Erreur : c'est un jeune Berrichon dont j'apprendrai par la suite qu'il s'appelle François Chasseigne (je le retrouverai quelque vingt ans plus tard dans des circonstances très différentes et nous deviendrons d'excellents amis[1]). Je ne me souviens pas exactement de ses paroles. Mais je garde en mémoire sa silhouette carrée, son visage volontaire et sa voix chaleureuse. Il suscite un fort courant de sympathie parmi ses auditeurs par sa façon directe d'aborder le problème. Par son courage aussi, car il n'y va pas par quatre chemins. Enfin, un Français qui ose dire tout haut ce que je ressens en moi-même depuis que je suis arrivé ici ! Par moments, sa franchise m'effraie. J'ai peur qu'on ne l'arrête avant la fin de la séance. Mais mes craintes sont sans fondement. De retour au Stahlhof, un des officiers de la D.G.C.R.A. m'apprend que c'est en pleine connaissance de cause qu'on l'a laissé parler.

— Nous espérons, me dit-il, qu'il sèmera la zizanie parmi les diverses tendances syndicales et contribuera, par là, à la dislocation du Front Commun.

A quelques jours de là, en parcourant les journaux, je tombe sur un article rédigé en français. Il se termine ainsi :

> *Tant que le danger existera, tant que la Ruhr sera occupée, tant qu'une baïonnette française menacera la poitrine d'un ouvrier allemand, nous devons propager notre mot d'ordre : Fraternisez !*

Fraternisez ! Ce seul mot suffit à m'électriser (dirai-je qu'il réveille mon « complexe de Pollux » ?). Il s'adresse manifestement aux membres de l'armée d'occupation. Qu'attendé-je pour y répondre ? N'est-il pas temps de mettre mes actes en accord avec mes convictions ? Voilà assez longtemps que je vois se dérouler autour de moi des actions qui me révoltent et auxquelles je prête la main comme si je les approuvais. Je voudrais bien savoir qui a écrit cet article[2]. Peut-être le sait-on à Paris ?

J'écris à mon père pour lui demander de se renseigner. J'en profite pour lui dépeindre le désarroi où je me trouve et l'indignation que me causent les scènes de plus en plus injustes auxquelles je suis contraint d'apporter ma complicité. Moins d'une semaine plus tard je reçois sa réponse.

1. En 1942 il sera ministre du Ravitaillement dans le second gouvernement Laval, après avoir été député d'Issoudun.

2. Je ne l'apprendrai que dix ans plus tard, au hasard d'une conversation : c'est Jacques Doriot.

17 mars 1923.

Mon cher Jacques,

J'ai bien reçu ta lettre, dans laquelle tu me dis que tu te poses beaucoup de questions. Je ne puis répondre à toutes et préfère aller à l'essentiel.

Tu te tourmentes beaucoup, à ce que je vois. Cela provient à la fois de ton âge et de ton caractère. Tu réfléchis trop. En outre, tu as tendance à accorder une valeur excessive à tes états d'âme personnels. Je crois qu'un peu plus d'exercice physique te ferait du bien. Je vais écrire au colonel Havard pour le prier de te reverser à ton régiment d'origine[1] *où tu seras témoin de moins de choses et où on te fera faire plus de marches et de maniement d'armes. Rien n'est plus reposant que la fatigue musculaire.*

Avant de reposer la plume, je voudrais te dire ceci : n'oublie jamais que tu es soldat. Un soldat ne fait pas de politique. Son unique devoir est d'obéir à ses chefs et de servir son pays. En endossant l'uniforme tu as fait vœu d'obéissance, comme les moines qui entrent en religion font vœu de célibat. Tant que tu es militaire tu dois respecter la règle. Elle offre un avantage : elle te dégage de toute responsabilité. Plus tard, quand tu seras redevenu civil, tu feras la politique que tu voudras. En attendant, dis-toi qu'en te remettant des armes, le Pays tout entier t'a fait confiance. Bien que tu n'aies que vingt-deux ans, il s'en est remis à toi du soin de le défendre. Ne me cause pas le chagrin de penser que cette confiance, tu ne la méritais pas. Je crois que je n'y survivrais pas.

Ton père qui t'embrasse et t'envoie toute son affection.

P.S. : A quand ta prochaine permission ? Pour le moment, ma santé n'est pas brillante. Mais je m'en tirerai une fois de plus. J'en ai l'habitude.

Pauvre papa ! Toujours si courageux, si confiant en ses forces ! Une fois encore, j'ai voulu m'adresser à lui pour lui faire part d'un cas de conscience et une fois encore il ne m'a pas compris. C'est à croire que nous ne nous comprendrons jamais !

Sa réponse pourrait me révolter. Tout ce qu'il trouve à me dire c'est : « Réfléchis moins et fais plus de maniement d'armes ! » Pourtant elle me laisse calme. Il y a, dans sa lettre, une noblesse et une simplicité qui forcent le respect. Ce pourrait être la lettre d'un sénateur romain à son fils, tenant garnison quelque part en Germanie. Sans changer d'opinion, je suivrai ses conseils, bien

1. Le 167e Régiment d'Infanterie où j'étais classé grenadier-voltigeur.

qu'ils dressent devant moi la plus cruelle des interdictions : l'interdiction de fraterniser. Mais puis-je fraterniser sans désobéir à mes chefs ? Et puis-je leur désobéir sans être considéré comme un insoumis ? J'ai déjà causé bien des déboires à mon père. Je ne lui infligerai pas ce suprême chagrin, surtout en ce moment, où il est malade. Je croyais être libre. Je ne le serai qu'à l'expiration de mon service militaire. Je n'ai d'ailleurs plus bien longtemps à attendre...

*

L'évolution de la situation durant la première quinzaine d'avril prouve à quel point mes craintes étaient fondées. La foule, qui a fait preuve jusqu'ici d'une discipline remarquable, commence à manifester des signes de nervosité. Est-ce le début de la grande lame de fond que chacun redoute ici, sans oser le dire ?

Jusqu'à ces derniers jours, lors de mes sorties en ville, je me suis volontairement abstenu de prendre mon revolver avec moi. Je me suis mêlé, désarmé, à la foule des chômeurs. J'ai trinqué avec des ouvriers autour des tables en bois des *Bierstuben.* J'ai discuté avec les clients du *Schiftchen*, le charmant petit café que fréquentait Schumann au temps où il composait sa Symphonie Rhénane et où l'on montre encore la table où a dîné Napoléon, sans penser une seconde que ma vie pût être menacée. N'y avait-il pas plus de quatre ans que la paix était signée ?

Mais, à présent, l'atmosphère a changé du tout au tout. Où que j'aille, je me sens environné par un mur d'hostilité. Quand j'entre dans un local, on me regarde de travers et les conversations s'arrêtent. Le temps de la « fraternisation » est passé. Si je tentais de le faire, je crois que l'on me prendrait pour un provocateur. Aussi ai-je décidé de ne plus quitter mon revolver. D'ailleurs le règlement l'exige. Bien m'en prend de le respecter, car un jour il s'en faut de peu que les choses ne tournent mal. Je me demande encore comment je m'en suis tiré.

*

Le centre de l'agitation n'est plus Essen ou Bochum, mais Recklinghausen, où les ouvriers ont annoncé une manifestation de masse. Nos troupes sont inquiètes et craignent d'être débordées. La nuit dernière, une de nos sentinelles a été grièvement blessée en voulant empêcher un groupe de saboteurs de faire sauter la cabine d'un poste d'aiguillage. Trois d'entre eux ont été arrêtés. Le colonel Havard m'envoie comme interprète auprès du Commandant de la Place, qui manque de personnel.

Lorsque j'arrive à Recklinghausen, je m'attends à trouver la ville en pleine effervescence. Il n'en est rien. Les rues sont calmes. Seuls y circulent des patrouilles de Tirailleurs et des détachements de la 50e section des Chemins de Fer qui se rendent à la gare de triage pour y réparer le poste endommagé. Mais dans le courant de l'après-midi, les choses se dégradent. Venue de toutes les agglomérations des alentours, une foule énorme envahit les chaussées et se dirige en colonnes par cinq vers le centre de la ville. C'est la manifestation annoncée. Combien sont-ils ? Vingt mille ? Trente mille ? Il est difficile de le dire, car de nouveaux groupes viennent sans cesse grossir leur nombre. Tandis que le jour tombe, ils convergent vers la place de la mairie, au fond de laquelle se trouvent les bureaux du Commandant d'Armes, foule houleuse et sombre, mais que l'on sent fortement encadrée. Pendant plus d'une heure elle piétine, difficilement contenue par un mince cordon de fantassins en bleu horizon, baïonnette au canon. Pas un cri ne s'en élève. Une délégation de dix hommes s'en détache et demande à parler au général. Mais quand celui-ci fait connaître qu'il refuse de la recevoir, un grondement sourd en jaillit, beaucoup plus menaçant qu'une tempête d'imprécations. Si le service d'ordre flanche, nous serons tous lynchés...

Au bout d'une demi-heure, comme la foule malgré les sommations d'usage refuse de se disperser, le général se résout à recevoir la délégation. Un capitaine de gendarmerie entrebâille la porte de la mairie et laisse entrer dix hommes. Je les conduis au premier étage où se trouve le bureau du général. Leur carrure contraste avec leur allure empruntée. Ils se sont découverts respectueusement en entrant dans la pièce et pétrissent leur casquette entre leurs mains calleuses. Comme aucun d'eux ne s'enhardit à prendre la parole, je m'adresse directement à celui qui paraît être leur chef. C'est un homme d'une cinquantaine d'années, aux tempes grisonnantes. Je lui rappelle que les rassemblements de plus de cinq personnes sont rigoureusement interdits et lui demande ce qui a pu motiver sa venue à la tête d'une foule aussi considérable. D'une voix d'abord hésitante, puis plus ferme, il lit un papier sur lequel sont inscrites les revendications de ses collègues. Mais avant qu'il ait fini sa lecture, le général se tourne vers moi et me demande d'un ton incisif :

— Que désirent ces messieurs ?

Je lui traduis rapidement ce que vient de lire le chef de la délégation.

— Ils exigent la mise en liberté de leurs trois camarades arrêtés durant la nuit ; une augmentation des rations alimentaires allouées par l'Office du Chômage et le retrait des équipes militaires françaises qui gardent les puits des mines. Ils disent qu'ils s'en chargeront eux-mêmes et s'engagent à réprimer sévèrement tout acte de sabotage...

— C'est tout ?

— Ils disent aussi qu'ils désapprouvent formellement les initiatives d'éléments irresponsables qui ont pour seul effet de détériorer un outillage indispensable à la vie de la nation.

— Bien.

Je ne connais pas le général. Mais je crois discerner sur ses traits une nuance de soulagement.

— Répondez-leur que leurs desiderata dépassent mes attributions. Mon rôle ici consiste à maintenir l'ordre. Rien d'autre. Mais cet ordre, je le maintiendrai — quoi qu'il advienne. Qu'ils ne m'obligent pas à le répéter ! Ils seraient les premiers à s'en repentir. Je leur donne une heure pour évacuer la place et pour rentrer chez eux. Moyennant quoi je m'engage à transmettre leurs demandes aux autorités supérieures, avec avis favorable.

D'un geste, le général fait comprendre aux délégués que l'audience est terminée. Je leur traduis ses dernières paroles et les reconduis à la porte. Les uns sont mécontents : ce sont ceux qui ont gardé dans leurs oreilles la menace de recours à la force. Les autres sont satisfaits car ils ont surtout retenu que le général est disposé à transmettre leurs souhaits en haut lieu, en les appuyant d'un avis favorable. Pour éviter tout malentendu, je souligne que la transmission de leurs vœux est subordonnée à l'évacuation de la place et que le général leur a accordé un délai d'une heure pour y procéder. Ils entament entre eux une discussion animée mais n'arrivent pas à se mettre d'accord. Au moment où je vais les quitter, le chef de la délégation me prie de l'accompagner jusqu'à un coin de la place, pour confirmer à ses collègues les propositions du général. J'y consens. Et tout à coup c'est le drame. Un drame sanglant, absurde, inexplicable.

Au moment où je m'engage sur la place accompagné des dix délégués, un escadron de cavalerie, sabre au clair, débouche d'une rue latérale et se met à charger la foule. Qui a pu donner cet ordre insensé ? En un éclair, je prévois ce qui va se passer : cette nuit rhénane va se terminer en massacre ! Une clameur sauvage se répercute aux façades des maisons. Ivres de rage, des manifestants m'empoignent par les revers de ma capote dans l'intention de m'écharper. Des hurlements fusent de toutes parts :

— C'est un piège... Il nous a tendu un piège...

— Il a dit que le général nous donnait une heure pour évacuer la place...

— C'est une honte !

— Ces salauds nous ont fait attendre uniquement pour donner aux renforts le temps d'arriver...

— Ils veulent nous massacrer...

Un vent de colère fait onduler les manifestants. Des cris s'entremêlent. Quelques voix entonnent *l'Internationale.* D'autres crient « Deutschland erwache ! » tandis que la charge redouble de violence et que les cavaliers se frayent un chemin à coups de plat de sabre à travers la masse humaine. Celle-ci tournoie sur place sans trouver d'issue, car les rues sont trop étroites pour lui permettre de se dégager. J'ai connu plusieurs fois dans ma vie des moments périlleux : je ne me souviens pas d'avoir eu peur (seulement la peur d'avoir peur). Mais cette fois-ci j'éprouve un sentiment de panique, car je ne peux plus échapper à cette alternative : être lynché par les manifestants ou piétiné par les chevaux. Houspillé, malmené, tiraillé en tous sens, je perds l'équilibre et tombe à genoux. Je me relève juste à temps pour ne pas être foulé par les sabots des bêtes. A la dernière seconde, un dragon, qui a vu mon uniforme, fait cabrer sa monture et m'évite de justesse. Mais quelques instants plus tard je me trouve de nouveau cerné par la foule qui voudrait m'assommer. Me sentant perdu, je tire mon revolver de son étui et, le brandissant devant moi, je fais reculer ceux qui me serrent de plus près. Menace dérisoire ! Je sais bien que je ne *peux* pas, que je ne *dois* pas tirer ! Car à la première détonation, le service d'ordre ouvrira le feu et j'aurai donné moi-même le signal du massacre... Heureusement que j'ai conservé un peu de sang-froid !

Mais je n'ai pas le temps de réfléchir. Déjà une nouvelle charge déferle à travers la place. Je réussis à me dégager et me fraye à coups de crosse un chemin jusqu'à la maison la plus proche. Je m'y arc-boute, le dos contre le mur. A la bonne heure ! Au moins n'aurai-je plus d'ennemis derrière moi.

Quelques secondes plus tard, à vingt mètres, un dragon est frappé de plein fouet par un pavé qui le désarçonne. Des hommes de son peloton se précipitent vers lui pour l'aider à remonter en selle. Mais ils sont aussitôt encerclés par une centaine de manifestants aux traits crispés de fureur. Alors, le pire arrive : le service d'ordre ne se contient plus et ouvre le feu (c'est justement ce que j'avais voulu éviter en ne tirant pas moi-même). Les rafales se succèdent. Comme cassés en deux, des manifestants titubent, portent les mains à leur figure et s'effondrent sur place. Les vitres des fenêtres volent en éclats. Bientôt la fusillade est générale. Je me faufile le long des murs en évitant de me placer dans la trajectoire des balles et parviens à me glisser dans le bâtiment du Commandant de la Place. Au-dehors, la foule hurle toujours. La fusillade s'est tue, mais les charges de cavalerie se poursuivent encore un certain temps. C'est seulement à une heure du matin que le tumulte s'apaise. La foule s'est retirée en emportant avec elle ses morts et ses blessés. Le silence revient. Les cavaliers, parmi lesquels on compte plusieurs victimes, se replient sur leurs quartiers.

Je monte au premier étage, et jette un regard par la fenêtre. La place est déserte. Mais de larges traînées luisantes maculent l'asphalte. C'est du sang. Je distingue, de loin en loin, des vêtements déchirés, des réverbères brisés.

Le lendemain, à son réveil, la ville est plongée dans une sorte d'hébétude. Les deux camps font le décompte de leurs victimes. Chez nous, il y a deux morts et huit blessés légers. Les manifestants, eux, ont treize morts à déplorer. On ne connaîtra jamais le nombre exact de leurs blessés. Quant au général commandant la Place, il a peine à contrôler ses nerfs. Il demande au Stahlhof la permission de me conserver auprès de lui pendant encore quarante-huit heures, car il craint que l'enterrement des victimes, prévu pour le surlendemain, ne provoque de nouvelles échauffourées. Heureusement, tout se passe sans incident. La fièvre est tombée. Je retourne à Düsseldorf, complètement sonné...

*

Lorsque je rentre dans ma petite chambre du Kaiserhof, après avoir rendu compte de ma mission au colonel Havard, je dois avoir la fièvre. Je me tourne et retourne dans mon lit sans trouver le sommeil. Les images de la nuit de Recklinghausen continuent à me hanter.

C'est un samedi soir. Je regarde ma montre. Il est passé minuit. Tant pis. Je me rhabille et vais faire un tour en ville pour me changer les idées. Arrivé au bout d'une rue qui coupe à angle droit la Königsallee, je passe devant une boîte de nuit élégante, où je n'ai encore jamais mis les pieds. Elle est discrètement éclairée. C'est l'*Eden Palast.* Une jeune femme travestie en postillon d'opérette m'attrape par le bras et me dit d'une voix enrouée :

— *Komm, Komm !... Schön !* Belles filles... champagne... danser ?

Elle soulève en parlant une portière de velours grenat. J'hésite car, au fond, je déteste ce genre d'endroit. Mais ce soir, je me laisse faire. Après tout, pourquoi pas ? J'irais n'importe où pour chasser de mon esprit le cauchemar de ces jours derniers. J'entre dans une galerie tapissée de miroirs rococo. Elle est fermée par une seconde tenture rouge à travers laquelle me parvient un fracas de saxophones et de grosse caisse. Je prends un billet d'entrée. Il coûte 10 dollars, c'est-à-dire 50 francs. Bien que ce ne soit pas cher, cela représente quand même environ 15 millions de marks. Je suppose qu'aucun Allemand ne peut s'offrir le luxe de venir ici. Il n'y aura donc que des étrangers et des membres des forces d'occupation.

Je pénètre dans la salle. Contrairement à mon attente, elle est pleine à craquer. Des Allemandes et des Allemands en tenue de soirée. A droite, dans une galerie adjacente, des groupes s'affairent autour de tables de jeu. Les mises se font en livres sterling et en dollars. Les marks ne sont pas acceptés (pour régler le montant des enjeux, il faudrait en apporter des valises). A gauche, c'est le dancing. Des tables recouvertes de nappes en dentelle, de cristaux et d'argenterie entourent une piste légèrement surélevée. Tout, dans la salle, est framboise et or : les moquettes, les sièges, les murs et jusqu'aux seins des caryatides qui soutiennent le plafond. Les messieurs sont en smoking, les dames en décolleté. Les hommes semblent avoir servi de modèles au dessinateur Georges Grosz. Leur crâne luisant a été passé au papier de verre et sur leur nuque, un double bourrelet de chair émerge de leur col empesé. « Ce sont vraiment des Boches », ne puis-je m'empêcher de penser. Ils avalent en se léchant les doigts des blinis au caviar et des tranches de chevreuil à la sauce Cumberland. Un petit orchestre de jazz se démène au bout de la piste et remplit la salle d'un vacarme assourdissant. Les musiciens se sont barbouillé la figure de cirage pour faire croire qu'ils sont des nègres. Mais ils portent de petites culottes vertes et des chapeaux tyroliens.

Sur le devant d'une espèce de tente, une grande fille brune se démène sous les feux croisés de trois projecteurs qui font ressortir ses clavicules en lui donnant l'aspect d'un squelette ambulant.

Elle est affublée d'une longue gaine noire pailletée d'argent. Elle marche de long en large en faisant saillir ses fesses et chante d'une voix éraillée :

Komm mit mir, im chambre séparée
Zu einem süssen tête à tête...

Sitôt achevé le dernier couplet de sa chanson, elle dégrafe sa robe, apparaît toute nue et se retire dans la tente où elle s'étend sur un canapé tandis que trois cosaques en dolmans rouges, bordés d'astrakan, l'entourent, des fouets à la main, et se livrent sur elle à une séance de flagellation. Le public est haletant. La fille brune pousse des cris hystériques. Lorsque le numéro est terminé, elle s'avance sur le devant de la scène, et distribue des baisers à la ronde tandis que la salle croule sous les applaudissements.

Au même instant, un jeune homme en frac et en chapeau haut de forme, un monocle à l'œil et un œillet blanc à la boutonnière, bondit sur la piste et s'écrie en claquant des talons, d'un ton de commandement :

— *Meine Damen und Herren,* soyons gais, soyons heureux ! Ne pensez pas à demain. Dansez, dansez..., tandis que l'orchestre entonne un fox-trot endiablé.

Tout le monde se rue vers la piste. Les femmes dissimulent leur visage derrière des loups vénitiens ; les hommes s'affublent de faux nez et de groins de cochon. Les calvities se couvrent de fez, de casquettes, de tricornes bariolés, surgis d'on ne sait quelle boîte de Pandore. Les bouchons sautent. Un affreux champagne sucré baptisé « Sekt » (25 millions de marks la bouteille) déborde des coupes et répand sa mousse sur les nappes. Sans cesser de souffler dans leurs instruments les musiciens lancent des serpentins multicolores dans la foule. Tous ces gens qui se trémoussent, s'entravent dans des rubans de papier, se marchent sur les pieds en entrechoquant leurs loups vénitiens et leurs groins ont quelque chose de révoltant. Comment peut-on se dégrader ainsi ? C'est ça les « classes dirigeantes », « l'élite » de l'Allemagne weimarienne ? Non. C'est l'écume d'une société en décomposition, qui ne songe qu'à l'or, au sexe — et à la spéculation qui permet d'accéder rapidement aux deux.

« Banco ! » crie un croupier dans la galerie réservée aux jeux. Au même moment, une jeune femme qui danse pousse un cri déchirant. Elle s'est pris un talon dans je ne sais quoi et s'est foulé la cheville. Des hommes, toujours affublés de leurs groins, s'affairent autour d'elle. Ils la portent sur un sofa où elle s'évanouit. La lumière s'éteint. L'orchestre redouble d'intensité pour masquer l'incident. On entend un bruit de tables renversées, de verres cassés, de bouchons qui sautent, de rires saccadés, tandis que l'assistance complètement ivre reprend en chœur :

Komm mit mir im chambre séparée...

Je sort de l'*Eden Palast* profondément écœuré. Ce n'est sûrement pas là que je me détendrai les nerfs...

*

Depuis mon arrivée à Düsseldorf je n'ai guère eu le temps de flâner. Mais j'ai pris l'habitude de passer les quelques heures de répit que me laisse mon service dans la Galerie Flechtheim, située dans la Königsallee. C'est un endroit calme et reposant, je dirai presque un refuge. Flechtheim est un des plus grands marchands de tableaux d'Allemagne, l'équivalent de Durand-Ruel ou de Kahnweiler à Paris. Il a confié la direction de sa galerie à un jeune homme de vingt-cinq ans du nom d'Alec Vömel. Alec est très cultivé et parle couramment le français (depuis lors il a épousé une riche héritière westphalienne qui lui a apporté en mariage, outre le château de Suermondt, une collection unique de toiles du Douanier Rousseau). Nous avons vite trouvé des points d'intérêt communs. J'ai rencontré chez lui le critique d'art Wilhelm Uhde, l'architecte Walter Gropius, du *Bauhaus,* plusieurs peintres de l'école expressionniste et Otto von Waëtjen, l'ex-époux de Marie Laurencin. Nous avons feuilleté ensemble des numéros du *Querschnitt* en évoquant des souvenirs de Paris : le « Bateau-Lavoir », la Coupole, la Rotonde, Modigliani, Apollinaire, Max Jacob, car bien que Waëtjen ait quitté la France depuis plusieurs années, il est resté très « Montparno ».

Le lundi suivant je me rends à la Galerie Flechtheim et ne puis m'empêcher de faire part à Alec Vömel du dégoût que m'a laissé ma soirée à l'*Eden Palast.*

— Où donc les gens trouvent-ils autant d'argent, lui demandé-je, et comment peuvent-ils s'amuser de la sorte — si tant est que l'on puisse appeler cela s'amuser ! — au milieu de la misère générale ? Ce faux luxe, ce clinquant, cette vulgarité, quand des milliers de miséreux font la queue devant les soupes populaires ! Je trouve ça scandaleux ! Qu'attendent les chômeurs pour foutre le feu à cette baraque ?

— Ne vous emportez pas, me répond Alec avec philosophie en m'invitant à monter au premier étage. Chaque époque a les plaisirs qu'elle mérite. Regardez plutôt ces toiles. Elles vous feront oublier l'*Eden Palast*...

J'entre dans une vaste salle, tendue de velours beige, où j'aperçois, suspendus côte à côte, un Cézanne représentant la montagne Sainte-Victoire, un champ de blé de Van Gogh de la période provençale, une jeune fille tenant un bouquet de roses de Renoir, un Odilon Redon et deux paysages de Sisley, parmi les meilleurs. Quelle harmonie ! Et quelle surprise de trouver à Düsseldorf, en pleine occupation de la Ruhr, quelques-uns des chefs-d'œuvre de notre école impressionniste !

— Vous voyez, me dit Vömel, nous savons apprécier la peinture française.

— En effet ! Mais dites-moi, ces toiles sont-elles à vendre ?

— Oh, non ! Cela représenterait en marks des sommes astronomiques. Elles appartiennent à un grand collectionneur d'Essen qui nous les a confiées pour en réparer les cadres. Nous en avons profité pour les exposer pendant quelques jours avant de les lui retourner.

— Et vous avez beaucoup de visiteurs allemands ?

— Bien sûr !

— Ils ne trouvent rien à y redire ? Vous ne craignez pas qu'un exalté puisse les lacérer à coups de couteau ?

— Ma foi non. Je n'y avais même pas songé. D'ailleurs, nous exposons aussi des peintures allemandes...

Tout en parlant, il me fait passer dans la pièce voisine où j'aperçois des toiles de Nolde, de Kirchner, de Kokoschka, des aquarelles de Klee, des compositions de Franz Mark de la série des « cavaliers bleus » et deux statuettes de Lehmbruck que j'aime particulièrement. Sans doute ces œuvres s'inspirent-elles d'un tout autre esprit que celles de Cézanne ou de Renoir, mais elles ont une intensité dramatique devant laquelle on ne peut rester indifférent. Surtout une vue cavalière de Prague par Kokoschka qui me rappelle, je ne sais pourquoi, le panorama de Tolède par le Greco.

— Ces maîtres de l'expressionnisme sont devenus aujourd'hui

des classiques, me dit Alec. Ils ne représentent plus l'avant-garde de la peinture allemande...

— Vous voulez dire qu'ils sont dépassés ?

Alec hésite un instant.

— Connaissez-vous Otto Fiks et son groupe ?

— Non. Où peut-on en voir ?

— Pas ici. Chez Frau Emmy Knoblauch, un personnage extraordinaire qui s'occupe de les vendre. Un vrai « numéro », comme vous dites à Paris. Si vous avez un instant je vous y conduirai demain.

*

Le lendemain, à l'heure convenue, Alec me mène à travers un dédale de rues populeuses vers un quartier périphérique de Düsseldorf, situé en bordure de la gare des marchandises. Les maisons ont un aspect lugubre. Une humidité malsaine suinte de leurs façades en brique couleur de sang séché. Vömel s'arrête devant l'une d'elles, encore plus délabrée que les autres. Nous grimpons au cinquième étage. Arrivé au dernier palier, Alec frappe trois coups à une petite porte dont la peinture s'écaille. Une voix revêche lui répond :

— Qui vient m'emmerder ?

— C'est vous, madame Emmy ?

— Emmy Knoblauch, oui. Que le diable vous emporte !

L'accueil n'est guère engageant.

— C'est moi, Alec Vömel. Je voudrais vous parler. J'ai amené un ami français qui s'intéresse à Otto Fiks et à son groupe.

J'entends un grommellement, le bruit d'un verrou que l'on tire. La porte s'entrouvre. J'aperçois dans l'entrebâillement une créature étrange. Elle doit peser au moins cent kilos. Des mèches grasses d'un blond décoloré, qu'elle écarte d'un doigt, pendent sur sa figure. Son cou est strié de crasse. Quant à son ventre, boudiné dans une gaine de satin artificiel, il est énorme et ballonné. Elle doit être hydropique.

En apercevant mon uniforme, Mme Emmy a eu un haut-le-corps. Sans doute croit-elle que je viens effectuer une perquisition. Alec se penche vers elle et lui chuchote quelques mots à l'oreille. Elle me regarde avec méfiance, puis esquisse un sourire. Il révèle une denture en mauvais état où pointent deux canines jaunes. Une ogresse !

— Entrez camarade ! me dit-elle. Veuillez m'excuser. La maison est un peu en désordre.

Je pénètre dans une pièce mansardée. C'est la cuisine. Des trognons de choux, des épluchures de pommes de terre, des peaux de saucisse ridées traînent sur de vieux journaux. L'évier est rempli de détritus et de vaisselle sale. Une odeur surie me prend aux narines.

— Entrez, entrez, faites comme chez vous, vous êtes ici dans un haut lieu de la culture contemporaine, me dit Emmy Knoblauch en me poussant par l'épaule pour me faire passer dans la pièce voisine.

C'est une chambre à coucher. Le lit est défait. Il y a au moins trois mois que les draps n'ont pas été changés. Des bas et une paire de jarretelles traînent sur un fauteuil.

— Voilà ! me dit Emmy, en désignant du doigt une toile de deux mètres sur deux, suspendue au fond de l'alcôve. Otto appelle cela : *les Adieux de Wotan.*

J'aperçois un général allemand coiffé d'un casque à pointe et l'ordre « Pour le Mérite » autour du cou, en train de violenter une Walkyrie nue. Elle est entourée d'un cercle de feu et ses seins ruissellent de sang. Ce n'est pas de la peinture abstraite comme je m'y attendais. C'est un tableau hyper-réaliste dont les moindres détails sont reproduits avec une précision de maniaque.

— Et cela, qu'en dites-vous ? dit Mme Emmy en désignant une autre toile.

Celle-ci montre un groupe de Tirailleurs Sénégalais sodomisant avec fureur une pyramide de cadavres. Certains sont dans un état de putréfaction avancée, leurs membres verdâtres commencent à se détacher des troncs. Ah non ! Ce n'est plus de la peinture ! C'est un mélange de sadisme et de nécrophilie. C'est peint avec du pus, de la sanie, de la merde. Et, planant sur le tout, cette odeur fétide d'aisselles et de choux fermentés...

Quelque chose de viscéral se soulève en moi. Je sens que je vais vomir si je n'arrive pas à m'en aller, à sortir, à respirer un peu d'air frais. Mais Mme Knoblauch, de plus en plus insistante, ne veut pas me lâcher. Peut-être pense-t-elle que je vais lui acheter toutes ses horreurs pour un monceau de dollars ? Elle retourne l'un après l'autre des châssis posés contre le mur, sans me faire grâce d'un seul, en me disant d'une voix câline :

— Celle-ci, c'est *Ave Lilith,* la Reine des prostituées (on y voit une femme nue en train d'introduire entre ses cuisses un énorme cervelas moisi). Celle-là, c'est *l'Hymne à la joie, dédié à la mémoire de Ludwig van Beethoven,* une bacchanale sado-masochiste (on y distingue un sexe de femme dévoré par des fourmis géantes).

Je ferme les yeux pour ne pas voir ces monstruosités. Sans doute traduisent-elles un désespoir sans nom, une volonté de tout détruire, mais si c'est là le « dernier état » de la peinture allemande, espérons qu'il n'y en aura pas d'autre ! Tandis qu'Emmy engage une conversation animée avec Alec, je repousse brutalement sa main qui s'est posée subrepticement sur ma braguette et me dirige vers la fenêtre. Je cherche à l'ouvrir. Elle est bloquée par des bandes de papier collant. D'où l'odeur suffocante de la pièce. Je pose mon front contre la vitre et jette un regard au-dehors. Une averse de neige fondue fait reluire l'ardoise des toits. Par-delà les toits, la gare des marchandises déploie ses voies comme un éventail de fer. Les rails, jadis luisants, commencent à se rouiller. Trois locomotives et une rame de wagons sont rangées sur une voie de garage. Plus loin, d'énormes cheminées se profilent sur le ciel. Aucune d'elles ne fume. Des grues, des pylônes, un gazomètre effondré, un enchevêtrement de câbles d'acier. Puis, encore des cheminées. Rien ne bouge. Un monde inerte et mort... Une planète éteinte... Quelle désolation !

Tandis qu'Alec Vömel prend congé de Mme Emmy, je descends l'escalier quatre à quatre, tant j'ai hâte de respirer. Lorsqu'il m'a rejoint sur le trottoir, Alec me demande :

— Alors, que préférez-vous ? Albert Dürer ou Otto Fiks ?

— Et vous, que préférez-vous ? Les œufs frais ou les œufs pourris ?

Il hausse les épaules.

— L'Allemagne est moribonde..., dis-je à voix basse.

Alec ne répond rien.

Je le reconduis à la Galerie Flechtheim. Puis, je retourne au Stahlhof, enfoncé dans mes pensées.

*

A peine suis-je arrivé dans mon bureau qu'une sonnette retentit. C'est le colonel Havard qui me fait appeler.

— Où étiez-vous donc ? me dit-il. Voilà une heure qu'on vous cherche !

Mais sans me laisser le temps de répondre il me tend un rapport. Il émane de notre poste de police de Golzheim.

« Un jeune homme y a été arrêté cette nuit par une patrouille au moment où il tentait de faire sauter un pont. C'est un pont très important : celui qu'emprunte l'express Duisbourg-Cologne. Prenez la voiture de service et allez-y immédiatement. Tâchez d'interroger le coupable pour savoir à quelle organisation il appartient. J'ai l'impression qu'il n'est pas d'ici. Il serait utile d'en avoir confirmation. Cela prouverait que des éléments étrangers commencent à s'infiltrer parmi les manifestants. Je compte sur vous pour tirer l'affaire au clair. Voilà votre ordre de mission. »

Encore un ordre de mission ?... Je me sens indiciblement las. Ces arrestations, ces interrogatoires, à quoi bon tout cela ? Ce n'est pas sur ce plan qu'on résoudra le problème... Enfin, puisque je suis en service commandé... Je cherche à m'en consoler en pensant que je n'en ai plus pour longtemps. Dans deux mois, ce sera la classe...

A dix kilomètres de Düsseldorf, à l'entrée de Golzheim, un agent de la 50e Section des Chemins de Fer nous indique que ce n'est pas là que s'est passé l'incident, mais dans un poste isolé de la Golzheimer Heide (c'est le nom que l'on donne à la lande semi-désertique qui s'étend au nord-est de la ville). Nous parcourons encore deux ou trois kilomètres et nous nous arrêtons dans une petite maison carrée, dressée à proximité d'un passage à niveau. Le paysage qui l'entoure est mélancolique à souhait. On n'aperçoit à perte de vue qu'une étendue sablonneuse, recouverte de bruyères et de bouquets de sapins. C'est la première fois depuis mon arrivée dans la Ruhr que je vois autre chose que de l'acier et du béton. Enfin un peu de campagne ! Un peu de vie végétale, un peu d'humus... Je suis frappé par la senteur puissante qui s'en dégage.

J'entre dans le poste et présente mon ordre de mission à l'adjudant de service. Celui-ci repousse son képi en arrière et se gratte le front. Il a l'air embarrassé.

— Vous arrivez trop tard, me dit-il. L'homme est clamsé.

— Comment cela ?

— Il a tenté de s'enfuir et a été abattu par une ronde.

— Ah !

— Le chef de poste est parti tout à l'heure pour Düsseldorf avec le procès-verbal. Vous avez dû le croiser en route.

— Où avez-vous mis son corps ?
— Dans la pièce du fond.
— Avait-il sur lui des pièces d'identité ?
— Aucune. On l'a fouillé. Son portefeuille était vide. Nous n'y avons trouvé que ceci.

Il me tend une petite photo représentant une femme d'un certain âge aux cheveux gris — sa mère sans doute — et un trèfle à quatre feuilles. Je retourne la photo entre mes doigts. Au verso, une main malhabile a écrit : « *Adieu. Riga, 1918* ».

— Il n'est pas d'ici ?
— On ne peut rien affirmer, mais j'ai l'impression que non.
— Puis-je le voir ?
— Bien sûr.

L'adjudant me conduit dans le couloir, ouvre une porte et m'introduit dans une espèce de soupente. Elle prend jour par un vasistas dont la vitre est brisée.

— C'est par là qu'il a cherché à s'envoler, dit-il en désignant la lucarne comme s'il parlait d'un oiseau.

Une longue banquette de bois occupe la paroi du fond. J'y distingue une forme allongée, recouverte d'une bâche grise. Le téléphone sonne.

— Excusez-moi un instant. Je reviens.

Je m'approche du bat-flanc et soulève la bâche. J'aperçois le corps d'un tout jeune homme. Quel âge peut-il avoir ? Vingt à vingt-quatre ans, tout au plus. Une chose est certaine : il ne travaillait pas dans les mines. Ce n'est pas non plus un cheminot. Ses mains sont trop blanches. Il a plutôt l'air d'un étudiant, avec sa tignasse blonde. Ses yeux sont fermés. Par-delà la mort, tout son être dégage une extraordinaire impression d'énergie. Son visage est dissymétrique. Une cicatrice, due à un coup de sabre, balafre sa joue gauche. Un sourire ironique flotte sur ses lèvres. Je vois ce qu'il en est : un petit Junker de Courlande. Je parierais qu'il a les yeux bleus. Je soulève doucement une de ses paupières. Il a des prunelles grises, mouchetées d'or, comme un jeune épervier. Je laisse la paupière retomber et me penche sur lui pour l'examiner de plus près. Sa chemise entrouverte est imbibée de sang. Sa poitrine est percée de plusieurs trous noirâtres. Des paillettes de poudre sont restées incrustées dans sa peau. C'est bien ça : les balles d'un mousqueton l'ont atteint dans le dos et l'ont transpercé de part en part. Ce que j'aperçois est la sortie des projectiles. La chose doit être récente, car le sang qui a coulé de ses blessures n'est pas encore coagulé. Je glisse une main sous sa nuque pour le soulever à moitié et dégager son bras gauche qui est coincé contre le mur. Mais ce geste presque familier a déclenché en moi une émotion inattendue, une vague de tendresse. J'ai l'impression qu'il n'est pas mort, qu'il est seulement blessé, que je suis là pour panser ses blessures, lui donner à boire, le ramener à la vie...

Hélas ! le poids de sa tête qui retombe sur sa poitrine dissipe toute illusion. Il n'est pas malade. Il est bien mort. Il n'y a plus rien à espérer...

Je repose avec précaution sa tête sur la banquette. Puis je le regarde une dernière fois. Qui est-il ? D'où vient-il ? Que signifie ce cadavre inconnu que la marée des événements vient de déposer à mes pieds ? Nul ne le saura jamais... Nul ne préviendra les siens, ni ne dira à la femme aux cheveux gris — si tant est qu'elle vive encore — que son fils a été tué au petit jour, au milieu d'une lande sauvage...

*

Durant les journées qui suivent, je suis débordé de travail. Les nouvelles qui s'accumulent sur mon bureau ne sont guère réjouissantes.

La Ruhr ressemble de plus en plus à une terre frappée de mort. Sans doute, nos techniciens ont-ils réussi à faire circuler un certain nombre de trains. Mais ce réseau fragile est à la merci du moindre incident. L'express Cologne-Duisbourg-Amsterdam a déraillé à plusieurs reprises et 237 postes d'aiguillage ont été sabotés au cours de ces derniers jours. Dans toutes les entreprises, des milliers de machines se détériorent par manque d'entretien. Les galeries des mines non exploitées commencent à s'effondrer. En Lorraine, les hauts fourneaux s'éteignent l'un après l'autre, faute d'être ravitaillés en coke et en charbon.

Hugo Stinnes, un des plus puissants magnats du bassin rhéno-westphalien, a écrit à M. de Lubersac, le président du Comité des Forges, pour lui proposer la création d'un « Duché économique » englobant la Ruhr et la Lorraine. Mais obéissant aux instructions de son gouvernement, M. de Lubersac ne lui a même pas répondu. Pourtant, n'est-ce pas par la création d'une sorte de « Communauté du Charbon et de l'Acier » qu'il faudrait commencer, puisque aucune des deux industries ne peut vivre sans l'autre ? Est-il donc fou de concevoir la constitution d'une « sphère de co-prospérité franco-allemande », puisque sans elle on ne peut que s'enfoncer dans le désordre et la misère ? Malheureusement on lui tourne le dos.

Déjà, on peut prévoir quels seront les résultats de l'occupation de la Ruhr. Je m'étonne de les apercevoir si clairement de mon bureau du Stahlhof, alors que personne ne semble en prendre conscience sur les bords de la Seine. Personne ? C'est beaucoup dire. Il y a quelques exceptions : Fabre-Luce* et Bergery**, entre autres (il est vrai que ceux-là ne sont jamais en retard quand il s'agit de faire preuve d'intelligence). Malheureusement on les compte sur les doigts et leurs avertissements se perdent dans le vide...

Jusqu'au 11 janvier 1923, la France avait encore en main tous les atouts de sa victoire, et notamment celui qui en est l'attribut essentiel : l'*initiative*. Elle aurait pu faire preuve d'imagination, prendre hardiment les devants, faire faire à l'organisation de l'Europe un bond en avant de vingt ans. N'eût-ce pas été une tâche à la fois exaltante et digne d'elle ? Mais il aurait fallu, pour cela, qu'elle cessât de se cramponner au traité de Versailles, qu'elle renonçât au rôle d'huissier hargneux exigeant obstinément l'exécution de clauses inexécutables ; il aurait fallu, en un mot, qu'elle saisisse au vol l'occasion qui s'offrait à elle de remplacer un texte déjà frappé de caducité par un nouveau *modus vivendi* franco-allemand. Pourtant, elle n'en fait rien. Une conjuration d'intérêts égoïstes et de passions aveugles s'efforcera de la maintenir dans la voie où elle s'est engagée.

Certes, les avertissements et les mises en garde ne lui manqueront pas : mais ils viendront d'ailleurs et ne seront pas écoutés. Ce sera seulement lorsque Stanley Baldwin, le Premier britannique, aura fait savoir à la Chambre des Communes « que l'occupation de la Ruhr équivaut à un véritable désastre économique » ; qu'il aura notifié à Paris « qu'aux yeux de l'Angleterre,

* Alfred Fabre-Luce (1899-1983). Ecrivain et journaliste, il s'était fait notamment remarquer tout jeune en publiant un essai historique, *la Victoire*, où il établissait les responsabilités de la France dans le déclenchement de la Grande Guerre.

** Gaston Bergery (1892-1974). Homme politique, avocat, chef de cabinet d'Edouard Herriot en 1924, il fonda en mars 1933, avec Paul Langevin, le front commun contre le fascisme qui prépara le Front populaire. Il dirigea ensuite l'hebdomadaire *la Flèche* (1934-1939) et après avoir voté les pleins pouvoirs en 1940, il fut ambassadeur du gouvernement de Vichy à Moscou (1941), puis à Ankara (1942-1944). Traduit en haute cour après la Libération, il fut acquitté.

la France a outrepassé les droits que lui conférait le traité de Versailles » ; que le comte Sforza aura déclaré au Parlement italien « qu'en recourant à une action isolée, la France a commis la faute impardonnable de polariser sur elle seule l'hostilité des milieux nationalistes allemands », que Poincaré et Barthou comprendront qu'ils auraient tort de s'obstiner. Tout ce qu'ils pourront faire alors consistera à sauver la face. Ils « consentiront » à évacuer la Ruhr (sans voir que ce consentement les sauve d'un désastre), moyennant l'abandon de la résistance passive et une évaluation plus « réaliste » de la capacité de paiement de l'Allemagne. Lorsque, le 13 août 1923, le chancelier Cuno sera remplacé par Stresemann et la Chambre bleu horizon par le Cartel des Gauches, une page aura été tournée dans l'histoire de l'après-guerre, mais une chance inespérée aura été perdue.

Lorsque nos derniers échelons quitteront le Stahlhof, aucun de nos objectifs économiques et financiers n'aura été atteint. Un coup si rude aura été porté à notre monnaie que le franc devra être dévalué. Pis encore : l'initiative politique sera sortie d'entre nos mains pour passer entre celles de l'Angleterre et de l'Amérique, c'est-à-dire de Downing Street et du Comité Dawes. Tout l'effort de nos soldats et de nos techniciens n'aura servi, en fin de compte, qu'à nous mettre, pour un temps imprévisible, à la remorque de l'étranger.

Tout cela, cependant, je ne l'apprendrai que plus tard. Car le 5 mai 1923, aux alentours de midi, je reçois un télégramme de ma mère me disant :

> PÈRE DÉCÉDÉ CE MATIN. OBSÈQUES FIXÉES AU SEPT. TACHE OBTENIR PERMISSION POUR POUVOIR Y ASSISTER.

Je savais que mon père était de nouveau très malade et qu'il avait été transporté à la clinique du boulevard Montmorency pour y être opéré par le professeur Baudet. Mais j'étais loin d'imaginer que le dénouement surviendrait aussi vite.

CHAPITRE XX

LA MESSAGÈRE

(octobre 1925)

Le temps d'avertir le colonel Havard, de courir chez le commandant de la place pour faire timbrer ma « permission libérable » — ma classe ayant fait trois mois de « rabiot » en raison de l'occupation de la Ruhr, j'avais droit à quinze jours de permission, à prendre en fin de service — et je sautai dans le premier convoi en partance pour Paris. Le voyage, entrecoupé d'arrêts brusques et de haltes interminables, fut désespérément long jusqu'à la frontière française. Le lendemain soir lorsque j'arrivai rue Brémontier, ce fut ma mère qui m'ouvrit. Je tombai dans ses bras et lui demandai où était mon père. Elle me répondit :

— Dans le grand salon.

Je compris aussitôt qu'on l'avait déjà mis en bière. J'avais tant espéré le revoir ! Mais j'étais arrivé trop tard. Elle me conduisit vers le cercueil et me dit, d'une voix un peu sourde :

— Jacques, maintenant, je n'ai plus que toi !

Je m'attendais à la trouver brisée. Elle était calme et vaillante, comme elle l'était toujours dans les moments difficiles. Mais ses prunelles dilatées reflétaient encore la fatigue des nuits passées à son chevet.

Je m'approchai du catafalque sur lequel était posé un gros bouquet de violettes de Parme.

— Qui est-ce ? lui demandai-je à voix basse.

— Adrienne Monnier. Elle a lu l'annonce dans *le Figaro* et est passée tout à l'heure.

Je m'approchai du cercueil que recouvrait un poêle noir, plongeai le bout des doigts dans l'eau du bénitier disposé à son pied et fis un signe de croix.

Ainsi, mon père était mort ! A ma grande surprise, je n'en ressentais aucun chagrin et de n'en éprouver aucun me causait beaucoup de peine. Depuis ma première jeunesse, nos rapports avaient été difficiles. Tout d'abord, il avait cherché à m'éloigner de ma mère. Puis, il s'était efforcé de contrecarrer ma vocation musicale ; enfin, quand je lui avais exposé mes opinions politiques, il m'avait durement rabroué. Pourtant, depuis ce jour d'août 1914 où sa réserve envers moi avait soudain fondu et où il m'avait permis de deviner le drame qui le rongeait depuis des années et qu'il s'efforçait pudiquement de cacher à tout le monde, j'avais ressenti pour lui une admiration profonde. Hélas ! la vérité m'oblige à dire qu'en ce moment solennel où il allait nous quitter je ne ressentais rien. Mon cœur était de pierre.

Le lendemain, j'assistai aux obsèques, l'esprit tellement absent que je n'en ai conservé aucun souvenir, sinon celui d'une totale aridité. Une fois la messe dite, je le conduisis au cimetière. Je marchai seul, derrière le corbillard, en tenue de simple soldat, tandis que ma mère et le reste des invités suivaient en voiture. De cela, je me rappelle. C'était encore l'époque où les Parisiens saluaient les morts. Ils se découvrirent tout le long du parcours avec un respect qui me toucha. Arrivés au Père-Lachaise, on descendit le cercueil dans une fosse creusée juste au-dessous de la plaque mortuaire portant mon nom et mon prénom — et qui n'était pourtant pas la mienne. Je ne l'avais pas revue depuis 1909. Quatorze ans déjà ! Lorsque nous rentrâmes à la maison et que nous nous retrouvâmes, ma mère et moi, dans l'immense appartement où nous avions vécu avec lui, nous le trouvâmes désespérément vide. Ce fut un moment difficile. Malgré mes efforts pour me maîtriser, les larmes me montèrent aux yeux. Je craignais de succomber à un débordement d'émotion qui ferait du mal à ma mère. Elle se borna à poser sur mon épaule une main qui tremblait légèrement et me dit :

— Depuis que je suis toute petite, on m'a dit que je n'avais pas de cœur. Cela doit être vrai puisque je ne peux pas pleurer. Il me semble pourtant que cela me soulagerait. Pleure donc, puisque tu le peux.

Toujours la même pensée venait me frapper comme un glas : mon père était mort ! Jamais je ne reverrais sa belle barbe grise, ni sa tête enturbannée de blanc qui le faisait ressembler à Soliman le Magnifique. Il n'avait pourtant que 69 ans. Pas un grand âge en somme. Il avait été usé par la maladie, les soucis et les déceptions de toutes sortes (je ne pouvais pas exclure celles que je lui avais causées moi-même). Néanmoins, on pouvait dire qu'il était mort au bon moment. Treize opérations, dont douze de la tête, compliquées par des crises d'angine de poitrine, étaient venues à bout de son incroyable énergie. A son retour de Chine, le gouvernement anglais lui avait confié la représentation des mines d'or du Transvaal à la Bourse de Paris, en raison de son intégrité morale qui était unanimement reconnue. Puis, vers 1911, considérant « qu'il fallait vivre avec son temps », il avait acquis la majorité dans les Etablissements Tencé, une société de produits chimiques qui possédait deux usines : l'une à Aubervilliers, l'autre à Persan-Beaumont, dans l'Oise. En 1914, celle-ci avait servi de cantonnement à un régiment de uhlans et avait subi quelques dégradations, dans la semaine qui avait précédé la bataille de la Marne. « Vous en avez de la chance ! lui avaient dit ses amis, vous allez pouvoir réclamer des réparations à l'Etat. En forçant un peu la note et en faisant intervenir vos relations, vous toucherez de quoi construire une usine plus grande et plus belle. — Jamais ! avait-il répondu fièrement. J'ai été trop jeune pour faire la guerre de 70 et trop âgé pour faire celle de 14. Je ne réclamerai rien. Puisque je n'ai pu faire au pays le sacrifice de mon sang, c'est bien le moins que je lui fasse le sacrifice de mon usine. » Ce n'était pas le moyen de faire rapidement fortune. Mais il avait tant de vitalité qu'il opposait un sourire de commisération à ceux qui semblaient insinuer qu'il ne serait pas capable de « refaire sa vie ». Hélas ! il ne comprenait plus son époque et les choses s'étaient passées d'une tout autre façon. Tout s'était brisé entre ses mains : sa fortune, son puissant appétit de vivre, les espoirs qu'il avait mis en moi (il avait compté faire de moi un diplomate, ou un ingénieur chimiste et aurait voulu m'envoyer parfaire mes études à l'Institut Technique de Charlottenburg). Il s'était cramponné obstinément à un appartement trop grand, qui exigeait un train de vie disproportionné à ses moyens. Ma mère — qui savait qu'un déménagement l'aurait tué — l'avait aidé à s'y maintenir en lui apportant ses bijoux et un petit immeuble à Bordeaux qu'elle tenait de sa grand-mère Larrey. Tout avait été englouti, mais elle ne regrettait rien. Elle l'avait soigné jusqu'à la fin, avec tout un dévouement inlassable. Au matin du 5 mai, une hémorragie interne l'avait emporté en moins d'une heure. Il nous laissait tous deux dans un dénuement total. Pour moi, je ne comprenais pas très bien ce que cela voulait dire car je me sentais assez vigoureux pour me débrouiller dans la vie, n'en connaissant pas les pièges. Pour ma mère ce ne fut pas une surprise ; elle savait d'avance qu'il ne nous restait plus rien.

Au soir du 5 mai, alors que je n'étais pas encore arrivé à Paris, Me Flamand-Duval, notre notaire, lui avait conseillé de n'accepter la succession que sous bénéfice d'inventaire, du fait que le passif dépassait de loin l'actif. Elle s'y était refusée avec indignation, trouvant cette proposition malhonnête.

— Jacques, me dit-elle, je dois te dire que j'ai accepté la succession de ton père. Il t'a laissé son nom. Il a payé ton éducation. Je ne voudrais pas qu'on puisse dire qu'après en avoir profité, tu as refusé de payer ses dettes. Je pense que tu es d'accord, sinon je ne me sentirais pas le courage de te regarder en face...

— Regarde-moi sans crainte, lui répondis-je en l'embrassant. Je trouverai bien le moyen de régler cette affaire.

Je ne me doutais pas alors de l'hypothèque dont je me grevais dès mon entrée dans la vie.

Pour parer au plus pressé il fallut vendre les meubles, ou du moins ce qui en restait après la vente malencontreuse à laquelle mon père s'était trouvé acculé en mai 1912. Ainsi disparurent, l'un après l'autre, le beau salon Empire, les commodes et les tentures chinoises de la salle à manger. (Les armures de samouraï qui me faisaient si peur quand j'étais petit s'étaient évanouies depuis longtemps.) Plus triste fut le départ d'une collection unique de sabres et de coffrets japonais en laque dorée du XVIIIe siècle, dont les reflets entretenaient une atmosphère de buisson ardent dans la vitrine du salon où ils étaient exposés. Ils furent vendus pour une bouchée de pain à Jacques Reubell, un ami de mon père[1]. Du jour au lendemain, tout fut emporté. Ecrire que ces coffrets disparurent n'est pas tout à fait exact : ils *s'éteignirent*. On eût dit que l'on avait dispersé les dernières braises de notre foyer.

1. Un descendant du Conventionnel Jean-François Reubell, qui fut président du Directoire de 1796 à 1799.

Du coup, l'appartement prit un aspect lugubre. Le jour vint enfin où il fallut le quitter pour nous installer 52 avenue de Clichy, dans un logement beaucoup plus modeste, mis obligeamment à notre disposition par notre cousin Lucien Jeanneau (j'entends encore sa voix si bonne nous disant, comme pour nous consoler : « Vous n'y resterez que quelques mois, le temps de trouver autre chose... » C'est l'appartement où ma mère est morte en 1966 et que j'occupe encore aujourd'hui).

Je jetai un dernier regard à la chambre où j'étais né et que tapissait encore une vieille toile de Jouy représentant les fables de La Fontaine. Je parcourus à pas lents la longue galerie dont les baies donnaient sur l'église Saint-François-de-Sales, où je m'étais éveillé au monde de la musique. Jadis, cette partie de la maison était décorée de fougères et de fleurs qui lui donnaient l'aspect d'une clairière. A présent les jardinières étaient vides. Les fougères avaient disparu. Je me dirigeai vers la porte et la refermai doucement derrière moi.

Une vie nouvelle commençait. Qu'allais-je en faire ?

La musique ? Evidemment, je comptais m'y consacrer. D'autant plus que mon père n'était plus là pour s'y opposer. Mais je me heurtais à un obstacle que je n'avais pas prévu : il fallait *vivre.* Et vivre signifiait assurer l'existence de ma mère, et celle d'Euphrasie, la servante auvergnate qui m'avait presque vu naître et qui avait accepté de partager notre infortune en renonçant à tout salaire jusqu'à ce que la situation soit rétablie. Ah ! si j'avais été seul... Mais je n'avais pas le choix. Je devais subvenir aux besoins de trois personnes et rembourser en outre les dettes de mon père. Impossible d'imaginer que je puisse y parvenir par mes seules compositions.

J'acceptai donc avec empressement le premier travail que l'on m'offrit. Il s'agissait d'une place de dactylo dans une banque de la rue de Châteaudun où je touchais 750 francs par mois. C'était une banque polonaise — la *Banque de Varsovie pour le Commerce et l'Industrie* — que mon père avait fondée en 1918 avec quelques amis. Il y avait placé en titres à peu près tout ce qui restait de sa fortune. Malheureusement, la chute du *zloty* avait amené la banque au bord de la faillite. Toutes les actions de mon père avaient dû être liquidées pour permettre au nouveau gouvernement polonais de renflouer l'affaire.

Le chef de la succursale de Paris, M. Bornstein, se mit en rapport avec M. Benzeff, le nouveau directeur général, pour lui demander l'autorisation de me donner du travail. La réponse (sans être enthousiaste) ne fut pas négative. J'entrai donc à la banque. Ma mère et moi nous confondîmes en remerciements.

M. Bornstein était un ancien employé de mon père, qui l'avait tiré de la misère sur la recommandation d'Alphonse Kahn et l'avait nommé directeur de la succursale de Paris. Mais il ne put résister au plaisir de faire connaître à tous que le fils du patron était devenu son employé. Il m'installa seul à une table, avec ma machine à écrire, au milieu du hall de la banque, de façon à être vu de tous les clients. Quand certains d'entre eux feignaient de ne pas m'apercevoir pour ménager mon amour-propre, il descendait exprès de son bureau pour me désigner à leur attention. C'est un genre de sollicitude dont on se passe à tout âge. Mais c'est un breuvage amer quand on a vingt-deux ans. De plus, il s'était mis en tête d'améliorer mon français et raturait mes lettres d'un crayon rageur — pour y rajouter des fautes. Pour un garçon que Jules Romains, Larbaud, Claudel et Valéry honoraient de leur amitié et qui avait déjà publié quelques études dans la *Nouvelle Revue Française*, la *Revue de France* et la *Revue Européenne*, c'était plutôt humiliant. Mais qu'y faire ? Ecrasé à la fois par le capital et par la muflerie, je ne pouvais que ronger mon frein en silence...

D'autres choses, heureusement, me consolaient de ces petitesses. Je traduisais le *Verdun* de Fritz von Unruh, qui devait paraître bientôt aux Editions Kra, précédé d'une belle préface de Romain Rolland, écrite sur ma demande, grâce aux relations chaleureuses que j'avais conservées avec lui. En rentrant chez moi le soir, je me détendais les nerfs en jouant l'*Art de la Fugue* ou le *Clavecin bien tempéré*. Je suivais avec attention l'évolution de la politique franco-allemande et l'évacuation de la Ruhr, dont le processus avait été engagé par le Cartel des Gauches, me paraissait de bon augure, bien qu'intervenant trop tard. Surtout, j'avais commencé à rédiger l'essai sur le rôle dévolu à la musique dans l'œuvre de Marcel Proust. C'était le premier texte un peu long qui sortait de ma plume et je manquais d'expérience. Comme je l'avais dit à Proust, je ne me sentais aucune vocation d'écrivain. J'étais même convaincu que j'étais incapable d'écrire un livre. (Cette conviction m'est restée. Aujourd'hui encore, lorsque j'inscris le mot « fin » au bas d'un de mes manuscrits, j'en suis le premier surpris.) Et cela s'explique. J'éprouvais une telle admiration pour le *Côté de chez Swann*, *Eupalinos*, *l'Annonce faite à Marie* ou la

Symphonie pastorale qu'il me suffisait de lire ce que j'écrivais pour prendre pleinement conscience de tout ce qui m'en séparait.

Je n'en refusais pas moins de m'avouer vaincu. Bien que mon texte fût relativement court, j'avais l'impression de me livrer à un travail de Sisyphe. Je butais sur chaque mot. Je raturais chaque phrase, sans parvenir à lui faire dire ce que je voulais exprimer. J'ai dû noircir en tout plusieurs rames de papier avant d'en tirer les 137 pages de mon texte final. Lorsqu'un problème particulier se posait à moi, je consultais Charles Du Bos, dont j'avais fait la connaissance par l'entremise de Curtius et avec lequel je m'étais lié d'amitié (il eût été difficile de faire autrement). Mais « Charlie » se lançait alors dans des commentaires aussi éblouissants qu'interminables, qui ne répondaient pas à mes questions et accroissaient ma perplexité.

Je sentais bien qu'une seule personne aurait pu m'aider, me conseiller, rectifier tel ou tel jugement et clarifier mon texte là où il commençait à s'embrouiller. C'était Proust lui-même. Mais il était mort. Jamais plus il ne me parlerait comme il l'avait fait au cours de cette soirée unique où je m'étais trouvé en face de ses yeux de velours sombre et ses gants gris. Quel dommage qu'il ne soit plus là ! Et puisque je devais écrire cet essai, que ne l'avais-je entrepris plus tôt ! Maintenant, je ne saurais jamais ce qu'il en aurait pensé, s'il lui aurait plu ou non, s'il aurait souhaité ou pas que ce texte paraisse...

J'en éprouvais par moments un véritable désarroi. Mais en même temps, mû par un sentiment invincible — qui n'était peut-être, au demeurant, qu'une projection de mon désir — je me disais : « Fais attention, ouvre les yeux, regarde autour de toi ! Tu apercevras certainement une indication, un signe — aussi fugitif soit-il — par lequel *Il* te fera comprendre s'il approuve ou désapprouve ce que tu as écrit sur lui... »

Ici, pour faciliter la compréhension de ce qui va suivre, il est indispensable de revenir un peu en arrière.

Vers 1905 — pour échapper aux sarcasmes de mon père qui trouvait « inconcevable » qu'on ne parlât pas l'anglais —, ma mère s'était mise à apprendre cette langue avec Miss Amy Gerrans, un professeur d'anglais qui s'était installée à Paris et à laquelle sa compétence et son sens pédagogique avaient rapidement valu de nombreux élèves. Recommandée au Tout-Paris par une Américaine, la marquise de Choiseul, elle avait appris l'anglais à une foule de jeunes gens et de jeunes filles de ma génération.

D'entrée de jeu, elle avait obligé ma mère à réciter par cœur des pages entières de Walter Scott, de Browning et de Tennyson, « pour lui briser la langue », comme elle disait. Ces mots, assurait ma mère, devaient être pris à la lettre, car ce fut un véritable supplice. Mais elle fit, grâce à cette méthode, des progrès rapides. Moi-même, je me souviens d'avoir lu avec miss Gerrans, quelques années plus tard, *Macbeth*, *Hamlet*, *Jules César* et *le Roi Lear*. Commentés par elle, ces drames prenaient une dimension que ne soupçonnaient même pas la plupart de leurs admirateurs. Durant toute sa vie, elle accumula des notes sur ce sujet. Pourquoi ne fit-elle rien pour en assurer la publication ? C'eût été une contribution importante à notre connaissance de Shakespeare. Malheureusement, ces notes ont disparu avec elle. *Oh, the pity of it, the pity of it...*

En septembre 1925, miss Gerrans, qui avait pris de l'âge, avait renoncé à donner des leçons. Elle avait quitté son appartement de la rue Claude-Chahu pour se retirer à Marly-le-Roi, dans un joli pavillon du XVIIIe siècle situé à deux pas de la maison d'Aristide Maillol (je m'arrêtais souvent devant la vitre de son atelier pour le regarder travailler). A la suite d'une mauvaise grippe qui l'avait beaucoup fatiguée, elle s'était décidée à prendre chez elle une personne susceptible de l'aider à entretenir son intérieur. Mais comme elle ne voulait pas infliger aux postulantes un déplacement fatigant — et peut-être inutile —, en les obligeant à venir par le train jusqu'à Marly, elle avait prié ma mère de s'en occuper pour elle. Cela consistait à faire paraître une petite annonce dans *le Figaro*, demandant aux candidates de se présenter avenue de Clichy, à examiner leurs certificats et à retenir celle qu'elle estimerait devoir le mieux lui convenir. Maman avait fait paraître la petite annonce en question, en précisant qu'il s'agissait d'une place aux environs de Paris, mais aucune postulante ne s'était présentée.

Quelques jours plus tard — ce devait être un dimanche, car, ce matin-là, je ne travaillais pas à la banque —, je me trouvais dans ma chambre en train de mettre la dernière main au chapitre final de mon essai, celui où je comparais l'univers de Proust à l'image qu'offre aux voyageurs la verrière de la gare d'Orsay dont la surface dépolie, disposée autour d'une horloge, sépare verticalement le hall de la gare de l'hôtel du même nom, et me demandais avec inquiétude si cette comparaison aurait plu à l'auteur du *Temps perdu*, lorsque la sonnette de la porte retentit.

Euphrasie alla ouvrir. Lorsqu'elle repassa devant ma chambre pour retourner à la cuisine, je lui demandai : « Qui est-ce ? », sans relever la tête.

— C'est une visite pour Madame, me répondit-elle. C'est pour l'annonce du *Figaro*.

Estimant que la chose ne me concernait pas, je me replongeai dans mon travail.

Au bout d'une dizaine de minutes, ma mère entra dans ma chambre. Elle paraissait émue.

— Excuse-moi de te déranger, me dit-elle, mais j'ai pensé que ceci...

Sans terminer sa phrase, elle me tendit une feuille de papier à lettre gris-bleu sur laquelle je reconnus du premier coup d'œil l'écriture sinueuse de Proust. Je crus qu'il s'agissait d'une des lettres qu'il m'avait adressées à Wiesbaden et que j'avais dû laisser traîner par mégarde. J'en étais d'autant plus étonné que j'y tenais comme à un trésor et les conservais précieusement dans un tiroir de ma table à écrire.

— Tiens ! Où l'as-tu trouvée ? demandai-je à ma mère.

— Je ne l'ai pas trouvée. C'est la dame qui l'a apportée...

— Quelle dame ?

Je n'y comprenais plus rien.

— La dame de l'annonce. Lis et tu comprendras... Tu demandais un signe ! Eh bien, le voilà... Elle n'avait pas saisi que la place proposée était à Marly. Elle croyait que c'était pour nous. Dépêche-toi. Elle attend dans le salon. Il faut que je le lui rapporte.

Je parcourus la lettre et, du coup, tout s'éclaira. Elle disait :

> *Je soussigné Marcel Proust, habitant à Paris, 44 rue Hamelin, recommande chaleureusement Madame Céleste Albaret. Je l'ai eue à mon service pendant de nombreuses années et ne puis que me féliciter de l'avoir choisie...*

Je cite naturellement de mémoire, n'ayant pas pris copie du certificat. Suivaient une vingtaine de lignes, où l'auteur du *Temps perdu* énumérait toutes les vertus de Céleste et faisait un éloge dithyrambique de celle dont il avait emprunté certains traits pour créer le personnage de Françoise. On aurait dit une page de la *Légende dorée*.

— De quoi a-t-elle l'air ? demandai-je à maman.

— De quelqu'un de très bien. Mais comme elle ne tient pas à aller à Marly et qu'en ce qui nous concerne nous n'avons besoin de personne... Veux-tu lui dire quelques mots, avant qu'elle ne s'en aille ?

— Non, non !

Mon émotion était trop grande. Si j'avais été la voir, elle s'en serait aperçue. Il m'aurait fallu lui fournir un tas d'explications sur la raison de mon agitation, des explications qu'elle n'aurait peut-être pas comprises et qu'un sentiment de pudeur me poussait à conserver pour moi-même. Ensuite, je préférais ne pas recouvrir de traits trop humains le visage de celle en qui je voulais voir une « messagère de l'Invisible ». Peut-être avait-elle des mèches, ou un soupçon de moustache ? Mieux valait ne pas compromettre la magie de cet instant. Car il y avait quelque chose de confondant dans ce concours de circonstances : le fait que, parmi la foule de celles qui auraient pu répondre à l'annonce, elle avait été la seule à le faire ; le retard survenu dans sa présentation ; l'espèce de malentendu qui l'avait amenée chez nous et jusqu'au choix de la minute où elle avait sonné à notre porte.

— Une chose m'étonne, dis-je à ma mère en lui rendant la feuille couverte de l'écriture bien connue, comment Proust a-t-il pu lui donner ce certificat, puisque Céleste Albaret l'a servi jusqu'à la fin ?

— Il a dû le rédiger de son vivant, pour qu'elle puisse s'en servir au cas où il serait mort brusquement au cours d'une de ses crises.

C'était la seule explication plausible. Elle me rapprochait encore de lui. Maman retourna dans le salon en emportant le papier.

Resté seul, je me sentis à la fois comblé et inondé de bonheur. J'avais demandé un signe d'encouragement à l'auteur des *Jeunes Filles en Fleurs* et il me l'avait envoyé ! La femme qui avait veillé sur lui comme un ange était venue nous visiter et nous offrir ses services ! Ce n'était pas, comme je l'avais pensé, un signe ambigu et furtif ; c'était un message parfaitement clair qui n'avait besoin d'aucune interprétation. Pouvais-je ne pas en déduire que Proust, s'il avait vécu, aurait approuvé mon essai ? Qu'il eût choisi Céleste Albaret pour me le faire savoir me paraissait un témoignage supplémentaire de sa délicatesse. J'en étais bien plus fier que s'il avait choisi, pour me faire parvenir son message, la comtesse Greffuhle, ou la princesse Bibesco.

Alors qu'une demi-heure plus tôt j'hésitais encore, j'achevai d'un trait la fin de mon essai et décidai de le porter dès le lendemain à mon éditeur.

J'entendis la porte d'entrée se refermer. Je me levai et allai rejoindre ma mère. Je ne l'avais jamais vue aussi souriante.

*

Bien des années plus tard, il m'est revenu que Mme Albaret, qui possédait à présent un petit hôtel meublé dans le quartier de Saint-Sulpice, niait être venue chez nous et déclarait que tout ce que je racontais à ce sujet n'était qu'un mensonge.

— Pensez donc ! se serait-elle exclamée avec indignation, jamais je n'aurais consenti à me placer chez qui que ce soit, après avoir servi un maître comme M. Marcel.

C'est là un sentiment qui l'honore. Qu'étions-nous auprès d'elle qui appartenait déjà à la Fable et qui occupait dans la *Recherche du Temps perdu* une place aussi enviable que Mme Verdurin ou Oriane de Guermantes ?

Pourtant elle était bien venue chez nous peu après la mort de Marcel, à une époque où son avenir paraissait moins assuré, car ni ma mère ni moi n'aurions été capables d'inventer une histoire pareille.

Proust a décrit, dans son œuvre, la transformation involontaire que subissent les êtres sous l'effet du vieillissement. Mais il n'a pas parlé d'un autre phénomène dont notre époque a été si prodigue : la transformation volontaire que les êtres s'imposent, sous la pression des événements, pour faire oublier leur passé et se rendre méconnaissables. Que de généraux « résistants » ne veulent plus savoir ce qu'ils ont fait lorsqu'ils étaient capitaines ! A force de se grimer, on ne les reconnaît plus, ce qui donne à notre société le caractère d'une mascarade...

Mais revenons à Mme Albaret. Sans doute a-t-elle complètement oublié sa démarche. Sinon, il faudrait admettre qu'une autre créature du même âge et de même sexe qu'elle ait usurpé son identité, se soit forgé un faux état civil, ait fabriqué un faux certificat si parfaitement imité que l'œil du meilleur expert s'y serait trompé, et se soit présentée chez nous exactement le jour où j'espérais que l'auteur de *Swann* m'enverrait un signe que je puisse interpréter comme une approbation de mon travail. Ce qui serait, on en conviendra, bien plus extraordinaire encore...

Mais n'insistons pas. Je ne veux pas la chagriner. Et puisqu'elle refuse le rôle — pourtant flatteur — de Messagère de l'Invisible dont mon esprit s'était plu à la parer, qu'elle reste simplement « Céleste ».

C'est aussi bien ainsi.

CHAPITRE XXI

UNE SALVE D'HONNEUR CHEZ D'ANNUNZIO

(14 juillet 1926)

Un tournant de la route, pris à 80 à l'heure, balaye les cyprès et les vignes comme avec le revers de la main. Le lac de Garde étale à nos pieds sa nappe resplendissante. Pas un souffle dans le ciel, pas une ride sur l'eau. Au fond, un peu à droite, une nuée menaçante reste suspendue au-dessus des Alpes et masque l'entaille profonde par où l'eau du Mincio s'écoule vers le sud. La journée va être torride.

Karl Vollmöller, l'auteur du *Miracle* que Max Reinhardt vient de monter à Salzbourg avec un grand luxe de mise en scène — Paul Morand en dit assez drôlement que c'est « la messe aux Folies Bergère » —, m'a amené jusqu'ici dans sa grosse Hispano jaune, en compagnie du fils de Hugo von Hofmannsthal, le poète autrichien auteur d'*Elektra* et du *Cavalier à la Rose*. Avec le cri d'une bête qu'on étrangle, les freins attaquent les moyeux des roues et la descente s'amorce, tandis qu'à travers les arbres apparaissent et disparaissent les toits rouges des villas et les terrasses qui croulent sous une avalanche de fleurs. Sirmione, la patrie de Catulle, le château des Scaliger et Salô sont déjà loin. (Nous nous sommes arrêtés un instant au Grand Hôtel de Salo, non pour envoyer à nos amis la carte postale traditionnelle des touristes français : « Les enfants de Sâlo vous saluent », mais pour annoncer notre arrivée au « Vittoriale » par un coup de téléphone et prévenir que nous serions un peu en retard.) Encore deux kilomètres : enfin voici Gardone.

— Halte ! On ne passe pas ! C'est interdit ! Avez-vous une autorisation du Commandant ?

A l'entrée du chemin qui mène à la maison du Prince[1] un groupe de terrassiers hostiles, la pioche à la main, nous barre le passage. « *E Vietato ! E Vietato ! Qui non si passa !* » A grands cris, ils nous font comprendre que la consigne est stricte et qu'il faut faire demi-tour. Mais un sous-officier accourt. Il porte l'uniforme des troupes alpines italiennes : chemise noire, vareuse réséda et le petit chapeau à plume d'aigle, relevé par-derrière, où mes yeux cherchent malgré moi les reliques de Louis XI à Plessis-lès-Tours.

Le sergent nous demande « si nous sommes bien les visiteurs qu'attend le Commandant » et, comme je lui tends le télégramme par lequel le poète nous a fait savoir qu'il nous recevrait dans l'après-midi du 14 juillet, il nous indique que la voie est libre d'un geste qui laisse les terrassiers médusés. La voiture s'engage lentement sous une arche de pierre et, après avoir suivi une allée bordée d'oliviers, s'immobilise enfin dans une cour au centre de laquelle se dresse une fontaine ornée de masques antiques. Je n'ai pas le temps de déchiffrer l'inscription qui court autour de sa vasque, car la porte de la villa s'ouvre — elle a appartenu jadis à un célèbre collectionneur allemand[2] — et Gabriellino D'Annunzio, le troisième fils du poète, s'avance vers nous.

Il nous introduit dans le *Vittoriale* où Donna Maria nous accueille avec cette bonté qui lui est aussi naturelle qu'à une verveine son parfum. Elle nous demande si le voyage ne nous a pas trop fatigués — Vollmöller s'étant attardé à Versailles, nous avons dû faire le trajet Paris-Gardone d'une seule traite — et nous fait passer tous trois dans une grande salle oblongue où s'accumulent pêle-mêle des objets de valeur et une brocante douteuse : des centaines de livres anciens et modernes, des bronzes, des moulages, des peintures, des médailles, des dagues, des coupes de cristal de toutes formes et de tous styles où se fanent des pétales de roses, des bonbonnières, des chasubles, des prie-Dieu, des lutrins, des bénitiers. Une énorme sphère terrestre

1. Depuis peu (15 mars 1924, anniversaire de l'annexion finale de Fiume à l'Italie), Gabriele D'Annunzio a été fait prince de Monte-Nevoso par le roi Victor-Emmanuel III.

2. Le professeur Wilhelm Thode, époux de la fille de Wagner. La villa où ont vécu Liszt, Cosima et l'auteur du *Crépuscule des Dieux* a été séquestrée par le gouvernement italien durant la guerre de 1914-1918 et offerte au « poétissime » pour qu'il en fasse « *un museo a la sua gloria* ».

occupe un bout de la pièce. A l'autre, le grand piano de concert de Liszt tourne le dos à une fenêtre ouverte, à travers laquelle on entend le chant des cigales et, de temps à autre, le craquement sourd d'un tronc d'olivier qui se fendille sous le soleil.

Nous parlons de Paris, de Marcel Boulenger*, d'André Germain**, d'André Doderet*** et de plusieurs autres amis communs que nous y avons laissés... Mais voici le Commandant. Il est vêtu d'un complet de gabardine mastic et porte au revers de son veston l'insigne de son escadrille. Il est plutôt petit, mais paraît plus jeune que son âge. Sa démarche est à la fois rapide et onduleuse. Il s'avance vers nous les deux mains tendues, serre affectueusement celle de Vollmöller qu'il connaît depuis longtemps (Vollmöller a traduit en allemand plusieurs de ses poèmes avant la guerre), salue le fils Hofmannsthal et, très vite, la conversation s'engage.

Je ne sais plus au juste de quoi il est question, car toute mon attention se porte sur le visage du poète. J'ai l'impression de me trouver devant un César du Bas-Empire, brusquement surgi de l'*Histoire Auguste.* Son teint cireux et son front étrangement bombé me font penser à certaines statues hellénistiques trouvées dans les tombeaux d'Emèse ou d'Alexandrie. Assis devant le globe terrestre, le dos tourné au jour, son profil se découpe entre l'Éthiopie et l'océan Indien. Seule, une paillette de nacre qui brille dans sa prunelle droite me rappelle qu'un éclat d'obus, reçu au cours d'un vol de reconnaissance effectué pendant la guerre, l'a privé d'un œil (l'autre, par bonheur, a conservé toute son acuité). Je voudrais l'interroger sur ce raid audacieux, mais l'auteur de *l'Enfant de Volupté* oriente la conversation vers la littérature — et plus particulièrement la littérature française.

— Ce qui m'étonne toujours, et me navre, dit-il, c'est la pauvreté du vocabulaire dont se servent vos jeunes auteurs. Quelle indigence ! Quand je songe aux milliers de mots que j'ai ressuscités dans mon *Martyre de saint Sébastien,* que j'ai écrit directement dans le plus somptueux des français, comme vous le savez sans doute ! J'ai beau chercher, je ne vois que Montherlant qui échappe à la règle. Avec lui, j'ai l'impression de me trouver devant un écrivain

* Marcel Boulenger, écrivain et journaliste, chroniqueur au *Figaro.*

** André Germain (1881-1971). Écrivain et journaliste, fonda en 1921, avec Maurice Martin du Gard, la revue *les Écrits nouveaux.* Animateur de la *Revue Européenne.* Auteur de plusieurs ouvrages dont *la Bourgeoisie qui brûle.*

*** André Doderet. Écrivain, traducteur de Gabriele D'Annunzio.

de grande race. Je sais à quoi cela tient : son vocabulaire est plus riche parce que son tempérament est plus passionné. Il avance à travers les lettres françaises, armé d'une hache de licteur. J'attends beaucoup de lui. J'espère qu'il ne me décevra pas...

— Peut-être, réponds-je, est-il sage, pour un Français, de renoncer aujourd'hui à tout excès de verbalisme. Hugo, hélas ! La langue, elle aussi, doit faire de temps à autre une cure de tempérance...

Le poète fronce les sourcils. De toute évidence, ma réflexion ne lui plaît pas. Y voit-il une critique ? J'aurais dû m'en douter...

— Il est vrai, poursuit-il sans s'attarder à me contredire, que la France elle-même est en pleine déliquescence. Moi qui l'ai connue si riche, si prospère ! Après avoir dispensé son or et son génie à toutes les nations de la terre, la voici bafouée par les Anglais et vilipendée par les Américains parce qu'elle n'est pas en mesure de rembourser ses dettes de guerre ! Comment ose-t-on parler ainsi à un pays qui n'a cessé de sauver la civilisation depuis Roncevaux jusqu'à Verdun ? Ne sommes-nous pas tous ses débiteurs depuis des siècles ? Mais pourquoi, dites-moi, pourquoi la France a-t-elle renié jour après jour sa victoire ?

A cette question trop simpliste je préfère de pas répondre. Il faudrait auparavant s'entendre sur les mots.

— J'ai lu récemment dans le *New York Times,* dis-je en guise de diversion, une statistique où l'on avait évalué en dollars le prix de revient de chaque soldat tué à la guerre. C'était monstrueux. Comme nous avons eu 1 364 000 morts et les U.S.A. 65 000, celui qui valait le plus cher était de loin le soldat américain ; puis, venait l'Anglais. Ensuite — mais beaucoup plus bas et ne valant plus que quelques *cents* — les soldats français, italiens et allemands...

— Comment s'en étonner ? m'interrompt le Commandant. Si les Français lisaient mon livre *les Aveux de l'ingrat* — qu'ils m'ont beaucoup reproché parce qu'il contient certaines choses très amères sur leur pays, mais qu'un frère comme moi avait le droit de leur dire — ils y trouveraient ceci : sur la Piave, il y eut exactement un Américain tué et deux autres blessés. Maintenant, si vous calculez les millions de dollars dépensés par l'Amérique en Italie, rien qu'à partir de son entrée en guerre, vous conviendrez que cela porte à un très haut prix le cadavre de cet unique soldat. Pour notre part, nous avons répandu notre sang à profusion sans estimer que, par là, nous le rendions moins précieux. Excusez-moi, mais le rouge me monte au front quand je pense à ces choses ! Établir un barême des sacrifices humains ! C'est comme d'évaluer l'Eucharistie au nombre des hosties distribuées aux fidèles ! Le monde est en train de perdre le sens du sacré...

Le Commandant se lève brusquement. Hofmannsthal et Gabriellino en profitent pour s'éclipser dans le jardin, tandis que Donna Maria et Vollmöller engagent une conversation à voix basse.

— Venez ! me dit-il en faisant un geste de la main pour m'inviter à le suivre, je vais vous conduire dans la pièce où je garde mes trésors.

J'avance à pas lents à travers un dédale de couloirs et de galeries où s'entassent une foule d'objets hétéroclites, des Bouddhas, des Vierges, des Lédas, des Anges, des déesses hindoues à six bras, des faisans dorés. Il y en a des quantités fabuleuses, accumulées jusqu'au plafond. Et les plafonds eux-mêmes fourmillent d'inscriptions latines : *Ardisco non Ordisco, Semper adamas, Per non dormire, Sufficit animus, Memento audere semper, Quis contra Nos, Piu alto et piu oltre.* Vraiment c'est trop ! Dans ce domaine aussi une cure de tempérance ne serait pas inutile...

Enfin le Prince s'arrête, soulève une tenture de velours sombre et me fait entrer dans une pièce voûtée où règne une atmosphère de catacombes. Dans un angle brûle la petite flamme d'une lampe à huile. Je distingue peu à peu des formes auxquelles je ne m'attendais pas.

— Voici l'hélice de Pinedo, qui fit le tour du monde, me dit-il. Il me la donna pour que je la joigne aux vestiges de notre escadrille de guerre. Voici un des obus autrichiens qui bombardèrent Venise. Voici les souvenirs de mes camarades tombés au champ d'honneur. Je les garde aussi précieusement que des reliques. Cet ostensoir du XVe siècle contient un mouchoir taché de sang : c'est le sang de Natale Palli, qui pilotait mon avion lors du raid que j'effectuai au-dessus de Vienne, le 9 août 1918. Voici l'éclat d'obus qui déchiqueta la poitrine de Robert Prunas. Voici l'insigne de Louis Bresciani. Voyez, ils sont tous là, une moisson prodigieuse...

D'Annunzio se tait un instant, comme submergé par ses souvenirs.

— Voyez-vous cet écheveau de soie ? me demande-t-il en désignant une urne de verre. Il me rappelle la période où je combattais sur le front de l'Isonzo. J'étais en première ligne dans une tranchée que nos troupes venaient de conquérir. A chaque instant, devant nous, éclataient les 305 autrichiens. L'ennui était terrible. Me rappelant soudain que j'avais promis à la duchesse d'Aoste une certaine quantité de soie pour ses hôpitaux, je rassemblai mes hommes et leur dis : "J'ai promis de la soie à la duchesse d'Aoste. Nous allons nous consacrer à l'élevage des vers à soie." J'ai cru que mes soldats allaient me répondre par un éclat de rire. Pas du tout ! Bientôt notre tranchée se transforma en magnanerie. Vous auriez dû voir avec quelle délicatesse nos rudes paysans des Abruzzes manipulaient les chenilles. Les hommes ne pensaient plus que leur vie était en danger ; je les avais aidés à vaincre quelque chose de pire que la mort : l'ennui.

— Un jour les obus tombèrent sur nos abris qui furent pulvérisés. Il n'y eut heureusement pas de victimes, car nous avions été prévenus à temps et nous nous étions terrés dans des boyaux de secours. Mais l'élevage n'existait plus. Dehors, le bombardement se poursuivait avec rage. Personne n'osait sortir. Soudain, à quelques mètres au-delà du parapet, là où pleuvaient les obus, j'aperçus un ver à soie — un des derniers survivants. Pas un muscle de ma figure ne tressaillit. Mais un soldat qui se trouvait à côté de moi avait suivi mon regard. Sans hésiter, il traversa en rampant les quelques mètres de terrain offerts au feu de l'ennemi et me rapporta, au péril de sa vie, le ver à soie vivant. Celui-ci fut le point de départ d'un nouvel élevage. Lorsque nous remîmes notre récolte à la duchesse d'Aoste, je lui demandai de bien vouloir m'en réserver un écheveau. Ai-je eu tort, dites-moi, de le placer dans cette urne et de le couronner de laurier ? Ceux qui dévidèrent ces cocons sont retournés en cendres et, s'ils tissent un fil, c'est celui de la Parque...

Visiblement ému, le poète se tait. Reposant l'urne sur la table, il se tourne vers moi et poursuit d'une voix plus grave :

— Les morts, où que l'on aille aujourd'hui, d'un bout à l'autre de l'Europe, c'est toujours eux que l'on rencontre. Partout on sent vivre sous terre leurs légions silencieuses. Ils sont tellement plus vivants que les survivants ! Ils ressemblent à cette farine que recueillent les abeilles et qui assure, par-delà l'hiver, la renaissance de l'essaim. Mais personne ne vous comprend plus, quand on parle de ces choses...

L'auteur du *Feu* réfléchit un instant.

— C'est pourtant d'eux, je le sens, que viendra le renouveau.

Mais qui s'en préoccupe ? Qui a conservé le culte de leurs sacrifices ? Moi, et moi seul ! Le borgne prophétique, le Cyclope de ce siècle amnésique et ingrat... *Videt et non videt...*

Encore une devise ! J'en suis presque saturé.

— Sortons ! me dit le Commandant en me saisissant par le bras. On n'y voit pas clair ici. Cela me rappelle l'époque où j'étais aveugle.

— Car vous avez été aveugle ?

— Oui. Plus totalement aveugle qu'aucun être vivant ne l'a jamais été. J'ai connu alors une souffrance indicible, plus terrible, je vous l'assure, que tous les tourments de l'enfer. La cécité intérieure ! Vous ne savez pas ce que c'est...

— Vous avez dû traverser des moments atroces...

— La troisième blessure a été la pire...

— La troisième ?

— Oui. La première, je l'ai reçue en 1916. Nous volions à basse altitude au-dessus des lignes autrichiennes. J'étais assis dans ma carlingue derrière mon pilote. Soudain, j'entendis une déflagration assourdissante. L'avion se cabra. Au même moment je sentis une douleur aiguë dans mon œil droit, comme si on y avait enfoncé un tison fumant. Ma tête retomba en arrière. Je crus qu'elle avait été fauchée par le tranchant d'un couperet, car un flot de sang se répandit sur ma figure. Il s'accumula dans le pli de mes narines et la commissure de mes lèvres. Quand je rouvris les paupières je ne vis absolument rien — rien qu'une grosse araignée noire qui semblait s'être incrustée dans ma rétine droite. Elle était entourée d'un tourbillon d'étincelles. « Aveugle ! Je suis aveugle ! » me dis-je avec un sentiment de panique. Je fis un effort désespéré pour voir si je pouvais encore me servir de mon œil gauche. A travers un voile de sang, je discernai vaguement la silhouette de mon pilote et le balancement de sa main par lequel il m'indiquait qu'il avait coupé les gaz. Je repris espoir. Je trouvais suprêmement injuste de perdre la vue, moi qui pense par les yeux, ne vis que par les yeux, moi qui dévore le monde à travers mes yeux...

— Vous connaissez la phrase du Sermon sur la Montagne : « Ton œil est la lampe de ton corps. Si ton œil est sain, tout ton corps sera plein de lumière, mais si ton œil est malade, tout ton corps sera enveloppé de ténèbres »...

— C'est cela... C'est exactement cela, murmure D'Annunzio en me dévisageant de son œil unique. Quant à la deuxième blessure, elle survint à l'hôpital où je me retrouvai dans une chambre noire, allongé sur un lit étroit et incliné, les pieds légèrement plus élevés que la tête. Le médecin qui me soignait me dit que, pour sauver mon œil gauche, il fallait me bander les deux yeux et que je devrais rester plongé pendant un certain temps dans l'obscurité la plus complète. Il me recommanda également de ne pas faire un geste, de ne pas prononcer un mot. Mais alors je fus le siège d'un phénomène étrange. Comme si l'éclat d'obus ne m'avait pas seulement perforé l'œil, mais avait déchiré l'organe plus profond où prenait naissance mon génie poétique, un flot d'images s'en échappa comme un troupeau de chevaux sauvages. Pendant plusieurs semaines, j'eus dans mon orbite blessée une fournaise de songes que la volonté ne pouvait ni guider, ni interrompre. Le nerf optique atteignait ma vie antérieure, projetait dans le champ de ma vision des figures innombrables qui se succédaient avec une rapidité que je n'avais jamais connue, même à mes moments les plus inspirés. Le passé devenait présent avec un relief et une acuité qui en décuplaient l'intensité. Le danger de la folie était constamment suspendu au-dessus de ma tête. Les masses mentales en fusion s'écroulaient les unes sur les autres, immédiatement remplacées par de nouvelles apparitions. J'étais atteint d'une sorte de délire visuel. Je voyais tour à tour une substance scintillante et granuleuse, faite de parcelles de mica et de quartz ; des étoiles filantes ; des auréoles qui explosaient ; des défilés de drapeaux déchiquetés par le vent ; une cascade de rubis, un lac bleu, des glaciers flottant sur un océan de braises. Mon cerveau était devenu le foyer d'une tempête d'images que rien ne contrôlait plus. Je voyais de temps en temps une paroi rigide de rochers chauffés à blanc, sur laquelle étaient sculptés des hommes et des démons. Elle se rapprochait de moi, claquait comme une voile et les apparitions gravées sur elle s'agitaient furieusement. Puis, tout s'enfuyait, emporté par un tourbillon.

« Peu à peu le passage des images se ralentit. Les images elles-mêmes prirent une forme plus concrète. Des scènes de ma vie passée réémergèrent. Je les ai revécues, à la fois lointaines et très proches, avec un relief et une intensité qu'elles n'avaient pas eues sur le moment même. L'une d'elles revenait m'assaillir plus souvent que les autres. Je voyais des visages, des visages, un océan de visages. Toutes les passions de tous ces visages couraient à travers mon œil blessé, innombrables comme le sable chaud qui coule à travers un poing fermé. C'était la foule romaine en tumulte, qui rugissait autour de moi en cette nuit du 23 mai 1915 où je la haranguai du haut du Capitole pour la sommer d'entrer en guerre aux côtés des Alliés. La foule était énorme, ondoyante, hurlante. Je sentais la pâleur de mon visage brûler au-dessus d'elle comme une flamme. Il n'y avait plus rien de moi en moi. J'étais comme le démon du tumulte, le génie d'un peuple libre, le maître de l'orage. Transfiguré, je vivais enfin mon Credo en sang et en esprit. Je n'étais plus ivre de moi seul, mais de toute ma race... Tel Cola di Rienzo, je montais pour couronner la ville, pour me couronner moi-même, tandis qu'à mes pieds la foule hurlait et se tordait dans les affres de l'enfantement, l'enfantement de son destin. Elle était comme une coulée incandescente. Une statue gigantesque se forgeait sous mes yeux...

« Toutes ces scènes fulgurantes qui me traversaient l'esprit, je cherchai à les noter sur des bandes de papier étroites et longues comme des oriflammes pour que je puisse guider ma plume et laisser ma main gauche en suivre les bords. Ce n'était certes pas par souci d'esthétique. Ma volonté d'extérioriser un tel tumulte était — vous le comprendrez sans peine — une tentation de salut. Laissée à elle-même et sans aucun exutoire, la pression de mon cerveau m'eût conduit à la démence...

« Et puis, ce fut la troisième blessure — la plus atroce de toutes. Le flot d'images se ralentit. L'éclairage intérieur diminua. Bientôt il s'éteignit tout à fait. Je ne vis plus rien. Mes mains cessèrent d'écrire sur les bandelettes de papier. J'étais vraiment aveugle. Plongé dans une nuit totale, je connus la pire des cécités : la cécité intérieure, celle de l'esprit. J'avais l'impression d'être cloué vivant dans un cercueil de plomb, déposé au fond d'une hypogée souterraine. Une crispation sans nom, une volonté d'inertie, me descendirent le long du dos, et me rendirent rigide de la nuque jusqu'aux hanches. Jamais plus je ne resurgirais de ces ténèbres ! Tout était fini ! C'était bien plus effroyable que le tison ardent de l'avion ou le flot d'images qui m'avait assailli sur mon lit d'hôpital. La vie s'était retirée de moi, me laissant submergé dans un abîme de ténèbres. Je n'arrivais même plus à imaginer la lumière. Comme je ne pouvais plus écrire, je dictai une prière à ma fille Renata qui veillait à mon chevet[1]. C'était le dernier cri de ma plus profonde détresse :

Libération, libération
Je t'appelle dans mon soir sans crépuscule, dans ma nuit sans étoiles, dans mon matin sans aube et tu ne me libères pas !
Libération, libération,
Je te consacre mes bandelettes imprégnées d'un sang appauvri et des larmes stériles ; je te consacre ma seule prunelle qui voie, et veut seulement voir renaître le jour !
Libération, libération,
Viens et délivre-moi ; remets de la lumière dans mes yeux, ressoude les rotules de mes genoux ; reforge les articulations de mes coudes et de mes poignets ; refournis mon sang de sel et de fer et rejette-moi dans la bataille...

— Votre vœu a été exaucé !

— Oui, mais pas tout de suite. Il me fallut attendre encore quelques semaines dans l'obscurité. J'avais contre moi tous les pronostics de la science. Mais l'esprit de ma mère vint me secourir et me réconforter. Elle dressa sa force invisible entre moi et tous les interdits dont j'étais frappé. Je sentis la douce caresse de ses mains sur mon visage. Elles avaient la fraîcheur et la transparence d'une aube.

« Un matin, je crus discerner sous mon bandeau un faible rai de lumière. Il était pâle, hésitant, à peine perceptible. Je tressaillis de tout mon corps et poussai un cri : j'étais sauvé ! Dédaignant toute prudence, j'arrachai mon pansement : j'y voyais clair de mon œil gauche !

« Je bondis hors de mon lit, revêtis mon uniforme et me précipitai vers le terrain d'aviation. Je montai en avion avec mon pilote Louis Bologna. Je voulais faire une expérience et fixai l'altimètre, tout en sachant que je pouvais être frappé, à chaque instant, d'une cécité définitive.

« A deux mille mètres, mon œil unique voyait. A trois mille mètres, mon œil unique voyait. A trois mille quatre cents mètres il voyait encore ! De temps à autre, Louis Bologna se retournait vers moi. D'un signe, je lui donnais le résultat de mes observations et lui criais de monter encore. Dialogue inoubliable de l'amitié

1. Renata — que le poète appelait Sirenetta — était une fille qu'il avait eue vingt ans plus tôt de la comtesse Gravina.

guerrière ! A trois mille cinq cents mètres, je voyais toujours. Alors je sus que j'étais sauvé ! La nuit était vaincue. Je venais de renaître. La date de ma renaissance est le 13 septembre 1916... Saviez-vous que vous parliez à un ressuscité ?... Dans toute l'histoire du genre humain, il n'y a que Lazare, le Christ et moi qui ayons vécu cette expérience... Resurgir du tombeau et renaître à la lumière du monde... Mais ni la lumière ni le monde que l'on aperçoit alors ne sont les mêmes qu'auparavant...

— Et après ? demandai-je, fasciné par son récit.

— Après ? Malgré les protestations de mes docteurs, je retournai au front et participai à diverses actions, à Cataro et en Adriatique. Puis ce fut l'équipée de Fiume où, à la tête de vingt mille légionnaires je lançai un défi à l'Europe et fis trembler de peur les plénipotentiaires gâteux qui siégeaient à Paris et préparaient cette monstruosité que l'on a appelée de traité de Versailles, ce texte indéfendable, né d'une conjonction de la sottise, de l'ignorance et de la haine : la sottise du président Wilson, avec son sourire aux trente-deux fausses dents, l'ignorance de Lloyd George, avec sa crinière de lion en peluche et la haine de Clemenceau avec son faciès de Mongol, resurgi d'on ne sait quels âges ténébreux. "Je fais la guerre !" Il l'a si bien faite qu'au lieu de faire la paix il a posé les amorces de dix guerres nouvelles. De plus, il a toujours refusé de prendre en considération les revendications italiennes, parce qu'il craignait que le surcroît de prestige qui en résulterait pour mon pays ne serve, en fin de compte, à augmenter le pouvoir du Saint-Siège... Quelle misère !

D'Annunzio chancelle légèrement, comme pris de vertige. Il tire de sa poche un mouchoir de batiste et s'en éponge le front où perlent de fines goutelettes de sueur. Mais Fiume — le mot fatidique — a été prononcé. Je ne puis m'empêcher de l'interroger à ce sujet.

— Ah ! Fiume, Fiume ! J'évite d'en parler, bien que ce nom ne cesse de retentir en moi comme la clameur "Italie, Italie" dans *les Troyens* de Berlioz. Quelle aventure inouïe ! Je m'y suis senti à la fois au sommet de ma vie et à l'avant-garde de l'histoire. Quand j'y songe ! Ma lettre à Mussolini, la veille de mon départ, pour lui annoncer le coup de force : *Les dés sont jetés. Je pars. Demain, je prendrai Fiume par les armes ! Que m'aide le Dieu de l'Italie. Je me sens fiévreux, mais il n'est pas possible de différer. Une fois de plus, l'esprit dominera la chair. Soutenez la cause vigoureusement durant tout le conflit.*

« Et puis, le départ lui-même, à l'aube du 12 septembre 1919. Le froid du petit matin, mêlé au vent chaud de l'enthousiasme et au souffle ardent de l'aventure. Le point de concentration à Ronchi, non loin de Trieste, avant de marcher sur la ville. Le ronflement des voitures blindées et des quarante camions prêtés par le général Badoglio. Les pétarades des motocyclettes. Les acclamations des légionnaires. Une odeur de graisse chaude, de poudre et de sueur. Le contingent des volontaires qui augmente à vue d'œil : sept bataillons de fantassins, une brigade de Bersaglieri cyclistes, des grenadiers sardes, quatre cents marins venus de Trieste pour grossir les effectifs des *Arditi,* en tout plus de vingt-cinq mille hommes qui m'acclament avec frénésie, tandis que mon auto remonte le long de la colonne pour en prendre la tête... Aux approches de la ville, les chefs des garnisons française et britannique qui capitulent pour éviter un massacre. Les drapeaux qu'on amène. Les troupes d'occupation qui s'enfuient sans demander leur reste. Notre entrée triomphale dans la ville délivrée. Mon arrivée sur la place de l'Hôtel de Ville, où près de trente mille Fiumains m'ovationnent interminablement...

« Je revois encore le palais du gouverneur, énorme bâtisse blanche d'un baroque éléphantesque, construite par les Magyars, où j'avais installé mon quartier général. Mon bureau vaste et austère, que ne meublaient qu'une table de réfectoire réquisitionnée dans un couvent dalmate, un fauteuil de doge, un globe terrestre, des moulages des esclaves de Michel-Ange et des brassées d'étendards. Des nids de mitrailleuses étaient postés dans l'embrasure des fenêtres. L'une de ces fenêtres, plus grande que les autres, donnait sur un balcon qui dominait la rade. J'y haranguais chaque jour la population fiumaine pour stimuler son ardeur et lui dire : "Vous êtes les témoins d'une aventure sans précédent, car ici, ce n'est pas la politique qui l'a emporté, c'est l'imagination créatrice ! Vous êtes l'avant-garde d'un monde renouvelé !"

« La pièce à côté était le salon de musique. Louise Baccara y jouait du Bach et du Wagner. D'immenses rideaux de soie descendaient du plafond, imprégnés de mon parfum spécial — *l'Aquanuntia* —, dont j'avais emporté une provision avec moi. Plus tard, lors du blocus de la ville, je ne pus la renouveler. Nous manquions de tout, mais c'est lui qui me manqua le plus.

« Et puis, durant un an, ce furent le siège, le déclin, l'agonie. Une agonie atroce, car c'était l'agonie de l'espoir. Trahie par les politiciens sans âme, cernée par les forces de l'Entente, l'Imagination Créatrice fut prise à la gorge. Dès les premiers jours de décembre 1920, je sus que la partie était perdue et décidai d'évacuer la ville, pourvu que l'on m'accordât les honneurs de la guerre. Comme on me les refusait, je décidai de poursuivre la lutte. Alors, le blocus se resserra. Au bout de plusieurs mois de privations, les marins de la petite flotte fiumaine se découragèrent. Cédant aux sollicitations infâmes du gouvernement romain, qui leur promettait l'amnistie s'ils acceptaient de se rendre, ils levèrent l'ancre un beau matin et allèrent rejoindre les unités de la marine royale. Bien que ce départ nous affaiblît, je résolus de résister encore. Le 21 décembre fut marqué par un accrochage très dur, sur terre et sur mer, entre les légionnaires et les forces régulières. Il y eut quatre morts et une vingtaine de blessés. Le 25, jour de Noël, nous repoussâmes une contre-attaque générale. Alors, le général Cavaglio[1] ordonna au croiseur *Andrea Doria* de tirer sur le palais du gouverneur. Un obus fracassa le cadre de la fenêtre devant laquelle je me tenais quelques secondes auparavant, en train d'observer à travers une jumelle l'approche de la flotte royale. Je fus légèrement atteint. Qu'était-ce auprès de mes blessures précédentes ? Une égratignure. Et pourtant celle-là me fit souffrir bien plus que les autres. Les précédentes m'avaient été faites par l'ennemi. Celle-ci m'était infligée par mes propres compatriotes. Des Italiens avaient osé tirer sur leur poète ! Ivre de rage et d'écœurement, je m'écriai : "O radoteurs d'Italie, je suis encore vivant et implacable ! Ma vie, je l'ai offerte cent et cent fois avec le sourire, durant la guerre. Mais aujourd'hui, je me demande s'il vaut la peine de la gaspiller pour un peuple qui ne se soucie même pas de se lever un instant de ses ripailles de Noël, pendant que son gouvernement fait assassiner froidement un peuple d'un courage sublime comme celui qui, depuis seize mois, lutte et souffre à mes côtés — et n'est pas encore las de lutter et de souffrir !"

« Dès ce jour-là, je décidai de faire cesser les combats, non par manque de fermeté d'âme, mais pour empêcher l'Italie de se déshonorer davantage. Le 2 février 1921, j'apparus pour la dernière fois en public en tant que Commandant de la cité, pour jeter une brassée de lauriers sur les trente-trois cercueils de ceux qui étaient morts l'ultime jour de la résistance. Il y avait là,

1. Je n'ai pas bien retenu ce nom, il se peut que je me trompe.

alignés côte à côte, dix soldats de l'armée gouvernementale et vingt-trois légionnaires. L'affaire tournait à la guerre civile. Ce n'était pas ce que j'avais voulu... Le 18, je quittai la ville, tandis que les derniers légionnaires qui refusaient de se rendre s'égaillaient dans les vallées du Carso et dans les plaines de la Vénétie...

« Je vous l'ai dit : ce fut une agonie effroyable, car c'était l'agonie de l'espoir. Et de quel espoir ! Vous ne pouvez rien comprendre à l'équipée de Fiume si vous ne savez pas que Fiume, dans mon esprit, n'était qu'un commencement, un tremplin d'où je comptais bondir pour m'emparer de l'Italie et la sortir de sa fange. Il s'agissait d'obliger le roi Victor-Emmanuel, ce nabot pusillanime, à se démettre, de le remplacer sur le trône par son frère, le duc Amédée d'Aoste, qui, lui, avait du courage, et de constituer un nouveau gouvernement dont j'aurais été le chef. Alors, tous les redressements auraient été possibles. L'imagination créatrice n'aurait pas seulement régné à Fiume, mais sur toute l'Italie. J'avais cru que notre geste héroïque soulèverait partout une grande vague d'enthousiasme. Il n'en a rien été. Le peuple italien nous a laissé écraser en silence. Ce fut ma pire désillusion.

« L'année suivante, Mussolini marchait sur Rome. C'est lui qui devait recueillir le fruit de notre sacrifice. En conservant, il est vrai, le petit roi numismate. Cela risque de lui coûter cher. Il m'a écrit l'autre jour que cela lui donnait souvent envie de vomir. Je lui ai répondu : Et moi donc ! j'ai dû m'entourer de vastes cuvettes pour préserver mon encrier !...

Il éclate de rire. Puis, de nouveau sérieux :

— Il faut pardonner à un poète de se citer lui-même. Où trouverait-il plus haute référence ? Que disais-je ? Ah oui ! Le roi numismate... Le petit nain couronné. . Mieux vaut n'en pas parler, car c'est une autre histoire...

D'Annunzio a prononcé ces derniers mots presque à voix basse, comme s'il se parlait à lui-même. Il reste un long moment silencieux, renfrogné. Puis il me prend par le bras et me conduit lentement, perdu dans ses pensées, le long d'une galerie dont le plafond à caissons fourmille encore de devises.

— Vous semblez beaucoup aimer les devises..., remarqué-je timidement, pour rompre le silence qui commence à devenir pesant.

— Vous dites ?

Je montre du doigt le plafond.

— Ah oui ! Les devises... C'est une excellente gymnastique intellectuelle, une école de laconisme. Je m'oblige à en trouver sept ou huit tous les matins...

Cela fait plus de deux mille cinq cents devises par an.

Un laconisme diluvien...

— Si cela peut vous faire plaisir, je vous en trouverai une.

— Je vous en remercie, mais j'ai déjà choisi la mienne.

— Peut-on la connaître ?

— Elle n'a rien de secret. Je l'ai empruntée à Guillaume d'Orange.

— Ah ! *Point n'est besoin d'espérer...*

— Non. Cette formule trop bien cadencée m'a toujours paru apocryphe. Sans doute n'est-il pas besoin de vaincre pour persévérer. Mais on n'entreprend rien, si on n'a pas au moins une parcelle d'espérance. D'ailleurs, je la soupçonne de n'être pas une devise, mais le fragment d'une harangue que Guillaume de Nassau a dû adresser à ses troupes à la veille d'un combat. J'ai choisi sa véritable devise, qui est beaucoup moins connue.

— Que dit-elle ?

— *Orgueilleux si je me compare ; humble si je me considère.*

— C'est beau. Mais c'est trop long. Il faudra que je la traduise en latin. Le latin est la seule langue capable de tout dire en trois mots. Vous savez : *Veni, vedi, vici... Suave Mari magno...* Ma devise à moi est : *Immotus nec Iners.* Mais venez, je vais vous montrer le reste de la maison. Voici ma chambre à coucher, dit-il en ouvrant une porte.

J'aperçois une pièce de dimensions moyennes, mais tellement encombrée qu'on peut à peine s'y mouvoir. Il y a là un lit couvert de damas pourpre et or, de grands vases 1900 remplis d'ombellifères desséchées, des crosses d'évêques, des antiphonaires posés sur des lutrins médiévaux, une cheminée devant laquelle s'étale une peau de tigre et, dans deux angles, comme supportant le plafond de leurs bras musculeux, deux énormes caryatides que je ne reconnais pas tout de suite : ce sont des moulages de deux esclaves de Michel-Ange qui se trouvent au musée du Louvre. Car ils sont travestis, ce qui les rend méconnaissables. Je m'attendais à tout, mais pas à ceci ! Les poitrines des esclaves sont enserrées dans un bandeau de crêpe de Chine violet qui leur tient lieu de soutien-gorge et une étoffe brochée représentant des chrysanthèmes d'argent sur fond mauve est drapée autour de leurs hanches et descend jusqu'à terre. Ce spectacle équivoque me laisse muet de stupeur.

— N'est-ce pas que c'est une bonne idée ? me dit l'auteur de *la Ville morte*. En vérité, ces statues, Michel-Ange les a ratées. Leurs jambes sont beaucoup trop faibles pour soutenir leur torse. J'ai demandé à Paul Poiret de masquer ce défaut. Il a confectionné sur mes indications ces admirables robes de chambre. Reconnaissez qu'elles arrangent tout.

Je ne me sens prêt à rien reconnaître, car je suis partagé entre le fou rire et un sentiment voisin de la commisération. Comment D'Annunzio peut-il passer ainsi du sublime au ridicule ? Comment n'a-t-il pas compris que la fragilité des jambes des esclaves est justement ce qui leur donne leur caractère pathétique, que Michel-Ange a voulu exprimer par là l'éternel échec de l'homme, incapable de porter le fardeau démesuré de ses espoirs et de ses songes ? D'ailleurs ces effigies colossales destinées au tombeau de Jules II ne sont nullement faites pour décorer une chambre à coucher...

Le Commandant prend-il mon silence pour de l'approbation ? Je ne le saurai jamais car il m'entraîne aussitôt vers ce qu'il appelle « la chambre d'amour ». C'est une petite pièce à peu près vide. Elle n'a pour tout meuble qu'un sofa qui disparaît sous un amas de coussins. Les murs sont tendus de moire grise. Du haut en bas, on y voit des empreintes de mains. Elles sont de toutes les couleurs : noires, brunes, beiges, ocre, blanches. Je m'approche d'elles pour les examiner de plus près : ce sont des gants de daim ou de soie, découpés au rasoir dans le sens de la largeur et collés à plat contre le mur.

— Que signifient ces mains ? demandé-je. Des signes cabalistiques ?

— Nullement. Ce sont des gants oubliés...

— Des gants oubliés ?

— Oui ! par toutes les femmes que j'ai amenées ici, et qui y ont perdu la tête...

— Elles ont été nombreuses, à ce que je vois...

— Oui. Mille et trois, répond D'Annunzio avec un sourire de faune.

— Bigre ! Quel appétit !... Et aussi, quelle mémoire !

— Je n'y ai aucun mérite. Chaque fois que l'une d'elles est sortie d'ici, j'ai fait une entaille dans un des montants de la porte. Je n'ai qu'à les compter pour me remémorer mes victoires...

Maintenant, il ne nous reste plus à voir que la pièce où je travaille, le sanctuaire des muses...

Je suis sur le point de lui demander si les Muses, elles aussi, y ont oublié leurs gants, mais il pousse une porte vitrée et me fait pénétrer dans le saint des saints. Il est beaucoup moins encombré que les autres pièces. On y voit une grande table renaissance, un fauteuil, un pupitre et des livres. Mon regard est attiré par le paysage admirable que l'on aperçoit à travers la baie qui éclaire tout le fond de la pièce. J'y distingue une pelouse, un hêtre rouge et des rosiers grimpants. Une mince statue de bronze, grandeur nature, lève les bras vers le ciel dans un geste d'imploration.

— C'est saint François d'Assise, me dit le maître de maison.

Je remarque à ce moment un détail insolite : par-dessus son froc de moine, saint François porte un ceinturon militaire et un étui de cuir où brille la crosse d'un revolver.

— J'ai pensé que ce revolver manquait à la statue, c'est pourquoi je l'ai ajouté. Ne souligne-t-il pas à merveille la personnalité de l'auteur des *Fioretti* ? Car saint François d'Assise a été le premier fasciste...

— Ah ?

— Et moi, achève-t-il en croisant les mains sur la poitrine d'un air faussement dévot, je suis le dernier franciscain...

Cette fois-ci, je ne puis m'empêcher d'éclater de rire. Quel acteur prodigieux ! Avec quelle aisance il passe de la réalité au théâtre et vice versa ! On dirait que, pour lui, ces deux mondes n'en font qu'un. Tout à l'heure, il me parlait de sa blessure en termes bouleversants. Et maintenant... Pourtant sa blessure est réelle. On en voit encore les traces. Est-ce par goût du théâtre qu'il s'est exposé si souvent à la mort ? Dans ce cas, c'est un acteur comme on n'en fait plus, un de ces monstres sacrés qui hypnotisent leur auditoire par leur seule présence, car il ne suffit pas d'imaginer un rôle, encore faut-il pouvoir le tenir. C'est un homme de la génération d'Edouard de Max et de Mounet-Sully, dont on m'a assuré que lorsqu'ils se crevaient les yeux dans le rôle d'Œdipe-roi, toute la salle poussait un cri d'effroi, bien que chacun sût parfaitement qu'ils recommenceraient le lendemain.

Je me demande un instant si D'Annunzio — selon la formule connue — n'est pas un fou qui se prendrait pour D'Annunzio. Mais non : c'est un cas beaucoup plus intéressant. C'est un mégalomane qui s'est forgé un rêve insensé et que la nature a comblé d'assez de dons pour lui permettre de le vivre.

— Oui, le dernier franciscain, répète-t-il après un moment de réflexion. Je le dis sans me vanter. Lénine n'a-t-il pas affirmé : « Il n'y a qu'un seul vrai révolutionnaire en Italie, c'est D'Annunzio » ? Il ne se trompait pas. Cela tient à ce que je ne me suis jamais identifié à aucune catégorie sociale et que j'ai toujours vécu à la cime du danger. J'accomplissais par là ma vocation de poète. Car, pour moi, la poésie n'est rien d'autre que le réel aspirant au tragique afin d'en être transfiguré.

C'est vrai. Il s'est toujours exposé au péril et même ses pires excentricités ont été des défis : des défis au conformisme, à la bassesse et à la médiocrité. Cet homme a eu la fièvre. Mais sa fièvre était si brûlante qu'il l'a communiquée à tout un peuple...

Un garde s'avance vers lui et lui tend un plateau couvert d'un monceau de lettres et de télégrammes.

— Commandant ! Le courrier du soir.

D'un geste las, le poète lui fait signe de le poser sur une commode.

— Vous n'en prenez pas connaissance ?

— Jamais ! La gloire posthume, passe encore. Mais la gloire postale !... Maintenant, il est temps de retourner au salon, me dit-il d'une voix plus naturelle. Vollmöller et Donna Maria doivent s'ennuyer à périr. Donna Maria est une femme exquise, d'une bonté et d'une douceur exceptionnelles, mais pas très intelligente. C'est pourquoi je l'ai épousée. Si elle avait eu autant d'esprit que moi, il y a longtemps que nous serions tous deux morts de fatigue...

Lorsque nous pénétrons dans le salon, Donna Maria et Vollmöller sont en train de dévider un écheveau de laine à côté d'une tasse de thé en échangeant des propos anodins. Le poétissime les regarde avec un sourire ironique.

— J'ai montré la maison à notre invité français, dit-il d'un ton enjoué. Si cela vous fait plaisir, nous pourrions faire un tour dans le parc, maintenant qu'il fait moins chaud. Mais je voudrais auparavant vous offrir quelques cadeaux en souvenir de votre visite.

Il se dirige vers une table dont il ouvre le tiroir et en sort une pile de livres, ainsi qu'un objet allongé dont je distingue mal les contours. Il tend à Vollmöller un exemplaire de *la Pisanelle,* une tragédie qu'il a écrite en 1912. Après quoi, il me remet la *Constitution de la ville libre de Fiume,* portant en travers de la page sa signature fulgurante, suivie de la mention *Commandante della citta di Fiume* ; puis, le recueil d'essais intitulé *le livre ascétique de la Jeune Italie* avec cette dédicace : *Ce livre de celui qui est Propheta in Patria* ; enfin le premier volume des *Laudi,* sur la page de garde duquel sa main a tracé cette inscription énigmatique : *A Jacques Benoist-Méchin, en le culte de la dixième Muse et de la dixième symphonie, le Vittorial, le 14 juillet 1926.* Comme je l'interroge du regard, il me commente cette dédicace :

— Beethoven, comme vous le savez, a écrit neuf symphonies, dont chacune est un hommage à l'une des neuf muses. Mais sur la fin de sa vie, il a voulu en écrire une dixième, une sorte de bacchanale dont il a dit qu'« elle réconcilierait le monde moderne avec le monde antique ». Il en a noté quelques thèmes sur un cahier, mais sans pouvoir aller plus loin. Pourquoi ? Parce qu'il était trop fatigué par l'âge ? Parce que la mort ne lui en a pas laissé le temps ? Erreur ! Il n'a pas pu l'écrire parce qu'à son époque la dixième muse n'était pas encore née. Le XIXe siècle l'a enfantée et c'est au cours du XXe qu'elle atteindra sa maturité. C'est la muse du combat, de l'effort, du dynamisme créateur ; la muse des communautés naissantes et des nations en gésine ; je l'ai rencontrée pour la première fois à Delphes, au cours d'un voyage en Grèce et l'ai baptisée *Energeia,* c'est-à-dire *Énergie.* C'est elle qui préside aux révolutions et aux coups de force victorieux...

« Et pour finir, dit-il en me tendant l'objet allongé dont j'avais mal discerné la forme, je vous offre ce poignard, sur la lame duquel j'ai fait graver : *Si Spiritus pro nobis, quis contra nos ?* C'est le cri de guerre que j'avais donné à mes légionnaires fiumains. C'est en le clamant aux quatre vents que nous avons tenu tête à l'Europe. Je vous le remets parce que je pense que vous êtes notre frère, que vous êtes, vous aussi, un enfant de la dixième Muse.

Pourquoi me dit-il cela ? Il me connaît à peine. Pas plus tard qu'hier il ignorait mon existence. Est-ce le voyant qui parle, ou l'acteur ? Je voudrais tellement que ce ne soit pas l'acteur, car ses paroles ont remué en moi je ne sais quelle fibre profonde... Mais il ne me laisse même pas le temps d'approfondir ma pensée, car il enchaîne aussitôt :

— Savez-vous qui est le plus grand criminel de tous les temps ? C'est Christophe Colomb ! Il aurait dû être pendu haut et court pour avoir découvert l'Amérique ! C'est de là que sont venus tous nos maux — et ce n'est qu'un début... Souvenez-vous toujours de la parole d'Alfieri « Americani, servi della morte » ;

les Américains sont les valets de la mort... Jurez sur ce poignard que vous consacrerez tout le reste de votre vie à lutter contre la barbarie américaine !

Je me sens pris de court par cette injonction inattendue, car le but de ma visite est précisément de l'inviter à écrire ses Mémoires pour une maison d'édition de New York qui appartient à Hearst. Je m'apprêtais à lui en parler au moment où il a brandi son poignard, mais je sens que le moment est particulièrement mal venu. Aussi royales que soient les conditions proposées, après ce qu'il vient de dire, elles ne pourraient susciter chez lui qu'un refus hautain, voire une explosion de colère — qu'il regrettera peut-être demain. Bien sûr, certains aspects de l'*American way of life* me déplaisent autant qu'à lui. Mais de là à prendre si rapidement un engagement aussi solennel...

Après tout, je n'ai que vingt-cinq ans. Toute ma vie est devant moi et j'ai le malheur de considérer qu'un serment est inviolable...

Fort heureusement, Donna Maria a senti mon embarras.

— Gabriele, dit-elle en venant à ma rescousse, ces messieurs ont roulé toute la nuit et doivent encore aller jusqu'à Venise ce soir. Or, le temps passe. Ils vont être bientôt obligés de nous quitter. Ce serait dommage de les laisser partir sans leur avoir montré le jardin...

D'Annunzio consulte sa montre.

— C'est vrai ! dit-il en se tournant vers Vollmöller. Donna Maria a raison. Déjà sept heures ! C'est étonnant comme le temps passe ! On ne s'en rend pas compte, en cette saison, à cause de la longueur du jour. Vous reviendrez une autre fois pour la prestation de serment. En attendant, si vous voulez bien me consacrer encore quelques instants, allons faire un tour dans le parc.

Nous sortons du *Vittoriale* et empruntons à pas lents un chemin bordé de rhododendrons et d'azalées sauvages.

— C'est ici, dit le Commandant en désignant un hémicycle de bancs romains, que je me réunis une fois par mois avec mes camarades de combat, en une veillée nocturne pour commémorer nos morts. C'est sous ces mêmes lauriers que j'ai fait jouer toute une nuit de la musique pour honorer la mémoire de Claude Debussy et venger Anatole France des funérailles ridicules qu'on lui avait infligées...

Nous avançons toujours. Une petite cascade, au passage, nous éclabousse de son écume. Soudain, le Commandant pousse un cri guttural. Une voix lui répond. Elle semble provenir de la cime d'un arbre. Il réitère son cri. La voix lui répond de nouveau, comme portée par les airs. Le chemin dessine une courbe vers la gauche et soudain j'aperçois, scellé dans un long socle de pierre, la silhouette allongée d'un contre-tropilleur. Sa carène grise tend sa proue au-dessus du lac de Garde dont la nappe scintille deux cents mètres plus bas. Je n'en crois pas mes yeux. Comment ce navirc est-il arrivé jusqu'ici ? Il a fallu le démonter pièce par pièce et le reconstruire au sommet de ce piton rocheux où il semble s'être échoué comme un défi aux lois naturelles... Nous pénétrons dans ses flancs par une écoutille. Il faut courber nos têtes pour ne pas nous heurter à l'enchevêtrement de tuyaux et de manches d'aération. Le Commandant, qui a pris les devants, gravit une échelle métallique. Nous voici sur le pont. Une rangée de marins en tenue d'été — vareuses blanches à cols bleus, maillots rayés, pantalons blancs — nous accueille au garde-à-vous, tandis que le second-maître qui les commande fait le salut militaire. Il est très jeune. Son visage, son cou et ses mains sont bronzés. Il rit en découvrant des dents d'une blancheur éclatante, tandis que le Commandant lui pose quelques questions que je ne comprends pas.

— Ce navire — *le Puglia* — est le croiseur que j'avais à Fiume, dit-il en se retournant vers moi. J'ai demandé, quand je serai mort, que mon corps soit exposé sur sa plage avant, entre deux rangées de flambeaux. Quant à ces jeunes gens, ils ont fait partie du bataillon de fusiliers marins qui ont combattu à mes côtés. Ils forment un équipage merveilleux. Ils savent tout faire : repeindre la coque, entretenir le matériel, fourbir les coursives, mais aussi jouer le quatuor de Debussy et tirer le canon. Que préférez-vous ? Le quatuor de Debussy, ou une salve d'artillerie ?

Je me retourne vers Vollmöller pour lui demander son avis, mais celui-ci, désignant d'un doigt sa montre-bracelet, me fait comprendre que nous n'avons plus beaucoup de temps.

— Des coups de canon ! réponds-je au prince, d'un ton décidé.

— Bien, me dit-il en nous invitant du geste à escalader une seconde échelle d'acier.

Nous voici sur la passerelle de commandement. De là-haut le paysage est vraiment splendide. Il n'y a toujours pas un souffle d'air dans le ciel. A nos pieds, le lac de Garde étale sa surface polie. En cette belle fin d'après-midi d'été, le soleil déclinant dore le flanc des montagnes et ourle de vermeil les nuages floconneux qui semblent toujours barrer la haute vallée de l'Adige.

Le Commandant se recueille. Je comprends qu'il demande au second-maître si tout est paré. Sur sa réponse affirmative, l'auteur des *Odes navales* se tourne lentement vers la proue du croiseur.

— *A l'Europe,* dit-il lentement en scandant chaque mot, *pour qu'elle surgisse enfin de ses langes ensanglantés, à l'Europe, notre patrie, et à l'Intelligence, notre mère : Feu !*

Un roulement de tonnerre se répercute dans le cirque de montagnes qui entoure le lac.

— N'est-ce pas, dit le prince avec un accent extraordinaire, que tout résonne ici d'une façon héroïque ? Ce navire est le symbole de notre impatience à tous d'échapper à la pesanteur. *Plus ultra,* toujours plus haut ! Il voudrait toucher au ciel ! Mais il garde la nostalgie des eaux pour lesquelles il fut conçu et devient lentement de pierre dans son effort pour les rejoindre [1].

A présent, le Commandant se tourne vers Vollmöller.

— *A l'Allemagne nouvelle, à la patrie puissante des poètes et des penseurs, à l'Allemagne dont nous avons besoin pour façonner l'Europe, à l'Allemagne de Beethoven et de la dixième symphonie : Feu !*

Une seconde fois, la conque étroite qui monte vers le Trentin s'emplit d'une rumeur assourdissante. La carène du vaisseau vibre comme si elle allait se casser. Les montagnes se renvoient le grondement d'une rive à l'autre.

Lorsque le tumulte s'est enfin calmé, D'Annunzio se tourne vers moi et, me prenant la main :

— C'est aujourd'hui le 14 juillet, votre fête nationale, me dit-il. Notre troisième et dernier vœu, nous allons le former pour la France.

Un moment de silence ; puis, d'une voix forte :

— *A la France douce et héroïque, à celle sans laquelle tous les autres peuples seraient seuls, à la France blessée et martyre, mais aussi à l'olifant de Roland, qui n'a pas cessé de sonner pour de nouvelles victoires : Feu !*

Une troisième fois, le fracas de l'explosion se rue vers les montagnes dont l'échancrure nous renvoie l'écho. Mais au même instant, un cercle de fumée s'élève de la gueule du canon situé à l'avant du navire. Pur, blanc, parfait, il monte en s'élargissant dans l'air calme du soir comme une auréole de martyr. Sur le

1. Depuis lors, tout l'arrière du bâtiment a été reconstruit en pierre. On accède à la plage avant par des gradins de marbre.

pont du torpilleur, un Français, un Italien et un Allemand restent figés sur place et suivent son ascension en retenant leur souffle. Le cercle monte toujours en roulant sur lui-même. Soudain, il entre dans la zone éclairée par le soleil, s'embrase, passe de l'or pâle au pourpre, et puis, lentement, se défait et il ne reste plus au-dessus de nos têtes qu'une palpitation de la lumière.

En nous rendant au *Vittoriale,* Vollmöller et moi, nous nous sommes promis de n'être dupes de rien. Mais *ceci* est différent. Quand les choses répondent à ce point aux sollicitations de l'homme, il est difficile de n'y voir qu'une simple coïncidence. Nous sommes très émus et ne cherchons pas à le dissimuler. Cependant, le plus ému des trois est certainement D'Annunzio. Il trouve dans l'ascension de l'auréole plus qu'une réponse : une confirmation. Un sourire de triomphe apparaît sur son visage. Il se tourne vers moi, pose une dernière fois la main sur mon épaule et me dit d'une voix frémissante :

— Maintenant, quand vous retournerez à Paris, décrivez à vos amis la scène que vous venez de vivre et dites-leur — n'est-ce pas ? — que je suis *encore* poète !

CHAPITRE XXII

LA BACCHANTE ET LE TÉLÉPHONE

(août 1930)

Je suis venu au monde au moment où les hommes commençaient à voler et, dès mon plus jeune âge, j'ai été passionné par l'aviation. A sept ans, avec ce don d'observation aigu qui est le propre des enfants et qui s'émousse ensuite, au fil des années, je savais distinguer, sans commettre d'erreur, les différents modèles d'avions existant à cette époque. Impossible de me faire prendre un « Blériot XI » pour une « Demoiselle 20 », un « Farman » pour un « Caudron », un « Bréguet » pour un « Voisin ». Je connaissais leurs caractéristiques, leurs performances et jusqu'aux noms de ceux qui les pilotaient : Santos-Dumont, Hubert Latham, Blériot, Paulhan, Garros, le comte de la Vaulx, d'autres encore, sans oublier les deux pionniers américains Orville et Wilbur Wright, dont le biplan, catapulté le long d'un rail par la chute d'un contrepoids, avait effectué au camp d'Auvours un parcours de trente-huit kilomètres sans toucher le sol.

C'est trop peu de dire que j'étais passionné d'aviation : j'étais aspiré par son essor comme par le souffle d'une turbine, convaincu que voler était aussi naturel à l'homme que respirer ou dormir. Je ne m'émerveillais pas devant les machines volantes de Léonard de Vinci, ou les fioles d'air raréfié de Cyrano de Bergerac. Elles me paraissaient relever du domaine de la fiction. Or, je n'ai jamais su que faire de la fiction. La réalité et le rêve me suffisent amplement : la réalité dont la richesse foisonnante me surprend toujours et le rêve qui n'est pas, comme on le croit souvent, une vague rêverie, mais l'attente passionnée de ce qui tarde à naître. Je ne m'intéressais pas à la querelle qui opposait partisans des « dirigeables » et partisans des « aéroplanes », car pour moi la question était déjà tranchée : le ciel appartiendrait aux plus lourds que l'air. Alors que les progrès accomplis dans ce domaine stupéfiaient tout le monde par leur rapidité, ils me causaient par leur lenteur un sentiment d'irritation. Pour moi, une seule chose comptait : aller toujours plus vite, toujours plus loin. En d'autres termes, la « conquête » de l'air ne me paraissait nullement une série d'incursions hardies en direction de l'avenir, mais le rattrapage d'un retard difficilement excusable.

A l'automne de 1909 — j'avais alors huit ans — mon père m'avait conduit au salon de l'Aéronautique pour me permettre d'y admirer l'appareil sur lequel Blériot avait franchi la Manche, le 25 juillet précédent. Sortir seul avec mon père était un événement trop inhabituel pour que je n'en ressentisse pas beaucoup de fierté. Je me dis qu'il m'offrait là une occasion unique de lui faire comprendre que mon intérêt pour l'aviation n'était pas un enfantillage.

Décidé à lui révéler d'un coup toute l'étendue de mes connaissances, je le guidai à travers le dédale de stands qui encombraient le Grand Palais et m'arrêtai devant l'un d'eux où se trouvait exposé un nouveau modèle d'avion qui m'avait frappé par l'élégance de ses lignes. M'approchant de l'appareil, je me lançai dans une série d'explications compliquées relatives au fonctionnement du palonnier, au rôle des ailerons de sustentation, à la façon de manœuvrer le gouvernail de direction. Je vantai les mérites respectifs des moteurs fixes aux cylindres en V et des moteurs rotatifs aux cylindres en étoile. Je soulignai les avantages de telle forme de fuselage sur telle autre. Mon père m'écoutait avec un sourire amusé et me disait de temps en temps :

— Je me demande où tu as bien pu pêcher tout cela !

Le stand était gardé par un monsieur d'une trentaine d'années, vêtu d'un complet de sport et à la physionomie avenante. Etonné d'entendre un gamin de mon âge expliquer tous ces détails — et avec quel sérieux ! — à un homme à barbe grise, enturbanné de blanc, il se leva de son siège et s'approcha de nous.

— C'est votre fils ? demanda-t-il à mon père.

— Oui.

— Mes félicitations !

— Est-ce exact, ce qu'il raconte ?

— Parfaitement. Il est très calé pour son âge.
Puis, se penchant vers moi :
— Alors, mon petit bonhomme, tu t'intéresses à l'aviation ?
— Bien sûr.
— Quel effet cela t'a-t-il fait quand tu as appris que Blériot avait traversé la Manche en trente-trois minutes ?
— Aucun, répondis-je.
— Comment ccla, aucun ?
— Non. J'ai trouvé ça tout naturel.
— Tout naturel ? Sacré moutard ! Tu ne sais pas ce que cela représente de travail, de courage, de difficultés vaincues ! J'aurais bien voulu te voir à sa place !
— Oh moi, répliquai-je d'un ton assuré, quand je serai grand, je volerai de Paris à New York.
Le monsieur me dévisagea d'un air ébahi.
— Alors ça ! Les gosses aujourd'hui ne doutent plus de rien...
Puis, se tournant vers mon père :
— Vous avez entendu, monsieur ? Il dit que quand il sera grand, il ira en avion en Amérique ! Enfin... Il ne faut pas détruire les illusions des jeunes... Parions que lorsqu'il sera grand, il n'y pensera plus... Et après tout, qui sait ? c'est peut-être lui qui a raison.
Comparé à ma certitude, tant de scepticisme m'avait paru décourageant. C'était la faute de gens comme lui si l'aviation progressait si lentement...
Pourtant, ce gardien de stand n'était pas n'importe qui, car lorsque mon père lui avait demandé : « A qui ai-je l'honneur ? », le monsieur en veste de tweed lui avait répondu :
— Louis Bréguet.
Ce jour-là — une fois n'est pas coutume — mon père avait été content de moi.

Dix-huit ans plus tard, le 21 mai 1927, je m'étais précipité au Bourget avec cent mille autres Parisiens pour y voir atterrir Lindbergh sur le *Spirit of St-Louis*, à bord duquel il venait de franchir, en trente-trois heures et demie, les 5 800 kilomètres séparant New York de Paris. Plusieurs autres l'avaient tenté avant lui et s'étaient perdus en mer. Aussi la foule était-elle anxieuse. Elle se demandait s'il arriverait avant la tombée de la nuit. Mais pas moi. Je ne sais pour quelle raison, j'étais convaincu qu'il réussirait. Comme j'étais détenteur d'une carte de presse, car je travaillais pour Hearst, je pus me glisser à travers les barrages hâtivement dressés par la police et eu le privilège de me trouver presque au pied de son appareil lorsqu'il s'arrêta. Je vis émerger du cockpit et sauter à terre un jeune homme au visage candide, aux yeux plus clairs que l'océan qu'il venait de traverser et au menton sillonné d'une fossette oblique. Une fois de plus, sa performance ne m'étonna pas : je la trouvais toute naturelle. Lui aussi, d'ailleurs, ce qui me le rendait sympathique.

— *Well done !* lui dis-je en lui serrant la main.

— *It's nice of you to have come all that way to meet me*, me répondit-il avec une gentillesse désarmante.

Ce furent les seuls mots que nous pûmes échanger ce jour-là, car déjà les officiels se ruaient vers l'appareil. Parmi eux se trouvaient le commandant Weiss et le chargé d'affaires de Belgique, auquel Lindbergh tendit une enveloppe blanche. Je devais apprendre par la suite qu'elle contenait un mot de recommandation pour l'ambassadeur des Etats-Unis à Paris, ainsi que l'adresse d'un petit hôtel pas cher où il comptait loger. Après quoi, je fus happé par une tornade humaine et n'entendis plus rien que le rugissement de la foule qui l'accueillait en triomphateur.

Nous voici en 1930, à la fin du mois d'août. Je suis secrétaire général de *l'Intransigeant*. Costes et Bellonte s'apprêtent à s'envoler pour New York sur le *Point d'interrogation*, parcourant en sens inverse la route suivie par Lindbergh. Léon Bailby* s'intéresse tout particulièrement à ce raid, dont son journal a couvert une partie des frais. Une réception a été offerte aux deux aviateurs dans le grand hall de l'immeuble de la rue Réaumur. Après quoi, tout le monde est parti en vacances en leur souhaitant bonne chance. Leur envol, dont la date doit être tenue ultra-secrète, a

* Léon Bailby (1867-1954). Journaliste, directeur de *l'Intransigeant* et créateur, en 1933, du quotidien *le Jour* qui absorbera *l'Echo de Paris* peu avant la Seconde Guerre mondiale.

été fixé aux premiers jours de septembre. Je reste donc seul à Paris pour surveiller la maison.

Soudain, une voix éplorée m'appelle au téléphone : c'est Anna de Noailles. Elle me demande, elle me supplie, elle m'implore, elle me conjure de la laisser visiter le *Point d'interrogation* avant qu'il ne s'envole. Elle mourra le soir même si cette grâce lui est refusée. Elle se transpercera le cœur avec un point d'exclamation et on sera obligé de lui faire des obsèques nationales...

Ne sachant que faire pour éviter ce malheur, je téléphone à Bailby qui est à Biot, dans les Alpes-Maritimes, pour lui demander des instructions, car les deux aviateurs ont déclaré qu'ils ne voulaient pas qu'on les dérange. Mais le propriétaire de *l'Intran* entretient de trop bonnes relations avec Mme de Noailles pour la laisser attenter à ses jours d'une façon aussi cruelle.

— Conduisez-la au Bourget puisqu'elle en meurt d'envie, me répondit-il, et expliquez à Costes que c'est un cas exceptionnel. Tâchez d'y aller avec Curial et Denis. Si vous arrivez à les joindre (Curial et Denis étaient deux administrateurs de la maison). Mais empêchez Anna de parler à tort et à travers.

— Je la connais depuis longtemps. Ce ne sera pas facile !

— Arrangez-vous au moins pour qu'elle réserve ses impressions à *l'Intran*. Nous les publierons dans le journal en exclusivité.

C'est vrai que je connais Anna de Noailles depuis bientôt six ans. Mais, bien que je ne l'ai vue, entre-temps, que d'une façon espacée, je ne suis pas près d'oublier le soir où j'ai fait sa connaissance.

C'était en 1924, quelques mois après mon retour du service militaire. Mon père venait de mourir l'année précédente. Je travaillais depuis peu à la Banque de Varsovie, mais nous occupions encore l'appartement de la rue Brémontier, en attendant de trouver un logement plus modeste. Je ne possédais plus un sou et brûlais allégrement mes dernières cartouches, sans savoir encore ce que la vie me réservait. J'avais décidé d'organiser un dîner en l'honneur du poète allemand Fritz von Unruh, dont je venais de traduire en français le récit de guerre *Opfergang*[1] qui

1. « La Marche au sacrifice ». Publié peu auparavant aux Editions Kra sous le titre *Verdun*. Romain Rolland en avait salué la parution en termes dithyrambiques.

avait obtenu un succès retentissant en Allemagne. Ami d'Ebert et de Ratheneau, piloté par Heinrich Simon, le directeur de la *Gazette de Francfort*, Unruh devait être reçu, au cours de son séjour, par Léon Blum, Paul Painlevé, Henri Barbusse et Edouard Herriot.

C'était le premier dîner que je devais présider en tant que maître de maison (ma mère, qui portait encore le deuil de mon père, n'avait pas voulu y participer). Mais c'était aussi — et je le savais — le dernier que je donnerais dans l'appartement où j'étais né et où mon père avait reçu si admirablement ses amis. C'était un peu à sa mémoire que je l'offrais comme un ultime adieu et je tenais donc à faire les choses d'une façon digne de lui.

J'avais convié à ce repas Anna de Noailles, Edmond Jaloux*, Drieu La Rochelle, Luc Durtain**, André Germain et Maurice Martin du Gard***. J'aurais voulu inviter aussi Jeanne Mühlfeld**** et Paul Valéry. Mais comme Anna de Noailles ne pouvait pas voir Jeanne Mühlfeld et que Valéry ne pouvait pas souffrir Anna de Noailles, j'avais dû y renoncer. Après quoi, j'étais parti à la recherche de Médéa, notre ancien cordon bleu qui nous avait quittés en 1914 et l'avais priée de composer elle-même le menu, comme elle l'avait fait si souvent au temps de mon père. « Seulement, lui avais-je dit, ne nous faites pas un repas dans le style "noces et banquets". Pas de filets de sole Marguery ! (je ne sais trop pourquoi, les filets de sole Marguery me paraissaient vulgaires). — Pour qui me prenez-vous ? m'avait-elle rétorqué. On ne peut pas servir un poisson si on a commencé par du caviar. »

L'heure du dîner avait été fixée à 8 heures et demie, pour que nous puissions passer à table à 9 heures. Hélas ! A 10 heures, Anna de Noailles n'était pas encore là et Médéa, que mon père

* Edmond Jaloux (1878-1949). Ecrivain, de l'Académie française, critique des *Nouvelles littéraires*, l'un des meilleurs de son temps.

** Luc Durtain (André Neveu dit, 1881-1959). Poète, essayiste, auteur de plusieurs romans à l'exotisme coloré, en particulier *Douze cent mille*, 1922.

*** Maurice Martin du Gard (1896-1970). Ecrivain et journaliste, créateur des *Ecrits nouveaux* en 1921, il fonda en 1922 *les Nouvelles littéraires* dont il fut le directeur jusqu'en 1936. Il a laissé notamment plusieurs livres de souvenirs, *la Chronique de Vichy* et *les Mémorables* (3 volumes).

**** Jeanne Mühlfeld, veuve du critique Lucien Mühlfeld, avait l'un des salons les plus célèbres de Paris.

avait habituée à la ponctualité la plus stricte, se morfondait devant ses fourneaux.

— Le monde a bien changé depuis l'époque de Monsieur ! gémissait-elle. Il est impossible désormais de faire de la bonne cuisine !

Ses lamentations culminaient dans un cri désolé, qui rappelait la prédiction de Cassandre sur les remparts de Troie : « Tout va être brûlé ! » Quant à moi, j'étais sur des charbons ardents, car André Germain avait invité pour 10 heures et demie une quarantaine de personnes que je ne connaissais pas et je me disais que je ne serais jamais levé de table à temps pour les accueillir.

Enfin, à 10 heures un quart la comtesse de Noailles apparut. Elle agitait de la main droite un immense éventail de plumes et son buste scintillant de paillettes était environné d'un nuage de tulle.

En pénétrant dans le salon, elle s'exclama d'un ton dramatique :

— Excusez mon léger retard, mais j'ai failli ne pas pouvoir venir ! Au moment de quitter ma maison, j'ai attrapé une conjonctivite dans mon plus bel œil !

Nous poussâmes des cris horrifiés, bien que nous n'en crussions rien, et je m'efforçai de faire passer tout le monde dans la salle à manger, tandis qu'elle se lançait dans un discours haletant, sur l'accablement qui lui causait parfois la lumière.

— Qu'elle soit ondes ou particules, et mon ami Louis de Broglie prétend qu'elle est les deux, poursuivit-elle tandis que nous prenions place autour de la table, la lumière peut avoir des effets dévastateurs sur la vue d'un poète. Je suis sûre que c'est elle qui a aveuglé Sophocle. Tenez, il y a deux ans, il m'est venu une idée tout à fait folle : j'ai voulu visiter Venise. Je suis arrivée de nuit à l'hôtel Danieli. Le matin, quand la femme de chambre est venue ouvrir les rideaux je lui ai dit : « Je vous en supplie, ne faites pas cela ! Vous allez réveiller le soleil. Sa lumière va me crucifier, me foudroyer, m'anéantir ! Jamais je ne serai capable de supporter autant d'azur ! » Je suis restée quatre jours enfermée dans ma chambre, les volets hermétiquement clos, prostrée dans l'obscurité sur mon grabat à baldaquin, en train de lire *le Colonel Chabert*. Je l'ai lu deux fois d'un bout à l'autre. Puis, j'ai quitté le Danieli la nuit — comme j'étais arrivé — sans avoir le courage d'entrouvrir ma fenêtre. C'est pourquoi je ne connais rien de Venise, ni de l'affreux Lido

Où vient, sur l'herbe d'un tombeau,
Mourir la pâle Adriatique,

car ce tombeau, j'en suis sûre, aurait été le mien ! Quant au *Colonel Chabert*, j'en connais chaque ligne, je pourrais vous en réciter des pages entières par cœur...

Je la crus sur parole, mais suppliai le ciel qu'elle ne commençât pas, car cela nous aurait mené jusqu'à l'aube.

Cependant, la divine comtesse parlait, parlait sans arrêt. Elle avait dit d'Hélène Vacaresco, en raison de sa corpulence et de sa voix mélodieuse, que c'était « un hippopotame qui avait avalé un rossignol ». Mais elle était un rossignol qui avait avalé un haut-parleur. C'était un torrent, un fleuve, un déluge de paroles. Personne ne pouvait placer un mot. Jaloux, qui la connaissait, en avait pris son parti. Mais Unruh la regardait avec ahurissement, littéralement submergé par ce déferlement de lyrisme qui crépitait au-dessus de sa tête comme un feu d'artifice. Tous les délires accumulés dans le sang des Brancovan depuis la chute de Byzance se donnaient libre cours. Elle tirait au jugé, comme disent les chasseurs, mais sa personnalité était trop marquée et trop d'images traversaient le champ de son imagination pour qu'elle n'abattît pas, de temps à autre, un faisan doré. Je devais la revoir à Genève, quelques années plus tard, assise dans le hall de l'hôtel des Bergues, en train de monologuer devant sir Robert Cecil. Le délégué anglais à la Société des Nations était un vieillard maigre un peu déplumé, le crâne chauve et le nez busqué. Comme il avait eu l'audace de vouloir l'interrompre, elle l'avait rappelé au respect des convenances en lui lançant cette apostrophe de façon à ce que tout l'hôtel pût l'entendre : « Taisez-vous, vautour végétarien ! »

On guettait ses moindres mots, dont certains étaient étourdissants de pénétration et de drôlerie. Mais il serait exagéré de dire qu'elle faisait mouche à tous les coups. Les munitions qu'elle gaspillait étaient sans proportion avec le gibier abattu.

Tandis qu'elle parlait à en perdre haleine de Balzac, de Musset, du général Mangin, de l'occupation de la Rhénanie, le maître d'hôtel apporta en guise d'entrée une énorme langue de bœuf à la sauce Robert. Jusque-là Anna m'avait donné l'impression de ne savoir ni où elle était ni à qui elle parlait. Elle s'arrêta soudain, me dévisagea avec l'œil fixe d'une poule qui vient de découvrir un vermisseau et me dit d'un ton sévère :

— C'est une allusion personnelle ? Délicate attention ! Je vous en remercie !

Je ne sus où me fourrer car, comme je l'ai déjà dit, c'était Médéa qui avait composé le menu et jamais il ne me serait venu à l'idée d'établir un rapport entre une langue de bœuf et l'auteur des *Eblouissements*. Je rougis de confusion. D'autant plus que depuis un moment, les coups de sonnette se succédaient à la porte du grand escalier : c'étaient « les invités d'après dîner » qui arrivaient par petits groupes. Etant encore inexpérimenté, j'étais aux abois, ne sachant pas ce qu'exigeait l'étiquette dans des circonstances pareilles : quitter la table en abandonnant mes convives pour aller recevoir ceux qui se présentaient à la porte ou laisser une foule inconnue errer à l'aventure dans un appartement dont certaines pièces étaient déjà à moitié démeublées ? Décidément, le dîner tournait au cauchemar. (J'ignorais que ma mère, pressentant le péril, avait revêtu en toute hâte une robe du soir et était allée accueillir les arrivants. Comme elle ne les connaissait pas et qu'ils ne se connaissaient pas entre eux, cela ne facilitait pas les présentations. Mais une fois de plus, son charme et sa bonne grâce...)

Entre-temps, la comtesse de Noailles, saisie de nouveau par l'inspiration, s'était remise à parler, en entremêlant Mayence, Amphion et Eleusis et nous entraînant à sa suite dans un monde tourbillonnant où les savants les plus éminents de la IIIe République — Henri Poincaré, Paul Langevin, Pierre Curie — avec leurs barbiches et leurs binocles, faisaient l'amour avec les Muses parmi les lauriers-roses de l'Hélicon. Je bouillais d'impatience car son discours retardait interminablement le service et je n'avais qu'une idée : retourner au salon. Quand donc s'arrêterait-elle ? Quand les autres invités, furieux d'attendre, seraient repartis après avoir pillé le buffet et saccagé l'appartement ? Les murs de la salle à manger étaient tendus du haut en bas de tapisseries chinoises que mon père avait rapportées de Pékin. Elles avaient servi à décorer le catafalque d'un mandarin et représentaient, se détachant sur un fond de soie bleu nuit, d'énormes dragons d'or dressés sur leurs pattes de derrière et vomissant des flammes comme s'ils avaient avalé des paquets d'ouate thermogène. Leurs pattes de devant, brandies devant eux, étaient armées de griffes d'une dimension terrifiante.

Tout à l'heure, j'avais regretté qu'Anna de Noailles eût attrapé une conjonctivite en sortant de chez elle (pas très grave, apparemment, puisqu'elle n'en parlait plus). J'aurais préféré mille fois qu'elle ait eu une extinction de voix. Mais à présent, j'étais dans un tel état d'exaspération que j'aurais souhaité que les dragons descendissent des murs pour la lacérer de leurs griffes. Mon souhait, fort heureusement, ne se réalisa pas, de sorte qu'il était passé minuit quand nous sortîmes de table.

Mais j'eus quand même une minute de revanche avant la fin du repas. Ce fut le moment où Anna, soulevée par une ivresse proprement dionysiaque, se lava par mégarde les doigts dans sa coupe de champagne et but, d'une seule traite, l'eau tiède de son rince-doigts.

Mais revenons à *l'Intran*. Ayant obtenu l'autorisation de Bailby, rendez-vous est pris aussitôt avec Anna de Noailles. Il est convenu que je la conduirai demain matin au Bourget, en compagnie d'un photographe et de quelques collaborateurs du journal, pour qu'elle puisse donner sa bénédiction au *Point d'interrogation*.

Cette fois-ci, la mise en scène est très différente. Point d'éventail de plumes, ni de nuages de tulle. Elle porte un tailleur gris très strict, comme si elle devait elle-même participer au voyage et s'est fait confectionner à la hâte un ravissant petit bonnet inspiré de la coiffe que portait Blériot pendant la traversée de la Manche. Il comporte des pattes latérales qui se rabattent sur les oreilles et se nouent sous le menton, mettant merveilleusement en valeur l'ovale de son visage. Ainsi encapuchonnée de cuir, elle est sage, réservée, très petite fille modèle. On dirait une pensionnaire du Couvent des Oiseaux, mais avec quelque chose de pétillant au fond des prunelles.

Lorsque nous arrivons au champ d'aviation, je m'aperçois que mes consignes n'ont pas été transmises et que personne n'est là pour nous accueillir et nous guider. Nous devons trouver nous-mêmes le hangar qui abrite le *Point d'interrogation*.

Quand nous le découvrons enfin, j'éprouve une émotion à laquelle je ne m'attendais pas. Certes, je n'ai plus la même passion pour l'aviation qu'à l'époque où je visitais le Salon de l'Aéronautique en compagnie de mon père. Depuis lors, mon intérêt s'est porté sur d'autres choses. Mais en voyant se profiler dans l'ombre l'appareil sur lequel deux hommes vont tenter de relier d'un coup d'aile l'Europe à l'Amérique, je ne puis m'empêcher de penser à la prédiction que j'ai faite à Louis Bréguet, il y a vingt et un ans — le temps pour un nouveau-né d'atteindre la majorité.

Dieudonné Costes n'est pas là. Seul Bellonte est présent. Il est revêtu d'une combinaison bleue dont les manches sont retroussées et procède à une dernière révision du moteur. Nul ne peut prévoir que ce mécano aux cheveux blonds et au regard un peu timide deviendra inspecteur général de l'Aviation civile. Il tend son poignet droit à Mme de Noailles, car ses mains sont maculées de cambouis.

— Excusez-moi, lui dit-il, vous me surprenez en plein travail.

Il s'apprête d'un air résigné à lui expliquer les principales caractéristiques du *Point d'interrogation*, car cette visite, pour lui, est visiblement une corvée. Mais d'un geste autoritaire, la poétesse le devance :

— Non, non ! s'exclame-t-elle, c'est moi qui vais vous expliquer. Car je suis, moi aussi, une professionnelle de l'azur !

Bellonte lui jette un regard interloqué.

— Sur quel modèle ? lui demande-t-il.

— L'alexandrin !

Bellonte fronce légèrement les sourcils.

— Vous en êtes satisfaite ?

— Plus que satisfaite ! Comblée ! répond Anna de Noailles de plus en plus lyrique. Grâce à lui, j'ai atteint des altitudes que vous ne soupçonnerez jamais !

— Sans avoir de pépins techniques ?

— Jamais ! A condition, bien entendu de surveiller les chevilles...

Bellonte réfléchit un moment. De toute évidence, cet appareil inconnu et mal chevillé ne lui dit rien qui vaille. Mais l'auteur du *Cœur innombrable* ne lui laisse pas le temps de respirer. Elle saute sur un escabeau posé contre la carlingue et se met à inspecter le tableau de bord. A chaque cadran, chaque manette, elle pousse des cris extasiés. Elle joue de la lyre avec les haubans, elle palpe d'une main volubile les deux sièges placés l'un derrière l'autre dans l'axe du fuselage. Devant chacun d'eux se trouve un dispositif bizarre : un entonnoir relié à un tuyau d'évacuation. D'un geste pudique, Bellonte cherche à les dissimuler à ses regards. Les deux aviateurs ont beau être des émules d'Icare, il y a des choses qu'aucun homme ne peut retenir pendant trente-cinq heures d'affilée (pour Anna de Noailles, la torture suprême serait évidemment de se retenir de parler pendant aussi longtemps). Mais rien n'échappe à son regard divinateur. Tandis que Bellonte rougit, elle écarte sa main de devant les entonnoirs et, les désignant d'un doigt frémissant d'enthousiasme, elle s'écrit :

— C'est merveilleux ! On a tout prévu ! Ils ont même le téléphone !

L'aviation, comme on le voit, avait fait de grands progrès.

CHAPITRE XXIII

LES OBSÈQUES DU MARÉCHAL HINDENBURG A TANNENBERG

(7 août 1934)

Non loin de Friedland et d'Eylau, dans la plaine de Tannenberg qui s'étend à perte de vue de la Vistule au Niémen, se dressent huit tours carrées, hautes de quarante mètres, couleur de sang séché. Un rempart octogonal les relie les unes aux autres. C'est dans ce mausolée — à la fois *oppidum* romain et forteresse médiévale — que reposera désormais le Feldmarechal Paul von Beneckendorff und von Hindenburg, drapé dans le manteau blanc à croix noire des Chevaliers Teutoniques.

L'édifice est austère. Ses murailles sont trapues. Mais, ce qui le rend impressionnant par-dessus tout, c'est qu'il incarne d'une façon tangible l'esprit de Croisade. Il semble fait pour tenir tête aux invasions, aux exodes, aux tempêtes. Son aspect doit être lugubre en hiver, quand les nuages se traînent à ras du sol et qu'un vent glacé rabote la plaine. Mais ce ne sera pas le cas aujourd'hui car nous sommes au mois d'août. La nuit a été chaude et la brume qui monte de terre annonce une journée plus chaude encore.

Sans répit depuis hier soir, à travers une Allemagne en deuil où toutes les cloches des églises sonnaient le tocsin, dix-huit trains spéciaux, se succédant de quart d'heure en quart d'heure, ont traversé le Corridor polonais pour amener en Prusse-Orientale les membres du gouvernement allemand, le corps diplomatique au complet, la foule des délégations officielles et les hôtes de marque qui doivent participer aux funérailles du Maréchal.

M. von Weizsäcker, secrétaire d'Etat au ministère des Affaires étrangères du Reich, qui m'a invité à assister à la cérémonie en tant qu'envoyé spécial du *Petit Journal*, a mis à ma disposition un jeune éditeur du nom de Maxime Klieber. Celui-ci m'accompagnera durant mon voyage et veillera à ce que je ne manque de rien. Aucun choix ne pouvait être plus heureux, car Maxime a mon âge. Il joint à une allure sportive un esprit ouvert et cultivé. Nous sympathisons rapidement. De cette rencontre imprévue naîtra une amitié durable.

A Hohenstein, où nous descendons de notre train, une auto nous attend pour nous conduire à Tannenberg. A ma surprise, le paysage est beaucoup plus souriant que je m'y étais attendu. Il est parsemé de petits lacs et d'étendues boisées.

— La contrée que nous traversons a été de tout temps un lieu d'affrontement, me dit Maxime Klieber. Elle a vu pendant mille ans le flux et le reflux des Germains et des Slaves. C'est une histoire passionnante ! Mais je ne veux pas vous ennuyer avec ça. Vous me prendriez pour un *Herr Professor* ! Ce n'est pas mon genre.

— Je le vois bien, lui réponds-je. Mais c'est une histoire que je connais mal. Racontez-la-moi. Vous me ferez plaisir.

— Puisque vous insistez... Sachez que les premiers Croisés y arrivèrent vers 1200. Ils fondèrent l'Ordre des Chevaliers Porte-Glaive, ainsi appelés parce qu'ils portaient de grands manteaux blancs frappés d'une croix et d'une épée écarlates. En 1207, ils écrasèrent les Livoniens ; en 1212 ils repoussèrent les Danois. Mais les Lituaniens ne tardèrent pas à prendre leur revanche. En 1229, ils écrasèrent les Chevaliers Porte-Glaive. Décimés, ceux-ci durent faire appel à un Ordre plus puissant que le leur : ainsi apparurent les Chevaliers Teutoniques. Ceux-ci portaient des manteaux blancs frappés d'une croix noire à liséré d'argent. En 1237, ils s'installèrent sur la Vistule, dans la citadelle de Marienburg. En 1243, ils occupèrent la Courlande et y construisirent une chaîne de forteresses dont les donjons carrés, reliés par des remparts de brique, devinrent les bastions avancés de l'Europe chrétienne face à l'Est...

— Ah ! l'Europe chrétienne ! ne puis-je m'empêcher de m'exclamer, cette Europe dont l'expression la plus haute était les Saints, les cathédrales et les Ordres de chevalerie ! Qu'elle devait être belle au temps où elle s'inscrivait dans un quadrilatère formé par Marienburg, le Mont-Saint-Michel, l'abbaye de Montserrat et le Crac des Chevaliers...

— Le Crac des Chevaliers ? Où cela se trouve-t-il ?

— Dans le désert de Syrie. C'est une construction superbe, érigée sur un piton rocheux. Lawrence — qui s'y connaissait en architecture militaire médiévale — nous dit que "c'est probablement le mieux conservé et en tout cas le plus admirable dc tous les châteaux forts du monde". En 1142, le dernier descendant du comte de Tripoli en confia la garde aux Chevaliers Hospitaliers. Ceux-ci étaient les frères des Chevaliers de Saint-Jean, lesquels étaient les frères des Chevaliers Teutoniques... Vous voyez que, malgré les distances, l'Histoire offre de ces analogies qui font rêver...

Tandis que nous roulons sur la route qui va de Hohenstein à Tannenberg, la chaussée est de plus en plus encombrée. Des files de voitures officielles qui klaxonnent sans arrêt cherchent à dépasser tantôt des colonnes d'infanterie qui marchent en soulevant des nuages de poussière, tantôt des camions chargés de marins, tantôt des batteries d'artillerie tractée. Toutes ces troupes, qui avancent simultanément dans la même direction, semblent monter à l'assaut de quelque place forte invisible.

Il est à peine huit heures. Le soleil est déjà chaud.

— Je vous ai interrompu, dis-je à Maxime. Nous en étions restés aux Chevaliers Teutoniques.

— Vous êtes sûr que je ne vous ennuie pas ?

— Au contraire...

— Le XIIIe siècle marqua l'apogée de la colonisation germanique. Mais au bout de cent ans, les Chevaliers allemands commirent l'imprudence de chasser les marchands polonais qui s'étaient installés à Dantzig. Furieux, les Polonais et les Lituaniens s'allièrent contre eux. Ils leur livrèrent bataille le 15 juillet 1410 dans la plaine de Tannenberg où nous nous trouvons en ce moment. L'armée teutonique, forte de quatre-vingt-trois mille hommes — ce qui était énorme pour l'époque — fut taillée en pièces. Cette défaite détruisit le prestige de l'Ordre en tant que puissance militaire... En 1521 la Réforme lui porta le coup de grâce au point de vue religieux. Ce fut la fin du Ier Reich, en même temps que d'une certaine Europe...

Maxime se tait un instant. Puis il se penche vers le chauffeur qui commence à s'impatienter, car la route est de plus en plus encombrée.

— Combien y a-t-il encore de kilomètres d'ici à Tannenberg ? lui demande-t-il.

— Une dizaine environ.

— Alors, rien ne presse. Il est à peine 9 heures. La cérémonie ne commencera pas avant 11 heures. Nous avons largement le temps...

— Oui, en temps normal. Mais aujourd'hui, avec ces troupes qui affluent de tous les côtés...

— Arrêtons-nous un moment sur le bord de la route et laissons-les passer.

La voiture ralentit et s'immobilise en bordure d'un talus.

— Et ensuite ? dis-je à Maxime d'un ton interrogateur.

— Je ne voudrais pourtant pas vous faire un cours d'histoire. Je ne suis pas assez calé ! me répond-il en riant.

— Si, si, vous m'apprenez un tas de choses ! Je ne pensais pas me trouver à l'endroit où les Chevaliers Teutoniques reçurent le coup de grâce. Qu'arriva-t-il ensuite ?

— Contre toute attente, le fil ne fut pas rompu. En 1525, le dernier Grand Maître de l'Ordre, Adalbert de Brandebourg, devint le premier duc héréditaire de Prusse. A partir de ce moment, ce fut à la Prusse qu'il appartint de relever le bastion écroulé. Vous savez comment elle s'en acquitta : Frédéric le Grand, les partages de la Pologne, Napoléon, Iéna, Tilsitt, le radeau sur le Niémen ; puis, Sadowa, Sedan et la galerie des Glaces... Ainsi naquit le IIe Reich...

Tandis que Maxime énumère ces grands noms, dont chacun suffirait à remplir un volume, les colonnes de soldats continuent de défiler. De notre voiture arrêtée, nous les regardons passer. Leurs uniformes sont flambant neufs ; leurs casques n'ont pas une éraflure ; leurs équipements sont soigneusement astiqués. Une armée à l'état naissant ! Tout ce que me dit Maxime se détache sur un fond de pas cadencés, de commandements brefs et de grondements de moteurs. Est-ce pour cela que son récit me paraît si vivant ?

— On aurait cru, pendant un temps, que l'Histoire s'était arrêtée, poursuit-il. Et puis, le 2 août 1914, tout recommença. Dès les premiers jours de la guerre, les Russes prirent l'offensive et envahirent la Prusse-Orientale. Ils occupèrent la Mazurie, suivant une ligne allant de Gumbinnen à Eylau. Königsberg était menacée. C'est alors que le général Hindenburg, qui venait d'être nommé commandant de la VIIIe armée, décida de passer à l'attaque. Le 26 août, 153 000 Allemands se ruèrent sur les 190 000 Russes commandés par le général Samsonov. Le choc principal eut lieu dans la plaine de Tannenberg, où les Chevaliers Teutoniques avaient été écrasés en 1410. Quarante-huit heures plus tard, l'armée russe était anéantie. Nous fîmes un butin énorme : 100 000 prisonniers et plus de 350 canons. Le général Samsonov se suicida sur le champ de bataille. L'Allemagne était sauvée...

Comme le passage des troupes est devenu moins dense, Maxime dit au chauffeur de se remettre en route.

— Remarquez que là où eut lieu le choc décisif, les Russes étaient commandés par le général Rennenkampf — un Balte d'origine allemande — et les Allemands par le général von François — un Huguenot de La Rochelle, réfugié à Berlin après la révocation de l'Edit de Nantes.

— Quel étrange chassé-croisé !... Pourtant la route est longue de La Rochelle à Tannenberg...

— Après la débâcle des armées russes, les armées allemandes pénétrèrent en Courlande. En septembre 1917, la VIIIe armée — celle-là même qui avait culbuté les forces de Samsonov — faisait son entrée triomphale à Riga. C'est pourquoi le nom de Tannenberg est resté associé à celui de Hindenburg, comme la Marne à celui de Joffre et Verdun à celui de Pétain... Et puis en 1918, ce fut de nouveau l'effondrement. On assista alors à la ruée désespérée des corps-francs du *Baltikum* luttant frénétiquement pour conserver la Courlande à l'Allemagne, sous le commandement de chefs improvisés tels que Bischoff, Bermondt-Avaloff, Rossbach...

Tiens ! Mon ami Rossbach... Un des hommes les plus braves et les plus modestes que je connaisse. Il y a à peine trois mois, quelques-uns de ses amis me racontaient son équipée. Car lui n'en parle jamais...

— Le monument que vous allez voir, poursuit Maxime, a été érigé pour commémorer la défaite de 1410, en même temps que la victoire de 1914. C'est aussi pourquoi le vainqueur de Samsonov a tenu a y être enterré dans le grand manteau blanc des Chevaliers Teutoniques... C'est un symbole de continuité...

— De ténacité aussi ! réponds-je en songeant à ces armées entières descendues sous terre avec leurs armes et leurs drapeaux.

— Regardez, voici le mausolée qui commence à apparaître...

Je tends le regard dans la direction que m'indique Maxime et vois émerger à l'horizon huit donjons carrés. Qu'ils sont austères et trapus ! Leurs faîtes, recouverts de cuivre rouge, étincellent au soleil. Leurs faces extérieures sont décorées de grosses guirlandes de feuilles de chêne et de bannières de crêpe noir qui descendent presque jusqu'à terre. A l'extérieur de l'enceinte sont massées une quantité de troupes et de formations diverses — celles-là même qui nous ont dépassés au début de la matinée.

L'auto nous dépose au pied de la tour d'entrée. Après avoir traversé un portail étroit fait en gros moellons de granit, nous nous engageons dans une galerie voûtée où règne une demi-obscurité et débouchons sans transition dans la cour d'honneur inondée de soleil. Elle paraît aveuglante au sortir de la pénombre qui règne dans la galerie d'accès. Nous rejoignons nos places sur le gradin réservé à la presse étrangère et c'est seulement alors que je puis jeter un regard sur le décor qui m'entoure. Il est impressionnant. Mais est-il besoin de le dire, puisque tout a été mis en œuvre pour produire cet effet ? Vues de l'intérieur les huit tours ont un aspect beaucoup plus écrasant que de l'extérieur, car elles nous dominent de toute leur masse. Leur couleur varie selon leur orientation. Celles qui sont frappées par le soleil matinal ont une teinte rose saumon. Celles qui se trouvent à contre-jour sont d'un pourpre profond, presque violacé. L'une d'elles porte, scellée sur sa paroi intérieure, une haute croix de bronze effilée comme une épée. Celle qui lui fait face est tendue de haut en bas d'un voile de crêpe noir sur lequel se détache une gigantesque croix de fer. Tout l'espace inclus entre les tours forme une cour octogonale, bordée de gradins qui montent en plan incliné jusqu'à mi-hauteur de l'enceinte. Des arches aveugles s'ouvrent comme des niches dans sa partie supérieure. Celles-ci sont couronnées par un chemin de ronde. Enfin, dominant le tout, d'énormes coupes de bronze ont été installées au sommet de chacune des tours. Elles vomissent de lourds panaches de fumée qui font ressembler tout l'édifice au cratère d'un volcan. Jamais je n'aurais pu imaginer un décor aussi saisissant ! Il semble fait pour évoquer la scène finale du *Crépuscule des Dieux,* et sans doute y parviendrait-il si le ciel était moins pur et le soleil moins éclatant.

Il est dix heures trente. Encore une demi-heure d'attente. Maxime, qui fait preuve d'un zèle touchant, car il voudrait qu'aucun détail de la cérémonie ne m'échappe, en profite pour me donner quelques explications complémentaires.

— Chacune des huit tours a une signification particulière. Celle que nous avons traversée pour pénétrer dans l'enceinte s'appelle la Tour d'accueil. Celle qui lui fait face est la Tour du Maréchal. C'est là qu'il recevra sa sépulture définitive. Mais la crypte n'est pas encore entièrement achevée. Pour l'instant, son cercueil est entreposé dans la tour que vous voyez là-bas, un peu à gauche. Il y a été amené de Neudeck[1] durant la nuit, sur une prolonge d'artillerie, escortée par trois mille hommes de la Reichswehr portant des flambeaux.

— Comment le savez-vous ? N'étiez-vous pas dans le train avec moi ?

— J'en ai entendu le reportage ce matin, à la radio de sept heures. Son cercueil est recouvert de l'ancien étendard impérial noir-blanc-rouge sommé d'une croix de fer ; son casque, son épée et son bâton de maréchal sont posés sur le cercueil. On les sortira tout à l'heure du caveau temporaire pour les exposer au milieu de la cour.

— Et les autres tours ? Vous me disiez que chacune d'elles avait une signification particulière ?

— Celle qui se dresse à droite de la Tour du Maréchal s'appelle la Tour des généraux. Elle contiendra les bustes des vingt-cinq chefs de corps qui ont aidé Hindenburg à remporter la victoire. On y verra, entre autres, les effigies des généraux von Mackensen, von Bulow, von Unger, von François, von Schmettau et von Morgen. Mackensen vit toujours. Vous le verrez tout à l'heure. D'autres sont décédés. Mais leurs bustes ont été réalisés d'après des documents de l'époque, de façon à les représenter tels qu'ils étaient au matin de la bataille.

— Et la tour de gauche ?

— C'est la Tour des drapeaux. On y conservera les étendards des anciens régiments prussiens dissous. Quant à la quatrième tour, c'est la Tour des soldats. Elle contient les ossements de dix soldats inconnus qui ont été trouvés par hasard en creusant le sol pour poser les fondations de l'édifice. Elle symbolise les centaines de milliers de combattants qui ont péri sur cette plaine imbibée de sang. C'est un drame jamais achevé qui se poursuit à travers les siècles. Cette tour est destinée à perpétuer le souvenir de tous

1. C'est le nom de la propriété du Maréchal en Poméranie.

les héros qui y ont laissé la vie. Elle contient aussi, coulé dans le bronze, le discours prononcé par Hindenburg, le 18 septembre 1927.

— Je ne m'en souviens pas. Qu'y disait-il ?

— Il y répudiait solennellement la thèse selon laquelle l'Allemagne — et l'Allemagne seule — serait responsable du déclenchement des hostilités en 1914.

— Chacun sait, aujourd'hui, que cette accusation n'était pas fondée, réponds-je. La guerre de 1914 a été due à une série de faux calculs et d'actes manqués où tous les belligérants ont eu leur part de responsabilité : Berchtold, Poincaré, Iswolsky, Sir Edward Grey...

— On nous a appris ce discours par cœur à l'école.

Je sens que Maxime a envie de me le répéter.

— Que contient-il ?

Maxime se recueille un instant. Puis il dit d'une voix grave, comme s'il récitait un prière :

> *... Nous repoussons, et le peuple allemand unanime repousse avec nous, l'accusation selon laquelle l'Allemagne serait responsable du déclenchement de la plus grande de toutes les guerres. Ni l'envie, ni la haine, ni la soif de conquêtes ne nous ont mis les armes à la main. La guerre n'a été pour nous que le moyen suprême, au prix de sacrifices inouïs, de tenir tête à un monde d'ennemis. C'est le cœur pur que nous sommes partis pour défendre notre patrie ; c'est les mains pures que l'armée allemande a manié l'épée... L'Allemagne est prête, à tout moment, à en faire la preuve devant des juges impartiaux...*

Je sais trop, hélas, le sort réservé aux déclarations de ce genre quand elles ne sont pas appuyées par la force. Elles sombrent dans l'oubli. Aussi n'écouté-je Maxime que d'une oreille distraite, car toute mon attention est requise par ce qui se passe dans la cour.

Les gradins se sont remplis peu à peu d'une foule que j'évalue à plus de vingt mille personnes. Mais ce n'est pas une foule amorphe et hétéroclite. Elle est structurée à l'image de la nation qu'elle représente. Chaque groupe qui la compose est reconnaissable à son uniforme et à ses insignes. Voici une délégation de la Jeunesse hitlérienne, avec ses tambours et ses culottes courtes ; des S.A. en chemises brunes ; des membres du

Corps motorisé avec leurs jambières de cuir ; des membres du Service du Travail avec leurs bêches sur l'épaule ; des S.S. en tenues noires ; des élèves aviateurs en uniformes gris-bleu. Les insignes également ont une valeur symbolique. Ce sont des écussons portant des images variées : un glaive, une aile, une ancre, une foudre, un épi, une roue dentée... Ils indiquent l'activité de chacun au sein de la communauté. Tous les métiers, tous les âges sont représentés ici, depuis des garçons de douze ans jusqu'aux anciens combattants de la guerre de 1914. C'est un défilé incessant de fanions et de drapeaux, un crescendo ininterrompu de formes et de couleurs.

Pendant ce temps, l'espace demeuré libre au milieu de l'enceinte est sillonné par un va-et-vient continu de délégations. Elles sortent de la Tour du Maréchal et se dirigent vers la mince croix de bronze, haute d'une dizaine de mètres, qui se dresse au centre de l'octogone. Les délégations déposent à son pied d'énormes couronnes de feuillage, cravatées de rubans noir-blanc-rouge.

— Ces délégations, m'explique Maxime, représentent les diverses unités dans lesquelles Hindenburg a servi ou qu'il a commandées au cours de sa carrière. Il y là celles du Ier bataillon du 3e Régiment de la Garde à pied, où il a été lieutenant ; du 91e Régiment d'Infanterie d'Oldenburg qu'il a commandé comme colonel et du 2e Régiment de la 147e Brigade d'Infanterie de Mazurie dont on lui a décerné le commandement honoraire après sa victoire de Tannenberg...

Maintenant ce ne sont plus des délégations mais des étendards qui viennent s'aligner derrière le tertre herbeux. Ils sont tenus verticalement par des porte-drapeaux dont la poitrine est barrée de baudriers blancs et noirs. C'est toute la gloire de la Prusse qui défile dans un bruissement soyeux. Qu'ils sont plaisants à voir ces drapeaux de moire et de satin tout en demi-teinte, qui tranchent sur les couleurs criardes des emblèmes contemporains ! Parés de toute la grâce du siècle de Mozart et de Voltaire, ils sont jaune jonquille, bleu Nattier, gris tourterelle, rouge amarante. Certains sont blancs, écartelés de croix noires. Brodés et rebrodés d'or, ils portent en leur centre des aigles aux ailes effilées, brandissant dans une serre un glaive et dans l'autre une foudre. Leurs angles s'ornent de F et de W entrelacés en mémoire des « Friedrich » et des « Wilhelm » qui ont régné sur la Prusse de 1550 à 1918. Leurs hampes sont cravatées de longues bandes de satin vieux rose et gris perle où sont inscrits les noms des batailles où leurs unités se sont distinguées : Rossbach, Leuthen, Kunesdorf, Liegnitz, Kolberg, Koniggrätz et aussi — hélas ! — Rezonville et Gravelotte...

Mais à peine se sont-ils déployés en travers du terre-plein, qu'un commandement retentit. Des unités de la Reichswehr et de la Kriegsmarine viennent former le carré autour de la croix centrale. Ainsi une armée en remplace une autre ; ainsi s'étage en profondeur, depuis le centre de la cour jusqu'à mi-hauteur de l'enceinte, un parterre rutilant d'uniformes et d'étendards.

Tout s'est déroulé jusqu'ici dans un silence recueilli, interrompu seulement par le martèlement des bottes et le bruit métallique des crosses que l'on repose sur le dallage. Soudain un rugissement strident nous vrille les tympans. Une escadrille d'avions de chasse passe et repasse au-dessus de nos têtes, presque à ras des tours. Nous avons à peine le temps de les apercevoir tant ils sont rapides. Leurs ailes étincellent au soleil, traînant derrière elles de longues oriflammes de crêpe noir. J'ai baissé instinctivement la tête au moment où ils sont passés, mais lorsque je la relève pour les suivre du regard, j'aperçois un élément du décor dont je ne m'étais pas encore avisé.

Séparées les unes des autres par un intervalle de deux mètres, des sentinelles ont pris position au sommet des remparts. Leurs silhouettes casquées se découpent sur le ciel. Immobiles, les jambes écartées, les deux mains posées sur le canon de leur fusil dont la crosse repose à terre, ils semblent plongés dans une méditation profonde. Comme ils nous dominent d'une vingtaine de mètres, je ne puis les observer que de bas en haut. La partie inférieure de leurs jambes est cachée par le rebord du parapet. Mais je vois les paumes de leurs mains croisées à la hauteur de leur ceinturon. Je vois leurs vareuses vert-de-gris serrées à la taille. Mon regard monte encore. Je vois les jugulaires posées sur le bord de leur menton. Et puis, je ne vois plus rien, car leurs yeux sont noyés dans l'ombre de leur casque.

D'où viennent-ils, ces géants qu'un coup de baguette magique a fait surgir soudain au sommet des remparts ? Je fouille dans ma mémoire pour trouver une image qui leur soit comparable. Je revois des statues de marbre dressées sur les colonnades de théâtres romains ; des figures allégoriques qui semblent tombées du ciel pour orner les balustres de certains palais baroques. Mais aucune de ces images ne correspond à la réalité. Ces sentinelles jaillies de terre sont des hommes, en chair et en os et si leurs jambes ont l'immobilité de la pierre, je vois leur poitrine se dilater quand ils respirent. Ce sont des fils de paysans, nés de la terre allemande. Et si on les a postés au sommet de cette enceinte c'est pour qu'ils y témoignent du haut niveau de perfection physique auquel peut atteindre leur race...

Maxime, qui me voit perdu dans mes pensées, me serre le bras gauche et me désigne la tribune officielle. Elle s'est beaucoup remplie depuis tout à l'heure. J'y distingue une foule de personnalités connues : le colonel Oscar von Hindenburg, le fils du défunt et sa femme en grand deuil ; le Maréchal von Mackensen, revêtu du shako en fourrure et de l'uniforme noir des Hussards de la Mort ; l'ancien chancelier von Papen, en tenue d'officier de la Garde Impériale, coiffé d'un casque à pointe qui paraît curieusement suranné au milieu des casquettes plates des généraux de la Reichswehr ; le docteur Schacht, ministre de l'Economie, en redingote noire ; M. von Neurath, ministre des Affaires étrangères du Reich, bref tous les dignitaires du nouveau régime. La tribune avoisinante a été réservée au Corps Diplomatique, masse de jaquettes sombres et de chapeaux hauts de forme où seuls la calotte pourpre du nonce apostolique — le futur Pie XII si je ne me trompe — et l'uniforme vermillon de l'attaché militaire anglais mettent une tache de couleur.

Maintenant que tout est en place, la cérémonie peut commencer. Tandis que sonnent les derniers coups de onze heures, Hitler fait son entrée. Il porte une vareuse kaki, sans aucun insigne de grade et comme unique décoration la croix de fer de première classe. A son apparition, toute la foule s'est levée. Les talons claquent. Les soldats présentent les armes. Les têtes se redressent, les bras se tendent et une sorte d'ondulation passe sur l'assistance. Le Führer s'avance d'un pas rapide. Tourné vers l'esplanade, il rend son salut à la foule ; puis, il fait demi-tour et se dirige vers le colonel et Mme von Hindenburg devant laquelle il s'incline respectueusement. Après quoi, sans prononcer un mot, il va rejoindre la place qui lui est réservée au centre de la tribune d'honneur.

Au même moment, retentit un long roulement de tambour. Sept officiers sortent de la tour qui sert de chapelle ardente à la dépouille du Maréchal. Ils avancent à pas très lents qui donnent à leur démarche un caractère hiératique. Ils portent des coussins de velours noir sur lesquels sont épinglées les décorations de l'ancien président du Reich. Un lourd cercueil de bronze les suit, recouvert de l'ancien pavillon impérial. Six hommes le portent sur leurs épaules. Ils le posent sur un catafalque et, tandis que quatre officiers de haut rang — deux généraux et deux amiraux — prennent place, sabre au clair, aux quatre angles du cercueil, la musique du Ier Régiment d'Infanterie entonne en sourdine la marche funèbre de Beethoven.

Je me suis laissé dire que, sentant venir la mort, le vieux maréchal avait catégoriquement refusé que son cercueil soit recouvert par le drapeau noir-rouge-or de la République de Weimar. Sur le moment, je n'y ai pas cru. Mais à présent j'en ai la confirmation, car les couleurs de la République semblent totalement bannies de cette enceinte où ne flottent, côte à côte, que les emblèmes de l'ancien empire wilhelminien ou ceux du nouveau régime, rouges à croix gammée noire.

Tandis qu'expirent les derniers accords de la marche funèbre, un homme mince, vêtu d'une lévite noire, se dirige vers une petite estrade décorée de guirlandes de feuillage, dressée au chevet du catafalque. C'est le pasteur Dohrmann, aumônier général de l'Armée. Il monte sur l'estrade, se recueille un long moment, les mains jointes et le buste penché en avant. Puis il se redresse et parle.

Il a pris pour thème de son oraison funèbre la devise du Maréchal : *Ora et labora* — « Prie et travaille ». Il fait l'éloge des vertus du défunt et invite les assistants à devenir, suivant son exemple, « les membres d'une communauté qui prie et qui travaille ».

Je regarde Hitler qui est assis à quinze mètres de moi. Ses sourcils sont froncés. Il a l'air à la fois absent et crispé. A-t-il hâte d'en finir et pense-t-il que le pasteur Dohrmann occupe trop longtemps la chaire ? Ou bien se dit-il que pour faire de l'Allemagne « une communauté qui travaille », et résorber les sept millions de chômeurs que la crise de l'année dernière a jetés sur le pavé, il faudra autre chose que des appels à la bienveillance divine ? Visiblement l'onction emphatique de l'aumônier l'agace...

Celui-ci achève son sermon en citant le mot de l'Ecriture : *Soyez fidèle jusqu'à la mort et je vous donnerai la couronne de la Vie*. Puis il récite le *Notre Père*, se recueille un instant et descend de la chaire. Au même moment, la foule entonne à voix basse le cantique :

Ce choral est un des plus beaux du culte luthérien. Les Allemands l'ont associé à la figure du Maréchal, mais ce n'est pas aujourd'hui qu'il prend son accent le plus pathétique. Ce fut en octobre 1918, quand l'Empire de Guillaume II vacillait sur ses bases, que les coups de boutoir désespérés de Ludendorff se brisaient devant les offensives de Foch, que les armées allemandes reculaient partout des Flandres à l'Argonne et que l'Empereur gardait un mutisme inexplicable. En ces « journées sombres » pour les Empires Centraux, où n'arrivaient du Grand Quartier Général de Spa que des nouvelles décourageantes, les Allemands s'étaient tournés dans un grand élan de confiance, non pas vers Guillaume II, mais vers Hindenburg. Ils lui avaient dressé aux carrefours des villes d'énormes statues de chêne où chacun, moyennant une modeste obole, pouvait enfoncer un clou — jusqu'à ce que l'effigie de bois se soit transformée en effigie de fer.

Et de fait, Hindenburg n'avait cessé d'apparaître à ses compatriotes comme un rempart contre le malheur. Il avait repoussé les Russes dans la plaine de Mazurie. Il avait tenu tête aux Alliés sur le front occidental. Il avait donné son nom à la ligne fortifiée qui s'étendait des Vosges à la Somme. Après la débâcle, il avait protégé l'honneur de l'armée en refusant de répondre aux juges de la République de Weimar qui avaient voulu la mettre en accusation à travers sa personne. Par ce qu'il avait de massif et de taciturne, il semblait même pouvoir être un rempart contre le désespoir. Fort de ces souvenirs, le peuple allemand s'était tourné vers lui une seconde fois en 1925, à l'heure où le régime de Weimar s'en allait à la dérive, et l'avait porté à la Présidence de la République. Installé dans son palais de la Wilhelmstrasse, le « vieux Monsieur » — comme l'appelaient les Allemands — inspirait à tous une confiance respectueuse. Lorsqu'à la suite de la crise économique de 1929, la démocratie de Weimar s'avéra incapable d'endiguer la vague de chômage qui sévissait dans le pays et que les communistes virent dans cette situation l'occasion si longtemps espérée de s'emparer du pouvoir, il ne fit rien pour contrecarrer la montée du national-socialisme. Non parce qu'il avait une particulière sympathie pour les conceptions de son chef — il préférait de beaucoup le nationalisme traditionnel des « Casques d'Acier » —, mais simplement parce que c'était la seule façon d'enrayer la marée rouge qui menaçait de tout submerger. Enfin, peu de temps avant sa mort, il avait servi une dernière fois de rempart à l'état-major, car c'était en grande partie sous l'effet des pressions que lui-même et le général von Blomberg avaient exercées sur Hitler que celui-ci s'était résigné à écraser les partisans de Röhm et les avait empêchés de s'élancer à l'assaut de la Beundlerstrasse, pour y remplacer la Reichswehr par une nouvelle armée brune. Grâce à Hindenburg, le fil des traditions militaires allemandes n'avait jamais été rompu...

La foule a cessé de chanter le cantique luthérien. Alors le Führer se lève, traverse l'esplanade à pas pressés et monte sur l'espèce de chaire que vient de quitter l'aumônier. Il salue tout d'abord la famille du défunt, puis le Corps Diplomatique et s'adresse — la nuance a son importance — non point aux membres du Parti comme c'était son habitude jusqu'ici, mais « aux généraux, officiers et soldats de la Wehrmacht ».

— Un soldat connaît la gloire deux fois dans sa vie, lance-t-il d'une voix rauque et cependant bien timbrée, une première fois au lendemain de sa plus grande victoire, une deuxième fois au lendemain de sa mort. C'est le cas de celui dont nous célébrons aujourd'hui les funérailles...

Puis il retrace à grands traits la carrière du Maréchal. Je songe, en l'écoutant, que la vie du vieux soldat a été si étroitement liée à l'ascension de la Prusse qu'il est impossible de l'en dissocier. Durant toutes les années où s'est formé son caractère, il a vécu et grandi dans le cadre monarchique qu'incarnèrent successivement Guillaume I et Guillaume II. En 1866, âgé de dix-neuf ans, il était sur le champ de bataille de Sadowa qui assura la suprématie de la Prusse sur l'Autriche. En 1871, il se trouvait à Versailles, dans la galerie des Glaces, à l'heure où Guillaume Ier avait été proclamé Empereur allemand. Il n'y a aucun des grands événements du IIe Reich auquel il n'ait été mêlé et il n'est pas exagéré de dire qu'il en a été une des figures les plus marquantes après la disparition de Bismarck. Avec ses cheveux drus taillés en brosse, ses grosses moustaches tombantes et ses deux mains posées sur la garde de son sabre, il avait la solidité inébranlable d'un roc. A l'heure de la défaite, il s'était réfugié dans le silence. On chercherait en vain un mot, un geste de lui qui permette de penser qu'il ait jamais cessé de considérer les Hohenzollern comme ses suzerains. Il était de la race de ceux pour qui une parole d'honneur est inviolable et un serment d'allégeance plus inviolable encore. Peut-être n'a-t-il même pas été surpris quand la République de Weimar — ce vaisseau démâté qui faisait eau de toutes parts — l'a appelé à la barre : c'était dans l'ordre des choses. A ses yeux la République n'avait été qu'un hiatus déplorable, un épisode honteux. Il avait été plus fort qu'elle, simplement parce qu'il était resté fidèle à ses convictions et s'il devait la porter en terre, il ne la regretterait pas. A travers lui, la monarchie pouvait se perpétuer. Non qu'il se prît lui-même pour un monarque de droit divin. Il était trop modeste pour cela. Mais il était l'arche d'un pont grâce auquel le passé pourrait enjamber le présent et faire sa jonction avec l'avenir...

— Dans le siècle qui vient, poursuit Hitler, le peuple allemand n'aura pas besoin d'implorer les autres pour qu'ils réhabilitent son honneur. Il y veillera lui-même... Quant à Hindenburg, ce n'est pas lui qui porte la responsabilité de la défaite finale. Ce sont les politiciens félons qui ont poignardé le pays dans le dos...

Cette thèse du « coup de poignard dans le dos », je ne la connais que trop. Je sais comment elle est née. Mais en ce qui la concerne, mon opinion est faite : je sais que même sans la révolution spartakiste, l'Allemagne aurait été vaincue et rien de ce que pourra dire Hitler ne modifiera mon point de vue.

Mais je comprends, tout à coup, que ce qui se déroule sous mes yeux en ce 7 août 1934 est tout autre chose que les funérailles d'un vieux maréchal prussien. C'est un événement d'une portée infiniment plus vaste, si vaste que je n'avais pas pu l'imaginer avant de venir ici.

Sur cette terre de Prusse-Orientale qui forme un des bastions avancés de l'Europe face à l'Asie, dans cette plaine de Tannenberg où le monde slave et le monde germanique n'ont cessé de s'affronter depuis des siècles, j'assiste à *la relève du IIe Reich par le IIIe*. Tout ce qui a eu lieu dans l'intervalle se trouve aboli. C'est là, la signification réelle de cette cérémonie et je devine qu'elle aura des conséquences incalculables.

Car, contrairement à ce qu'ont pensé beaucoup de gens, le IIe Reich n'est mort ni à Rethondes le 11 novembre 1918 ni à Versailles le 28 juin 1919. Il a survécu sous des formes souterraines et c'est seulement ici qu'il est en train de mourir. Je n'en veux d'autre preuve que ces casques à pointe, ces emblèmes noir-blanc-rouge frappés de l'aigle impériale, ces faisceaux de drapeaux prussiens que l'on ne reverra plus. Tous ces témoins du passé vont descendre sous terre en même temps que la dépouille de celui qui les a commandés. A leur place ont surgi, étagées sur ces gradins, non seulement une nouvelle jeunesse, mais toutes les structures d'un nouveau Reich en formation.

— La grande figure dont nous célébrons les obsèques, poursuit Hitler, a relié l'Allemagne d'autrefois à celle d'aujourd'hui. Elle a permis la victoire de la révolution nationale-socialiste. Que le Maréchal repose aujourd'hui au milieu de ses grenadiers, sur l'emplacement de son dernier quartier général de l'Est... Parce qu'il a été toute sa vie l'incarnation de la fidélité, la nation allemande restera fidèle à sa mémoire... Que les drapeaux s'inclinent pour honorer ce grand soldat devant lequel viennent de s'ouvrir les portes du Walhalla !

Cette référence inattendue au culte de Wotan suscite un léger murmure dans la tribune officielle. Je vois les ambassadeurs et les vieux généraux se pencher les uns vers les autres pour se chuchoter quelques mots à l'oreille. Je n'ai pas besoin de les entendre pour m'imaginer ce qu'ils doivent se dire : « Vous avez entendu ? Le Walhalla ! C'est la gaffe, mon cher ! C'était justement le mot à ne pas prononcer devant ce milieu farouchement imprégné d'esprit luthérien. Cet homme n'a décidément aucun tact, aucun savoir-vivre ! » Comme je ne peux pas croire que Hitler ait ignoré à quel public il allait s'adresser, j'en déduis qu'il l'a fait de propos délibéré. Il a tenu à marquer que l'Allemagne de demain serait très différente de celle d'hier. Le Ier Reich a été universitaire et catholique ; le IIe a été monarchiste et protestant ; le IIIe sera-t-il dictatorial et païen, comme l'indiquent ses emblèmes couleur de feu, marqués de la roue solaire ?

Ayant terminé son discours, Hitler descend de l'estrade et regagne sa place dans la tribune officielle.

Il est bientôt une heure. Le soleil vertical raccourcit les ombres. La silhouette des sentinelles postées au sommet des remparts se profile contre un ciel d'airain qui commence à vibrer sous l'effet de la chaleur. Voilà bientôt deux heures que nous sommes debout. Ce n'est pas que le temps me paraisse long, mais j'ai des fourmis dans les jambes. Je me tourne vers Maxime :

— Je suppose qu'on ne peut pas encore s'asseoir ? lui demandé-je à mi-voix.

— Chut ! me répond-il en posant un doigt sur ses lèvres. Maintenant va se dérouler la cérémonie des adieux.

D'un seul mouvement, tous les drapeaux se sont inclinés jusqu'à terre et tandis que la foule entonne *J'avais un camarade*, des pièces d'artillerie placées à l'extérieur de l'édifice ponctuent leur chant d'une salve de coups de canon.

Les drapeaux qui s'inclinent, la foule qui chante à l'unisson, les lourds panaches de fumée qui montent vers le ciel et, dominant le tout, ces coups de canon si puissants que je m'attends à ce qu'ils ouvrent des brèches dans le mur d'enceinte créent une atmosphère impossible à décrire. Ou plus exactement, ils ne créent pas une atmosphère : ils forgent une âme collective. Les coups de canon se succèdent à intervalles si réguliers que je les attends d'avance et que leurs déflagrations semblent naître au plus profond de moi-même. Cette immense cour octogonale remplie d'une foule qui chante, avec ses étendards et sa couronne de soldats vivants, ne forme plus qu'un seul cœur qui bat, et bat encore. Chaque coup de canon n'est qu'un de ses battements, le grondement de vingt mille cœurs battant à l'unisson dans vingt mille poitrines.

A présent, le *Deutschland über alles* a succédé au chant d'adieu. Les canons tirent toujours. Lentement, la garde d'honneur soulève le cercueil et va le déposer dans le *Hindenburgturm.* Les drapeaux inclinés se relèvent. Des commandements brefs s'entrecroisent. Les formations qui occupent le centre de la cour rompent les rangs et se disposent en colonnes par quatre pour sortir de l'enceinte. Mais avant de s'engouffrer sous la voûte de la tour d'entrée, ils défilent une dernière fois devant la tribune officielle.

Le 3e Régiment de la Garde à pied ouvre la marche. En arrivant devant Hitler, les officiers abaissent leur épée. Hitler leur rend leur salut en tendant le bras. Il reçoit ainsi, pour la première fois, l'hommage public de l'armée en tant que chef de l'Etat. C'est la consécration suprême.

Il a gravi un à un tous les échelons du pouvoir. A présent, il est le maître. Les destinées du pays ne dépendent plus que de lui. Un chapitre nouveau s'annonce dans l'histoire de l'Allemagne...

*

Que dire de plus ? Cela paraît superflu. Et pourtant ma journée est loin d'être achevée. Elle me réserve encore bien des surprises.

Maxime et moi restons assis à notre place, pour laisser à la foule le temps de s'écouler. Comme elle doit emprunter l'étroite galerie voûtée qui passe sous la tour d'entrée, ce n'est guère avant trois heures et demie que nous quittons l'enceinte.

Au-dehors, on croirait assister à un véritable branle-bas de combat. Les officiels sont repartis. Mais il y a encore un certain nombre d'invités qui cherchent leur voiture. Des estafettes courent en tous sens. Les troupes — il y en a beaucoup plus que je ne le croyais, notamment un escadron de cavalerie, qui n'a pas pu trouver place à l'intérieur de l'édifice et que Hitler a dû passer en revue à l'issue de la cérémonie — bivouaquent dans les champs. La plupart des soldats ont remplacé leurs casques par des bonnets de police. Les uns, qui ont été se ravitailler à des cuisines roulantes, finissent de vider leur gamelle. D'autres rangent leur fourniment ou pansent leur cheval. Ils doivent tous s'en aller dans une heure pour rejoindre leurs garnisons respectives et, jusque tard dans la nuit, les routes de Hohenstein, d'Allenstein, de Neisenburg et d'Osterode retentiront d'un bruit de pas cadencés et du grondement des pièces d'artillerie motorisées.

Je commence à m'inquiéter car je ne vois pas notre voiture et sais que notre train spécial nous attend à Hohenstein. J'espère que nous n'allons pas le manquer...

— Rassurez-vous, me dit Maxime. Je ne vous laisserai pas ici. D'ailleurs, notre train ne partira pas avant 23 heures. Les autorités polonaises — qui n'ont pas vu d'un très bon œil l'ampleur inattendue donnée aux obsèques du Maréchal, car pour eux le nom de Tannenberg est lié avant tout à la victoire polonaise de 1410 — ont demandé aux convois allemands de ne traverser le Corridor qu'une fois la nuit tombée, pour éviter ce qu'ils appellent « des incidents regrettables ».

— Toujours l'affrontement séculaire des Germains et des Slaves, m'exclamé-je avec un sourire légèrement ironique.

J'ai dû toucher à mon insu un point névralgique, car Maxime prend soudain une expression réprobatrice.

— Il n'y a pas de quoi plaisanter ! me répond-il d'un ton de reproche. Cela dure depuis des siècles, et ce n'est pas fini... N'oubliez jamais que le Corridor est peuplé d'Allemands qui ont été rattachés à la Pologne par un acte arbitraire et qui ne songent qu'à une chose : redevenir allemands... Pour le moment, les Polonais ont le dessus, mais cela ne durera pas toujours...

Maxime a tort de s'emporter : je connais ce drame (du moins, je crois le connaître...). Mais quelque chose m'inquiète dans ce qu'il vient de déclarer.

— Vous me dites que les autorités polonaises redoutent des

"incidents" ? Faut-il en déduire qu'elles ont l'intention d'en provoquer ?

— Je ne le pense pas. Mais avec elles il faut s'attendre à tout... Peut-être lancera-t-on des pierres sur notre convoi. En tout cas, on nous a recommandé de baisser les vitres des wagons pendant la traversée du Corridor, pour éviter d'être blessés par des éclats de verre. Comme il fait très chaud, cela ne nous gênera guère.

— Si j'ai bien compris, notre train ne partira pas avant 23 heures ?

— Oui.

Je regarde ma montre.

— Il est bientôt 17 heures. Cela fait encore six heures à attendre.

— Oui. Il y a trois solutions, dit Maxime. Ou bien les passer ici. Je trouverai toujours un restaurant où on nous servira une bouteille de bière et du jambon ; ou bien en profiter pour visiter quelques villages des alentours. Mais je crains que les routes ne soient très encombrées. Enfin, si vous êtes fatigué, aller directement à la gare de Hohenstein et attendre que le train soit prêt à partir. Que préférez-vous ?

— Rester ici.

— Bien, me dit Maxime qui a retrouvé son sourire. Ah, voici la voiture. Allons nous restaurer. A propos, voyez-vous un inconvénient à ce que notre chauffeur mange avec nous ? C'est un de mes anciens camarades de régiment...

— Au contraire, j'en serai ravi.

Maxime me présente Oscar. Il a vingt-quatre ans. C'est un grand gaillard blond qui aurait pu figurer parmi les sentinelles du chemin de ronde.

— Un camarade de régiment ? Mais il a dix ans de moins que vous !

— N'oubliez pas que j'ai servi pendant dix ans comme officier dans la Reichswehr ; il était dans ma compagnie. Nous nous sommes connus à la prison de Landsberg-sur-la-Lech...

— Vous étiez prisonniers ?

— Non. Je commandais le détachement de la Reichswehr chargé d'y garder Hitler, au lendemain du putsch de Munich, en novembre 1923. Oscar en faisait partie. J'y ai vu le Führer rédiger *Mein Kampf* avec l'aide de Rudolf Hess. C'est moi qui ai sorti les liasses du manuscrit pour les remettre à Mme Bechstein.

Il faut dire qu'au bout de quinze jours, Hitler nous avait tous subjugués. Les surveillants également, ce qui donnait des sueurs froides à l'administration pénitentiaire...

— Oscar aussi ?

— Oui. Mais par la suite, il s'est laissé contaminer par la propagande communiste et a été expulsé de l'armée. Depuis lors, il s'est ravisé. Il s'est inscrit en 1931 à la N.S.D.A.P. N'est-ce pas, Oscar ? Raconte à notre ami comment cela s'est passé.

Mais Oscar prend un air renfrogné et détourne la tête. Il n'a visiblement aucune envie de me relater sa vie. Je n'insiste pas.

A la popote, Maxime rencontre une foule de camarades : des journalistes, des soldats, des jeunes fonctionnaires du ministère de l'Information. La conversation s'engage à grands coups de tapes sur les épaules et d'éclats de rire. Maxime et ses amis évoquent des affaires personnelles ou des souvenirs communs. La plus franche gaieté règne autour de la table. Mais je me sens soudain étranger à leur groupe, car ils parlent de choses qui ne font pas partie de ma vie. Du coup, j'éprouve un brusque sentiment de solitude. Que fais-je ici, si loin de mon pays, si loin des miens au milieu de tous ces jeunes gens que je ne connais pas ? Je me lève, me dirige vers la fenêtre et regarde au-dehors. Le soleil est couché, mais ses derniers rayons illuminent encore la campagne dont les vallonnements dorés ondulent jusqu'à l'horizon. Je croyais la Prusse-Orientale une contrée rude et sauvage. Elle est douce et accueillante comme un paysage de chez nous. On dirait le Morvan. Je comprends que ses habitants y soient si attachés. A gauche, un champ de houblon dresse ses quenouilles vertes ; à droite, un étang scintille derrière un groupe de bouleaux. Lentement, la nuit commence à descendre. Ces images paisibles m'ont rasséréné. Je vais vers Oscar et me penche sur son épaule.

— Quelle distance y a-t-il d'ici au mausolée de Tannenberg ?

— Trois kilomètres environ.

— Cela vous ennuirait-il de m'y conduire avec la voiture ? Je voudrais le revoir de nuit.

— Bien volontiers, répond Oscar.

Maxime, pour sa part, préfère rester avec ses camarades. Il est entendu que je repasserai le prendre dans une heure environ.

Nous voici en route. Je sens qu'Oscar trouve mon initiative farfelue. Il se demande ce que je peux bien chercher à Tannenberg, à cette heure-ci.

— De toute façon, me dit-il, je doute que nous puissions pénétrer dans l'enceinte. Tout doit être bouclé.

— Mais si, avec un peu de chance ! J'ai des papiers prouvant que je suis invité par votre gouvernement et que j'ai assisté ce matin même aux obsèques du Maréchal. S'il y a un contrôle, je dirai que j'ai perdu n'importe quoi — un stylo, un bouton de manchette —, à la place où j'étais assis et que je suis venu voir si je pouvais le retrouver...

Déjà, voici les tours qui se profilent à l'horizon. Tout est plongé dans le silence. Les troupes sont reparties. Oscar arrête la voiture au pied de la tour d'accueil. Par bonheur, les grilles de la porte d'entrée sont ouvertes. Le poste de garde est vide. Je demande à Oscar de m'attendre dans la voiture. Je ne serai pas long.

— Et si on vous interpelle ?

— Je me débrouillerai...

Je préfère être seul. Je n'ai pas dit à Oscar le vrai motif de ma visite.

J'ai pensé, tout à l'heure, qu'un chapitre nouveau venait de s'ouvrir dans l'histoire de l'Allemagne. Ce chapitre a commencé par des acclamations, mais comment finira-t-il ? C'est une question dont dépend le sort de ma génération. Que ne donnerais-je pour connaître la réponse ! Nul ne peut me la fournir. Alors, interroger les pierres ? Cela peut paraître extravagant, mais c'est une expérience que j'ai souvent tentée. Il est des sites qui m'ont confié, la nuit, des secrets qu'ils ne m'avaient pas révélés le jour...

Je franchis le portail. Toujours personne. Je longe la galerie voûtée. Aucun contrôle. Me voici dans la cour d'honneur. Elle est vide — incroyablement vide, quand je songe à la densité de la foule qui l'occupait il y a seulement quelques heures. Les tours carrées se dressent devant moi, plus massives que jamais. L'obscurité leur donne un aspect cyclopéen. A leur sommet rougeoie une faible lueur, dernier vestige des brasiers qui y brûlaient ce matin. Tout là-haut, deux hommes se parlent. Mes yeux ne les distinguent pas. Mais l'acoustique est si parfaite que j'entends distinctement leurs voix. Ils semblent échanger un mot de passe dont j'ignore le sens. Les longs pennons de crêpe que la brise fait palpiter projettent des ombres mouvantes sur la paroi de la tour au fond de laquelle le Maréchal dort d'un sommeil de pierre.

Les deux hommes se sont tus. Tout est retombé dans la nuit. Je m'assieds sur un gradin et me prends la tête entre les mains. Que suis-je venu chercher ici ?

Ah, oui ! Tâcher d'y voir plus clair, de discerner l'avenir... Quel travail de Sisyphe ! Pourquoi ne puis-je pas jouir des choses telles qu'elles se présentent à moi, sans me creuser l'esprit pour savoir ce qu'elles recouvrent, sans chercher à percevoir leurs conséquences lointaines ? Ce serait tellement plus facile ! Mais c'est plus fort que moi. Toujours les mêmes questions reviennent me harceler. Où allons-nous ? Où va le monde ? Qu'ai-je donc dans le sang qui, jusque dans les moments de bonheur, me fait vivre dans la hantise d'une nouvelle hécatombe ?... Ne serait-il pas plus sage de remettre cet effort à demain ? Mais non. Demain, il sera trop tard. Les images de cette journée se seront estompées. Elles ne me parleront plus un langage aussi direct. C'est ce soir ou jamais qu'il faut déchiffrer cette énigme. Je compte sur ce décor extraordinaire pour m'y aider, car mon instinct me dit que je ne le reverrai plus... [1]

Je dois avoir la fièvre, car un flot d'images incontrôlé vient briser à tout moment le fil de ma pensée... Un fragment de choral entonné par des milliers de voix viriles... Une forêt d'étendards qui s'inclinent devant le soleil... Des armées entières qui disparaissent sous terre... Un chant puissant, ponctué par une volée de coups de canon...

Mais ce déferlement d'images, aussi prestigieux soit-il, ne doit pas me masquer ce fait essentiel : un sang nouveau fermente au cœur de l'Europe. Comment le canaliser pour qu'il serve, non à sa destruction, mais à son renouveau ? Je me rappelle les prédictions enflammées que me faisait Heinz Thormann, en 1922, au temps où j'étais commissaire de gare à Brockau : « Un jour surgira, du fond de la détresse allemande, un homme qui nous libérera de toutes les iniquités du traité de Versailles. Je ne le connais pas encore, mais vous verrez : il viendra ! » Un peu moins de quinze ans se sont écoulés depuis lors et cet homme a surgi. Je l'ai vu tout à l'heure au milieu de cette enceinte. Non point un politicien de rencontre, mais un tribun forcené qui s'est

1. Il ne se trompait pas. Depuis lors, le monument commémoratif de Tannenberg a été complètement rasé par les Russes, au cours de leur avance sur Berlin en 1945, de sorte qu'il n'en reste pas pierre sur pierre. A la dernière minute les Allemands ont réussi à sauver les dépouilles du maréchal Hindenburg et de son épouse. Ils les ont ramenées dans la cathédrale de Hanovre, où elles reposent aujourd'hui.

hissé au sommet du pouvoir et dont la moindre apparition fait délirer les foules allemandes. Où va-t-il les mener ? Où en serons-nous quand quinze ans encore se seront écoulés ?

Que je le veuille ou non, ces questions me préoccupent, ces questions et cent autres auxquelles il faudrait trouver une réponse. Mais c'est trop difficile... Je n'en peux plus... Terrassé par la fatigue, je me sens glisser au fond d'un trou noir...

J'ai dû m'assoupir, car je suis réveillé en sursaut par un bruit de coups de marteau. Une balustrade que l'on décloue sans doute. Combien de temps ai-je dormi ? Je consulte ma montre et constate avec soulagement qu'il ne s'est écoulé qu'une demi-heure depuis mon arrivée ici. Je cours rejoindre Oscar qui m'attend dans la voiture. Lui aussi s'est endormi. Les bras croisés sur son volant, il ronfle doucement. Quel mystère, un homme qui dort ! *Vivit et non vivit !* Je le réveille avec précaution. Il grommelle quelques mots indistincts, s'étire et remet le moteur en marche.

— Vite, lui dis-je, allons chercher Maxime.

Nous le retrouvons au restaurant où nous l'avons laissé. Il est attablé devant trois camarades avec lesquels il poursuit une discussion animée. Une douzaine de canettes de bière sont posées sur la table et les mégots s'entassent dans les cendriers.

— Excusez-moi de vous avoir fait attendre, lui dis-je.

— Ne vous excusez pas. Nous avons encore largement le temps, me répond-il avec flegme.

Maxime se lève, prend congé de ses camarades et nous remontons en voiture.

A présent, nous roulons à plus de cent à l'heure sur la route de Hohenstein. La chaussée est dégagée. Les tilleuls remplissent l'air d'une odeur de miel. Les arbres alignés sur le bord de la route surgissent brusquement de l'ombre et s'abattent derrière nous, comme fauchés par la vitesse. Maxime s'est assis à l'avant, à côté d'Oscar. Ils doivent croire que je sommeille car ils s'entretiennent à voix basse pour ne pas me réveiller.

Mais je ne dors nullement. Je suis même très éveillé. Est-ce la fraîcheur de la nuit ou l'effet de la vitesse ? J'ai l'impression qu'une sorte de crispation s'est dénouée dans ma poitrine. Tout à l'heure, au mausolée, je me sentais accablé par un sentiment d'impuissance. A présent, ce sentiment a complètement disparu. Je me sens merveilleusement rafraîchi et détendu. Après tout, ce n'est pas à moi à régler les problèmes du monde ! Ma tâche est plus modeste : elle consiste à voir, à observer, à comprendre, à prévenir... Je m'en acquitterai de mon mieux en rentrant à Paris [1].

Voici Hohenstein. Nous disons au revoir à Oscar, qui doit ramener la voiture à Königsberg. De là, il se rendra à Stettin par bateau, où il prendra le train pour regagner Berlin, car il n'a pas les papiers nécessaires pour traverser le Corridor. Quel périple compliqué ! Encore une invention du traité de Versailles !

Nous traversons la salle d'attente de la gare où règne une animation joyeuse. Le train est à quai.

— Suivez-moi, dit Maxime. Nos places sont réservées dans la voiture de tête.

Nous montons dans le premier wagon mais nous avons toutes les peines du monde à nous frayer un chemin jusqu'à notre compartiment. Le couloir est encombré par un détachement de la *Hitlerjugend*, dont les sacs à dos obstruent le passage. Ils sont bourrés à craquer et portent de petits fanions triangulaires jaune et noir. Le reste du wagon est occupé par de jeunes officiers de la S.A., des journalistes, des fonctionnaires du Parti. Tous sont très jeunes et débordant de vitalité. Ils se retrouvent, se saluent, s'interpellent et répandent autour d'eux une atmosphère de bonne humeur et de camaraderie. Je suis frappé par la netteté de leurs uniformes et leur bel état physique. Cette jeunesse que l'on croyait vouée, il y a un an encore, au rachitisme et à la sous-alimentation s'est reprise rapidement et ne demande qu'à vivre...

Le train démarre au milieu des coups de sifflet et des acclamations. Dans un compartiment voisin, six jeunes gens entonnent le *Horst Wessel Lied*, bientôt repris en chœur par les membres de la *Hitlerjugend*.

Une fois apaisé le tumulte du départ, le train poursuit sa route à travers la campagne endormie. Nous approchons de la frontière polonaise. Conformément aux recommandations, l'on abaisse les vitres des compartiments et du couloir. Un air plus frais pénètre. Mais on ne peut pas dire qu'il fasse froid, car nous sommes en plein été.

Comment s'effectuera le passage de la frontière ? Les Polonais vont-ils vouloir contrôler nos papiers ? Heureusement non. Ils y

1. Au retour de Tannenberg, j'ai publié un compte rendu de mon voyage dans les numéros du *Petit Journal* des 17, 19 et 20 août 1934. Puis, poussé par quelques amis, j'ai commencé à rédiger mon *Histoire de l'armée allemande*, dont le premier volume a paru en 1936.

ont renoncé et cela vaut mieux. Tout se passe sans problème. Le train, qui a ralenti un moment, reprend de la vitesse.

Soudain, un coup de frein brutal nous précipite les uns sur les autres. Qu'est-ce que c'est ? Un accident ? Un sabotage ? Le train n'avance plus qu'au pas. Allons-nous recevoir une grêle de pierres ?

A l'intérieur du wagon c'est un véritable branle-bas de combat. Les jeunes gens n'ont nullement l'intention de se laisser molester sans réagir. Ils bouclent leurs ceinturons et se préparent à sauter sur la voie pour disperser les manifestants. Tout à coup, les lumières s'éteignent. Voilà qui devient sérieux. Je jette un coup d'œil à travers la fenêtre. Ce que j'aperçois alors avive mon inquiétude.

Tout le long de la voie, la nuit est piquetée de feux. On voit des milliers de petites flammes qui bougent et vacillent. Allons-nous subir un assaut en règle ? Je tends l'oreille dans l'attente des premiers coups de feu...

Mais très vite, je me rends compte que je me suis trompé. La foule massée sur les talus situés de part et d'autre de la voie n'est pas composée de Polonais. Ce sont les Allemands du Corridor qui se sont déplacés pour nous ovationner. Les hommes portent des flambeaux improvisés, confectionnés avec des épieux de bois plongés dans de la résine. Ils ont afflué de tous les villages environnants et ont passé la nuit sur place pour attendre le passage du train transportant le Führer et les principaux dignitaires du régime [1].

— *Wir wollen heim ins Reich !* Nous voulons revenir au Reich ! scandent-ils inlassablement en tendant les bras vers nous.

Comme le train n'avance que très lentement, quelque jeunes gens ont sauté sur le ballast et ont engagé la conversation avec les manifestants. Nous apprenons par eux que des détachements de la police polonaise ont voulu les disperser et les ont chargés à plusieurs reprises. Mais ils se sont allongés sur la voie, se sont cramponnés aux rails et ont opposé aux policiers une résistance opiniâtre. Voilà ce que redoutait le gouvernement de Varsovie ! Il ne voulait pas que l'on sache à quel point les Allemands du Corridor restaient attachés à leur patrie d'origine. Combien sont-ils ? Cinquante mille ? Soixante mille ? Impossible de le dire.

1. Leur attente sera déçue. Pour éviter tout incident, le Führer et les membres du gouvernement allemand ont rejoint Berlin par avion.

Des jeunes filles en corsage blanc s'approchent du wagon et nous jettent des gerbes de fleurs. Beaucoup d'entre elles ont le visage baigné de larmes. Et soudain, un chant jaillit spontanément de milliers de poitrines :

— *Deutschland, Deutschland Über alles...*

Tous les occupants du train ont repris l'hymne national allemand. Notre wagon avance en chantant entre deux murailles humaines qui chantent ; bien que cet hymne provoque toujours en moi une sourde irritation, je dois dire que cette ample mélodie qui s'élève dans la nuit avec une ferveur brûlante a quelque chose de poignant.

Certes, je connaissais comme tout le monde l'existence du Corridor. Mais je ne soupçonnais pas que les passions y étaient aussi exacerbées. A présent, je l'ai vu de mes yeux. Et je sais aussi, d'une façon irréfutable que, si jamais une nouvelle guerre éclate, c'est ici qu'elle commencera.

Durant toute la traversée du Corridor, la même scène se renouvelle à intervalles rapprochés. Sauf aux alentours de Schneidemühl, où des groupes de Polonais nous conspuent en nous tendant le poing.

Enfin, voici la frontière polono-allemande. Les manifestants disparaissent comme par enchantement. Le train accélère. La lumière revient. Nous relevons la vitre de notre compartiment.

Les organisateurs de ce voyage ont prévu de nous servir un dîner au départ de Hohenstein. Mais la mise en route de notre convoi ayant été retardée à plusieurs reprises et la chose s'étant avérée impossible durant la traversée du Corridor, c'est maintenant seulement que l'on va y procéder. Il est trois heures du matin. En France, on y aurait renoncé, ne serait-ce qu'en raison de l'heure tardive. Mais en Allemagne, l'organisation est l'organisation ! Pas question de supprimer un repas inscrit au programme. J'ajoute qu'il est le bienvenu, car j'ai l'estomac dans les talons.

Nous nous dirigeons vers le wagon-restaurant et prenons place autour des tables recouvertes de nappes blanches qu'éclairent de petites lampes basses à abat-jour roses. Si le décor est luxueux, le menu est spartiate : une soupe de gruau, quelques morceaux de bœuf bouilli, des cornichons vaguement sucrés et du fromage blanc.

Je jette un regard sur les convives, qui parlent tous à la fois. Leur moyenne d'âge ne doit guère dépasser vingt-quatre ans.

Leurs têtes sont blondes pour la plupart et leurs yeux très bleus, car ils sont originaires du Mecklembourg et de la Poméranie. Leurs visages sont ouverts et souriants. Ils s'interpellent d'une table à l'autre. Les scènes qu'ils viennent de vivre ont tissé entre eux des liens beaucoup plus étroits que ne le comporteraient, normalement, trente-six heures passées ensemble. Moi aussi, je me sens gagné par cette ambiance chaleureuse. Hier, je ne les connaissais pas. Et aujourd'hui je suis triste à l'idée de devoir bientôt les quitter...

Allons bon ! Voilà que la lumière s'éteint de nouveau. Un « ah ! » de déception s'élève de toutes les tables. Ce n'est heureusement qu'un court-circuit. Des bougies surgissent d'un peu partout et s'allument. Cela donne à l'ambiance plus de festivité ; plus d'intimité aussi. Ce voyage étonnant va-t-il se terminer comme dans les campagnes de Frédéric II par un souper aux chandelles ?

Je regarde avec affection mes compagnons de voyage. Comme leurs yeux sont brillants ! Est-ce le plaisir d'être ensemble ou le reflet des bougies qui les fait luire ainsi ?

L'un d'eux se lève et tend son verre dans ma direction. Il voudrait me parler, mais, saisi par la timidité, il rougit et s'empêtre dans ses mots. Finalement, il se borne à me dire en français :

— *Bonjour monsieur ! Soyez le très bienvenu.*

Ces simples mots me touchent plus qu'un long discours, car ils traduisent un élan sincère.

— Dites-leur quelque chose, me souffla Maxime en se penchant vers moi. Vous leur ferez plaisir.

Je me lève à mon tour.

— Je viens de passer avec vous des heures qui marqueront dans ma vie, leur dis-je en allemand. Soyez assurés que je ne vous oublierai pas non plus. Nous allons bientôt nous quitter. Mais je ne voudrais pas me séparer de vous sans vous remercier pour votre accueil. Par sa cordialité et sa franchise, il a fait naître en moi de grandes espérances...

— C'est tout naturel ! s'exclame l'un d'eux.

— Non. Je suis français. Vous m'avez traité comme un frère.

A présent, ils parlent tous à la fois.

— Mais c'est ça... Nous sommes frères... Allemands, Français c'est la même chose... Plus jamais la guerre ! Il n'y a aucune raison pour que nous ne soyons pas amis !

Tous les jeunes gens sont debout et tendent leur verre dans ma direction. Inutile d'ajouter que je suis très ému.

— Excusez-moi, leur dis-je, je ne suis pas orateur et n'ai préparé aucun discours. Mais un proverbe dit, chez nous comme chez vous : lorsque le cœur est plein, les lèvres débordent. Nos pères se sont assez entretués comme cela : la Marne, l'Yser, les Eparges, Verdun... Chacun a cru y gagner quelque chose et nous n'y avons récolté que des larmes et du sang. Il est temps d'en finir avec ces affrontements stériles pour nous engager dans la seule lutte qui compte : celle que nous mènerons ensemble pour l'avènement de l'Europe.

Je suis forcé de m'arrêter un instant, car le train traverse un pont de fer dont le tablier gronde et remplit le wagon d'un fracas qui couvre ma voix. J'attends qu'il soit passé. Puis, je reprends :

— Je pourrais développer ce thème longuement. Ce ne sont pas les idées qui manquent : c'est le temps. Je serai donc bref. L'Europe n'est pas un mot vide de sens : c'est le point de convergence de nos aspirations communes. Ce n'est pas non plus une vue de l'esprit : elle a déjà existé plusieurs fois au cours de l'Histoire. Il y a eu la Ire Europe, l'Europe romaine qui a été démantelée par les invasions germaniques. Il y a eu la IIe Europe, l'Europe chrétienne de Charlemagne qui a été scindée en deux par le Partage de Verdun. Elle n'a laissé subsister qu'un espace géographique au sein duquel se sont affrontées les rivalités dynastiques. Puis est venue la IIIe Europe, l'Europe jacobine de Napoléon. Elle avait été préparée par le grand mouvement des esprits du XVIIIe siècle : Voltaire, Montesquieu, Rousseau, Klopstock, Schiller et Goethe. Saviez-vous que Klopstock a été nommé citoyen d'honneur de la Ville de Paris ? Cette IIIe Europe a été disloquée par la montée des nationalismes. Cette montée était irrésistible et nécessaire. Bismarck et Cavour ont été de grands hommes. Mais ils ont obscurci l'esprit européen en faisant prévaloir la défense des patries sur celle d'un héritage commun. Napoléon III, qui était un beaucoup plus grand esprit politique qu'on ne le pense, l'a très bien vu. Il a cherché à pallier ce danger. Ses efforts ont été brisés par la défaite de 1870. A présent, il nous faut construire la IVe Europe, l'Europe des nations fédérées.

« Oh ! Je sais ce que vous allez me dire, car d'autres me l'ont dit avant vous. Vous allez me dire que l'accession à l'unité nationale passe avant la construction de l'Europe. Et moi, je vous répondrai : gardez-vous de séparer les deux, car elles sont liées.

« Je ne parle pas à la légère. Croyez-moi quand je vous dis que je connais vos problèmes presque aussi bien que vous. J'ai été à Memel et en Haute Silésie. J'ai pris part, comme soldat, à l'occupation de la Ruhr. Tout à l'heure, j'ai traversé avec vous le fameux « Corridor » de Dantzig et j'y ai vu des dizaines de milliers d'hommes et de femmes supplier en pleurant qu'on les réintègre à l'Allemagne. Croyez-vous que cela m'a laissé indifférent ? Tout homme digne de ce nom a horreur de l'injustice...

C'est étonnant comme les idées affluent à mon esprit ! Je dirais même qu'elles me submergent. La présence de cette centaine de jeunes gens qui m'écoutent avec une attention soutenue m'inspire bien davantage que les pierres du mausolée de Tannenberg. Pourtant il me faut abréger, car notre voyage tire à sa fin.

— L'Europe ne se construira ni sur des nations mutilées et frustrées, ni sur des nations qui ont profité des circonstances pour déborder de leurs limites. Les signataires du traité de Versailles avaient promis de nous donner la paix pour plusieurs générations. Au lieu de cela, ils ont multiplié à travers l'Europe les zones de friction et de discorde. Il faudra les supprimer, pour une foule de raisons que je n'ai pas le temps de développer devant vous. Seulement...

Je m'arrête un instant, pour donner plus de poids à ce que je vais dire. Tous les visages se tendent vers moi.

— Seulement, ce sera très difficile. Plus difficile que vous ne le pensez. Cela exigera beaucoup de sang-froid et une grande maîtrise de soi-même. Car cette remise en ordre ne peut et ne doit se faire que par voie de négociations. Quiconque recourra aux armes — et la tentation sera grande ! — remettra tout en cause et replongera le continent dans un nouveau chaos. Ce n'est pas un point de vue personnel. C'est l'évidence même. Il suffit de regarder autour de soi pour s'en convaincre. Car les ennemis de l'Europe sont puissants et nombreux. Les uns sont déjà à l'intérieur de la place. Les autres sont à l'extérieur. Le monde n'est plus ce qu'il était au temps de Charlemagne ou de Napoléon. De grandes puissances extra-européennes émergent à l'horizon. Elles n'ont ni la même civilisation que nous, ni le même héritage à sauvegarder. Tant que nous réglerons nos problèmes par la négociation, elles ne peuvent pas nous nuire. Dès que nous basculerons dans la guerre, elles en profiteront pour nous submerger. Alors notre continent ne sera plus qu'un amas de ruines et les ruines morales seront encore plus grandes que les ruines matérielles.

— Si nous voulons réussir, nous ne devons jamais perdre de vue que notre temps est mesuré et que nous n'avons qu'un espace étroit pour manœuvrer. Rares sont les générations auxquelles ait incombé une tâche aussi importante et aussi dramatique. Puissions-nous l'accomplir avec succès.

— Je lève mon verre à la IVe Europe, l'Europe des Nations unies, l'Europe de la dernière chance !

Ces paroles, je le sais, n'ont rien de très original. Mais j'ai dû les prononcer avec beaucoup de conviction, car mes auditeurs y répondent par des applaudissements. Leurs mains se tendent vers moi et leurs yeux me paraissent encore plus brillants que tout à l'heure.

Le train commence à ralentir. Dehors, le jour se lève. D'énormes immeubles gris, véritables mastodontes de ciment, défilent lentement derrière la vitre embuée.

Le train ralentit encore. Avant même qu'il ne s'arrête, des jeunes gens sautent sur le quai de la gare en poussant des exclamations joyeuses.

Nous sommes arrivés à Berlin.

CHAPITRE XXIV

LES DIEUX DU STADE
(INSTANTANÉS DES JEUX OLYMPIQUES DE BERLIN)

(30 juillet - 16 août 1936)

I

30 juillet 1936 : Première reprise de contact avec l'Allemagne depuis les obsèques du Maréchal Hindenburg : un pont de bateaux sur le Rhin en face de Rastadt. Un bosquet formé d'un hêtre et de cinq peupliers. Une maisonnette blanche couverte de tuiles : c'est la douane. L'auto s'arrête. Nous sommes trois à bord : André de Grosville, le gendre du commandant L'Hôpital [1], qui travaille à l'Agence Fournier, un jeune docteur en droit du nom de Claude Laurent, et moi. Deux douaniers allemands réclament nos passeports.

— Vous allez à Berlin ?

— Oui.

— Pour les Jeux ?

— Oui.

— A quel titre ? me demande l'un d'eux.

— En tant que membre fondateur du Comité France-Allemagne...

Le visage des douaniers prend une expression envieuse :

1. L'ancien officier d'ordonnance du Maréchal Foch.

— Vous en avez de la chance ! Nous, on reste ici. Notre seule distraction est de regarder passer ceux qui y vont.

— Moi, dit l'autre, ce qui me plaît le mieux, c'est l'athlétisme. C'est un domaine où nous avons beaucoup de chances de remporter une médaille d'or...

Tandis que se poursuit ce dialogue, le chef de poste contrôle nos visas. Le soir tombe. Toute la vallée du Rhin n'est qu'une coulée vermeille. Les douaniers discutent de plus en plus passionnément les mérites respectifs de leurs sports préférés. Il n'est plus question de visiter nos bagages. Nous repartons et nous enfonçons vers le cœur de l'Allemagne, tandis que la brume submerge lentement les collines. A un tournant de la route j'aperçois une dernière fois un hêtre et cinq peupliers dressés au bord du fleuve. Les deux douaniers discutent toujours. Il doit en être de même, en ce moment, à tous les postes-frontières.

II

En Saxe, nous croisons la route olympique. On attend d'un moment à l'autre le passage du coureur qui doit apporter à Berlin la torche allumée dans le sanctuaire d'Olympie. Trois mille athlètes, relayés à travers le continent, porteront la flamme sacrée de capitale en capitale. Une grande et belle idée due à Pierre de Coubertin. Qu'importe si la route parcourue est parallèle au chemin de fer Berlin-Bagdad ? C'est en suivant la route de la soie qu'Alexandre le Grand fit pénétrer le génie hellénique jusqu'à Jaxarte. Aujourd'hui, la flamme olympique remonte vers Berlin en suivant à peu près la route du pétrole. Cela aussi est dans l'ordre des choses. N'est-ce pas en cherchant un équivalent maritime à la route des épices que Colomb découvrit l'Amérique ?

III

Wittenberg est dépassé, ce Wittenberg où Hamlet fut étudiant, où Luther fut excommunié et où le Dr Faust conclut un pacte avec le diable. Berlin est à cent kilomètres. Soudain, un cordon de S.A. nous barre la route. L'un d'eux, ganté de blanc, s'avance vers nous. Nous sommes un peu inquiets. Excès de vitesse ? Contravention ? Nullement.

— Hauptscharführer Gebhardt, dit-il en se présentant. Permettez-moi de vous remettre cette carte. C'est le tracé de votre itinéraire jusqu'à Berlin. A tous les points marqués d'un cercle rouge vous trouverez les guides et un centre de renseignements. Si vous désirez qu'on vous accompagne, un motocycliste se mettra à votre disposition pour vous montrer le chemin. Voici en outre un plan de Berlin indiquant toutes les grandes artères qui vous permettront d'arriver rapidement au centre de la ville.

Nous remercions le Hauptscharführer, car les cartes qu'il nous remet, imprimées en cinq couleurs et rehaussées d'or, sont d'une présentation digne d'éloges.

— Combien vous dois-je ?

— C'est gratuit, répond-il. Le Reich se fait un plaisir de les offrir à ses hôtes étrangers.

Si tout est aussi bien organisé à cent kilomètres de la capitale (et le même service d'accueil fonctionne sur toutes les routes convergeant vers Berlin), que sera-ce à Berlin même ?

IV

Les journaux ont longuement décrit la préparation des Jeux Olympiques mais la réalité dépasse l'imagination. A Garmisch, lors des Jeux d'Hiver, athlètes et spectateurs se côtoyaient dans un village qu'ils occupaient tout entier. Ici, c'est une capitale de six millions d'habitants qui est livrée sans partage aux Jeux Olympiques. Les grandes avenues disparaissent sous une mer d'étendards : drapeaux rouges à croix gammée, drapeaux blancs à cinq anneaux entrelacés, drapeaux des cinquante-trois nations participantes, oriflammes de toutes les villes de l'Empire, qui recouvrent de haut en bas les façades des maisons et portent tous les symboles héraldiques imaginables : des aigles, des lions, des ours, des alérions, des tours...

Berlin ne vit plus que pour les Jeux. Le centre nerveux de la capitale s'est déplacé vers l'ouest : ce n'est plus la Chancellerie, ni l'Opéra, ni le Reichstag. C'est le *Reichssportfeld,* où se déploient le stade olympique et ses nombreuses installations annexes : stade nautique, piscine, stade de hockey, champ de polo, amphithéâtre Dietrich-Eckart, toute une ville, aussi grande à elle seule que la capitale du Brandebourg en 1688, gigantesque pompe aspirante et refoulante qui déverse dans chaque sens plus de 500 000 visiteurs par jour.

V

Samedi midi : Le coureur olympique surgit. Il descend l'*Unter den Linden* au pas de gymnastique, brandissant au-dessus de sa tête un flambeau de bronze, au sommet duquel palpite une flamme étonnamment pâle. Une auto le suit avec une torche de rechange. C'est plus prudent. Car, si un coup de vent l'éteignait, il faudrait retourner à Olympie pour le rallumer. Trois heures plus tard, l'*Alleluia* de Haendel, diffusé dans toute la ville par des milliers de haut-parleurs, nous apprend que le porte-flambeau est arrivé au stade sans encombre. L'optimisme vigoureux des contrepoints haendeliens traduit d'une façon parfaite la satisfaction des Berlinois. Malheureusement le soleil se cache. Après le miracle de Garmisch où la neige était tombée la veille de l'ouverture, on s'étonne que le ciel reste délibérément hargneux. Mais nul ne récrimine. Si Hélios manque à la fête, c'est lui qui aura tort.

VI

Les constructions du *Reichssportfeld* sont vraiment impressionnantes. De loin, les six tours portant les noms des principales provinces allemandes se découpent sur le ciel. Une septième les domine : c'est le *Führerturm* ou tour du Führer, qui porte la cloche olympique en bronze, lourde de dix tonnes. Le stade fait pour contenir 120 000 personnes est particulièrement réussi. Quoique construit en énormes blocs de grès de Souabe, il n'a rien d'écrasant. Le mot « colossal » serait ici tout à fait déplacé. Aussi surprenant que cela paraisse, l'ensemble, avec ses courbes admirables, donne une impression de vastitude et de légèreté. C'est seulement quand on voit les spectateurs se promener sur le gradin supérieur, réduits à la taille de fourmis, que l'on se rend compte de la dimension stupéfiante de l'édifice.

De même que le Maifeld, destiné aux rassemblements populaires et aux fêtes du 1er mai, les constructions du Reichssportfeld semblent avoir été façonnées par cinq éléments : la terre, le feu, l'eau, l'air et le peuple. Car le peuple joue ici un rôle primordial. C'est lui qui viendra remplir les flancs de l'édifice, c'est lui qui submergera ces gradins et déferlera le long de ces rampes et de ces escaliers. D'Annunzio m'a parlé jadis de la dixième Muse, « la Muse Energie qui préside à la naissance des cités et à l'enfantement des collectivités en gésine ». C'est elle, sans aucun doute, qui a inspiré l'architecte et lui a permis de créer un stade capable de soutenir la comparaison avec les exemples les plus célèbres de l'Antiquité.

VII

Samedi soir : Grande fête de nuit dans le stade olympique. L'édifice, vu au crépuscule, est encore plus impressionnant que le jour. Au milieu de la large échancrure ménagée dans l'enceinte ovale par la porte de Marathon, le feu olympique brûle dans un cratère posé sur un trépied de bronze. Du point que j'occupe tout au sommet de l'arène, je domine la mer de visages qui en tapisse les parois. L'orchestre joue une sorte de pyrrhique, mi-pastorale mi-guerrière, tandis que 10 000 enfants, vêtus de blanc comme de jeunes Lacédémoniens, évoluent sur la piste qui ressemble à une nappe de velours vert. Soudain, par la porte de Marathon, mille jeunes gens de dix-huit à vingt ans font irruption dans l'enceinte, brandissant les drapeaux des cinquante-trois nations engagées. Les applaudissements éclatent, tandis que l'orchestre et les chœurs entonnent « l'Hymne à la Joie ». Au même moment, seize projecteurs de marine, disposés autour du stade, strient le ciel noir de leurs faisceaux lumineux et, convergeant vers le même point du firmament, forment un dôme de lumière au-dessus de nos têtes.

VIII

La foule s'écoule à présent par toutes les ouvertures. Un service d'ordre sévère évite les bousculades. Nous nous installons à l'*Olympia Terrasse,* une brasserie capable de servir douze mille clients à la fois, pour laisser partir les premiers trains, tout en vidant une chope de bière. Une grosse dame, la mine exténuée, s'assied à notre table. C'est une des choristes de « l'Hymne à la Joie ». Elle souffle, halète et s'éponge le front.

— Quelle vie ! gémit-elle en nous prenant à témoin de ses malheurs. On répète du matin au soir, on n'a plus un instant à soi. Cet après-midi c'était Haendel, ce soir Beethoven, demain ce sera de nouveau Haendel. On est en route de sept heures du matin à minuit. Si encore on pouvait dormir ! Mais il n'y faut pas songer. La Commission des Logements a installé trois Japonais chez moi. Ils refusent catégoriquement de coucher dans des lits. Dès le premier soir j'ai été réveillée en sursaut par une volée de coups de marteau : c'étaient les Japonais qui enfonçaient des crampons dans le mur de mon salon pour suspendre leurs hamacs. Quand je rentre chez moi, je les trouve en train de se balancer dans le vide ! C'est un vrai cauchemar ! Je les vois encore, tandis que je chante *Embrassez-vous, millions de frères !* Mais je n'ai aucune envie d'embrasser ces Japonais qui ont saccagé mon salon ! Croyez-moi, monsieur, dans les Jeux Olympiques, tout n'est pas rose, loin de là !

IX

Lundi : Match de polo sur le Maifeld. Public élégant. Hauts-de-forme gris, monocles, jumelles. L'Angeterre mène contre le

Mexique par 13 buts à 11. Devant moi, les petits chevaux mexicains galopent à la poursuite de la balle. On entend, de temps à autre, le choc mat d'un maillet. Au bout d'un instant, mon regard quitte les chevaux, pour examiner le paysage. C'est la vaste plaine sablonneuse du Brandebourg avec ses bouquets de pins maritimes qui rappellent la *pineta* de Ravenne. A droite et à gauche, deux rangées de tilleuls de dix mètres de hauteur. On les y a plantés il y a trois semaines. L'opération s'est déroulée de nuit, en raison de l'âge des arbres. Si on les avait transplantés de jour, ils auraient péri. Pendant près d'une semaine, ils sont restés enveloppés de linges, pour éviter le contact des rayons. L'opération a si bien réussi que quinze jours plus tard, les tilleuls ont refleuri.

A l'autre extrémité du champ de polo, le grand stade se déploie sous mes yeux. A travers la porte de Marathon, je vois la foule qui occupe l'intérieur de l'édifice où se disputent en ce moment les compétitions d'athlétisme. De temps à autre, le vent m'apporte les grondements du public chaque fois qu'un champion a battu un record. C'est un rugissement prolongé qui passe par-dessus la flamme olympique. Celle-ci vacille et se rabat vers le sol. Est-ce le vent qui la fait palpiter ainsi ou le souffle de la foule ?

A droite et à gauche du stade se dressent les tours de Frise et de Saxe, de Franconie et de Souabe. Deux d'entre elles portent des croix gammées, les deux autres des horloges. Ce sont les symboles visibles des deux divinités de ce lieu : l'État et le Temps. Divinités exigeantes qui réclament tout de l'homme et refusent de partager avec aucun rival.

X

Le temps, ici, est le maître incontesté : il tient la place de la fatalité dans les drames antiques. Les Grecs, qui n'ont pas eu leurs pareils dans l'art d'exprimer par des symboles les liens invisibles qui unissent les choses, avaient érigé les temples d'Olympie sur la colline de Chronos. Les aiguilles et les cadrans ont remplacé la faux et le sablier du père de Jupiter, car chez les Grecs le Temps était le Père de la Puissance. Bien que ses attributs aient changé, le dieu est resté le même. Tous lui sont soumis et il ne fait aucune distinction entre les individus et les races. Les athlètes d'Europe et d'Afrique, d'Amérique et d'Asie se sont entraînés pendant des mois pour venir s'affronter ici. Et lorsque les juges les mettent face à face et que le moment vient enfin de montrer ce dont ils sont capables (chaque muscle et chaque nerf tendu à se rompre), un dixième de seconde suffit parfois à séparer le vainqueur du vaincu.

Le record olympique et mondial des 100 mètres est de 10 secondes 3/10. Owens le battra tout à l'heure en parcourant les 100 mètres en 10 secondes 2/10. Pourtant, son record ne sera pas homologué, sous prétexte qu'une brise légère l'a favorisé en le poussant dans le dos. Jadis, les Grecs auraient réagi autrement. Ils auraient considéré cette brise comme une faveur des dieux et auraient dit avec Pindare

Qu'ils sont beaux les pieds du Vainqueur,
Ces pieds que caresse une brise légère...

C'est le côté pathétique de ces jeux de décider du vainqueur à la faveur de quelques fractions de seconde. Les sportifs vous diront que passé vingt-cinq ans un homme n'est plus à même de rivaliser avec des concurrents plus jeunes. La vie est déjà brève, mais les Jeux la raccourcissent encore : ils ne veulent en garder que cette minute éblouissante où l'homme atteint le sommet de sa perfection physique. Moment bref et radieux qui nous rappelle, avec une intensité poignante, combien nous sommes mortels.

XI

Je me promène autour du stade comme dans les coulisses d'un théâtre. L'énorme conque est pleine à craquer. Mais les pelouses environnantes sont presque désertes. C'est un singulier plaisir que de fouler en silence ce gazon moelleux, à côté de l'arène énorme d'où s'élèvent par rafales les cris et les acclamations.

Comme des vedettes qui ont terminé leur numéro ou s'apprêtent à entrer en scène, les champions se reposent ou font des exercices d'entraînement. Voici Jesse Owens, justement, qui arrive au pas de gymnastique. Il a des jambes de sauterelle si longues et si fuselées que tous les autres athlètes, à côté de lui, paraissent bas sur pattes. D'un air de jeune léopard, il fait en quelques bonds le tour de la pelouse. Sa foulée est si large et d'une telle élasticité qu'il semble à peine frôler le sol. Soudain une Diane germanique rattrape au pas de course l'Actéon afro-américain : *Autograph, please !* dit-elle, en sortant non une flèche de son carquois, mais un stylo de sa poche.

XII

A travers les espèces de créneaux pratiqués dans l'enceinte, mon regard pénètre à l'intérieur du stade. Au bout d'un tunnel d'ombre, un rectangle clair découpe la foule en segments compacts. Tout à l'heure, celle-ci se liquéfiera et s'écoulera par toutes les issues comme un torrent de lave. Pour l'instant, elle est comme figée. Ces rectangles composés de corps et de têtes agglomérés ont la consistance granuleuse de la pierre.

Pénétrons dans le stade : cet après-midi il est encore plus plein que la veille. Des hommes en pantalons blancs et en chandails rouges vont et viennent sur la piste. Mais tous les regards sont braqués sur la tribune officielle où viennent de paraître Hitler et ses invités d'honneur : le roi Boris de Bulgarie, le prince de Piémont et la princesse Marie-Josée de Savoie, les princes héritiers de Grèce, de Suède et du Japon, les deux fils de Mussolini, le célèbre explorateur suédois Sven Hedin, lord Hamilton, lord Londonderry, un grand nombre de représentants de l'aristocratie espagnole, italienne, néerlandaise et scandinave, le maréchal von Blomberg et le fils de l'amiral Horthy, le Régent de Hongrie. Au balcon de la loge officielle flotte l'étendard personnel du Führer, carré écarlate où s'inscrit une croix gammée au centre d'une couronne de lauriers et de quatre aigles d'or. L'ensemble pourrait avoir été dessiné par David et donne à la tribune officielle une atmosphère qui évoque la « Distribution des aigles » ou la « Revue du camp de Boulogne ». Ce style, emprunté à la Rome des Césars, montre bien l'évolution du régime. En se consolidant, le IIIe Reich prend figure d'*Imperium*.

XIII

Recevoir le monde, telle est la première tâche que s'est assigné le gouvernement allemand. Montrer l'Allemagne au monde a été son deuxième souci. Il a voulu que les visiteurs étrangers, venus par centaines de milliers aux Jeux Olympiques, remportent avec eux une image saisissante du IIIe Reich. Tout a été mis en œuvre pour obtenir ce résultat. Il était évident que les dirigeants allemands, dont on connaît la virtuosité en matière de propagande et de mise en scène, ne laisseraient pas passer une aussi belle occasion.

C'est pourquoi concerts, expositions, visites de musées, de châteaux et de cités ouvrières, représentations en plein air se succèdent à une cadence qui laisse le spectateur haletant. Un simple aperçu du programme musical de cette semaine permettra de se faire une idée de l'effort accompli. C'est d'abord à l'Opéra une représentation intégrale de la *Tétralogie* de Wagner, alternant avec *Rienzi* et les *Maîtres Chanteurs.* Au château de Berlin l'orchestre philharmonique donne la série complète des Symphonies de Beethoven. Dans le parc du château de Niederschönhausen, on peut entendre tous les soirs les Sérénades de Mozart. Les séances de musique de chambre se tiennent dans les salons du château de Monbijou, dans la galerie dorée du château de Charlottenburg, dans la galerie blanche du Palais Impérial. A la chapelle d'Hosander, les amateurs de musique sacrée peuvent oublier les compétitions sportives en se plongeant dans les cantates de Bach, les concertos d'orgue de Haendel, les oratorios de Buxtehude et de Telemann. Quant à l'Académie Prussienne, elle consacre une série de concerts aux œuvres des jeunes compositeurs allemands contemporains. Que choisir dans tout cela ?

Même débauche de spectacles au théâtre municipal, où l'on joue les deux *Faust* de Goethe et les *Brigands* de Schiller. Enfin, une « Semaine du film allemand » présente aux amateurs de cinéma une rétrospective de toutes les productions importantes de ces dernières années. Une place d'honneur y est naturellement réservée au *Triomphe de la Volonté,* le film que Leni Riefenstahl a tourné au Congrès de Nuremberg de 1935.

Quand on saura qu'en plus de ces concerts et de ces représentations théâtrales, plusieurs expositions de peinture sollicitent le visiteur, on comprendra qu'écartelé entre tant de distractions et de spectacles il finisse par reprendre à son compte l'exclamation de Talleyrand : « La vie serait supportable, s'il n'y avait pas les plaisirs ! »

XIV

Les routes. Il faut aussi parler des routes. Quand toutes les sonneries de trompettes se seront tues, quand les tableaux seront décrochés de leurs cimaises, que les athlètes et les visiteurs étrangers seront rentrés chez eux, il restera encore les autoroutes, cet orgueil des services techniques allemands. Tout le monde vous dira que ce sont des routes stratégiques. C'est évident. Mais y a-t-il des routes qui ne le soient pas ? La piste d'Alexandre qui reliait Ilion à Persépolis, les chaussées de César, les routes de Louis XIV et de Napoléon ont été tracées, elles aussi, pour faciliter le déplacement des troupes. Mais si les problèmes militaires changent, les routes demeurent. Elles s'ouvrent aux commerçants, aux touristes, aux archéologues. Et ceux-ci vous diront qu'à travers l'Histoire, un réseau puissant de voies de communication marque toujours la victoire de l'État sur le particularisme local. *Le petit chemin qui sent la noisette...* que chantent Mireille et Jean Nohain plaira toujours davantage aux poètes et aux amoureux. Les autoroutes allemandes, désertiques et brûlantes, où des bolides passent en trombe, conduits par des chauffeurs hypnotisés par le ruban rectiligne qui s'étend devant leurs yeux, sans un croisement pour ralentir leur allure, sans un passage à niveau pour les tirer de leur torpeur, ont quelque chose de grandiose et de féroce à la fois. Nos routes nationales, bordées de peupliers, ont conservé l'esprit du « Grand Siècle ». Les autostrades allemandes, elles, sont désespérément modernes. Elles sont à l'image de la jeunesse d'aujourd'hui, pour qui une seule chose compte : aller le plus vite et le plus loin possible, sans toujours savoir où...

XV

Je préfère ne pas parler des tableaux et des statues que l'on voit à l'*Exposition olympique.* Cinquante-trois nations ont réuni dans les salles du Palais des Expositions des toiles et des sculptures qui surpassent en banalité le plus pompier de nos salons officiels. Mais on ne peut passer sous silence les maquettes des principaux stades des différents pays. Voici les stades de Copenhague et de Stockholm, sveltes comme de jeunes Vikings. Voici le stade de Chicago où se retrouve le style néo-babylonien des « cathédrales de la finance ». Voici les stades allemands, avec leurs campaniles, leurs drapeaux et tous les emblèmes de la mythologie nationale-socialiste. Voici les stades italiens, encombrés de statues et de pilastres comme le palais de Néron ou les reconstitutions romaines des studios de Hollywood. Comme presque partout ici, la France est absente (ou peu s'en faut), et ce n'est pas sans amertume qu'un Français voit son pays tenir une moindre place que la Suède ou le Paraguay. Vraiment il serait temps, selon la parole de Richelieu, « de relever le nom de la France au point où il devrait être parmi les nations étrangères ». Avec nos qualités d'invention et d'équilibre, ce ne devrait pourtant pas être impossible.

XVI

D'un intérêt particulier est l'exposition des quatre cents portraits d'Allemands illustres. Voici Goethe, Humboldt et Hegel, Wagner et Schumann, Schiller et Hölderlin, Mommsen et Bach, Haendel et Beethoven, Leibniz et Kant, avec son aigre profil de proconsul romain en exil. Quatre cents effigies d'artistes, de philosophes, de musiciens, de médecins, d'historiens et de savants, de généraux et de rois, sont réunis pour la première fois sur les murs de l'ancien palais du Kronprinz. C'est toute l'histoire allemande qui défile sous nos yeux, incarnée dans ses individus les plus représentatifs. Mais, phénomène curieux, aussi illustres soient-ils et aussi vaste qu'ait été leur génie, une chose leur fait défaut : la présence d'un « centre » capable de coordonner et d'harmoniser leurs efforts. Au milieu de tous ces tableaux, une toile attire l'œil par son éclat particulier : c'est le portrait de la Princesse Palatine par Rigaud. Liselotte elle-même n'était qu'une grosse maîtresse de maison, pétillante d'esprit et satisfaite de la bonne qualité de ses confitures. Pourtant il a suffi qu'un rayon de soleil de Versailles soit tombé sur cette ménagère allemande pour que tous les autres portraits prennent un aspect provincial. Sans doute ont-ils la saveur inimitable des plats régionaux. Mais il leur manque le coup de baguette magique que seule peut conférer l'existence d'une grande pensée royale ou nationale — ce je ne sais quoi de tendre et de majestueux qui fait son entrée dans la pensée française avec les *Odes* de Malherbe et la colonnade de Perrault. « Il faut secouer tous ces gens-là, disait Napoléon à Berthier en parlant des Allemands, ils ont tous des idées mélancoliques. » Sans doute ! Mais la grande mélancolie de Hölderlin et de Novalis, celle qui se dessine sur beaucoup de ces visages, n'est-elle pas la nostalgie d'un Reich toujours rêvé, rarement atteint avec sa succession d'essors et d'effondrements plus contrastés que le noir et le blanc du drapeau prussien ?

XVII

Ce soir a lieu la représentation de l'*Herakles* de Haendel dans le théâtre en plein air de Dietrich Eckart. Dès la tombée du jour les gradins de l'immense cuvette se garnissent de spectateurs. La nuit descend sur l'arène construite au fond d'un vallon à quelque distance du stade olympique. La moraine d'un ancien glacier a fourni la pierre nécessaire à la construction de l'amphithéâtre ; mais les architectes ont laissé intact le décor de verdure contre lequel se détache la masse blanche du proscenium. Des projecteurs puissants éclairent les bas-côtés réservés aux chœurs : les exécutants sont près de deux mille. A combien s'élève le nombre des spectateurs ? Il est difficile de le dire, mais il ne doit guère être inférieur à vingt mille.

Soudain le silence se fait — un silence si complet que l'on entend vibrer, cent mètres plus bas, la corde d'une contrebasse.

Le concert débute par un concerto de Gabrieli dont la grâce vénitienne contraste avec l'austérité dorique de cet amphithéâtre allemand. L'acoustique est excellente. Tout a été mis en œuvre pour que rien ne vienne troubler le plaisir de l'auditeur. Une ligne de banlieue passe à proximité, mais les conducteurs des locomotives ont reçu l'ordre de ralentir leur allure et de ne pas user de leur sifflet pendant la durée du concert. Des rames de wagons aux fenêtres éclairées glissent sans bruit à l'horizon comme des trains fantômes, tandis qu'un vent léger nous apporte la senteur de la forêt. Après un court entracte, l'orchestre attaque les contrepoints robustes de l'oratorio haendelien.

Wagner reste le grand maître dont l'esthétique inspire les cérémonies officielles de l'Allemagne nouvelle. Mais on ne peut jouer toujours la « Chevauchée des Walkyries » ou la « Ballade de l'Épée ». Faute de pouvoir créer de toutes pièces un compositeur à leur convenance, les dirigeants artistiques du IIIe Reich se sont rabattus sur Haendel. Ici les effusions mystiques de Bach seraient déplacées, mais la robuste simplicité du style de Haendel convient à merveille aux représentations en plein air. C'est pourquoi un oratorio comme l'*Herakles,* qui serait sans doute ennuyeux au concert, convient parfaitement à ce genre de spectacle, pour peu qu'on en anime l'action par des mouvements de foule. Si nous voulions faire la même chose en France, c'est Berlioz qu'il faudrait choisir. On imagine aisément ce que donneraient *les Troyens,* montés avec des moyens semblables. Quel bonheur ce serait d'entendre le duo d'Enée et de Didon — « Nuit d'ivresse et d'extase infinie » — ou l'appel lointain des cors de la « Chasse royale » dans ce décor agreste et non dans l'espace poussiéreux d'un plateau d'Opéra !

Il est étrange de penser que cet art populaire, c'est nous qui l'avons inventé, avec les fêtes de la Fédération et la Commémoration des morts de la Révolution de Juillet. Pourquoi avons-nous laissé tarir cette veine que nous avions découverte avant les autres ? Beethoven n'a-t-il pas reconnu que pour composer l'*Hymne à la Joie* il s'était inspiré de certains chants révolutionnaires de Gossec et de Méhul ?

On rétorquera que ces manifestations ne sont pas possibles chez nous parce que la figuration coûte trop cher. Ici, évidemment, ces problèmes ne se posent pas : les trois cents guerriers grecs qui évoluent sous nos yeux en cuirasses scintillantes sont des membres de la *Hitlerjugend* qui se sont mis bénévolement à la disposition du metteur en scène ; ces chœurs, qui répètent depuis plusieurs semaines, ne sont pas rémunérés non plus. Ils chantent non pour toucher un cachet mais pour le seul plaisir de chanter. Leur enthousiasme spontané se transmet à la foule et crée une ambiance que l'on chercherait en vain dans un théâtre subventionné. Elle atteint son point culminant dans la scène finale qui décrit la transfiguration d'Hercule. A ce moment, une cohorte de guerriers transporte le héros mort au sommet de la colline qui fait face à l'auditoire. Alors, tandis que les chœurs entonnent une longue mélopée, un brasier s'allume au milieu d'un bouquet de pins, la silhouette du héros ressuscité se détache sur un fond de flammes et un léger panache de fumée monte lentement vers le ciel.

XVIII

« Tout y était fastueux et grand ; rien n'y trahissait un esprit mesquin et parcimonieux », nous dit Droysen de la Cour de Pella, au temps de Philippe de Macédoine. « Et s'il est vrai qu'on s'y abandonnait parfois à une ivresse turbulente et à un vacarme digne des Centaures et des Lestrygons, les fêtes officielles, la réception des ambassadeurs étrangers et les jeux athlétiques n'en étaient que plus brillants et plus raffinés. » Que de fois, ces jours derniers, n'ai-je pas dû me rappeler ces lignes, tant elles semblent se rapporter aux scènes que nous vivons ici ! Tout y est : depuis le faste des réceptions officielles jusqu'au « vacarme digne des Centaures et des Lestrygons ».

Le 13, c'était la fête donnée par le général Goering dans les jardins du ministère de l'Air. Le 14, réception à l'ambassade de France. Le 15, fête chez le Docteur Goebbels sur le *Pfaueninsel,* une île située au milieu du lac de Wannsee, et j'en oublie...

Pour ce qui est des compétitions sportives, j'en ai suffisamment dit. Mais en ce qui concerne ces diverses festivités, je préfère passer la parole à M. François-Poncet, notre ambassadeur à Berlin :

« Les rencontres olympiques, nous dit-il, servent de prétexte à des fêtes splendides qui plongent les hôtes d'honneur, les diplomates, les personnalités marquantes, venus de tous les points de l'univers, dans l'étonnement et l'admiration. Hitler reçoit à sa table les Majestés et les Altesses royales. Goebbels offre un souper et une fête de nuit à un millier de personnes, sur les gazons de l'île des Paons. Comme il a plu dans la journée, on a envoyé des avions chercher dans toutes les directions du matériel neuf. Les arbres sont devenus des candélabres lumineux. Les pontonniers de la Reichswehr ont jeté une passerelle de bateaux pour relier l'île à la terre et font la haie, la rame haute, au passage des invités, accueillis et conduits à leurs places par un essaim de jeunes filles costumées en pages de la Renaissance. A minuit, un formidable feu d'artifice lance dans les airs ses fusées crépitantes.

« Pour sa part, Goering a fait pousser, dans les jardins de son ministère, tout un village du XVIIIe siècle en miniature, avec son auberge, son bureau de poste, sa boulangerie, ses boutiques d'artisans... A l'Opéra de Berlin, entièrement tendu à neuf de satin crème, il a organisé en outre un dîner fastueux, suivi d'un bal. Un plancher réunit la scène à la salle ; une profusion de laquais en livrée rouge et perruque poudrée, élevant au bout de longs bâtons de hautes lanternes, jalonne les chemins au milieu des tables où fourmillent une multitude d'uniformes, d'habits chamarrés et de femmes en grande toilette. Tout l'état-major du régime est là, rutilant, rayonnant, empressé, tandis que les accents de l'orchestre remplissent la vaste nef...

« On dîne, on danse, on échange des toasts ; des conversations se nouent dans toutes les langues, qui mettent à rude épreuve M. Schmidt, l'interprète officiel. "Ah, monsieur Schmidt, aidez-moi donc un instant, je voudrais parler à lord Londonderry !
— Monsieur Schmidt, deux mots seulement avec le Dr Goebbels.
— Mr Schmidt, *do you know where Göring is ?*" »

Toutes les pensées gravitent naturellement autour de Hitler, sans lequel toutes ces fêtes n'auraient jamais été possibles. Quel chemin n'a-t-il pas parcouru depuis l'époque où, vagabond perdu dans les bas-fonds de Vienne et obligé de se louer à la journée comme peintre en bâtiment, il était menacé par des ouvriers d'être précipité au bas de son échafaudage ! S'ils sont encore vivants, que pensent-ils de l'échafaudage au sommet duquel il se montre aujourd'hui, recherché et adulé par la plupart des grands de ce monde ?

XIX

A l'occasion de cette XIe Olympiade, le IIIe Reich n'a pas seulement cherché à surpasser les rencontres similaires qui ont eu lieu antérieurement. Il a élevé cette institution à un niveau qu'il sera désormais impossible d'oublier. A travers les compétitions sportives, les réceptions, les expositions, les concerts, c'est en réalité le peuple allemand tout entier qui laisse éclater sa joie et s'offre à lui-même le spectacle de sa vigueur retrouvée.

J'ai déjà dit que les Jeux Olympiques ne voulaient retenir de l'homme que cet instant éphémère où il touche au sommet de sa perfection physique. Il en est de même pour la communauté germanique : on ne voit partout que visages épanouis et corps harmonieux. On a écrit de la jeunesse allemande qui défile dans les stades et sur les routes qu'elle était « la plus belle que le monde ait jamais vue ». Ce n'est pas excessif : elle paraît née des épousailles de la Grèce et de la Germanie. C'est le printemps du IIIe Reich, l'instant où tout le peuple se sent haussé à un niveau de vie qu'il n'imaginait plus. Minutes lumineuses et privilégiées, baignant dans une rumeur de fête, journées d'apothéose ponctuées de marches militaires et de roulements de tambour qui marquent un sommet dans l'histoire d'une nation.

Il faut dire que ce redressement spectaculaire a quelque chose de confondant pour qui a connu l'Allemagne au temps de la République de Weimar. Quand je songe aux longues files de sans-travail, hâves et déguenillés, que j'ai croisées dans la Ruhr, battant la semelle pendant des heures devant les soupes populaires ! Aujourd'hui, le chômage a pratiquement disparu. La lutte des classes a été subordonnée à l'intérêt général. Les autoroutes qui s'allongent, l'inflation jugulée, la monnaie stabilisée, les usines tournant à plein, les cités ouvrières jaillissant de toutes parts, et quelles cités ! des dizaines de milliers de petits pavillons individuels nichés parmi la verdure — tout cela représente un effort gigantesque. Je ne sais ce que l'avenir réserve à l'Allemagne mais je doute de la revoir jamais dans un pareil état d'euphorie.

Aussi voudrais-je adresser au Führer-Chancelier ces belles strophes de Malherbe, en les modifiant légèrement pour les adapter aux circonstances :

Assez de funestes batailles
Et de carnages inhumains
Ont fait en nos propres entrailles
Rougir nos déloyales mains.
Donne ordre que sous ton régime
Cette manie se termine
Et que las de perpétuer
Une si longue malveillance
Nous employions notre vaillance
Ailleurs qu'à nous entre-tuer.
C'est en la paix que toutes choses
Succèdent selon nos désirs ;
Comme au printemps naissent les roses
En la paix naissent les plaisirs ;
Elle met les pompes aux villes,
Donne aux champs les moissons fertiles,
Et de la majesté des lois
Appuyant les pouvoirs suprêmes
Fait demeurer les diadèmes
Fermes sur la tête des rois.

Je voudrais surtout qu'il les écoute. Mais je sais d'avance ce qu'il me répondrait :

— La paix, me dirait-il, ne dépend pas que de moi. Elle dépend aussi de l'attitude des puissances étrangères.

Je le sais bien, hélas ! Et je sais bien aussi qu'il ne suffit pas de réciter un poème pour résoudre tous les problèmes qui vont se poser à nous. C'est pourquoi je crains qu'une fois ces fêtes terminées nous n'entrions rapidement dans une zone de turbulence. Pourtant, ces conflits de frontières et de zones d'influence, ces rivalités économiques et idéologiques seraient faciles à surmonter si nous avions tous — les uns et les autres — une conscience plus vive de ce qu'est l'Occident.

Malheureusement, l'unité de l'Occident est une chose dont la plupart des dirigeants de l'Europe n'ont aucune notion, et la susciter en eux est d'autant plus difficile qu'ils ne savent même pas à quel point notre civilisation est menacée.

XX

Aujourd'hui, 16 août, c'est la cérémonie de clôture. Dès le matin, de longues colonnes de S.A. convergent vers le stade. Les trains menant au *Reichssportfeld* sont bondés depuis onze heures, bien que les compétitions ne doivent commencer qu'à trois heures de l'après-midi.

Quand je me rends au stade, après avoir déjeuné chez M. von Tschammer und Osten, le Haut-Commissaire aux Sports, en compagnie de l'ancien Chancelier von Papen, du fils de l'amiral Horthy, du comte von Alvensleben et des deux jeunes officiers qui ont gagné le pentathlon, l'arène est déjà pleine à craquer. Le Führer ne doit arriver que dans quelques instants, mais la grande voie menant au stade que suit notre file de voitures est déjà entièrement dégagée. Des soldats font la haie des deux côtés de la route sur une longueur de deux kilomètres. Se tenant par la main, ils s'arc-boutent à la foule pour l'empêcher d'envahir la chaussée. Nous avançons rapidement entre deux murailles humaines qui nous ovationnent au passage, car elles ont reconnu le Haut-Commissaire aux Sports.

Je pénètre dans le stade : jamais je ne l'ai vu aussi plein qu'aujourd'hui. En plus des spectateurs qui remplissent les gradins, des grappes humaines s'agrippent aux balustrades et obstruent les cages des escaliers. Quant à la pelouse, elle a été transformée pendant la nuit en quelque chose qui ressemble vaguement à une exposition horticole. On y voit des haies, des barrières peintes en blanc, des murets en contre-plaqué sur lequel on a reproduit des briques, des arbustes taillés en boule et de gros pots de fleurs. Ce sont les obstacles que devront sauter ou contourner, sans les renverser, les cavaliers des vingt-huit pays qui participent au « Trophée des Nations » Soudain, des vivats éclatent. L'étendard personnel du Führer monte à la hampe de la tribune d'honneur. Hitler est arrivé. Il salue l'assistance. *Deutschland über alles, Horst Wessel lied, Sieg Heil !* repris en chœur, bras tendus, rugissements, c'est le cérémonial habituel, si impressionnant la première fois qu'on y assiste, mais dont l'effet finit par s'émousser à force de se répéter.

Enfin la foule se rassied. La compétition commence. Les uns après les autres, les chevaux galopent et sautent à travers un labyrinthe de haies, de rivières artificielles, de murailles et d'arbustes. S'ils n'y prenaient pas eux-mêmes un plaisir si évident (on dirait qu'ils comprennent parfaitement ce que leurs cavaliers attendent d'eux), ils se croiraient sans doute victimes d'une mauvaise plaisanterie, car tout est disposé pour contrarier leurs réflexes. Un cheval est fait, après tout, pour galoper en liberté. Mais à part quelques bêtes qui se dérobent ou se cabrent, la plupart des chevaux virevoltent avec aisance dans ces couloirs étroits. Le speaker a demandé au public de ne pas applaudir, pour ne pas effaroucher les montures. Aussi la foule obéissante retient-elle son souffle (y a-t-il rien de plus saisissant que le silence de cent vingt mille personnes ?). Mais chaque fois qu'un cavalier a achevé son parcours sans faire une faute, un léger bruissement monte de l'arène, semblable au bourdonnement des mouches qui s'élève de certains buissons durant les mois d'été.

Le ciel, légèrement voilé, laisse filtrer une clarté blonde qui adoucit les courbes du stade et donne l'impression qu'il a été sculpté dans un seul bloc d'ambre. Les uns après les autres, les cavaliers des différentes nations refont le même parcours. Les heures s'écoulent. Les chevaux virevoltent toujours...

Voici le crépuscule. Depuis combien de temps sommes-nous là ? Il est déjà huit heures ! Voilà bientôt cinq heures que les chevaux sont en piste. Mais ma sensibilité, comme engourdie, n'enregistre plus le passage du temps. La monotonie du spectacle, l'immensité de la foule, la densité du silence finissent par nous immerger dans une sorte de torpeur.

Tandis que les ombres s'épaississent, le décor se transforme. La foule disparaît peu à peu au fond d'un entonnoir d'ombre. On sent encore sa présence, mais on ne la voit plus. D'autres éléments, que le jour avait relégués à l'arrière-plan, sortent de leur retraite et viennent prendre sa place. La flamme olympique brille d'un éclat plus vif. Sa torsade pourpre bondit vers le ciel et jette des reflets sanglants sur les donjons qui encadrent la porte de Marathon. L'un après l'autre, les réflecteurs s'allument. Des feux rouges scintillent comme des diadèmes au sommet des tours.

Le concours hippique a pris fin. On débarrasse la pelouse des obstacles qui l'encombrent, afin de procéder à la distribution des prix. Chaque fois que le président du Comité Olympique proclame le nom d'un vainqueur, le drapeau de sa nation monte au mât le plus haut et une fanfare militaire entonne l'hymne national. Ces hymnes nous apportent, à travers la nuit tiède, comme un parfum de pays étrangers, de continents lointains. C'est l'hymne japonais, tout imprégné de la senteur des cerisiers en fleur. C'est l'hymne américain, au son duquel moururent les combattants de Gettysburg et de Yorktown. C'est l'hymne hongrois où passe toute la fierté fougueuse des habitants de la Puszta ; *la Marseillaise* où gronde le souffle embrasé de la Révolution, l'hymne hollandais qui rappelle la lutte des calvinistes contre les « papistes » ; enfin l'hymne national allemand, répété huit fois de suite pour célébrer huit victoires, majestueux comme un fleuve et profond comme une forêt.

La foule se grise peu à peu de toutes ces musiques, tandis que la flamme olympique, bondissant toujours plus haut, semble vouloir s'arracher à son socle de bronze. A présent, la nuit est venue. Les projecteurs forment un dôme de lumière au-dessus de nos têtes. Au point d'intersection de leurs rayons brûle une étoile solitaire, dont toutes ces colonnes de feu n'arrivent pas à ternir l'éclat.

— Est-ce Mars ou Vénus ? demandé-je à mon voisin.

Mais celui-ci est trop absorbé par ce qui se passe à l'autre bout du stade pour pouvoir me répondre. Au même instant, en effet, un bouillonnement d'étendards est apparu au sommet de l'escalier monumental menant à la Porte de Marathon. Cinquante-trois athlètes, portant chacun l'emblème d'une des nations participantes, descendent dans l'arène — comme lors de la cérémonie d'ouverture — et viennent se déployer sur un rang devant la tribune officielle. Les étendards s'inclinent jusqu'à terre. Une théorie de jeunes filles, vêtues de tuniques blanches, s'avancent pour les décorer. Lorsque les hampes des drapeaux se relèvent, chacun d'eux porte à sa pointe une couronne de lauriers.

A présent on amène le drapeau olympique. Une compagnie de marins lui rend les honneurs. Le chœur entonne une sorte de choral et tandis que le drapeau descend doucement le long de son mât, la cloche olympique se met lentement en branle. Son premier battement remplit tout l'espace d'un mugissement d'airain. Simultanément, quatre hommes et un sous-officier, choisis pour leur haute stature, se dirigent vers le mât au pied duquel pend le drapeau olympique. Ses cinq cercles multicolores se détachent sur un fond blanc. Chacun des quatre hommes le prend par un angle. Ils le tendent comme un linceul et, précédés par le caporal, lui font faire une dernière fois le tour de l'arène.

C'est le drap mortuaire de la XIe Olympiade, auquel la foule, debout, rend un hommage ultime.

Peu à peu les lumières du stade diminuent. La flamme olympique vacille et s'éteint. La cloche se tait. La foule se recueille. L'arène n'est plus remplie que d'ombre et de silence. Seuls, les projecteurs continuent à tisser au-dessus de nos têtes leur dôme lumineux, au centre duquel scintille toujours l'étoile dont j'ignore le nom.

A présent, la cérémonie est terminée. Voici plus de huit heures que nous sommes dans le stade mais personne ne songe à quitter sa place. On dirait que la foule ne se résigne pas à voir prendre fin ces fêtes dont la préparation a demandé plusieurs années de travail. Une fois de plus, comme si elle ne pouvait se rassasier de chanter, elle entonne le *Deutschland über alles.* Une fois de plus elle se lève, tend le bras, rugit et gronde. Tandis que le Führer la salue d'un geste bref et quitte l'enceinte, je jette un dernier regard à l'étoile mystérieuse avant de me plonger dans le torrent humain qui s'écoule à travers toutes les issues du stade.

Les prochains Jeux Olympiques doivent être célébrés à Tokyo en 1940. Quand les reverrons-nous en Europe ? En 1944 ? En 1948 ? D'ici là, bien des choses auront changé sur notre vieux continent, bien des pages auront été ajoutées au grand livre de l'Histoire. Que l'étoile bienveillante qui a brillé sur cette nuit fasse en sorte qu'elles ne soient pas éclaboussées par trop de sang !

CHAPITRE XXV

LA CUISINE AU BEURRE

(fin août 1939)

Le temps est au beau fixe. Depuis longtemps on n'a pas vu un mois d'août aussi ensoleillé. Paris est radieux. Les arbres de Judée de la place d'Italie, les platanes du quai Voltaire, les marronniers des Champs-Elysées sont parés comme pour une fête. Pourtant une menace mortelle plane sur nous tous.

Je me rends au 217 du faubourg Saint-Honoré, chez Gaston Le Provost de Launay. C'est un homme pour lequel j'éprouve une vive amitié. Ancien Président du Conseil municipal de Paris, il connaît énormément du monde et pratique à merveille l'art de bien recevoir. Chez lui, le choix des mets est l'objet d'un soin aussi attentif que celui des invités. De plus, la conversation n'y est jamais languissante.

Bonapartiste fervent, il appartient à cette catégorie de Français qui, tout en proclamant leur attachement à la République, sont toujours plus ou moins à la recherche d'un soldat capable de la renverser. Aussi entretient-il des relations suivies avec beaucoup de militaires, surtout ceux qu'il soupçonne « d'avoir du sang de Brumaire dans les veines ». C'est ainsi qu'il m'a fait connaître, l'année dernière, le général de Lattre de Tassigny. Plus récemment, le général Giraud. Aujourd'hui, je dois déjeuner chez lui avec le général Gamelin. Mais cette fois-ci, pour des raisons qui n'ont rien à voir avec le « sang de Brumaire », car l'ancien chef d'état-major de Joffre est un serviteur dévoué du pouvoir.

En cette saison les Parisiens sont habituellement à la campagne et il est impossible d'organiser des déjeuners de ce genre. Cette année-ci, la gravité de la situation a ramené dans la capitale tous ceux qui en étaient déjà partis. Aurons-nous la guerre ? C'est la question que chacun se pose. Georges Bonnet, le ministre des Affaires étrangères, espère encore l'éviter. Il fonde de grands espoirs sur une ultime intervention de Mussolini. En attendant, la tension augmente. Les nouvelles les plus contradictoires volent de bouche en bouche. Moi-même, je passe de l'optimisme au pessimisme selon ce qu'annoncent les émissions de la radio. Je suis curieux d'entendre ce que nous dira le généralissime. Lui, le commandant en chef des armées françaises, le vice-président du Conseil supérieur de la Guerre, le confident de Daladier, il doit être au courant des derniers événements ! Toutefois, une chose m'étonne : c'est qu'un homme chargé de responsabilités aussi lourdes ait trouvé, en un moment pareil, le temps de déjeuner en ville. Pourvu qu'il ne se soit pas décommandé à la dernière minute !

L'ascenseur me monte au quatrième étage. Encore sur le palier, j'entends un brouhaha à travers la porte. C'est une rumeur très gaie. Je distingue le rire cristallin d'une femme. Voilà qui me rassure. Si les nouvelles étaient franchement mauvaises, l'ambiance serait tout autre...

J'entre. Contrairement à ce que j'avais imaginé, il n'y a que quatre personnes dans le salon, dont Pierrette Guesde, un écrivain de talent, plus connue sous le nom de Makkali Phâl (c'est elle que j'ai entendue rire tout à l'heure). Gaston Le Provost de Launay s'avance vers moi.

— Le généralissime vient d'arriver, me dit-il. Nous allons pouvoir passer tout de suite à table, car nous sommes en très petit comité, comme je vous l'ai dit par téléphone. Le général n'a pas beaucoup de temps à lui (le contraire m'eût étonné). Il doit se rendre tout à l'heure au château de Vincennes, pour y présider une séance de travail. Il a même failli ne pas venir, mais s'y est décidé quand je lui ai confirmé que vous seriez des nôtres. Il m'a assuré qu'il désirait faire votre connaissance depuis longtemps... Venez, que je vous présente...

Le Provost de Launay me conduit vers le général que j'avais d'ailleurs reconnu du premier coup d'œil. Il est en civil et son aspect ne correspond nullement à celui d'un militaire. Sous ses cheveux grisonnants, ses traits un peu incertains n'ont rien de martial. On dirait un notaire de province, venu régler une succession à Paris.

— Je suis heureux, dit Le Provost de Launay sur un ton légèrement emphatique, de présenter M. Benoist-Méchin, l'auteur de l'*Histoire de l'Armée allemande,* au général Gamelin, le Commandant en chef de l'Armée française...

— Enchanté de faire votre connaissance, répond plus laconiquement le général en me tendant la main.

Son regard est intelligent, sa physionomie avenante.

— Naturellement, vous avez lu son livre ?

— Mais comment donc ! Je l'ai trouvé absolument remarquable. Il m'a beaucoup appris.

Ce ton mondain de fausse modestie a le don de m'agacer. Comment mon livre pourrait-il apprendre quoi que ce soit au Commandant en chef, lui qui dispose de moyens d'information tellement plus sûrs et plus étendus que moi ?

— J'ai surtout admiré l'ampleur de votre documentation, poursuit le général. J'ai cru, tout d'abord, que vous faisiez partie de notre maison. Je me suis informé. On m'a assuré que non. C'est alors que j'ai souhaité faire votre connaissance. Où avez-vous pu recueillir une pareille moisson de renseignements ? En Allemagne, je suppose ?

— Pas du tout, mon général ! Je n'ai que très peu de contacts avec les milieux militaires allemands et ceux-ci ne sont nullement enclins à me faire des confidences.

— Alors, où ?

— En France.

— Comment, en France ?

— Oui. A Vincennes.

— A Vincennes ! s'exclame le général. C'est de mieux en mieux ! Mais pas au château, quand même ?

— Si. Au château. Là où est installé votre quartier général. .

— Ça c'est le bouquet ! Vous entendez, chère amie ? dit-il en se tournant vers Makkali Phâl. M. Benoist-Méchin a puisé toute sa documentation à mon quartier général !

— Mais non, mon général, mais non, répliqué-je avec une pointe d'agacement, car je ne veux pas laisser s'accréditer cette légende. J'ai dit : *au château de Vincennes,* je n'ai pas dit : *au quartier général.* Celui-ci n'y était pas encore en 1934, lorsque j'ai commencé à rédiger mon livre.

— C'est juste, répond Gamelin. Je...

— Madame est servie, annonce le maître d'hôtel d'une voix forte qui couvre celle du général et ne me permet pas d'entendre la fin de sa phrase.

Nous passons dans la salle à manger. La table est recouverte d'une nappe en point de Venise et croule littéralement sous les cristaux et l'argenterie. Au centre, des roses de différentes couleurs baignent dans une coupe en vermeil. Le général leur jette un regard de connaisseur.

— J'ai choisi ces roses pour vous, lui dit Makkali Phâl, qui tient le rôle de maîtresse de maison. Je sais que c'est votre fleur préférée...

— Je vous remercie de votre délicate attention, lui répond le général en s'inclinant galamment devant elle. Venant de vous, elle ne me surprend pas.

— Malheureusement, je n'ai pas pu trouver celles que j'aurais désirées. Je veux dire des roses de jardin, pas des roses de fleuristes qui n'ont aucun parfum. Mais la saison est trop avancée. C'est à la fin du mois de juin qu'il faut les voir dans toute leur splendeur... A Bagatelle, par exemple...

— J'y vais chaque année, répond le général. Mais même alors, il faut se presser tant leur floraison est éphémère...

— Que dites-vous de celle-ci ? dit Makkali Phâl en caressant une rose pourpre, largement épanouie.

Mais, rien qu'en l'effleurant du bout des doigts, elle l'a fait s'effeuiller. Une douzaine de pétales jonchent la nappe de dentelle.

— Oh ! dit-elle en faisant une moue d'enfant dépitée.

— Vous voyez ! fait observer Gamelin, cela confirme ce que dit le poète :

Rose, elle a vécu ce que vivent les roses,
L'espace d'un matin.

— J'ai toujours adoré Ronsard, dit Le Provost de Launay. Il est vrai que je suis tourangeau...

— Non. C'est Malherbe ; et il était normand, rétorque le général avec la mine d'un professeur de lettres qui a pris un de ses élèves en faute.

Et, après un instant de silence, il ajoute d'un air songeur :

— Au fond, je me demande si j'étais fait pour la carrière des armes... J'aurais tant aimé vivre à la campagne, à cultiver mes roses, entouré de chiens, de bons livres et de fleurs. Je ne désespère pas de terminer ainsi ma vie. Pour le moment, hélas, j'ai d'autres occupations, que je laisserais volontiers à d'autres...

Le général met dans ces mots un soupçon de coquetterie.

— Ce sera pour après la victoire, dit Le Provost de Launay. A votre bâton de Maréchal, ajoute-t-il en levant son verre dans la direction du général pour se faire pardonner sa bévue.

Gamelin sourit à la ronde d'un air satisfait. Je vois qu'il est sensible aux hommages.

— A propos de livres, dit-il d'un ton enjoué, M. Benoist-Méchin nous doit encore une explication sur la façon dont il a réuni sa documentation...

Décidément, il y tient ! C'est une histoire sans intérêt. Je vais m'efforcer d'être bref, car il y a — surtout en ce moment — des sujets de conversation autrement intéressants.

— Quand on entre au château de Vincennes par le donjon, on aperçoit à gauche, au fond de la deuxième cour, un pavillon de style Louis XIV, appelé le Pavillon de la Reine. Là se trouve la B.D.I.C. ou *Bibliothèque de documentation internationale contemporaine.* C'est le fonds le plus riche du monde pour tout ce qui concerne la guerre de 1914-1918 et les années qui l'ont suivie. On y trouve des ouvrages dans toutes les langues, et pas seulement des livres, mais des collections complètes de journaux et de revues, des affiches, des brochures, des pamphlets, des tracts. On vient y travailler d'Allemagne, d'Italie, d'Angleterre, d'Amérique, voire du Japon.

« Vous n'ignorez pas les règlements en vigueur dans les bibliothèques publiques ? Pour demander un livre, on commence par remplir une fiche que l'on signe de son nom et que l'on remet au surveillant de la salle de lecture. Ces fiches sont ensuite réunies en liasses et conservées pendant un certain temps. Demandez qu'on vous montre la liasse portant mon nom. Vous y trouverez à peu près tous les ouvrages que j'ai consultés. Je n'ai pas eu besoin de chercher ailleurs, puisque j'avais tout sous la main. C'est pourquoi — je le dis parce que je le pense sincèrement — n'importe qui aurait pu faire ce travail à ma place.

Le généralissime fronce les sourcils.

— C'est incroyable ! dit-il. J'ignorais totalement l'existence de cette bibliothèque. Et vous dites qu'elle se trouve au château de Vincennes ?

— Oui. Mais — je le répète — vos bureaux n'y étaient pas encore à cette époque.

— Je vais me renseigner...

Le général Gamelin est visiblement surpris. Mais je le suis bien davantage, en constatant qu'il ignore l'existence de cette bibliothèque et jusqu'à sa présence dans les murs du bâtiment qu'il occupe avec son état-major. Pourvu qu'il n'en soit pas de même en ce qui concerne le reste...

Le maître d'hôtel passe un plat de quenelles. Le commandant en chef se sert, en porte un morceau à sa bouche et hoche la tête en signe d'approbation.

— Mes félicitations ! s'exclame-t-il avec un sourire gourmand, ces quenelles sont succulentes ! Je n'en ai jamais mangé de meilleures... Elles ont un goût...

— Je les fais faire au champagne, répond Le Provost de Launay, enchanté du compliment. Je les trouve plus fines comme cela que lorsqu'on les fait au Riesling...

— Et ce léger goût de noisette ?

— Il est dû au beurre que je fais venir directement des Charentes. Je le préfère au beurre normand.

— Vous avez mille fois raison, il est plus parfumé. Quelle merveille ! Je n'oublierai pas ce déjeuner. Vous m'avez offert tous les délices de Capoue, y compris celui de rencontrer M. Benoist-Méchin...

J'ai beau aimer la bonne cuisine, je suis un peu vexé d'être mis sur le même rang qu'un plat de quenelles.

— Nous avons fait connaissance aujourd'hui, mon général, mais nous nous sommes déjà rencontrés auparavant...

— Ah ? Où ça ? Je n'en ai pas gardé le souvenir...

— Moi si. Un souvenir très précis. C'était le 30 septembre de l'année dernière, en fin d'après-midi. Le Président Daladier était rentré de Munich et vous étiez allé l'accueillir au Bourget. Une foule énorme s'était massée sur son parcours pour l'ovationner. La police, qui ne s'attendait pas à un pareil enthousiasme, était débordée. Je me promenais sur le boulevard Saint-Germain, à l'angle de la rue de Solferino. Comme j'étais absorbé dans mes pensées, j'ai traversé la chaussée sans prendre garde au service d'ordre. Au même moment, votre voiture est arrivée en trombe. Vous vous dirigiez vers la rue Saint-Dominique. J'ai entendu un coup de klaxon, un grincement de freins. Des passants ont crié. Le rétroviseur de votre voiture a frôlé mon épaule, mais votre chauffeur a poursuivi sa route. Je n'ai eu le temps de voir que votre fanion tricolore et vos feuilles de chêne. J'ai perdu l'équilibre et suis tombé sur la chaussée. « C'était le général Gamelin », me dit le gardien de la paix qui me releva, comme pour me consoler !

— Comment ! C'était vous ? Mais je m'en souviens parfaitement ! En effet, je rentrais au ministère de la Guerre. J'ai cru un instant qu'il s'agissait d'un attentat. C'est pourquoi j'ai dit à mon conducteur d'accélérer...

— Pour n'être pas un attentat, c'était quand même une rencontre ! Quelques centimètres de plus et je passais sous vos roues. Alors, vous auriez été obligé de vous arrêter. Peut-être même de descendre de voiture...

— L'auteur de l'*Histoire de l'Armée allemande* expirant entre les bras du général Gamelin ! s'exclame Le Provost de Launay, quelle belle image d'Epinal !

— Et quelle préfiguration de l'avenir ! ajoute Makkali Phâl.

— Oh non ! J'aurais eu droit tout au plus à trois lignes dans *Paris-Soir,* répliqué-je en riant.

— Il s'en est fallu de peu, dit le généralissime en hochant la tête. Mais à propos, poursuit-il en me fixant dans les yeux, puisque nous y sommes, entre nous, d'homme à homme, dites-moi, là, franchement, ce que vous pensez, vous, de l'armée allemande ?

La question est si inattendue que j'en demeure interdit.

— De... de l'armée allemande ?

— Oui.

Son visage a pris soudain une expression sévère. On voit qu'il ne plaisante plus.

— Je pense, dis-je lentement en pesant chaque mot, qu'elle représente une force considérable, tant par ses effectifs que par sa puissance de feu, et qu'il serait dangereux de la sous-estimer...

— D'après vous, combien de divisions peut-elle mettre en ligne ?

— Je n'en sais rien. Je craindrais de me tromper en avançant un chiffre. Mes travaux se sont arrêtés à 1936. A ce moment, la Wehrmacht était en pleine réorganisation... Depuis lors, les choses ont beaucoup évolué. En ce qui concerne le nombre de divisions dont elle dispose actuellement, vos services de renseignement sont beaucoup mieux placés que moi pour vous fournir la réponse.

— Dites toujours. J'aimerais connaître votre avis.

Ses yeux sont rivés sur moi. J'ai soudain l'impression que c'est uniquement pour me poser cette question qu'il est venu à ce déjeuner. Mais pourquoi me la pose-t-il avec tant d'insistance, alors qu'il connaît sûrement la réponse ? Et pourquoi prend-il cette expression d'examinateur sévère ?

— Vraiment, je n'en sais rien. Mettons deux cents...

— Bon. Eh bien, écoutez-moi ! Je vais vous dire une chose qui va peut-être vous surprendre, mais c'est ainsi. Que la Wehrmacht dispose de vingt, de cent ou de deux cents divisions, peu m'importe, puisque, si Hitler nous oblige à lui déclarer la guerre, je n'aurai probablement jamais affaire à elle.

— Comment ? m'exclamé-je, en cas de guerre avec l'Allemagne, vous n'aurez jamais affaire à l'armée allemande ?

— Non. C'est pourquoi j'envisage l'avenir avec tant de sérénité.

J'ai dû mal entendre, car je n'y comprends plus rien.

— Excusez-moi, mon général, je ne saisis pas bien le fond de votre pensée.

Le Commandant en chef prend un air important. Il jette un regard circulaire autour de la table, comme pour jouir de l'effet produit par ses paroles.

— Vous ne comprenez pas ? C'est pourtant bien facile, poursuit-il en tendant dans ma direction la pointe de son couteau. Le jour où la guerre sera déclarée à l'Allemagne, Hitler s'effondrera. Des troubles éclateront à Berlin. Au lieu de défendre les frontières du Reich, l'armée allemande refluera sur la capitale pour y rétablir l'ordre. Les troupes stationnées dans les fortifications de l'Ouest n'offriront que peu de résistance. Nous entrerons alors en Allemagne comme dans du beurre.

Un sourire satisfait éclaire sa figure. Il semble dire : « Voyez comme c'est simple ! Il suffisait d'y penser. »

Mais ces mots, quant à moi, me remplissent d'inquiétude. Le Commandant en chef doit savoir de quoi il parle : d'innombrables services travaillent pour lui nuit et jour ; ils lui fournissent un flot de dépêches, de rapports, de procès-verbaux, bref, il a toutes les raisons d'être infiniment mieux informé que moi.

Mais puis-je pour autant rayer de ma mémoire et tenir pour nul et non avenu ce que mes yeux ont vu, ce que mes oreilles ont entendu, ce que j'ai constaté par moi-même au cours de mes récents voyages à travers le Reich ?

L'Allemagne ? J'en reviens. Il y a huit jours à peine, j'étais à Warnemünde, dans l'île de Rügen, au bord de la Baltique, où j'étais allé passer mes vacances avec un couple de jeunes peintres de mes amis. Devant les rumeurs de guerre persistantes, j'avais abrégé mon séjour, afin de ne pas risquer d'être fait prisonnier et rentrer en France à temps pour répondre à un ordre de mobilisation.

Je revois encore, à l'horizon, cette île mystérieuse — Peenemünde — dont on ne parlait qu'à voix basse, où une équipe de chimistes et de physiciens travaillaient à fabriquer des armes ultra-secrètes. Je revois ce temps inaltérable, ce ciel transparent au-dessus d'une mer de nacre, ce chemin creux où nous croisâmes une grosse charrette de foin, conduite par un paysan grisonnant qui n'avait plus qu'un bras. J'entends encore mon amie lui dire, d'un air rieur : « Nous n'aurons pas la guerre ! Il fait trop beau ! Qui pourrait songer à tuer ses semblables par un temps pareil ? » Et le paysan de lui répondre, en secouant la tête d'un air mélancolique : « Croyez-moi ! Nous aurons la guerre ! J'ai déjà vu ce même temps... C'était en août 1914. »

De Stettin à Aix-la-Chapelle, j'ai traversé toute l'Allemagne au volant de ma voiture pour regagner Paris. J'ai vu un pays muet, des visages pâles mais résolus, une discipline sans défaut. J'ai vu des villages entiers vidés de leur jeunesse par les mesures de prémobilisation, comme si l'armée, déjà, aspirait tout à elle. J'ai vu, le long des routes, des pompistes, de plus en plus nombreux, fermer leurs postes d'essence et accrocher à leur devanture des écriteaux portant l'inscription : *Nur für Militärwagen,* Réservé aux véhicules militaires. J'ai senti se mettre en marche, lentement mais inexorablement, les rouages encore invisibles d'une formidable machine de guerre.

Toutes ces images repassent dans ma tête. Je sais qu'elles ne prouvent rien. Une conjuration, un complot se trament toujours dans l'ombre, sans qu'aucun indice n'en transparaisse à la surface. Mais il suffit de réfléchir tant soit peu pour savoir qu'en ce mois d'août 1939 une insurrection allemande est moralement et matériellement impensable.

D'abord, qui la fomenterait ? Les communistes ? Ils s'en garderont bien, maintenant que le pacte germano-soviétique est signé. D'abord, ils n'en ont pas les moyens. Ensuite, Staline saura les en empêcher, car un soulèvement de leur part serait un désaveu de sa politique. Les généraux réactionnaires ? Le traité germano-russe a balayé leurs dernières réticences. Comment s'insurgeraient-ils contre l'homme qui leur a rendu une armée et leur permet d'entrer en guerre dans les meilleures conditions possibles, c'est-à-dire en encerclant la Pologne avant qu'elle n'ait tiré un seul coup de feu ?

La nation ? Je viens de la parcourir de la Baltique au Rhin, sans dissimuler ma nationalité. Nulle part je n'ai entendu une parole hostile à la France, ni un chant belliqueux. Mais nulle part, non plus, je n'ai entendu formuler la moindre critique envers le régime. D'ailleurs, qui oserait se dresser contre Hitler, au moment où il cherche à récupérer Dantzig et le Corridor ? Jamais l'opinion allemande n'a été plus unanime, car jamais elle n'a admis cette mutilation, même aux plus beaux jours de la République de Weimar. Alors qui ?

J'ai beau faire, je n'arrive pas à comprendre le raisonnement du Commandant en chef. Nul doute qu'il ne soit bien « informé », mais j'aimerais savoir qui lui fournit ses informations. Elles sont manifestement tendancieuses et c'est en se basant sur elles qu'il s'est fait une conception erronée de la situation. On voudrait précipiter la France à l'abîme qu'on n'agirait pas autrement. Je sais que je lui déplairai en le contredisant. Mais s'agit-il de plaire en un moment pareil ?

Nous sommes passés au salon. Tandis que le généralissime sirote son café, je tente de lui faire comprendre combien il serait dangereux de jouer le sort du pays sur une hypothèse aussi hasardeuse.

— Mon général, lui dis-je, je voudrais vous poser une question.

— Je vous écoute.

— Ne craignez-vous pas qu'en mettant l'accent sur le nombre de divisions dont dispose la Wehrmacht on ne passe à côté du véritable problème ? N'est-ce pas s'inspirer encore de la guerre de 1914, avec ses fronts continus, ses affrontements de masses et le principe selon lequel la vitesse maximum à laquelle une armée puisse se déplacer est celle de ses unités d'infanterie marchant à pied ? Je parle au militaire : ne pensez-vous pas que ces notions sont périmées ? De nos jours, le facteur décisif est la puissance de feu et la mobilité de l'armée blindée...

— Quelle armée blindée ?

— Celle que nous ne possédons pas, mais que le général Guderian est en train de constituer.

— Ah, oui ! Guderian... J'en ai entendu parler. Quel genre d'homme est-ce ?

— Je vous ai dit tout à l'heure que je n'ai guère fréquenté les généraux allemands. J'en ai cependant rencontré deux dans des milieux industriels amis : le général Thomas, que Hitler a chargé de la motorisation de la Wehrmacht et que les Allemands ont surnommé à cause de cela « Général Motors », et Guderian, justement, le créateur de l'armée blindée. Son grand principe est : *Klotzen, nicht Kleckern,* ce qui veut dire en français — je traduis approximativement : « Grouper, ne pas disperser. » Il me l'a dit lui-même en faisant le geste de serrer quelque chose dans son poing...

— De serrer quoi ?

— Les chars. Il veut en faire autre chose que des éléments d'accompagnement de l'infanterie, une armée autonome fulgurante, entièrement mécanisée, comportant des centaines, voire des milliers de chars capables de briser les cuirasses les plus épaisses, c'est-à-dire les fortifications les mieux blindées et d'exploiter leur percée en s'engouffrant profondément dans le territoire ennemi. Excusez-moi d'être aussi prolixe. Vous savez toutes ces choses infiniment mieux que moi. Guderian m'a d'ailleurs dit : « Les deux hommes qui ont le mieux compris les données du problèmes sont, en Russie, le maréchal Toukhatchevski et, chez vous, le colonel de Gaulle. Lisez son livre intitulé *Vers l'armée de métier*. Mais il a beau voir juste, il aura du mal à nous rattraper, car nous avons pris une avance considérable. Nous ne pouvions pas permettre aux Russes de nous distancer. Et nous avons appliqué les leçons de la guerre d'Espagne qui a été pour nous une sorte de banc d'essai. De Gaulle, lui, en est encore au stade de la théorie... »

— Fort heureusement ! répond Gamelin. C'est un esprit mégalomane et chimérique. Moi aussi j'ai lu son livre. J'ai bien ri quand j'ai vu sa hâte à « pousser dans la zone des trophées » — ça, c'est tout lui ! — et son affirmation que la progression des chars sur les arrières de l'ennemi pourrait provoquer un ébranlement général capable de tout renverser « comme la rupture d'un pilier fait, quelquefois, crouler la cathédrale ». Quelquefois !

— Mais c'est vrai ! J'ai assisté moi-même à une scène de ce genre et j'ai pu en mesurer les effets...

— Et puis après ? Qu'est-ce que ça prouve ? Comme si la guerre consistait à faire s'écrouler des cathédrales !

J'écarquille les yeux. Cet argument me paraît indigne du généralissime.

— Reconnaissez quand même que les vues du colonel de

Gaulle sont séduisantes, que les grandes batailles de l'avenir seront des mêlées de chars...

— Pas du tout, cher monsieur, répond Gamelin d'un ton catégorique. Tout cela n'est pas sérieux. C'est de la mauvaise littérature. Si je devais jouer le sort de la guerre sur les seuls effets d'une armée blindée, j'en aurais la chair de poule. Moi, je ne suis pas un joueur de poker. Je ne veux m'avancer qu'à coup sûr. On dit : « Les chars se ruent en avant, les chars percent, les chars font ceci, les chars font cela ! » Ce ne sont que des mots. Moi, je vais vous dire ce qu'ils font, les chars : ils tombent en panne. Guderian l'a appris à ses dépens lors de sa marche sur Vienne, le 12 mars de l'année dernière, quand soixante pour cent de ses chenillettes ont craqué sur les routes verglacées des Alpes styriennes. Mais cela, il ne vous l'a pas dit ! Heureusement que nous sommes renseignés. S'il s'était heurté à ce moment-là à des forces régulières autrichiennes, il aurait frôlé la catastrophe. Et quand je dis « frôlé », je suis modeste. Moi, je préférerais me suicider que de jouer tout l'avenir de la France sur un pareil coup de dés !

Mais n'est-il pas, justement, en train de jouer l'avenir de la France sur un coup de dés autrement redoutable : l'éventualité d'un putsch militaire en Allemagne ?

— Le rôle d'un commandant en chef est d'envisager toutes les éventualités, rétorqué-je sur un ton un peu vif, car je commence à m'échauffer. Supposez un instant que la percée réussisse, que les blindés de Guderian franchissent la Ligne Maginot et se ruent sur Paris, qu'aurez-vous à leur opposer ? Les taxis de la Marne ? Je crains que de nos jours cela ne soit pas suffisant.

Gamelin a tiqué. Il a compris que mon allusion se réfère au temps où il était chef d'état-major de Joffre.

— Tranquillisez-vous, répond-il, cela n'arrivera pas ! Et même si cela arrivait, les blindés allemands n'iraient pas bien loin. Ils seraient vite immobilisés, faute de carburant. Où en trouveraient-ils ? Il suffirait de donner l'ordre à tous les garagistes de mettre le feu à leurs réserves d'essence. C'est fou ce que cela consomme, une division blindée ! Cela a failli se produire en Autriche, et pourtant ce n'était pas la guerre ! Alors, chez nous...

Il réfléchit un instant. Puis il poursuit d'une voix vibrante :

— Non, non, méfiez-vous de ces chimères mécaniques ! La guerre n'est pas une affaire de moteurs ; c'est une question d'hommes. Et dans ce domaine-là, croyez-moi, nous autres

Français, nous sommes imbattables... L'infanterie a toujours été — et sera encore longtemps — la reine des batailles. De plus illustres que votre serviteur l'on dit avant lui...

Cela aussi me paraît de la mauvaise littérature. D'un autre genre, voilà tout. N'en sortirons-nous donc jamais ?

— Mais la cavalerie de Murat ? L'artillerie de Bonaparte ? insisté-je. Qu'est-ce qu'un char, après tout, sinon un canon monté sur roues et adapté aux nécessités de la stratégie moderne...

— Là encore, détrompez-vous. Des chars, nous en avons, et beaucoup plus que les Allemands. Mais nous ne commettrons jamais la folie, je dis bien : la folie ! de les engager tous ensemble dans le même secteur du front. D'ailleurs, comme je me suis employé à vous le démontrer tout à l'heure, tout concourt à nous faire penser que nous n'aurons pas à nous en servir. Les événements se dérouleront sur un tout autre plan. Au premier coup de canon, le régime hitlérien s'écroulera et nous entrerons en Allemagne comme dans du beurre... Oui ! Comme dans du beurre...

Il répète cette formule plusieurs fois, comme s'il était incapable d'en trouver une autre.

Voyant que je demeure incrédule, il demande au maître d'hôtel de lui apporter sa serviette qu'il a laissée dans l'entrée. Il en ouvre le fermoir à l'aide d'une petite clé attachée à sa chaîne de montre et en sort une chemise cartonnée. Elle contient une liasse de feuilles vertes tapées à la machine. Il les feuillette et m'en tend une.

— Tenez, lisez ce rapport d'un de nos agents. Peut-être vous convaincra-t-il mieux que je n'ai pu le faire...

Je le parcours avidement des yeux :

> *Des papillons auraient été affichés à Lörrach dans la nuit du 28 au 29, avec l'inscription : « A bas Hitler ! » et même, à Constance, des placards annonceraient : « Nous ne voulons pas la guerre, mais du pain ! »*
> *Une grande irritation régnerait dans les milieux ouvriers de Hambourg. Des paysans badois, conversant avec des Alsaciens, auraient prié ceux-ci de faire savoir en France qu'ils « en avaient assez de leurs dirigeants ». Ils se sont plaints de l'attitude des militaires à l'égard de la population civile, personnes et biens... La population se voit revenue aux mauvais jours de 1917... La foule, groupée devant la Chancellerie d'Etat, manifeste plus d'anxiété que d'enthousiasme. Propos*

subversifs tenus par les anciens combattants... Mauvais esprit parmi les réservistes... C'est seulement en Prusse-Orientale et à Nuremberg, capitale du National-Socialisme, que l'esprit patriotique demeurerait intact...
... Des rapports parvenus des autres régions parlent de désarroi et d'accablement... Dans la guerre des nerfs, c'est l'Allemagne qui paraît, à présent, atteinte... Le général von Brauchitsch aurait offert sa démission...
On rapporte également que le pacte germano-russe aurait provoqué parmi les hitlériens des discussions si vives que le Parti National-Socialiste serait, à plus ou moins brève échéance, menacé de scission[1].

Je crois rêver... Le général me reprend le rapport, le passe à Le Provost de Launay et m'en tend un autre en me disant :

— Et celui-ci ? N'est-il pas encore plus probant ?

Je lis :

Le général Halder, chef de l'état-major général, a démissionné hier et a été remplacé par le général Reichenau. Le général von Brauchitsch est d'accord avec le général Halder, mais demeurera à son poste (général commandant en chef). La position du général Halder est identique à celle du général Beck en septembre 1938. Sa démission ne sera pas rendue publique...
Les fortifications de l'Ouest (c'est-à-dire le *Westwall* ou Ligne Siegfried) *ne sont fortes que par endroits, comme l'expérience l'a démontré (?). Des points faibles existent, notamment dans les régions de Fribourg - Sarrebruck - Aix-la-Chapelle. L'état-major général redoute la possibilité d'une brèche dans le mur de l'Ouest.*
M. Hitler a eu à Berchtesgaden un affaissement nerveux... Le Dr Bunck, de Munich, a été appelé à son chevet ; il s'est rétabli, mais le docteur est encore chez lui ce matin, prêt à intervenir.
L'état-major général espère utiliser l'état nerveux de Hitler pour lui permettre de rendre possible un coup d'Etat militaire, mais l'état-major désire d'abord avoir la certitude que le ministre de la Guerre ne le lâchera pas. Le bureau de M. von Ribbentrop affirme à l'état-major que l'Angleterre forcera la Pologne à abandonner Dantzig et appuiera les demandes

1. Une lecture aussi rapide de ces textes ne m'aurait pas permis de les citer de mémoire sans commettre d'erreurs. Heureusement, le général Gamelin les a publiés dans son volume *Servir*, II, p. 451-454, d'après lequel je les reproduis ici.

allemandes en vue d'obtenir une frontière orientale satisfaisante pour l'Allemagne. Si l'état-major pouvait être certain que le Mur de l'Ouest sera attaqué, sa position serait considérablement renforcée...

Comme toujours, ces comptes rendus ne comportent aucune indication de provenance. Ils sont un tissu d'invraisemblances et d'absurdités. Peut-être même un piège, pour inciter la France à se jeter à corps perdu sur les fortifications allemandes. Comment peut-on accorder foi à un texte qui assure que « l'état-major allemand ne redoute rien tant que la possibilité d'une brèche dans la ligne Siegfried », et affirme quelques lignes plus loin que « la position de l'état-major serait renforcée s'il pouvait être certain que la ligne Siegfried sera attaquée » ?

Je sens tout mon poil se hérisser à la lecture de ces textes : on voudrait provoquer une catastrophe qu'on n'agirait pas autrement.

— Alors, qu'en dites-vous ? me demande le généralissime avec un sourire ironique à mon intention, car il croit m'avoir opposé des arguments irréfutables. Nous recevons tous les jours des rapports du même genre. Ils se recoupent exactement.

— De qui émanent-ils ?

La question m'a échappé malgré moi. Je la regrette, car je sais bien que le Commandant en chef ne peut pas y répondre. Pourtant, il y répond, et avec beaucoup de bonne grâce :

— Des agents que nous possédons à Berlin, à Prague et à Varsovie.

Je l'aurais parié !

— Mais ne croyez pas que nous n'ayons que des informateurs étrangers ! Pas plus tard que ce matin, le Président Daladier m'a fait part d'une dépêche de M. Coulondre, notre ambassadeur à Berlin, qui lui confirme que le Chancelier du Reich est littéralement aux abois. Une conjoncture aussi favorable ne se retrouvera pas de sitôt. Croyez-moi, si nous entrons en guerre, ce sera en pleine connaissance de cause, et avec tous les atouts en main.

Je suis atterré par tant d'aveuglement et tente un ultime effort pour lui dessiller les yeux, pour lui faire toucher du doigt combien sa thèse est hasardeuse.

— Et si le régime hitlérien ne s'écroule pas sous le seul effet d'une déclaration de guerre ? Si la levée de boucliers sur laquelle vous comptez ne se produit pas ? Comment ferez-vous pour pallier l'inexistence de notre armée blindée, l'insuffisance de notre aviation ? Ce n'est pas moi qui le dis : c'est le général Vuillemin*. Vous vous opposerez, la poitrine nue, à l'offensive allemande ? Alors, il sera trop tard. Ne serait-il pas plus sage dans ces conditions...

Mais le général ne m'écoute plus. Une offensive allemande est une éventualité qu'il se refuse à admettre. Il a assez fait pour me convaincre. Puisque je m'y refuse, tant pis pour moi ! Il tient à sa conception des choses et ne veut pas en démordre. Pourquoi ? Je me le demande... Et soudain, je comprends : c'est parce qu'elle facilite sa tâche. Pour écraser l'Allemagne, il n'y aura pas besoin de combattre. Les Allemands s'en chargeront eux-mêmes. Daladier *dixit*. Cela clôt le débat. D'ailleurs, je sens que mes réticences ne font que l'exaspérer.

— Dans quelques jours mes prédictions se réaliseront et vous vous souviendrez alors de ce que je viens de vous dire, me lance-t-il d'un ton qui n'admet pas de réplique. Au lieu de vous plonger dans *l'Armée de métier*, vous feriez mieux de lire un ouvrage plus ancien du colonel de Gaulle : *la Discorde chez l'ennemi*. Celui-là, au moins, est d'actualité...

Le général consulte sa montre et se lève pour prendre congé.

Lit-il sur mon visage l'effroi que me cause l'idée que la vie de millions d'hommes va se jouer sur ce pari perdu d'avance ? En tout cas, il est nettement moins aimable qu'à mon arrivée. Je pourrais m'en formaliser. Mais non. Il ne s'agit ici ni de lui ni de moi. Il s'agit de notre sort à tous. Quand je vois la belle assurance avec laquelle il s'enfonce, les yeux fermés, dans un destin tragique, je voudrais faire l'impossible pour l'en empêcher. Mais je sens que tout ce que je pourrais lui dire demeurerait sans effet. Il n'y a plus rien à faire. L'engrenage fatal est en marche. Déjà, M. Le Provost de Launay et Makkali Phâl le reconduisent vers la porte, où un officier d'ordonnance est venu le chercher. Leur conversation se poursuit quelques instants sur le palier.

Lorsque Le Provost de Launay revient dans le salon, l'ancien Président du Conseil municipal me dit en se frottant les mains :

— C'est bien intéressant, ce que nous a confié le général. Cela ouvre une foule de perspectives auxquelles je n'avais pas songé. J'espère qu'il a raison. En tout cas, il a l'air très sûr de son

* Général Joseph Vuillemin (1883-1963), Chef d'état-major de l'armée de l'Air depuis février 1938.

affaire… A ce propos, il m'a prié de vous dire qu'il avait été ravi de faire votre connaissance. Ce que vous lui avez dit l'a vivement intéressé. Seulement, il vous conseille de ne pas exprimer trop librement vos opinions en public. Cela pourrait vous causer des ennuis…

L'intimidation, à présent ? C'est le comble ! Et il a attendu de s'être éclipsé pour formuler ce « conseil » ! Que ne me l'a-t-il dit en face ?

— Je me tairai, répliqué-je, en faisant de mon mieux pour maîtriser mon indignation, lorsque j'aurai reçu mon fascicule de mobilisation. Nous serons alors en guerre et je n'aurai plus qu'un seul devoir : me battre. D'ici là, personne ne m'empêchera de dire ce que je pense. Je le répète : nous abordons cette guerre dans les plus mauvaises conditions possibles. Peut-être pouvait-on raisonner comme le fait le général en 1936 [1]. Aujourd'hui, il est trop tard. Le général compte sur un complot en Allemagne pour le dispenser de faire la guerre. Et moi, j'ai la conviction que c'est la France qui est victime d'une conjuration qui la mènera à l'abîme…

— Allons ! Ne vous fâchez pas ! m'interrompt M. Le Provost de Launay en posant la main sur mon épaule. C'est en toute amitié que je vous ai rapporté ses paroles.

— C'est bien ainsi que je l'entends. Mais il est plus de trois heures. Il ne me reste qu'à vous remercier, ainsi que Makkali Phâl, pour toutes les bontés que vous avez toujours eues pour moi. Permettez-moi de vous embrasser car je vous aime beaucoup. Si la guerre éclate — comme j'ai à présent tout lieu de le croire —, il se passera bien des choses avant que nous ne nous revoyions…

Makkali est émue. Elle me présente une joue très douce couleur de pêche. Je m'en vais rapidement, car j'éprouve tout à coup une crispation étrange au creux de l'estomac.

Au-dehors, un soleil de feu me tombe sur la nuque. On dirait le couperet d'une guillotine. Décidément je ne me sens pas bien. Mon malaise augmente. Arrivé place des Ternes, je dois m'arrêter au pied d'un arbre pour vomir.

Les quenelles au champagne, sans doute…

---

1. Lors de la remilitarisation de la rive gauche du Rhin.

CHAPITRE XXVI

MA DROLE DE GUERRE

(31 août 1939 - 8 juin 1940)

Le 31 août, je reçois mon fascicule de mobilisation. Il me prescrit de me rendre au centre mobilisateur de Nevers dans les délais les plus brefs. Le même jour, à la nuit tombante, je prends le train à la gare de Lyon. Pas un express : ma feuille de route ne m'y donne pas droit, mais un petit tortillard incroyable rangé sur une voie de garage, dont les wagons semblent dater de Louis-Philippe. Il est à moitié vide. Je m'allonge sur la banquette et ferme les yeux...

... Quand je les rouvre, il est cinq heures du matin. Le train est arrêté. Où sommes-nous ? Je me penche à la portière et lis : « Malesherbes ». Le soleil se lève. J'aperçois un poirier couvert de fruits et, tout le long de la voie, une haute barrière de graminées éclairées à contre-jour. Une alouette chante. Que fais-je, au milieu de cette campagne, si paisible, en cette heure qui n'est pas encore l'automne et plus tout à fait l'été ? Ah oui... la guerre...

La guerre ? Je sursaute. Mais non. Ce n'est pas possible ! « Ils » vont sûrement s'arranger à la dernière minute. Sans quoi... Je cherche à prévoir ce qui pourrait nous arriver, mais ne parviens même pas à l'imaginer. Le train repart, cahin-caha. Le voyage est interminable. Vers midi, nous arrivons à Montargis et à six heures à Nevers. Près de dix-huit heures pour aller de Paris dans la Nièvre ! A un moment où les trains militaires devraient avoir la priorité, où toutes les usines devraient tourner à plein, où toutes les énergies devraient se tendre pour le combat, le pays semble frappé d'une apathie inexplicable. Est-ce l'approche de la guerre qui paralyse tout ?

Dans la cour de la caserne, les mobilisés arrivent par petits groupes. Ils viennent des localités avoisinantes et sont, pour la plupart, d'origine rurale. Ils ploient sous le poids de musettes et de valises en carton d'où émergent des litrons de rouge, des bouteilles de marc, des saucissons, des fromages aux odeurs frémissantes. Ils ont l'air à la fois effarouchés et méfiants. Ils jettent un regard désolé sur la cour du quartier, comme s'ils voyaient leurs champs saccagés par la grêle. Les plus hardis se rendent directement aux cuisines pour savoir s'il y a « quelque chose à croûter ». C'est leur préoccupation majeure. Mais le ravitaillement n'est pas encore arrivé. Ils n'en rapportent que quelques miches de pain. On s'installe au petit bonheur dans les chambrées. Les provisions sortent des musettes. Un repas campagnard s'improvise autour de longues tables de bois.

Le vin rouge aidant, le moral devient meilleur. Les langues se délient.

— Toi qu'es de la ville, explique-nous donc ce qui se passe, me dit mon vis-à-vis, un rouquin aux sourcils touffus et à la petite moustache raide en poils de sanglier. Tu dois bien le savoir ? Nous on y comprend rien.

Ils appellent Paris « la ville » — *Urbs* — comme les paysans romains. Mais il y a, dans cette question, un peu de la méfiance atavique du villageois pour le citadin. Et puis leur expliquer quoi ?

— Tu sais où c'est, Dantzig ?

Il faut que je leur réponde quelque chose pour ne pas perdre la face.

— C'est au bout du Corridor.

Ils écarquillent les yeux.

— Au bout du corridor ? Tu te fous de nous ! Nous on le sait : c'est au diable vert...

— S'ils veulent nous faire mourir pour Dantzig, ces cannibales, qu'ils aillent se rhabiller ! Nous on ne s'en ressent pas, dit l'un d'eux sur un ton de réunion électorale.

Je constate que l'article de Déat a porté [1]. Il est vrai qu'il est député de la Nièvre... Ça commence bien !

1. En août 1939 Marcel Déat avait publié dans *l'Œuvre* un article intitulé « Mourir pour Dantzig ? » qui avait fait un certain bruit.

Je revois la nuit où j'ai observé le « Corridor », au retour des obsèques du Maréchal Hindenburg. La foule massée des deux côtés de la voie ferrée que suit notre train. Les milliers de flambeaux piquetant les ténèbres. Les femmes nous tendant les bras et nous criant, les larmes aux yeux : « Nous voulons retourner au Reich ! » C'était il y a cinq ans. Depuis lors, j'ai su que s'il y avait une nouvelle guerre c'est là qu'elle commencerait. Je ne m'étais pas trompé. Où est-elle aujourd'hui la IVe Europe ?

Peu à peu la conversation devient générale. Une impression s'en dégage clairement : tous ces agriculteurs n'ont aucune envie de se battre. Ils ont l'impression que cette guerre ne les concerne pas. D'ailleurs, ils sont encore convaincus qu'ils n'auront pas à la faire et soutiennent cet espoir à grands coups de beaujolais et de reblochon.

— Bah ! Faut pas s'en faire, déclare un petit maigrichon, dans quelques jours tout s'arrangera et ils nous renverront chez nous. Ils ne sont pas assez fous pour tout foutre en l'air à la veille des vendanges ! La mobilisation, c'est pas la guerre...

— On a déjà dit ça en 14, lui répond Guyomard, un ébéniste de Châteaudun, et puis on en a bavé pendant quatre ans...

— Tais-toi ! Tu vas nous donner le cafard ! Cette fois-ci, c'est pas pareil.

— Pas pareil ? Pas pareil ? T'en es bien sûr ?

Encore un coup de rouge et on va se coucher.

Le lendemain, les hommes sont agréablement surpris d'être réveillés au son du clairon. Ça les rajeunit. Ils croient être revenus au service militaire. Ça les ragaillardit aussi. « Au jus ! » crie quelqu'un, pour montrer qu'il n'a pas perdu ses anciens réflexes.

« Soldat, lève-toi, soldat lève-toi... » Cette sonnerie me ramène dix-neuf ans en arrière. Car je suis toujours soldat de deuxième classe, comme lorsque j'ai quitté la Ruhr. A cette époque, on m'avait inscrit d'office au peloton. Mais le lieutenant Voyoux qui le commandait m'avait trouvé trop bête pour faire un caporal. Cela m'avait valu — ô paradoxe ! — d'être versé à l'état-major. Lorsque, six mois plus tard, j'avais voulu m'inscrire au peloton des E.O.R. [1], le général Degoutte [2] m'avait dit :

— Vous êtes fou, mon ami ! Il n'y aura plus de guerre pendant plusieurs générations. Ici, vous voyez et vous apprenez une foule

1. Elèves Officiers de Réserve.
2. Le Commandant de l'Armée du Rhin.

de choses intéressantes. Et vous voulez tout plaquer pour suivre les E.O.R. et finir votre temps de service à Evreux ou à Montélimar ? Ne lâchez pas la proie pour l'ombre ! Vous aurez toujours la possibilité de devenir officier de réserve en accomplissant des stages au cours de vos périodes militaires.

Seulement Poincaré a imposé trois mois de « rabiot » à la classe 1921, pour faire face aux nécessités de l'occupation de la Ruhr. En compensation, il l'a dispensée de faire des périodes. De sorte que je reviens à Nevers exactement au même rang que j'étais arrivé à Wiesbaden... Je l'avais eue ma proie ! Ç'avait été la Rhénanie, la Silésie, la Ruhr. A présent j'allais avoir l'ombre. Je regrettais amèrement de ne posséder aucun grade — aussi minime soit-il —, car la corvée de patates et le nettoyage des latrines ne me souriaient guère.

— Il est infect ce jus ! s'écrient les hommes de la chambrée en buvant une gorgée du liquide brunâtre que Guyomard a été chercher aux cuisines. Ma parole, les cuistots ont dû pisser dedans !

Un sous-officier entre dans la pièce et nous enjoint de passer au magasin d'habillement. Nous devons y toucher nos tenues militaires. Mais lorsque nous y arrivons il est à peu près vide. Rien n'a été prévu pour nous habiller. Des hommes du contingent sont en train de battre de vieilles couvertures, en répandant autour d'eux un nuage de poussière.

— Montrez vos livrets matricules, nous dit d'un air martial l'adjudant-chef préposé au magasin. Vous êtes de la 1re réserve. Vous passerez plus tard. Il me faut d'abord habiller le 13e de ligne qui doit partir après-demain. Prenez ça en attendant.

Il me jette un pantalon de treillis, une paire de vieux godillots et un bourgeron de toile grise. Cela ne fait pas très guerrier. Je les enfile et me trouve aussitôt déguisé en « soldat-laboureur ».

Ce jour-là il ne se passe rien. Ah si, j'oubliais ! Nous avons « touché » un capitaine. Le capitaine Chambrelent. Un vieux cavalier sans doute. Il doit avoir cinquante ans, mais en paraît dix de plus. Il a les jambes en cerceau, le dos en clou à crochet et les mains nouées par les rhumatismes. Il grommelle constamment des choses indistinctes dans sa moustache poivre et sel, jaunie par la nicotine.

Les hommes, n'ayant rien à faire, flânent dans la cour ou se rendent à la cantine pour se rafraîchir le gosier. C'est incroyable ce que les Français peuvent boire, surtout lorsqu'ils sont désœuvrés ! Le petit Dumayet — il est vrai qu'il est de Sancerre — se vante d'avaler treize litres de vin blanc par jour. C'est un record. Mais sept à huit litres, c'est une dose courante. Si la guerre se prolonge et si le pinard n'est pas rationné, tout le pays va sombrer dans un doux éthylisme.

Chaque heure qui passe accroît l'espoir de ceux qui espèrent rentrer bientôt chez eux. Pas une fois — pas une seule — je n'entends proférer une parole agressive ou belliqueuse. Chacun a plutôt l'impression qu'il est victime d'un mauvais coup. Jean Giraudoux dira plus tard à quelqu'un qui lui reprochera l'inefficacité de sa propagande : « Croyez-vous qu'il soit facile de faire partager aux militaires les haines des civils ? » Croit-il vraiment que les civils... ? Il n'a qu'à venir ici pour se rendre compte de la réalité. S'il y a des professionnels du bellicisme, ils doivent être ailleurs.

Le lendemain matin, 3 septembre, une nouvelle déconcertante circule dans le quartier. Les Anglais auraient déclaré la guerre à l'Allemagne à neuf heures du matin. Les Anglais et nous pas ? Qu'est-ce que cela signifie ? Dumayet et Guyomard croient pouvoir en déduire que la guerre n'aura pas lieu.

J'ai découvert un petit poste de radio dans un bureau désaffecté. Je tourne le bouton. A ma grande surprise il marche. J'entends la confirmation du fait que les Anglais « se considèrent en état de belligérance avec l'Allemagne » depuis ce matin. Quelle formule ambiguë ! Puis j'apprends que la France en fera de même avec cinq heures de décalage. Cette déclaration, faite en termes laconiques, est suivie d'un communiqué militaire : les forces allemandes ont franchi les frontières polonaises et progressent en direction de Cracovie, mais leur avance est ralentie par la résistance héroïque de la cavalerie polonaise (cette offensive n'était pas encore déclenchée quand j'ai quitté Paris). Les troupes de la Wehrmacht se conduiraient comme des sauvages. Ils fusilleraient des foules d'otages et auraient brûlé la Vierge Noire de Cestochowa, la sainte effigie de la Pologne. Je referme le bouton et ressors dans la cour.

Que signifie ce décalage de cinq heures entre les Anglais et nous ? Dois-je en conclure que nos dirigeants se font tirer l'oreille, que Georges Bonnet et Mussolini font un suprême effort pour empêcher la catastrophe ?

Je me dirige vers un monceau de gravats qui s'élève dans un

angle de la cour et m'y assieds à l'ombre d'un platane. Le temps est superbe. Tout est immobile. Il n'y a pas un souffle d'air. Je préfère être seul et ne pas avoir à répondre à des questions importunes. Je regarde ma montre. Encore trois heures. Je suis plongé dans une sorte d'hébétude. Encore deux heures. Une petite fourmi rouge avance en direction de ma chaussure gauche. Si elle grimpe sur ma chaussure ce sera la guerre. C'est étonnant comme je deviens superstitieux ! Elle se dirige tout droit vers ma chaussure. Je l'écrase du talon avant qu'elle ne l'atteigne. A quoi cela m'avance-t-il ? Comme si le sort du monde dépendait d'une fourmi ! Encore une heure... Les aiguilles tournent. Plus que dix minutes et tout sera consommé. Ça y est ! Le délai est écoulé. Nous sommes passés de l'état de paix à l'état de guerre. Je m'attendais à percevoir un grondement sourd, une commotion souterraine. Rien n'est changé. Pas une feuille n'a bougé.

Une demi-heure plus tard j'entends des cris devant la grille. Ce sont les marchands de journaux qui vendent une feuille locale. Des groupes de soldats se les arrachent. J'en achète une. Des caractères énormes s'étalent à travers toute la première page : « La France et l'Angleterre en guerre avec l'Allemagne. »

A l'intérieur de la caserne, pas un mouvement, pas une rumeur. Rien qu'un silence de mort. A présent, nous allons voir si les prédictions de Gamelin vont se réaliser.

Le jour suivant, il ne se passe rien, si ce n'est une vive agitation dans le bâtiment situé tout au fond de la caserne. Soldats et gradés courent en tous sens, ce qui contraste avec l'apathie des jours précédents : le dépôt met sur pied le 13e régiment d'infanterie de ligne qui doit monter au front dans quelques jours. Le régiment est formé par des jeunes gens de l'active. Leur allure et leur bonne humeur font plaisir à voir. J'éprouve un sentiment de jalousie à l'idée que je ne suis pas des leurs. Déjà trente-huit ans ! Je ne suis plus un « jeune ». Je suis condamné à rester au dépôt avec des éléments plus âgés que moi.

Quand l'unité est enfin prête, elle se rassemble dans la cour. Mais les capotes trop amples, les souliers en cuir vert, les bourguignottes qui ne protègent pas la nuque, les bandes molletières effilochées, les fourgons à bagages attelés de chevaux lui donnent un caractère curieusement anachronique. Ce n'est pas même l'armée de Bourbaki : c'est l'armée de Xaintrailles. Le colonel, monté sur son cheval, semble partir pour la prise de

Jargeau. A ma grande stupeur, il emporte avec lui un fourniment complet de cannes à pêche. Où croit-il donc aller ?

— Il a raison, me dit un sous-officier qui assiste à la scène. C'est pour ne pas entamer le moral de la troupe.

Un soldat, qui nous a entendus, nous lance en riant :

— Il paraît qu'il y a une rivière dans le secteur où on va. On va faire une bonne friture.

Le régiment s'ébranle, au milieu du hennissement des chevaux et des essieux qui grincent. Les harnais sont superbes. Tout est fait à la main. Le sous-officier ne peut dissimuler une pointe d'émotion.

— La France éternelle ! murmure-t-il.

Oui, la France éternelle... Mais j'ai l'impression que, cette fois-ci, elle s'est trompée de siècle.

Une fois le régiment parti, tout retombe dans son ancienne torpeur.

N'ayant rien à faire, je sors après la soupe pour faire une promenade en compagnie de Guyomard. Où aller ?

— Je connais un joli coin pas loin d'ici, me dit-il. Tu verras comme il est calme.

Il a raison : jouissons des quelques jours de silence qui nous restent. Le bruit viendra bien assez tôt.

Nous arrivons au bord du canal de Briare, à l'endroit où la voie d'eau dessine une courbe majestueuse. Nous sommes au cœur de la France. Que la nature est belle en ce tout premier début d'automne ! Le canal est bordé d'arbres centenaires dont le soleil dore les cimes. Ils ont quelque chose de noble et de tendre qui fait penser à Versailles. Deux péniches sont amarrées au bord du canal. Quand la paix sera revenue, je partirai sur une péniche, je parcourrai la France en n'empruntant que ses canaux que personne ne connaît en dehors des mariniers. Une France secrète. Ce sera délicieux de se laisser couler au fil de l'eau, loin des routes et des villes...

Oui, mais serai-je encore en vie ? Ne serai-je pas mort dans l'intervalle, déchiqueté par les obus ? Vivre, mourir, comme je voudrais savoir ce que me réserve l'avenir !

Je m'aperçois que les deux rives du canal sont recouvertes d'une toison de trèfles. Je vais voir si j'en trouve un à quatre feuilles. Comme je n'en ai encore jamais trouvé de ma vie, ce sera de bon augure. Je me penche. En voilà un ! Et puis, tout à côté, en voici deux autres. Puis un quatrième. J'en ai bientôt une vingtaine entre les mains. Il n'y a que des trèfles à quatre feuilles ! Je les regarde avec surprise et les jette avec un mouvement de colère. Tant de promesses de bonheur ne signifient plus rien.

Un personnage étonnant est arrivé à la caserne. C'est Jacques Cartonnet. Nous nous sommes rencontrés au Parc des Princes car c'est un grand amateur de football. Mais ce n'est pas un footballeur : c'est le meilleur nageur du monde. Il est quatorze fois champion de France, huit fois champion d'Europe et trois fois champion olympique de natation. C'est à Los Angeles qu'il a pulvérisé tous les records. Il suffit de le regarder pour voir qu'il ne se vante pas. Jamais je n'ai vu un homme avec des épaules aussi larges et la taille aussi mince. Il ne doit pas tant ses victoires à ses muscles qu'à son souffle : il a les poumons plus développés d'un tiers que tous ses concurrents, ce qui le dispense de faire un entraînement intensif et lui fait dire qu'il ne sera jamais vaincu que par l'âge. Comme il n'a pas encore trente ans, il a du temps devant lui.

— Qu'est-ce que tu fais là ? m'exclamé-je en le croisant dans la cour.

— J'ai fait une demande pour être muté dans l'aviation. On m'a envoyé ici en attendant. Mais dis-moi, ajoute-t-il en jetant un regard circulaire autour de lui, c'est pas drôle ici ! On ne voit que des vieux.

— Dis donc ! Sois poli ! Et ne prends pas cet air triomphant.

— Ce n'est pas de ma faute ! Je suis fait comme cela.

Il part d'un éclat de rire qui le rend plus triomphant encore.

— De toute façon, je n'ai pas l'intention de moisir ici. La guerre à vingt-sept ans, mon vieux, quel rêve !

Deux jours plus tard, quand je le rencontre de nouveau, il me demande à brûle-pourpoint :

— Tu t'occupes de quoi ?

— De rien. J'attends.

— Veux-tu faire partie du Comité d'accueil ?

— Quel Comité ?

Il me tend en riant une feuille estampillée de plusieurs cachets.

— Regarde !

Je lis :

Le brigadier Cartonnet, Jacques, est chargé d'assurer le Comité d'Accueil des mobilisés à la gare de Nevers : il assurera ce service en permanence de 8 h à 24 h et sera assisté de trois hommes.

Signé : illisible.

— Qui t'a donné ce papier ?

— T'occupe pas de ça. Cela équivaut à une permission permanente de se balader en ville. Veux-tu en faire partie ?

— De quoi ?

— Du Comité. Ce que tu es lourd.

— Tu l'as fabriqué toi-même ?

— T'es pas un peu za-za ? Je l'ai extorqué à Chambrelent.

— A Chambrelent ?

— Oui. Le tordu. Dès qu'il m'a vu, il m'a jeté un de ces regards ! J'ai tout de suite compris. « Vous voudriez être comme moi ? » lui ai-je demandé. « Oui ? C'est facile. C'est une question de massage. Je suis masseur professionnel. Confiez-vous à mes soins. Je vous garantis que dans un mois vous serez droit comme un i. » Il a tout de suite marché. « Seulement, ai-je ajouté, il faut me signer ce papier et y mettre votre tampon. »

— Et, dans un mois, s'il est toujours aussi crochu ?

— Dans un mois, il y a longtemps que je me serai envolé.

Allons pour le Comité d'Accueil. Nous allons explorer la gare pour y trouver un bureau. Nous découvrons une pièce encombrée de matériel. Voilà qui fait l'affaire. Cartonnet, que rien n'arrête, se rend au bureau du chef de gare.

— Les autorités supérieures, lui dit-il d'un air assuré, ont décidé d'installer ici un Comité d'Accueil pour les mobilisés...

— C'est une bonne idée, répond le chef de gare, ils sont là à traînasser et ne savent pas où aller.

— Nous avons besoin d'une pièce, poursuit Cartonnet imperturbable, celle-là là-bas...

— Bien.

— Mais elle est pleine de matériel. Veuillez faire le nécessaire pour l'évacuer d'ici midi. Et puis, il nous faudrait aussi deux tables, deux fauteuils et une douzaine de chaises, parce que les mobilisés, n'est-ce pas, ça peut être fatigué...

— Bien sûr. Je vais faire le nécessaire.

— Je vous félicite de votre compréhension, dit Cartonnet d'un air un peu supérieur. J'en parlerai à Marcel Déat.

— Le député ?

— Oui. C'est un ami. Il vous en saura sûrement gré.

Du coup le chef de gare se rengorge. Quand nous revenons à deux heures, tout est prêt. Nous prenons possession des lieux. Les fauteuils club sont vraiment confortables. Il y a même des cendriers sur les tables.

— Il n'y a pas à dire, remarqué-je, tu es vraiment un champion de la natation !

Cette initiative de Cartonnet m'ouvre des horizons insoupçonnés. Dans l'état d'incohérence qui tend à se généraliser, je crois que n'importe qui pourrait faire n'importe quoi.

Cela dure dix à quinze jours. Nous ne restons d'ailleurs que très peu de temps au bureau. Le plus clair de nos journées se passe à nous balader en ville, à flâner au bord du canal, ou à faire des parties de billard à la brasserie Gambrinus. Cartonnet a tout de suite repéré la caissière (mais n'est-ce pas plutôt elle qui l'a repéré en premier ?). Elle est charmante, avec ses yeux de brebis docile et ses frisottis blonds au-dessus des oreilles. Elle ne sait comment faire pour exprimer sa joie d'avoir été distinguée par un garçon aux épaules aussi larges. Les choses vont si bien qu'au bout de quelques jours elle lui apporte des gâteaux dérobés à la cuisine. Cartonnet a raison : la guerre à vingt-sept ans est un métier délicieux ! Ce qui s'est passé ensuite échappe à ma connaissance, car je suis brusquement muté à Cosne, en même temps qu'un groupe dont font partie Dumayet et Guyomard.

Cosne est très différent de Nevers. Ce n'est pas une caserne mais un dépôt, fait d'une quantité de bâtiments plats disposés en bordure de la route qui mène, entre deux rangées de marronniers, de Gien à La Charité-sur-Loire. Juste en face du dépôt, de l'autre côté de la Loire, se dresse la colline de Sancerre, blonde et dorée. La route est jalonnée de panneaux indiquant, tous les cent mètres : « Ici, dégustation de Pouilly Fumé ». La France n'est pas un pays où l'on risque de mourir de soif !

Je me rends à la cantine où je retrouve le petit Dumayet. Il est déjà attablé devant une « fillette » de blanc. Nous écoutons la radio. Comment ? La campagne de Pologne est déjà terminée ? Les troupes allemandes sont entrées à Varsovie. En dix-huit jours, la Pologne a été rayée de la carte du monde. Qu'est devenue l'armée polonaise, dont Rydz-Smigly affirmait qu'elle serait dans quelques jours à Berlin ? Qu'a fait Gamelin qui assurait que nos troupes entreraient en Allemagne « comme dans du beurre » ? On a laissé succomber la Pologne sans rien tenter pour venir à son secours. Je n'en crois pas mes oreilles. C'était pourtant pour assurer sa défense que nous étions entrés en guerre ! Pour aggraver encore les choses, les Russes se sont emparés de toute la partie orientale du pays. Que va-t-on faire à présent ? En toute logique, pour délivrer la Pologne, il faudrait déclarer *aussi* la guerre à l'URSS. Cela me paraît bien gros. Deux ouvriers, qui sont assis à la table en face de nous, baissent la tête d'un air gêné. Ce doivent être deux communistes.

Puisque la Pologne a disparu et que c'est à cause d'elle que nous sommes entrés en guerre, ne vaudrait-il pas mieux mettre un terme à cette aventure, avant que les mêmes scènes d'horreur ne se reproduisent chez nous ?

De Cosne, j'ai été transféré à Orléans où je me trouve à présent. Non plus dans un dépôt mais dans une ancienne baraque Vilgrain, dressée au bout d'un terre-plein qui donne sur la cathédrale. J'ai été affecté à la 5e Section du Train des Equipages. Bien que cette section porte la mention « Liaisons et communications », mon travail consiste à trier des couvertures dans une annexe du bâtiment où est installé l'état-major de la Ve Région. Travail passionnant ! Comme je suis discipliné, je m'en acquitte sans murmurer. Mais l'ennui, l'inaction, le désordre qui grandit et l'inquiétude de l'avenir commencent à me peser.

Je reçois à ce moment la visite de ma mère, qui vient passer quelques jours avec moi à Orléans (elle a loué une petite chambre dans le faubourg de Bourgogne). Me sentant un peu déprimé, elle me demande :

— Que fais-tu en ce moment ?

— Je trie des couvertures.

— C'est bien vrai ? C'est assez extraordinaire...

— Tu trouves ?

— Oui.

Elle hésite un instant.

— Ecoute-moi bien, me dit-elle, je ne te cacherai pas que je me fais du souci pour toi... La guerre, tu comprends, ce n'est jamais drôle pour une mère... On redoute l'avenir et en même temps on voudrait tout faire pour le connaître. Tu sais que je crois aux voyantes.

Je souris. A mes yeux, c'est une de ses faiblesses, que je lui pardonne d'ailleurs volontiers.

— Moi pas !

— Je sais. Mais écoute-moi quand même. J'en ai trouvé une qui me paraît remarquable. Elle s'appelle Marie Lagrave.

— Marie Lagrave ?

— Tu ne la connais pas. Je l'ai vue pour la première fois à la fin du mois dernier[1]. Je l'ai interrogée à ton sujet. Je lui ai demandé ce que tu faisais, car je ne le savais pas. Elle m'a répondu : « Il trie des couvertures. »

— La belle affaire ! D'ailleurs c'est vrai.

— Oui, mais le reste est beaucoup plus étonnant. « Qu'il ne se décourage pas, a-t-elle ajouté, car bientôt sa situation va changer du tout au tout. Il va avoir un poste important dans le gouvernement. Aussi important que sa tâche actuelle est modeste.

— Dans le gouvernement ? Elle est folle...

— Elle a dit : « On aura besoin de lui, on viendra le chercher. »

— Qui ça, on ?

— Elle ne me l'a pas précisé. Mais elle a ajouté : « A ce moment-là, la France aura deux capitales. Il fera sans cesse la navette entre les deux, en voiture, en train, en avion. Je le vois rouler en auto, assis à côté d'un officier en uniforme étranger... »

— Un Anglais ?

— Je le lui ai demandé. Elle m'a répondu : « Je ne le vois pas assez distinctement pour pouvoir vous le dire. »

— Et ce sera dans combien de temps ?

— Ellc a hésité un moment, puis elle a dit avec assurance : « Au printemps. Oui, au printemps : j'en suis sûre, car les arbres sont couverts de feuilles nouvelles. Votre fils n'a donc plus longtemps à patienter. »

— Ecoute, maman, comment peux-tu prêter la moindre importance à des histoires pareilles ? Cela ne tient pas debout ! La France aura deux capitales... Il passera son temps à faire la navette entre les deux, en train, en voiture, en avion... C'est absurde ! Je t'en prie, ne m'en parle plus, si tu ne veux pas me fâcher.

Je suis tellement irrité que je la rudoie. C'est la première fois de ma vie. Je m'en veux lorsque je vois ses yeux pleins de larmes et son expression de petite fille punie.

— Tu sais, me dit-elle d'une voix hésitante, je n'ai pas pensé

1. Donc en septembre 1939.

à mal en te rapportant ces propos. J'ai cru qu'ils t'intéresseraient, qu'ils te donneraient du courage.

Je l'embrasse sur le front.

— C'est oublié, ma chérie. Mais je t'en prie, n'en parlons plus.

J'en veux tout à coup à cette Marie Lagrave, que je ne connais pas, d'avoir été la cause d'une dispute entre ma mère et moi.

Je viens d'être détaché au B.C.R., ou Bureau Central des Renseignements, et affecté au contrôle postal d'Orléans. Ma tâche consiste, avec une équipe de camarades, à lire toute la correspondance expédiée ou reçue par les habitants du Loiret. Ce travail s'effectue sous la surveillance d'un commandant et d'un lieutenant. On nous a recommandé de faire preuve de la discrétion la plus absolue, de ne rien divulguer de ce que nous pourrons avoir lu, de ne laisser entendre à personne que nous appartenons à ce service. Quiconque enfeindra la consigne sera passible de trois ans de forteresse. C'est salé !

Pour moi, qui ai appris tout jeune à ne jamais décacheter une lettre qui ne m'était pas adressée, la mission qui m'est confiée a un peu l'attrait du fruit défendu, puisque c'est « par ordre » que je vais lire des lettres qui ne me sont pas destinées. Ma curiosité est en éveil. Hélas ! au bout de quelques jours, il me faut déchanter. Soit que les gens se méfient de la censure, soit qu'ils n'aient vraiment rien à se dire, toutes les lettres que je décachette sont d'une monotonie confondante. Elles tournent toutes autour du même sujet : le chocolat, les chaussettes et les saucissons. Se peut-il que nos compatriotes n'aient rien d'autre à se communiquer ? C'est d'une platitude si écœurante qu'il faut faire un effort pour ne pas s'endormir.

On nous assure, par ailleurs, que le département fourmille d'espions, qu'ils se dissimulent sous les activités les plus banales, sous les masques les plus insolites et que c'est à nous de les pister à travers cette correspondance. Tout doit y faire l'objet d'un examen méticuleux : la façon dont sont collés les timbres, l'intérieur des enveloppes, et quand ce travail est terminé encore faut-il soumettre chaque lettre à un test particulier, pour s'assurer qu'elle ne contient aucun passage invisible, écrit à l'encre sympathique. C'est d'un ennui mortel.

D'autant plus qu'une lettre anonyme a attiré l'attention du Préfet sur une imprimerie spécialisée dans les images pieuses. Il nous est prescrit de les passer au crible, car elles contiennent au verso un chiffre imperceptible, qui pourrait être un code secret. Il nous faut donc les examiner une à une, séparément. Or, un envoi récent, adressé au Carmel de Lisieux, en compte cinquante mille. Ce sont de petits rectangles de papier très mince comportant d'un côté une image du Christ, écartant les pans de sa tunique pour montrer son cœur surmonté d'une croix, de l'autre un verset de la Bible et, en caractères presque imperceptibles, un chiffre qui doit correspondre à un numéro de fabrication. Si le chiffre varie, ce pourrait être un code secret. A nous de nous montrer « de fins limiers », comme nous le recommande le commandant.

Je prends une pile d'images et commence à les retourner. « Jésus Miséricorde ! 831.28.04 ». On dirait un numéro de téléphone. « Jésus Miséricorde ! 831.28.04. Jésus Miséricorde ! 831.28.04. Jésus Miséricorde ! 831.28.04 ». Au bout d'un quart d'heure, j'ai envie de crier grâce. Et il y en a cinquante mille à examiner comme cela ! C'est un travail de forçat... D'autant plus que le chiffre ne varie jamais.

Aussi comprendra-t-on notre soulagement quand nous découvrons parmi un monceau d'enveloppes une correspondance amoureuse particulièrement croustillante. Ce sont les lettres qu'une mercière d'Olivet adresse à un Canadien du Québec dont elle a été la maîtresse durant la guerre de 14-18. Les années ont passé, mais les passions sont restées vives. Elle est salace, la mercière ! Curieuse aussi. Car elle demande à son amant de lui envoyer une touffe de poils de son pubis, pour voir s'ils ont blanchi. Trois semaines plus tard, arrive la touffe de poils désirée. Le coquin ! Il les a teints en bleu-blanc-rouge. Il les a collés sur une feuille de papier pliée en six sur laquelle s'étale, dessinée au crayon avec la mention « grandeur nature », une verge dont les dimensions nous émerveillent.

Ces lettres-là, non seulement nous les lisons avec un amusement toujours renouvelé, mais elles passent de main en main en suscitant les commentaires que l'on imagine. Nous en avons repéré l'écriture et en guettons impatiemment les départs et les arrivées. C'est incroyable ce qu'ils peuvent s'écrire, ces deux tourtereaux ! Ils ne se doutent pas que toute une équipe de soldats lisent leurs lettres au passage et en font des gorges chaudes. Ajoutons — pour rendre l'histoire encore plus savoureuse — que le Canadien s'appelle Roméo Brind'amour ! Un nom de garde-française...

Bientôt, ce sont à peu près les seules lettres que nous lisons. Je crains que l'efficacité du contrôle ne s'en ressente.

L'hiver est arrivé et avec l'hiver le froid. Le thermomètre descend certains soirs à 24 au-dessous de zéro. La Loire charrie des glaçons. La cathédrale, qui n'est pas très belle en temps ordinaire (je crois qu'elle a été terminée sous le règne de Charles X), a pris l'aspect d'un immense gâteau de sucre filé. Quant aux rues et aux routes, elles sont recouvertes de verglas. Heureusement qu'il ne se passe rien au front ! C'est la « drôle de guerre », comme on commence à l'appeler. Je ne comprends pas pourquoi on l'appelle ainsi, car pour moi elle est sinistre. Cette stagnation des opérations, ce silence angoissant aux frontières m'épouvantent. Je m'attends, d'un moment à l'autre, à ce que tout se mette en mouvement dans un fracas de jugement dernier.

Vers la mi-décembre, le commandant m'envoie porter un pli au détachement de la 5e Section chargée de garder, du côté de Briare, un tronçon particulièrement vulnérable du câble transméditerranéen qui relie Paris à Alger. C'est par là que passent toutes nos communications avec l'Afrique. Le détachement est installé dans une maisonnette située à proximité de la canalisation. A mon arrivée, je suis étonnée de n'apercevoir aucune sentinelle. J'entre dans la maison. J'y trouve les hommes en pantoufles, confortablement installés autour d'une table, en train de jouer à la belote. Je demande le chef de poste. On me dit qu'il est parti « faire une virée » à Paris. Personne ne garde rien. Pourtant cet endroit est un des points névralgiques de la France. Je proteste.

— Mais c'est un véritable abandon de poste ! En temps de guerre cela peut coûter cher !

On me coupe la parole.

— Ta gueule ! Tu nous casses les pieds !

Je sais que je n'ai rien à dire, que je ne suis qu'un simple soldat parmi des millions d'autres. Et puis, ce n'est pas seulement ici, c'est partout qu'il faudrait tout reprendre pour galvaniser la nation et la sortir de ce relâchement où elle s'enfonce.

En vérité, je suis à bout. Je ne peux plus supporter rien : pas plus Jésus Miséricorde que Roméo Brind'amour. Dès mon retour à Orléans, je demande à être relevé de mon poste et à retourner à Cosne, dans l'espoir d'une nouvelle affectation.

Me voici de nouveau à Cosne. L'année tire à sa fin. Noël s'est passé dans d'incroyables beuveries. Voici le 31 décembre. Au dehors, la neige tombe. Je suis dans le dortoir de mon baraquement. La plupart des hommes sont couchés. Deux ou trois d'entre eux sont encore éveillés. Ils écrivent des lettres. Je suis assis devant un vieux poste de radio qui grésille. Tout à l'heure, un speaker a annoncé que Jean Giraudoux, le directeur de la propagande, prononcerait à minuit une allocution. Je voudrais bien l'entendre. A l'heure indiquée, la voix de l'auteur de *Siegfried et le Limousin* s'élève sur les ondes :

> *Petits soldats de France, dit-il, qui dormez dans vos casemates ou dans vos chambrées, notre pensée va vers vous au début de cette année où l'Ange de la mort va venir vous visiter...*

Brrr ! Cela donne la chair de poule. Je tourne le bouton pour ne pas entendre le reste.

— Il est cinglé ! clame une voix dans le fond de la pièce. Il va nous donner la chiasse avec son Ange de la mort !

Pauvre Jean Giraudoux ! Il se croit toujours au théâtre et parle comme Cassandre sur les remparts d'Ilion.

— Tu le connais, ce type-là ? me demande un camarade.

— C'est un très bon écrivain, qui a écrit une pièce intitulée *la Guerre de Troie n'aura pas lieu.*

— Quelle guerre des Trois ?

— Ben quoi : la France, l'Angleterre et l'Allemagne, répond une voix avec un accent pâteux.

— Alors, si elle n'a pas lieu, qu'est-ce qu'on attend pour nous renvoyer chez nous ?

Les voix sont différentes, mais la préoccupation est la même. Que répondre ? Giraudoux a-t-il cru nous insuffler du courage ? Il nous a coupé les jarrets avec son Ange de la mort. Les hommes se rendorment. Cela vaut mieux ainsi.

L'hiver touche à son terme. Le printemps approche. Les bourgeons se gonflent aux branches des marronniers. Quand sortiront les feuilles ? A la fin mars ou au début d'avril ? « A ce moment-là il occupera un poste important dans le gouvernement, sans aucune mesure avec ce qu'il fait actuellement. On aura besoin de lui. On viendra le chercher. » Ces mots me reviennent malgré moi. Si c'était possible ? Mais non. Je hausse les épaules. Je m'en voudrais d'accorder le moindre crédit à ces billevesées.

Avec la venue des premiers beaux jours, le dépôt s'est rempli d'une foule d'épileptiques, de tuberculeux et d'éclopés. Le gouvernement s'est aperçu tout à coup qu'il avait de la peine à faire face à ce double problème : porter au niveau prévu les effectifs des unités combattantes et faire face aux besoins croissants de l'industrie de guerre. Il s'est donc résolu à racler les fonds de tiroirs. D'où la vague de « récupérés » qui nous submerge depuis quelques jours et qui donne au dépôt une allure de Cour des Miracles.

Parmi eux, il y a beaucoup de simulateurs qui cherchent à s'abriter derrière n'importe quoi pour ne pas être envoyés au front. Mais il y a aussi un grand nombre de malades sérieusement atteints. N'aurait-on pas pu les réformer définitivement sur place, plutôt que de leur infliger la fatigue du voyage ?

Le docteur Gustin, qui dirige l'infirmerie, est débordé. Il demande des volontaires pour l'assister. Je me présente et suis agréé. J'ai l'occasion ainsi de constater que dans ce domaine également c'est la pagaille la plus noire. On dirait que tout le monde s'acharne à accroître la confusion.

Car aux « récupérés » ont été mêlés par mégarde des hommes appartenant à une tout autre catégorie : des « affectés spéciaux [1] ». Ceux-là sont d'une humeur de dogue car ils ne s'expliquent pas ce qui leur arrive. Remettre de l'ordre dans tout cela va demander des semaines. D'autant plus que le ministère de la Défense, le ministère de l'Intérieur et le ministère de l'Armement nous submergent d'ordres, de contrordres et de circulaires contradictoires. En outre, les dossiers médicaux ont été égarés. Résultat : des ajusteurs en parfaite santé sont envoyés à l'hôpital, tandis que des épileptiques sont dirigés sur les usines Renault.

Vraiment, je ne peux pas rester ici, dans cette atmosphère irrespirable. J'adresse au ministère de la Guerre, par la voie hiérarchique, une lettre demandant à être versé, à titre de volontaire, dans une unité du front. Au moins y respirerai-je un air plus salubre qu'ici.

J'ai eu raison de prendre cette décision, car on parle à présent

1. Ou ouvriers spécialisés, désignés pour travailler dans les usines d'armement.

de se battre un peu partout : en Finlande, en Roumanie, dans le Caucase, à Bakou. L'approche du printemps semble donner à notre Haut Commandement une humeur conquérante. Pourtant, ce n'est dans aucun de ces secteurs que les opérations se déclencheront : ce sera en Norvège.

L'offensive, qui débute le 9 avril 1940, est rapidement neutralisée par les Allemands. Sauf à Narvik, où nous avons réussi à débarquer 25 000 hommes, aucune ville côtière n'est tombée entre nos mains. Il semble que la Wehrmacht ait réagi avec une rapidité fulgurante.

Quelques jours plus tard, Paul Reynaud, qui vient de succéder à Daladier à la Présidence du Conseil, déclare, d'une voix tranchante comme un coup de sécateur : « Une chose demeure certaine. La route du fer est et restera coupée. »

Il suffit de jeter un coup d'œil sur la carte pour constater que c'est rigoureusement vrai. La route du fer est coupée *entre la Norvège et l'Angleterre.* Mais pas entre la Norvège et l'Allemagne, puisque le minerai de Kiruna peut continuer à transiter librement par la Suède, où rien n'est changé. Etait-ce bien cela, le but recherché ?

Question oiseuse ! Car le 10 mai, à l'aube, nous sommes tirés de nos lits par le hurlement des sirènes. Est-ce un raid aérien ? Non. C'est la guerre, la vraie. Renseignement pris, les Allemands ont attaqué à l'aube sur tout le front allant de Belfort à la Hollande. De source officielle, les premiers engagements nous sont favorables. Nous avons déjà pris plusieurs fortins de la Ligne Siegfried. Quant au gros de nos forces, elles foncent à travers la Belgique et la Hollande pour repousser les envahisseurs. L'attaque ennemie s'est déclenchée exactement là où l'attendait notre état-major.

Eh bien, qu'elle vienne, cette guerre tant redoutée ! Tout vaut mieux que cette attente intolérable, que ce lent pourrissement où tout se désagrégeait. Que ce formidable brassage d'acier et de feu reforge enfin la France et lui donne un visage plus digne d'elle. Qu'elle l'arrache enfin à ses préoccupations essentielles : l'intérêt personnel, la boustifaille et les histoires de cul. Et surtout — oui surtout ! — qu'elle apprenne aux Français à s'aimer un peu plus entre eux...

Le lendemain matin, l'adjudant de semaine me remet une note

m'informant que je suis muté à l'armée de l'Air. Est-ce la réponse à ma requête au ministère ?

Me voici à Vierzon, affecté au personnel rampant d'une unité aérienne en formation. C'est encore une erreur, paraît-il, car mon nom ne figure pas sur les listes. Quarante-huit heures plus tard je suis envoyé à Salbris, avec un détachement de douze hommes commandés par le sergent Romieu et le caporal-chef Lacroix.

Notre tâche consiste à garder, chacun à tour de rôle, un petit terrain d'atterrissage, bordé de hangars. Tout au fond s'étale un grand bâtiment blanc. C'est un atelier de montage pour des chasseurs « Glenn Martin » achetés tout récemment en Amérique. A côté se trouve un atelier de peinture cellulosique. Quant aux hangars, ils sont vides d'avions, mais on y a entreposé plusieurs tonnes de dynamite, provenant de la poudrerie de Salbris.

Un matin où c'est mon tour de garde et où il fait un temps radieux — maintenant que le printemps est venu, il semble ne plus devoir cesser —, les sirènes d'alerte hurlent : c'est un raid de bombardiers allemands. Ma consigne est stricte : ne m'éloigner sous aucun prétexte des hangars où sont accumulés les explosifs, pour éviter qu'ils ne soient l'objet de vols ou de déprédations.

Soudain, une dizaine de Stukas apparaissent dans le ciel. Ils virent au-dessus de ma tête en une espèce de tournoi. Puis ils piquent vers le sol avec un sifflement déchirant en lâchant un premier chapelet de bombes sur l'atelier de montage. L'explosion est terrifiante. Les murs, les toits, les poutres volent à cent mètres de hauteur. En tombant, une torpille a mis le feu à l'atelier de peinture cellulosique qui brûle en dégageant des nuages de fumée noire. Celles-ci sont si épaisses qu'elles finissent par obscurcir le ciel. C'est une fumée âcre à odeur de bonbon qui vous prend à la gorge. En quelques secondes je suis plongé dans la nuit. Je ne vois plus le ciel, ni les avions. Mais j'entends leur vrombissement au-dessus de ma tête. Ils repiquent vers le sol et lâchent un second chapelet de bombes. Les déflagrations me semblent encore plus fortes que la première fois. La terre tremble. Si jamais une étincelle touche un des hangars bourrés de dynamite, ils exploseront l'un après l'autre, me pulvérisant moi-même, car je ne suis qu'à deux mètres du plus grand d'entre eux. Je sais que ma présence ici ne sert absolument à rien. Je ne dispose que d'un vieux fusil, avec une baïonnette. Mais je n'ai pas une seule cartouche : on a oublié de m'en donner. Et même si j'en avais, à quoi me serviraient-elles ? Ce n'est pas avec un fusil qu'on peut abattre les Messerschmitt, ni empêcher leurs bombes de tomber...

Maintenant, la nuit qui m'entoure est totale. Je ne vois même plus les hangars. Les explosions se succèdent avec un vacarme assourdissant. J'ai l'impression que mes tympans vont éclater. La fumée m'asphyxie. De temps en temps, la déflagration d'une bombe déchire la nuée et laisse apparaître par la fissure un petit lambeau de jour, comme un éclair pâle. Puis tout redevient obscur. Je sais que ma dernière heure est venue. Mais je ne bougerai pas de place. Je respecterai la consigne. Pour rien. Pour l'honneur...

J'ai dû perdre connaissance, car lorsque je reviens à moi je suis étendu par terre. Le grondement des avions a cessé. Le bombardement a pris fin. Mais l'usine de montage et l'atelier de peinture continuent à brûler. Je cherche à me remettre debout mais n'y parviens pas. Un léger filet de sang coule de mes oreilles. Au fond de moi-même, je suis content. J'ai subi le baptême du feu et m'en suis tiré honorablement puisque je suis toujours à la même place.

Au bout de quelques minutes, je distingue trois silhouettes grises qui avancent à travers la fumée avec une lenteur de scaphandriers. C'est le caporal Lacroix accompagné de deux hommes. Je les appelle. Ils finissent par me découvrir et m'empoignent sous les deux bras.

— Ben, mon vieux, ben, mon vieux, bégaye Lacroix, j'ai bien cru qu'on ne te retrouverait pas vivant ! On peut dire que t'as de la veine ! Dépêchons-nous de filer avant qu'un des hangars ne saute.

Ils me hissent sur un camionnette à plate-forme ouverte et démarrent à fond de train.

— Les Allemands étaient bien renseignés. Ils ont négligé les hangars pour foncer tout droit sur l'atelier de montage... Sans ça...

— Je me demande qui leur donne des renseignements aussi précis !

Il doit y avoir beaucoup d'espions dans le département. Dire qu'au contrôle postal on n'en a pas démasqué un seul !

— Ce doit être la faute de Roméo Brind'amour, dis-je à voix basse.

Le caporal Lacroix me regarde avec surprise. Puis il se penche vers le soldat assis à côté de moi et lui dit :

— Fais pas attention, il est encore un peu sonné.

La camionnette m'a ramené à Salbris et, de là, à l'infirmerie de Cosne, où le docteur Gustin m'a fait passer un examen sévère. Je ne suis ni blessé, ni contusionné. Bien qu'elles sifflent encore, mes oreilles ne sont pas gravement atteintes. Les tympans sont intacts. Dans une huitaine de jours, il n'y paraîtra plus.

J'avoue que je suis assez satisfait de ma conduite. Je n'ai pas bougé d'un pas de l'emplacement que l'on m'avait assigné. Il est vrai que je n'y ai pas beaucoup de mérite. Je n'ai pas le réflexe de fuite. Je suis comme ces insectes que le danger rend immobiles. Aussi ne m'attendé-je pas à être félicité. Mais je m'attends encore moins à ce qui se passe quelques jours plus tard.

Le 21 mai, je reçois la visite du capitaine Hubert, du Bureau des Effectifs.

— Il est arrivé une note vous concernant, me dit-il d'un ton grave. Je vous informe que vous êtes muté dans un Bataillon D.

Mon cœur bondit de joie : ce doit être enfin la réponse à ma lettre.

— Il n'y a pas de quoi vous réjouir ! Vous savez ce que c'est qu'un Bataillon D ?

— Pas le moins du monde.

— Ce sont des bataillons disciplinaires, placés sous l'autorité du ministère de l'Intérieur. On y met les suspects et les repris de justice. Leur mission consiste à aller dans des terrains minés et à déterrer les mines. Ou à désamorcer les obus qui n'ont pas explosé. Comme les accidents mortels y sont très nombreux, c'est une façon commode de se débarrasser des gêneurs.

Mon sang ne fait qu'un tour.

— Mais ce n'est pas possible ! m'exclamé-je avec indignation. Je ne suis ni un suspect ni un repris de justice. Je n'ai jamais subi ni un blâme ni une condamnation ! Il doit y avoir une erreur. Je proteste formellement contre cette décision ! J'ai écrit à Paris, en demandant à être affecté, comme volontaire, à une unité du front. Je suis prêt à y aller en tout temps. Mais pas sous cette forme infamante...

Devant la violence de ma réaction, le capitaine hésite.

— Pourtant la note est formelle. J'ai ordre de vous diriger sur le camp de Mourmelon, encadré par deux gendarmes.

— Ce n'est pas possible ! C'est sûrement une erreur !

Je me sens tout à coup impuissant, écrasé, aux prises avec une force sans visage qui est bien pire que la guerre.

— Voyons ? Tâchez de vous souvenir, me dit le capitaine d'un ton plus conciliant. Vous n'auriez pas écrit un livre...

— Oui. Une *Histoire de l'Armée allemande.*

— Nous y sommes.

— Mais non... Il n'y a aucun rapport. Ce livre a été couronné par l'Académie. Léon Daudet lui a consacré plusieurs articles élogieux dans *l'Action Française.* Il m'a valu les félicitations du général Duval, du général Weygand, du maréchal Pétain, de bien d'autres encore...

Le capitaine paraît ébranlé.

— Moi non plus je n'y comprends rien, me confie-t-il d'un air perplexe. Tenez, parce que c'est vous, je vais vous montrer la note, mais ne le dites à personne, car je n'en ai pas le droit.

Il me tend un télégramme jaune. Un télégramme officiel. Il porte la mention : *Secret et confidentiel.* Je le parcours rapidement et lis : *Motif : Auteur d'un livre dangereux intitulé* Histoire de l'Armée allemande. *Me rendre compte personnellement de l'exécution.* Et il est signé : *Georges Mandel, ministre de l'Intérieur*

Je ne sais plus quoi dire.

Après un moment de silence, le capitaine Hubert me souffle à voix basse :

— Vous ne connaissez personne en haut lieu, qui puisse intervenir pour vous ?

— Ma foi non...

— Mais vous m'avez dit à l'instant que le maréchal Pétain...

— Il est trop loin. Il est à Madrid.

— Vous n'avez pas écouté la radio ?

— Non. Le docteur Gustin me l'a déconseillé pendant huit jours à cause de mes oreilles.

— Alors, sachez que le maréchal Pétain est revenu avant-hier à Paris. Il vient d'être nommé Vice-Président du Conseil. Qu'attendez-vous pour lui écrire ?

Le maréchal Pétain est à Paris ? Je me sens soudain sauvé. Lui ne laissera pas commettre cette iniquité ! Il connaît mon livre. Il fera sûrement le nécessaire. Le soir même je rédige une lettre à son intention, dans laquelle je lui fais part de la décision du ministre de l'Intérieur de m'affecter à un bataillon D. J'y proteste avec vigueur contre cet acte arbitraire et le prie d'intervenir pour le faire annuler. C'est avec confiance que j'attends sa réponse.

Cinq jours plus tard, le Maréchal me répond :

Vice-Présidence du Conseil Paris, le 26 mai 1940.
Cabinet Civil
n° 16

« Monsieur,

J'ai bien reçu votre lettre du 21 mai et je vous en remercie.

Dans les circonstances actuelles, il ne me paraît pas possible de provoquer, quant à présent, une modification de votre affectation qui ne pourrait, d'ailleurs, être prononcée que par M. le Président du Conseil, ministre de la Défense nationale et de la Guerre.

Veuillez agréer, Monsieur, l'assurance de mes sentiments distingués.

Ph. PETAIN. »

Cette réponse glacée me coupe la respiration. Comment est-ce possible ? A-t-il tout oublié ?

Moi, je me souviens bien. Notre première rencontre chez la vicomtesse de Mentque, une amie d'enfance, suivie de plusieurs autres, où il m'avait posé une foule de questions et avait écouté mes réponses avec une attention flatteuse. Et surtout cette scène, pour moi inoubliable, qui s'était déroulée aux obsèques du maréchal Foch.

La cérémonie avait eu lieu sous la coupole des Invalides, dans un bouillonnement d'azur et d'or, au pied du grand autel surmonté d'un soleil dont les rayons s'élançaient dans toutes les directions. J'avais vraiment compris ce jour-là ce que c'était que la gloire. Le public était massé sur des gradins circulaires autour du renfoncement qui abrite le sarcophage de Napoléon, qui m'a toujours fait l'effet du cratère creusé par la chute d'un météore. J'occupais, grâce à l'amitié du commandant L'Hôpital, une place privilégiée sur un des bas-côtés de la tribune officielle, en face de la chapelle latérale où se trouve exposée l'urne contenant le cœur de La Tour d'Auvergne.

Lorsque les membres du gouvernement étaient entrés, précédés par les Présidents de la République, de la Chambre et du Sénat, j'avais été affligé de voir leur allure à la fois vulgaire et débraillée. On aurait dit les figurants d'un enterrement de province. Puis, séparé d'eux de quelques pas, était apparu le maréchal Pétain. Lui seul ne paraissait pas « décalé » par rapport à la solennité du décor et dès que la foule l'avait aperçu un murmure d'admiration s'était élevé des tribunes. Vêtu d'un petit manteau court, de couleur champagne, sur les manches duquel scintillaient sept étoiles, il avançait très droit, ganté de blanc et le képi à la main. C'était vraiment l'incarnation d'une autre France. Tout son personnage était empreint d'une majesté naturelle qu'accentuaient encore son port de tête et son profil de médaille. Quand il était passé devant moi, il m'avait reconnu et m'avait adressé un petit salut de la main. Lorsque la cérémonie avait été terminée, au son des grandes orgues et des sonneries de clairon, et que le cortège officiel s'était dirigé vers la sortie, il s'en était détaché, s'était dirigé vers moi et m'avait dit, en me prenant par le bras :

— Venez avec moi. Allons-nous-en. J'ai besoin de vous parler.

J'avais été rempli de confusion, car toute la foule me regardait en se demandant qui pouvait bien être le jeune homme totalement inconnu auquel il s'adressait ainsi. Je revois encore l'immense porte ouverte à deux battants dans laquelle se découpait un grand pan d'azur, par laquelle nous étions sortis de l'édifice. Une foule assez dense était massée au-dehors. Elle avait acclamé le Maréchal, mais lui, imperturbable, avait poursuivi sa route sans ralentir ni presser le pas. Toutefois, il avait lâché mon bras, pour ne pas donner l'impression qu'il s'appuyait sur moi en raison de son âge. Il m'avait conduit au Conseil supérieur de la Guerre, un petit bâtiment modeste, situé à l'angle du boulevard des Invalides et de l'avenue de Tourville. Arrivé dans son bureau, situé au premier étage, il avait retiré son manteau, l'avait jeté sur un fauteuil avec son képi et ses gants et s'était assis devant une table empire en me faisant signe de prendre place sur un siège disposé devant lui. Là, il m'avait parlé longuement — lui pourtant si peu loquace — de Foch, de Clemenceau, de l'entrevue de Doullens, des réactions si différentes à son égard du général Pershing et de sir Douglas Haig. C'était tout un chapitre de notre histoire qui avait défilé devant mes yeux. J'avais senti qu'il avait besoin de se confier à quelqu'un, qu'il avait gardé au fond de lui-même une certaine rancune à Foch de ne pas lui avoir suffisamment rendu justice en reconnaissant qu'il n'avait remporté la victoire que grâce aux effectifs que lui, Pétain, avait parcimonieusement économisés. Et maintenant, cette apothéose...

— C'est très beau, une cérémonie comme celle de tout à l'heure, m'avait-il dit, mais moi, je n'en voudrais pas.

— Non ? Pourquoi ?

— Les Invalides c'est une chapelle, un grand salon, ce qu'on voudra, mais on s'y sent solitaire, à l'écart de tout.

— On y est quand même en bonne compagnie !

— Un chef militaire doit reposer parmi ses soldats. C'est la meilleure compagnie qu'il puisse souhaiter. Que serait-il sans eux ? C'est pourquoi j'ai pris d'autres dispositions : je désire être enterré dans l'ossuaire de Douaumont.

C'était la première fois que j'avais entendu parler de ce propos. D'emblée l'idée m'avait séduit.

— Et si l'on doit un jour m'élever une statue, voilà comment je voudrais qu'elle soit.

Il m'avait alors désigné la maquette d'une statue équestre, posée sur une console, à laquelle je n'avais pas fait attention.

— Elle est due au sculpteur Cogné [1].

Contrairement aux autres effigies de ce genre, elle ne montrait pas un triomphateur au front hautain avançant dans le vide. Le Maréchal y était représenté à cheval, mais le cheval était arrêté et le vainqueur de Verdun se penchait sur sa selle pour saisir la main que lui tendait un poilu. L'effet était saisissant. Nous avions bavardé ainsi pendant près d'une heure.

Se peut-il que tout cela se soit effacé de sa mémoire ? Il m'écrit comme s'il ne m'avait jamais connu. Est-ce la conséquence de la charge écrasante qui pèse sur ses épaules ?

Mais moi, je ne sais plus ce que je vais devenir.

Il faut dire que je ne suis pas le seul à être dans ce cas. Il en va de même à cette heure pour la plupart des Français. Depuis le 10 mai, des pans entiers de l'Occident s'effondrent sous les coups des blindés allemands. Après avoir percé le front à Sedan, les *Panzers* se sont rués vers les côtes de la mer du Nord. La Wehrmacht a installé des têtes de pont à Péronne, à Amiens, à Abbeville. Toutes nos troupes engagées en Belgique sont encerclées et refluent à marches forcées vers le camp retranché de Dunkerque.

---

1. François Cogné, auquel on doit en particulier la statue de Clemenceau, au rond-point des Champs-Élysées.

En quinze jours, tous nos moyens de défense ont été pratiquement détruits. Je savais la Wehrmacht très forte. Mais je ne l'aurais quand même pas crue aussi forte que cela !

Les nouvelles qui parviennent du front sont catastrophiques. Bien que les communiqués cherchent à nous en masquer la gravité, on ne peut s'y tromper car des indications précises nous sont apportées par les réfugiés, qui déferlent vers le sud en vagues successives. Jamais on n'a assisté à un pareil déplacement de populations, même au temps des invasions barbares. D'abord sont arrivés les Alsaciens, que l'on a cherché à regrouper dans le Périgord où ils ont été très mal accueillis (dans beaucoup d'endroits on les a traités de « sales Boches », simplement parce qu'ils parlaient le dialecte alsacien). Puis cela a été le tour des Belges à l'accent traînant qui arrivent de Liège et de Namur. Maintenant, ce sont nos populations du Nord, qui ont quitté précipitamment leurs foyers en entassant sur leurs voitures les objets les plus hétéroclites : des matelas, des cages à oiseaux, des berceaux d'enfants, des batteries de cuisine.

Peut-être y a-t-il une chance pour que le gros de la France soit épargné, car les Allemands se sont contentés de la prendre en écharpe, fonçant directement vers l'ouest en suivant les cours de l'Aisne et de la Somme. Peut-être ont-ils l'intention de concentrer leurs efforts sur l'Angleterre, pour la mettre hors de combat ? Mais dès le 4 juin, cet espoir lui aussi est anéanti. Pivotant sur elle-même, la Wehrmacht entame une nouvelle offensive en direction du sud. La bataille du Nord est perdue : la bataille de France commence. Heureusement, il y a Weygand ! Peut-être réussira-t-il à endiguer son avance.

Dès le 6 juin, hélas, on ne peut plus l'espérer. Déjà les armées allemandes descendent en trombe vers Senlis, vers Pontoise, vers Rouen, vers Le Havre. Tout se lézarde, tout craque, tout s'écroule sans merci, tandis que le flot des réfugiés augmente d'heure en heure.

Le 7 juin, le capitaine Hubert vient me trouver.

— Je ne sais plus quoi faire de vous, me dit-il d'un air perplexe. Mourmelon est aux mains des Allemands. Il ne peut donc être question de vous y envoyer. Ici même, le Dépôt va être évacué. Un premier échelon doit partir demain pour Montauban avec les archives. Cela vous conviendrait-il d'aller à Bourges, où on est en train de constituer un bataillon de marche ?

Voilà qui est extraordinaire ! Il me demande mon avis au lieu de me donner un ordre ?

— Va pour le bataillon de marche, lui répondis-je sans beaucoup réfléchir, car la guerre a pris depuis hier l'allure d'une avalanche et il n'y a plus rien de fixe à quoi se raccrocher.

Bien qu'on ne puisse guère assimiler à des promesses de bonheur les nombreux déplacements auxquels on me soumet depuis dix mois, ils sont devenus aussi dénués de signification que les trèfles à quatre feuilles du canal de Briare.

CHAPITRE XXVII

UNE PROMENADE A TRAVERS LA FRANCE

(juin 1940)

22 juin 1940 — Le soleil est éclatant, mais comment en jouir ? La chaleur, la fatigue, une faim mal apaisée, l'angoisse du lendemain nous étreignent. Nous avons quitté, il y a six jours, le quartier Condé, à Bourges. Mais sont-ce bien six jours ? Il me semble qu'il y a une éternité. Pourtant, je revois la scène comme si j'y étais encore : les bousculades dans le réfectoire autour des dernières boîtes de sardines, le désœuvrement, les ordres exécutés mécaniquement, mais qui n'ont plus aucun sens. Le capitaine, l'air désolé, qui nous rassemble dans la cour et nous commande de remettre nos armes à l'adjudant préposé au matériel. Nous montons l'escalier quatre à quatre. Et quel escalier ! Tous ceux qui ont fait leur service au quartier Condé s'en souviennent. Un escalier du grand siècle, avec une rampe de fer forgé. Nous sommes cinq hommes arrivés la veille du dépôt de Cosne. Au fond d'un couloir sombre, nous découvrons une pancarte clouée sur une porte : « Armurerie ». Nous y entrons en trombe. L'adjudant s'énerve en s'apercevant qu'on a oublié de nous inscrire sur les listes Il nous engueule parce que nos fusils sont d'un modèle plus récent que les autres.

— Vous vous foutez de moi ? Que voulez-vous que je fasse de ça ?

Il prend quand même nos fusils et les accroche à un râtelier.

— Allez, ouste ! Déguerpissez ! Cela va pour cette fois. Mais que je ne vous y reprenne plus !

Nous jurons de ne plus recommencer et redescendons dans la cour. Rien que des groupes désemparés, qui ne savent que faire. Quelques soldats en bourgeron grillent une cigarette, assis sur une mangeoire vide. Je me dirige vers le capitaine, pour prendre ses ordres.

— Quels ordres ? me demande-t-il. Je n'en ai pas moi-même. Je ne sais pas ce qui se passe. Je n'y comprends plus rien. J'ai essayé de téléphoner à l'état-major. Personne ne répond...

— Que devons-nous faire ?

— Le centre mobilisateur de Bourges a été dissous. Ses cadres ont été transférés je ne sais où... A Montauban, je crois. Quant à vous, débrouillez-vous comme vous pourrez, mais ne restez pas ici. Le principal, pour l'instant, est de ne pas se faire prendre...

Nous avons donc quitté Bourges, mes quatre camarades et moi, et sommes partis à pied, sans direction précise, à travers la campagne, à travers la France. Nous avons préféré emprunter les petits chemins vicinaux, abrités par des haies contre le regard inquisiteur des Stukas, plutôt que les grandes routes asphaltées où règne une cohue indescriptible. Un chaos de voitures, de camions, de vélos, de véhicules de toutes sortes. Ce n'est pas un exode. C'est la liquéfaction d'une nation. On dirait un fleuve de boue qui s'écoule vers le sud, avec une lenteur écœurante.

Le lendemain de notre départ — ce qui devait être le 17 juin —, je me suis affalé sur un talus, au bord d'une chaussée. Je pensais ne pas pouvoir aller plus loin. Mes pieds me faisaient mal. La soif, la poussière, le manque de sommeil faisaient tourbillonner devant mes yeux comme un essaim de mouches. Devant moi, le flot des voitures continuait à déferler parmi le grondement des moteurs, les coups de klaxon et les imprécations. Lorsque le convoi ralentissait, des vociférations sauvages s'élevaient de la colonne :

— Ne vous arrêtez pas ! Avancez, avancez, nom de Dieu ! Mordez sur les bas-côtés, si vous ne pouvez pas faire autrement !

Mais les bas-côtés étaient obstrués par des carcasses de camions calcinés, vestiges d'un récent bombardement aérien.

Devant moi, de l'autre côté de la route, se dressait une masure délabrée. Je revois encore le panneau de tôle émaillée cloué sur sa façade. Il portait l'inscription : « Cycles Peugeot ». Les volets avaient été arrachés par le souffle d'une bombe. Les vitres étaient brisées. Ses habitants, pris de panique, avaient dû s'enfuir sans penser à éteindre leur poste de radio. Celui-ci continuait à jacasser dans le vide. Allais-je mourir là ? Je fis un effort pour me lever, mais retombai sur place. « Bah ! Là ou ailleurs... me dis-je. Maintenant que tout s'est écroulé... Vraiment, c'est trop stupide... »

A travers les vitres brisées de la maison d'en face, j'entendis l'indicatif de la radio française, un fragment de *la Marseillaise* — *Aux armes, citoyens* — que le gouvernement avait adopté depuis peu. Dans la situation où nous nous trouvions, ces coups de clairon avaient quelque chose de dérisoire. Une voix anonyme, mais qui semblait exprimer une terrible lassitude, répéta à plusieurs reprises :

— Restez à l'écoute ! Restez à l'écoute ! Vous allez entendre un appel de M. le maréchal Pétain, Président du Conseil...

Président du Conseil ? me dis-je. Voilà qui est nouveau. Le cabinet Reynaud a donc démissionné ? Il a dû se passer de drôles de choses à Bordeaux...

Mais je n'eus pas le temps de me poser beaucoup de questions, car une voix sans âge, mais que je connaissais bien, s'éleva soudain de la maison en ruine. Je l'écoutai le cœur battant, les yeux fermés, comme si elle m'apportait un message d'un autre monde.

Français ! disait-elle. *A l'appel de M. le Président de la République, j'assume à partir d'aujourd'hui la direction du gouvernement de la France. Sûr de l'affection de notre admirable armée ; sûr de l'appui des anciens combattants que j'ai eu la fierté de commander ; sûr de la confiance du peuple tout entier, je fais à la France le don de ma personne, pour atténuer son malheur.*

La colonne de voitures s'immobilisa. Quelques voix s'élevèrent.

— Silence, taisez-vous... Il y a du nouveau. Le maréchal Pétain parle...

En ces heures douloureuses, poursuivit la voix, *je pense aux malheureux réfugiés qui, dans un dénuement extrême, sillonnent nos routes. Je leur exprime ma compassion et ma sollicitude. C'est le cœur serré que je vous dis aujourd'hui qu'il faut cesser le combat.*

Ce fut dans un silence total que furent écoutées les phrases suivantes :

Je me suis adressé cette nuit à l'adversaire pour lui demander s'il est prêt à rechercher avec nous, entre soldats, après la lutte et dans l'honneur, les moyens de mettre un terme aux hostilités... Que tous les Français se groupent autour... que je préside...

Mais le reste fut submergé par un vacarme assourdissant. Une clameur mêlée de coups de klaxon s'éleva de la colonne de voitures.

— C'est fini ! La guerre est finie ! Vive Pétain ! Vive le Maréchal !

Les gens crient, gesticulent, s'embrassent, jettent leur casquette en l'air. Beaucoup d'entre eux pleurent. Est-ce la joie ou la douleur qui les fait pleurer ainsi ? Assurément pas la joie. Alors le désespoir ? Disons plutôt qu'ils éprouvent un soulagement profond, une détente brusque des nerfs qui semblaient près de craquer. Moi-même, je sens une boule se former dans ma gorge et les larmes me monter aux yeux. Il faut que je m'en aille, que je fuie ce tintamarre, ces ronflements de moteurs qui se remettent en marche. Il me faut un peu de silence, pour réfléchir et me retrouver. Je me lève. Cette fois-ci, mes jambes me supportent. Je vais retrouver mes camarades, un peu à l'écart de la route.

— Alors, c'est vrai ? me dit l'un d'eux en me voyant approcher. On va pouvoir rentrer chez nous ?

— Doucement, réponds-je. Ce n'est pas si simple que cela.

Je leur explique qu'entre demander un armistice et le signer il peut y avoir un intervalle riche en coups de théâtre, que les Allemands peuvent poser des conditions inacceptables et que, de toute façon, plusieurs jours peuvent s'écouler avant qu'on ne soit fixé.

Nous reprenons donc notre marche à travers la France. Celle-ci nous offre un spectacle que je n'oublierai jamais. Dès qu'on s'écarte des villes et des routes, il faut faire un effort sur soi-même pour se dire qu'on est en guerre. C'est la grande paix des champs, un calme merveilleux, un silence que ne troublent de temps à autre que l'aboiement d'un chien ou le beuglement d'une vache que l'on a oublié de traire. Nous traversons des vergers dont les arbres croulent sous le poids de leurs fruits, des forêts giboyeuses pleines de biches et d'écureuils, des champs où resplendit l'or divin des moissons. Quelle richesse ! Il y a ici tout ce qu'il faut pour assurer le bonheur de l'homme. Et quelle paix ! Elle est plus profonde encore que d'habitude, du fait que les villages et les fermes sont abandonnés. Personne sur les chemins ; personne dans les champs. Dépossédée, mais intacte la France paraît s'offrir à qui veut la prendre...

Pendant cinq jours, mes camarades et moi avons erré en zig-zag à travers le Berry, le Poitou et la Charente, évitant soigneusement les routes et jouant à cache-cache avec les blindés allemands. Suivant de vagues rumeurs, transmises par un vieux cantonnier, ceux-ci descendraient plus rapidement vers la Méditerranée que vers l'Océan. J'ai cru pouvoir en déduire que le principal objectif du Haut Commandement allemand était d'opérer sa jonction avec les Italiens, et j'ai conseillé à un camarade de marcher vers l'ouest, pour éviter d'être pris. Hâves, les joues dévorées par une barbe de huit jours, n'ayant guère mangé depuis une semaine, les vêtements déchirés par les fils de fer et les ronces, hier, nous étions exténués lorsque nous sommes arrivés à Mazières-en-Gâtine, un petit village situé sur la route de Parthenay à Niort, à quelques kilomètres au nord de Saint-Maixent. Aussi avons-nous décidé de nous y arrêter pendant vingt-quatre heures pour refaire nos forces et voir ce qui arriverait le premier : les blindés allemands, ou l'entrée en vigueur de l'armistice.

L'armistice ! Voilà sept jours qu'on en parle, et nous ne savons toujours rien. Quant aux Allemands, ils étaient hier à Saumur, où les cadets de l'Ecole de Cavalerie se sont, paraît-il, battus crânement. Ce matin, à l'aube, un cycliste nous a jeté en haletant qu'ils étaient à Parthenay. Ils ne doivent pas être loin à l'heure actuelle.

Ce matin, je suis allé trouver le maire de Mazières, un septuagénaire sympathique, harassé par le travail de ces derniers jours — il s'est dépensé sans compter pour ravitailler les réfugiés —, mais qui conserve encore sa sérénité [1]. Je lui ai dit que, n'étant plus armé depuis mon départ de Bourges, je ne pouvais plus servir à grand-chose, mais que, sachant l'allemand, je me mettais à sa disposition pour lui servir d'interprète, au cas où les troupes ennemies surviendraient à l'improviste.

A dix heures du matin, le maire vient me trouver. Il est très inquiet. Quatre chars français se sont arrêtés à l'entrée du village, en contrebas de la route allant à Parthenay. Leur présence alarme la population, ou, du moins, ce qu'il en reste. Elle craint un engagement, des ruines, des morts. Le maire me demande si ses fonctions ne lui permettent pas de leur enjoindre d'aller ailleurs. Je lui réponds qu'il n'y peut rien, qu'il n'a aucun pouvoir sur les autorités militaires. Pendant une heure, les chars ont effectué des manœuvres sur la route. Puis, comme s'ils avaient changé d'avis, ils sont repartis vers le sud.

1. J'ai appris son nom par la suite. Il s'appelle Emile Dupond.

Il est midi passé. J'attends, couché au pied d'une meule. J'attends quoi ? Je n'en sais rien. Ou plutôt si. J'attends ce que mon esprit se refuse à définir, car je sais que ce sera terrible. Je suis au bord du chemin cantonal qui descend vers la place de Mazières, puis traverse la route nationale et le village. D'où je suis, j'aperçois la gendarmerie, un coin de l'église, les cimes d'un bouquet d'arbres. Tout est immobile, pétrifié dans l'attente... Comme un nageur épuisé, j'attends la dernière vague qui me submergera.

Soudain, j'entends un bourdonnement confus, entremêlé d'éclats de voix. Une femme paraît à la fenêtre d'une maison, jette un rapide coup d'œil à la partie de la place qui échappe à mes regards et referme brusquement ses volets. Rien de plus, mais j'ai compris : *ils* sont là.

L'atmosphère, si calme tout à l'heure, s'est soudain chargée d'électricité. On croirait qu'un orage est sur le point d'éclater. Pourtant le ciel est toujours aussi pur. Cela doit provenir de mon cœur, que je sens battre à grands coups dans mes poignets et dans mon cou. Je me lève. Je boucle mon ceinturon et ajuste mon casque. Au même instant, quatre soldats allemands, le mousqueton à la main, à deux mètres les uns des autres, prennent position en travers de la route où je me trouve. Ils me mettent en joue. Leur visage est noyé dans l'ombre de leurs casques. Ils ressemblent à ceux que j'ai vus, dressés contre le ciel, sur les remparts de Tannenberg. Mais, jadis, ils avaient l'arme au pied et leurs mains étaient croisées sur le canon de leur fusil. Cette fois-ci, ils me visent. Je ne vois que les quatre bouches à feu braquées sur moi. Vingt-cinq mètres environ me séparent d'eux. Cela doit être à peu près comme cela quand on vous fusille. Pourtant, je ne sais pourquoi, j'ai la certitude qu'ils ne tireront pas. Je m'avance vers eux, sans presser le pas, mais sans détourner la tête et en regardant fixement l'un d'eux. Peut-être devrais-je lever les mains, comme je l'ai vu faire dans certains films ? Non. Pour rien au monde, je ne ferai ce geste. Je continue à avancer vers eux. Arrivé à six mètres, je leur crie :

— Ne tirez pas, je suis sans arme !

Silence. Les fusils restent braqués. J'avance toujours. J'arrive à leur hauteur. Comme un somnambule, je passe entre les deux sentinelles qui tiennent le milieu de la route. M'ont-elles dit quelque chose, au moment où je suis passé ? Je n'ai rien entendu.

Je pense tout à coup qu'elles doivent viser quelqu'un d'autre qui marche derrière moi et auquel je n'ai pas pris garde. Je tourne rapidement la tête. La route est déserte. Mais alors, que font ces soldats, avec leurs fusils braqués sur le vide ?

J'arrive sur la place. Quatre motocyclistes en uniforme vert de-gris y sont arrêtés. A vingt-cinq mètres, sur la route de Parthenay, apparaissent les premiers éléments de la colonne blindée allemande. La transparence du jour a quelque chose de cruel. Elle donne aux moindres choses des arêtes vives et les force à se graver dans ma mémoire. Le maire est debout au milieu de la place. Il me semble avoir blanchi depuis tout à l'heure. Il a ceint son écharpe tricolore, comme il se doit en des circonstances aussi exceptionnelles. A deux mètres derrière lui se tiennent deux gendarmes : culotte bleue, vareuse noire, la tête nue, les traits défaits.

La colonne blindée a dépassé les premières maisons du village. La voiture de tête s'arrête sur la place. La colonne s'immobilise. Une quarantaine de soldats allemands sautent des voitures avec la rapidité de l'éclair et mettent leur mitrailleuse en batterie. Celles-ci sont disposées de manière à prendre toutes les rues en enfilade. Quelques habitants du village assistent à la scène, groupés dans l'embrasure de la porte du café. Je m'avance vers le soldat qui a sauté de la dernière voiture.

— Où est le commandant de la colonne ?

Il me désigne de la main un homme mince, paraissant avoir entre trente et trente-cinq ans, qui descend de la troisième voiture et se dirige vers nous. Il porte la tenue de campagne noire des troupes blindées allemandes. Le ruban de la Croix de fer est passé dans une boutonnière de sa veste. Ses traits énergiques sont encore accentués par la couche de poussière qui couvre sa figure. Son expression est tendue.

— Où est le maire ? demande-t-il d'un ton autoritaire.

— Le voici, dis-je en montrant l'homme aux cheveux gris qui se trouve à côté de moi.

La figure de l'officier se détend.

— Ah ! vous parlez allemand ? me dit-il. A la bonne heure. Dites-moi donc, poursuit-il en retirant son calot et en se grattant la tête, que dois-je faire ?

Je m'attendais à tout, sauf à cette question. Elle me désarçonne complètement. Sans doute ai-je mal entendu, car les moteurs font un ronronnement assourdi mais puissant qui se répercute à la façade des maisons. Je le regarde, ahuri. L'officier insiste.

— Oui. Que dois-je faire ? L'armistice est-il signé ?

— Je n'en sais rien. Je voudrais bien le savoir moi-même !

— On n'a rien annoncé à la radio ?

— Je ne l'ai pas écoutée depuis plusieurs jours.

— C'est ennuyeux ! Nous avons eu un engagement assez dur à huit kilomètres d'ici. Une balle a touché mon appareil de T.S.F. J'ai perdu le contact avec le reste de ma division. Je ne puis avoir d'instructions qu'en allant de l'avant, à La Rochelle où j'ai rendez-vous à sept heures avec le gros de la colonne. Que faire ? Si l'armistice est signé et que je tire, je commets une faute grave. Mais s'il n'est pas signé et que je ne tire pas, je risque la vie de mes hommes. Que feriez-vous à ma place ?

Cette fois-ci, la réponse me vient, avant même d'y avoir réfléchi :

— Tirez, s'il le faut. Mais tirez le moins possible. Vous risqueriez de blesser quelqu'un...

C'est au tour de l'officier d'être déconcerté. Il me scrute longuement. Et soudain, il éclate de rire, d'un rire sonore, juvénile, presque amical. Cet éclat de rire détend l'atmosphère. Au même instant, je prends conscience du grotesque de la situation. Je n'ai plus l'impression de vivre les dernières heures d'une bataille, mais d'être victime d'une gigantesque méprise. Que font ces soldats en *feldgrau*, armés jusqu'aux dents, ces monstres à carapace d'acier, ces croix gammées noir et rouge dans ce petit village de Vendée, pacifique et somnolent ? Il doit y avoir une erreur, car rien, ni personne, n'est à sa place. Moi pas plus que les autres. Seules, les mitrailleuses, toujours en position, et le grondement des moteurs, qui ressemble à présent à un halètement étouffé, me rappellent que je ne suis pas la proie d'une hallucination.

L'officier sort un étui de sa poche à revolver et m'offre une cigarette. D'un geste machinal, ma main s'est tendue pour la prendre. Maintenant, il est trop tard pour la retirer. Ce serait offensant. Je prends donc la cigarette. L'officier en prend une autre, l'allume, me donne du feu. Au fond, j'ai bien fait d'accepter, car de mon attitude en ce moment va dépendre celle des habitants du village pendant les minutes qui vont suivre.

Tandis que des soldats, de plus en plus nombreux, sautent à bas des voitures et entrent dans les maisons pour les fouiller, le commandant envoie deux hommes à la gendarmerie, pour désarmer les gendarmes. Ceux-ci, pas très rassurés, me demandent de les accompagner. Tout se passe sans incident. Les Allemands leur enlèvent leurs fusils, mais leur laissent leurs revolvers. Les armes sont rangées dans un placard, dont ils remettent la clé au maire.

Je reviens sur la place, où le commandant allemand s'entretient avec un lieutenant et un sous-officier.

— Nous sommes bien à Mazières ? me demande-t-il.

— Oui.

— Vous entendez ? dit-il en se tournant vers le sous-officier, à la figure de dague, qui tient un petit calepin à la main.

Tandis que le lieutenant consulte une carte, le sous-officier feuillette son carnet.

— Mézières... Mézières ?... *Unmöglich !* Impossible. *Dieser Schuft !* Ce salaud cherche à nous tromper...

— *Ach so !*

L'officier me regarde tout à coup d'un air triste. Il appelle un jeune soldat et échange rapidement quelques mots avec lui. Celui-ci va consulter au pas de course le panneau indicateur qui est demeuré planté à l'entrée du village. Il revient au bout de quelques instants.

— Mazières, dit-il.

— *Ach*, Mazières ! dit le lieutenant en consultant sa carte. *Ya, ya*, parfaitement, c'est ici ! dit-il en montrant l'endroit du doigt au sous-officier.

— Trois heures quinze, dit ce dernier, après avoir jeté un coup d'œil sur son carnet.

Le lieutenant consulte sa montre.

— Il est trois heures quarante-cinq. Ce maudit engagement nous a retardés d'une demi-heure. *Los ! schnell !* Dites aux hommes de se dépêcher. Nous n'avons pas une minute à perdre.

Je comprends alors que la colonne blindée poursuit son itinéraire selon un horaire établi d'avance, avec la régularité d'un express lancé sur ses rails.

— Y a-t-il de l'essence dans le village ? demande le commandant.

Je transmets la question au maire.

— Oui. Sept cents litres. Mais il faudrait en laisser un peu pour le docteur...

— D'accord ! Combien ?

— Cinquante litres.
— Bien.
L'officier envoie quatre hommes chez le garagiste pour prendre possession des fûts.
— Y a-t-il d'autres soldats dans le pays ?
— J'ai quatre camarades. Ils sont restés dans la grange que vous voyez là-bas.
— Sont-ils armés ?
— Non. Je vais aller les chercher...
Mon intention est de leur dire de ne pas approcher du village, de s'égailler dans la campagne et de m'enfuir avec eux. Mais l'officier semble avoir deviné ma pensée.
— Ne bougez pas. Restez ici !
— Que dois-je faire ?
— Je n'ai pas le temps de m'occuper de vous. D'autres troupes nous suivent, qui vous donneront des consignes. Si vous voulez quitter le village, remontez vers le nord, mais ne cherchez surtout pas à descendre vers le sud. Vous seriez abattu. A propos, il nous a été signalé, ce matin, que cinq ou six chars avaient pris position à l'entrée du village. Où sont-ils passés ?
Cette question dissipe l'espèce d'hypnose qui était en train de m'envahir. Elle me ramène brutalement à la réalité. Je sens de nouveau la route sous mes pieds.
— Je ne peux pas vous répondre. Je suis français.
— Bien, bien. Je comprends. Nous les retrouverons bien nous-mêmes.
L'officier s'incline devant moi avec une courtoisie marquée. Etant donné les circonstances, elle me paraît même excessive. Du coup, le sentiment du réel m'abandonne de nouveau. La comédie recommence. J'ai l'impression de jouer un rôle dont je n'arrive à prononcer aucune phrase avec naturel. Cette réalité qui fuit de toutes parts quand on est à ce point au cœur du drame a quelque chose d'exaspérant. Tout est comme suspendu dans le vide — un vide rempli uniquement par le ronronnement des moteurs qui, tout à la fois, m'énerve et m'endort.
Les soldats qui ont fini de visiter les maisons courent à droite et à gauche. On entend claquer leurs talons. Ils font leur rapport au sous-officier. Un adjudant s'avance vers le commandant et lui dit quelques mots à voix basse.
— C'est bien ! répond l'officier. Puis, se tournant vers moi . Dites au maire de faire savoir aux habitants qu'ils n'ont rien à

craindre s'ils se conduisent correctement, mais que s'ils se livrent au moindre sabotage, en particulier sur notre ligne téléphonique, les sanctions seront sévères. C'est lui, personnellement, que nous tiendrons pour responsable.

Je transmets le message au maire qui commence à s'affoler. Il va être obligé de tenir ses administrés en main, ce qui lui paraît nouveau, car il s'est borné jusqu'ici à enregistrer leurs doléances.

— En route, ordonne le commandant.

Un coup de sifflet retentit, qui nous vrille les tympans. En quelques secondes, les hommes démontent leurs mitrailleuses, sautent dans leurs véhicules et s'immobilisent sur leurs banquettes comme des statues carthaginoises. Les quatre motocyclistes partent en tête. Le chef du convoi balance au bout d'une baguette un disque blanc et rouge pour indiquer que la voie est libre — comme un train. La colonne s'ébranle. L'officier porte la main à son casque, me salue et sourit tristement.

— Pourquoi avez-vous déclaré cette guerre ? me demande-t-il au passage. Elle était perdue d'avance...

Je hausse les épaules. Le grondement des moteurs grandit et me dispense de répondre. Le mouvement des autos blindées s'accélère. Elles défilent une à une devant moi, et se dirigent vers Niort, d'abord lentement, puis de plus en plus vite. Bientôt elles ont disparu au tournant de la route.

La place du village est redevenue silencieuse, mais il y règne un nuage de poussière qui sent le gas-oil, l'huile chaude et la poudre à canon. Les groupes de civils, restés immobiles jusque-là, s'animent et se rassemblent autour du maire. Celui-ci répète à ses administrés les consignes données en partant par l'officier allemand.

— L'événement que nous redoutions est arrivé... Je compte sur la population comme elle peut compter sur moi... Ne vous livrez à aucun sabotage, en particulier sur les lignes téléphoniques, sinon les représailles seront implacables...

Les assistants réagissent d'une façon inattendue — mais après tout ce que nous venons de vivre, qu'est-ce qui pourrait encore surprendre ? Ils applaudissent comme il se doit quand monsieur le maire a parlé. Ont-ils vraiment compris le sens de ses paroles ? Ou bien se croient-ils à l'issue de quelque réunion électorale ?

Alors le maire, n'arrivant pas à maîtriser son émotion, lève vers moi ses yeux remplis de larmes et me demande :

— Dites-moi, monsieur, que s'est-il passé au juste ?

— Il s'est passé que la première colonne blindée allemande vient de traverser le village, en route pour La Rochelle. Nous sommes désormais en territoire occupé.

Toute la scène n'a pas duré plus d'une demi-heure. Aucun coup de feu n'a été tiré. Rien n'a changé. Et pourtant, rien ne sera plus jamais comme auparavant.

Il est quatre heures. Dans deux heures et demie, l'armistice sera signé et nous n'en saurons rien. Est-ce encore la guerre ? Est-ce déjà la paix ? Je n'en sais rien moi-même.

Je voulais dormir. Je retourne à la grange pour retrouver mes camarades. Quand j'y arrive, je m'aperçois qu'ils ont disparu. Tout compte fait, c'est ce qu'ils avaient de mieux à faire...

Le lendemain, 23 juin, se passe dans l'attente. Il fait un peu moins chaud. L'esprit enveloppé dans une sorte d'engourdissement, je n'ose pas bouger et passe une partie de la journée au café. J'hésite à m'engager sur la chaussée de crainte de m'y faire écraser car elle est obstruée sur toute sa largeur par les troupes allemandes. Hier, les premiers éléments motorisés ont traversé le village. Aujourd'hui, c'est le gros de la Xe armée. Depuis minuit, sans interruption, elle ne cesse de défiler. Une puissance formidable et en apparence intacte passe sans arrêt, dans un grondement assourdissant. Des chars lourds, des chars légers, des autochenilles, des autos blindées, des camions bourrés de soldats serrant leur fusil entre leurs genoux, des voitures de ravitaillement, des citernes d'essence, des plates-formes roulantes, des canons de toutes formes et de tous calibres, des mortiers courts et trapus à gueule de crapaud, des pièces de campagne longues et effilées recouvertes de housses grises. Des autos ouvertes contenant des officiers dépassent en klaxonnant d'interminables convois d'infanterie motorisée. Le spectacle doit être le même, en ce moment, sur toutes les routes qui descendent vers l'Océan. Des escadrilles d'avions, volant très bas, rasent les toits des maisons avec un bruit déchirant. A peine une division est-elle passée qu'une autre lui succède. Il en vient toujours, sans arrêt. Cette coulée de lave ne cessera-t-elle donc jamais ?

J'ai vu naître cette force, il y a cinq ans, dans la plaine de Tannenberg. On n'a rien fait pour l'endiguer. Au contraire. Maintenant elle nous submerge, comme un raz-de-marée ..

J'ai fait la connaissance aujourd'hui de Jacques Drouin, un jeune dragon que les vicissitudes de la retraite ont projeté, par étapes, de la Champagne à la Vendée C'est un garçon précieux, car il possède une motocyclette, une superbe Harley-Davidson rouge et noir avec laquelle il compte remonter demain à Compiègne. Je lui demande de m'emmener jusqu'à Paris, sur le tan-sad de sa machine. Il y a aussi Louis Baron, un troisième soldat dont j'ai fait la connaissance au bistrot. Il habite Chouzé, un petit village situé sur les bords de la Loire, à peu près sur notre itinéraire. Il nous accompagnera jusqu'à mi-chemin, à califourchon entre nous deux.

Le 24, le flot des troupes allemandes s'est un peu ralenti. Déjà quelques voitures de réfugiés sont remontées vers le nord, ainsi qu'un groupe de soldats français qui regagnent à pied leurs foyers. Pourquoi attendre plus longtemps ? Sans doute l'armistice avec l'Italie n'est-il pas encore entré en vigueur. Mais il est signé avec l'Allemagne. Les hostilités sont donc terminées. Et l'officier allemand, qui commandait l'avant-garde de la Xe armée, nous a lui-même autorisés à quitter le village. D'ailleurs, avec ou sans autorisation...

Par mesure de précaution, on nous conseille d'enlever nos uniformes et d'emprunter des vêtements civils. Mais je répugne à le faire. J'aurais l'impression de me dégrader moi-même. Soldat discipliné, j'entends me faire démobiliser dans les règles, c'est-à-dire « au bureau de recrutement le plus proche de mon domicile », comme c'est écrit sur mon livret. Drouin et Baron décident d'en faire autant. Nous laisserons seulement à la gendarmerie nos casques et nos masques à gaz, désormais inutiles. D'ailleurs nous avons hâte de rentrer chez nous. Arriverons-nous sans encombre ? Essayons toujours.

En route ! Nous quittons Mazières vers deux heures de l'après-midi, en direction de Parthenay. Tout va bien. La motocyclette pétarade allégrement. Déjà Thouars est dépassé. Mais, à la sortie de la ville, voilà qu'une sentinelle allemande, baïonnette au canon, se place brusquement en travers de la route. Coup de frein brutal. Nous mettons pied à terre. Le soldat nous ordonne de le suivre dans la cour d'un entrepôt de tracteurs. Une fois là, il nous annonce que nous sommes prisonniers. C'est trop bête ! Nous sommes tombés dans le piège que nous voulions éviter ! Je maudis le réflexe imbécile qui m'a empêché de quitter l'uniforme. A présent, il est trop tard.

Une trentaine de soldats français, hâves et dépenaillés, sont déjà groupés sous un hangar. La porte du dépôt est gardée par des sentinelles en armes. Aucun doute. Nous sommes pris ! Pas très fiers, Drouin, Baron et moi cherchons un coin pour y déposer nos affaires. Que va-t-on faire de nous ?

Naturellement, il n'y a rien à manger. Heureusement que nous avons sauvé la motocyclette ! C'est l'essentiel. Nous l'entreposons sous un petit auvent. Inutile de dire que nous ne la quittons pas des yeux.

Le 25, dès l'aube, les portes de fer de l'entrepôt s'ouvrent en grinçant. Trois officiers allemands, dont l'un parle fort bien le français, nous font rassembler dans la cour. Ils nous annoncent que l'armistice est entré officiellement en vigueur et que nous pouvons rentrer chez nous.

Comme l'on pense, nous ne nous le faisons pas dire deux fois. Par chance, la moto est encore là. Le temps de l'enfourcher et nous voici repartis. L'alerte a été chaude. Mais heureusement fort courte.

Le jour se lève. Au fur et à mesure que nous remontons vers le nord, le paysage prend un aspect de plus en plus dramatique. Nous croisons sans cesse de nouvelles colonnes allemandes. A droite et à gauche de la route, d'innombrables carcasses d'autos, broyées et calcinées, sont renversées dans les fossés. On dirait qu'elles ont été culbutées par une tornade. Les champs sont jalonnés de tombes. Ce sont des tertres d'où émerge une croix, faite de deux bouts de bois rattachés par des ficelles. On reconnaît la nationalité des morts à la forme des casques posés sur les croix. Ceux qui n'en ont pas doivent être des civils. Des cadavres de chevaux, gonflés comme des outres et qui répandent une odeur pestilentielle, annoncent la proximité de Saumur. Les élèves de l'Ecole de Cavalerie ont dû prendre position par ici [1]. Ils ont tenu tête à l'envahisseur pendant tout un après-midi, se faisant tuer sur place plutôt que de reculer. Il paraît que ces quelques heures ont permis à trois cent mille hommes de ne pas être faits prisonniers. Un pareil fait d'armes mérite qu'on le salue.

Nous pénétrons dans les faubourgs de Saumur. La ville a beaucoup souffert. Nous devons avancer plus lentement, pour éviter les décombres des maisons éventrées de part et d'autre de la chaussée. La violence des déflagrations a tordu les balcons ; et brisé les poteaux télégraphiques, dont les fils emmêlés pendent comme les cheveux de la Méduse.

1. Non. J'ai appris depuis lors que les combats les plus durs ont eu lieu dans une île située entre les deux rives de la Loire.

Nous voici arrivés au pont. Deux arches ont sauté et, sous la violence du choc, le pilier central se trouve littéralement déporté. Il faut chercher un autre passage. Je demande à un civil s'il sait où l'on peut franchir le fleuve. Il me regarde, hébété, comme s'il ne comprenait pas ma question. Chouzé, où nous conduisons Baron, se trouve de l'autre côté de la Loire, un peu en amont, du côté de Tours. Il nous faut donc trouver un pont quelque part sur notre droite. Peut-être celui de Montsoreau est-il encore intact ?

A deux cent mètres en aval de Montsoreau, nous apercevons le viaduc du chemin de fer. Hélas ! il est impraticable. Le lourd tablier de fer a été sectionné en deux endroits, comme par une gigantesque cisaille. Les deux tronçons effondrés se perdent dans le vide. Il faut chercher ailleurs.

C'est la première fois que j'aperçois des ponts détruits. On n'imagine pas l'effet que cela fait. Rien ne marque, d'une manière aussi saisissante, l'arrêt de toute vie. Il y a moins de quinze jours, un flot ininterrompu de piétons et de voitures passait au-dessus de ces arches rompues. Maintenant plus rien ne circule. Et cette absence de mouvement semble s'être communiquée à tout le paysage : celui-ci s'est figé dans une immobilité hiératique.

Qu'il est calme ! Qu'il est pur ! Le ciel rose à notre départ a viré lentement au bleu. Un bleu transparent et léger comme une gorge d'oiseau. Les coteaux boisés qui s'allongent de l'autre côté de la Loire sont encore embués de vapeur. Les eaux paisibles du fleuve, très large à cet endroit, reflètent si exactement la nuance du ciel qu'elles se confondent avec lui. Quant aux longues traînées de sable qui affleurent à sa surface, elles ressemblent à des écharpes d'or.

Peut-on croire qu'il y a huit jours à peine c'était encore la guerre, qu'une foule en panique s'engouffrait sur ces mêmes ponts, que des grappes humaines se cramponnaient en hurlant aux parapets avant de tomber à l'eau, parmi l'explosion des obus et le sifflement des torpilles ?

La défaite, je crois savoir ce qu'elle est. Elle a la couleur d'un ciel plombé et bas, de la boue et du sang. Elle est la consommation d'un gigantesque effort qui, parvenu à son terme, s'effondre et se brise. C'est le retour des régiments décimés, cinglés par les rafales glacées de novembre ; c'est le piétinement monotone des armées vaincues, progressant en silence sous des nuées hostiles ; c'est l'odeur poignante des chrysanthèmes et des feuilles mortes

Mais ici, par cette radieuse matinée de juin, par ce soleil qui achève de dorer les fruits, comment croire à l'irréparable, comment croire à la défaite ? C'est impossible. Tout est trop beau, ce matin ; tout est trop jeune et trop plein de promesses. L'air est saturé d'une odeur de roses et de framboises. Malgré nous, notre cœur se soulève de joie, de cette joie irrésistible qui inonde toute la nature. Il refuse d'envisager la souffrance et la mort. Qu'on ne me demande pas de mettre d'accord tout ce que je sais et tout ce que je sens !

Sur l'autre rive de la Loire, de minces silhouettes humaines, à demi nues, qui doivent être celles de pionniers allemands, s'affairent autour d'un groupe de chevaux auquel elles doivent faire traverser le fleuve. Elles les embarquent sur un grand radeau, propulsé je ne sais comment, car il semble planer à la surface des eaux, sans y tracer aucune ride. Sous le ciel olympien, d'une limpidité azurée, tout prend un caractère presque mythologique. On dirait les chevaux d'Apollon surgissant du Léthé...

A trois cents mètres en amont, au pied du château de Montsoreau, nous arrêtons notre machine. Baron, qui est du pays, connaît un pêcheur qui habite à deux pas d'ici. Peut-être pourrait-il nous faire passer de l'autre côté du fleuve ?

Il entre dans une maison et en ressort au bout de quelques instants, suivi d'un adolescent au torse bronzé.

— François n'est pas là, me dit-il, il est mobilisé. Mais Marc, son plus jeune frère, va pouvoir nous passer. Il a une barque à quelques mètres d'ici, cachée dans les roseaux.

Nous suivons le jeune homme jusqu'au bord de l'eau. Il écarte les longues tiges vert pâle et découvre, parmi les joncs, un bateau à fond plat où nous chargeons notre machine. Nous embarquons à notre tour. Marc détache la chaîne, pousse le bateau d'un coup de jarret et empoigne une gaffe. Lentement, la rive s'éloigne, tandis que notre pilote s'arc-boute de toutes ses forces à sa longue perche de frêne, flexible comme un javelot. De temps en temps, un poisson saute et retombe dans l'eau. On se croirait revenu à la Gaule primitive, à des temps très reculés où la France n'existait pas. Après une demi-heure d'efforts, car le courant est, à certains endroits, beaucoup plus vif qu'il n'y paraît, nous abordons à l'autre rive. Nous remercions Marc de son obligeance et remontons sur notre motocyclette. Aucune route n'est visible. Rien qu'un talus abrupt. Heureusement, Baron connaît la région par cœur.

Il découvre très rapidement un petit sentier où nous nous engageons. La motocyclette dérape plusieurs fois dans la glaise. J'ai toujours peur que le cadre de la machine ne se brise sous notre poids. Nous évitons l'accident de justesse. Mais voici que le sentier s'élargit et se transforme en un chemin creux, délicieusement odorant, qui s'enfonce entre deux murailles de verdure. Cinq cents mètres plus loin, nous rejoignons la route de Chouzé.

Le temps de déposer Baron chez lui, de manger un morceau en vitesse et nous voilà repartis, Drouin et moi, sur la route de Tours. Nous volons à cent à l'heure, pressés de rattraper le temps perdu. Sur la levée de Langeais, nous traversons en pétaradant des villages aux noms illustres : Cinq-Mars, Luynes, Vouvray, Château Renault. Notre itinéraire est une initiation à l'histoire de France.

— Aurons-nous assez d'essence pour aller jusqu'à Paris ? demandé-je à Drouin, pris d'une certaine inquiétude.

— Ne t'en fais pas ! me répond-il. Grâce au maire de Mazières, j'ai fait le plein avant de partir, et j'ai un bidon de réserve dans ma sacoche.

Il se met à siffler pour exprimer son contentement. Déjà, en pensée, je me vois arriver chez moi avant la tombée de la nuit. Drouin couchera chez sa tante, qui habite à Asnières, et continuera demain sur Compiègne. Il m'enverra une carte, pour me dire si tout s'est bien passé.

— Comme au retour des vacances ! me dit-il d'un ton joyeux.

Nous voici arrivés à Vendôme. Nous nous engageons sur le pont qui traverse le Loir. Malheur ! A la sortie du pont, une sentinelle allemande nous arrête et nous demande nos papiers. Nous lui montrons nos livrets militaires.

— C'est tout ce que vous avez sur vous ? demande le factionnaire d'un ton bourru. Pas de permis de circuler signé par la Kommandantur ?

— Non.

— Alors, suivez-moi ! Vous êtes prisonniers !

Je proteste avec vigueur. On ne nous refera pas le même coup deux fois !

— Ah non ! Vous exagérez ! Nous sortons justement d'un dépôt. Un de vos propres officiers — un commandant, je crois — nous a libérés ce matin en nous affirmant que la guerre était finie et que nous pouvions rentrer chez nous.

Je m'aperçois qu'il lorgne la motocyclette avec un air d'envie.
— Vous a-t-il donné un *Ausweiss* ?
— *Ausweiss ?* C'est la première fois que j'entends ce mot.
— Laissez-passer !
— Ma foi non. Je ne lui ai pas demandé. Sans quoi il nous l'aurait donné sans difficulté.
— A quelle heure vous a-t-on relâchés ?
— Vers cinq heures du matin.
— Où ça ?
— Entre Thouars et Saumur.
— Je regrette, dit-il en secouant la tête, mais depuis quatre heures cet après-midi il est arrivé un message de la division. Nous avons reçu l'ordre d'arrêter tous les hommes de moins de quarante-cinq ans.
Je n'aurai que trente-neuf ans dans quelques jours et mon compagnon de route est sensiblement plus jeune que moi. D'ailleurs, nos dates de naissance sont inscrites sur nos livrets.
— Alors, conduisez-nous à la Kommandantur, dis-je d'un air supérieur dans l'espoir de l'impressionner. Je m'en expliquerai avec ces messieurs.
Je donnerais n'importe quoi pour qu'il nous laisse passer. Mais je n'ai rien sur moi. Rien qu'un bout de saucisson que m'a donné Baron avant de quitter Chouzé. Je doute que cela suffise.
— Pas d'histoires. Suivez-moi !
Je sens la moutarde me monter au nez.
— Vous refusez de nous laisser passer ? Qu'à cela ne tienne ! Nous allons faire demi-tour.
— Si vous bougez, je tire !
J'essaye encore de discuter. Mais le bruit de notre dispute a fait surgir cinq autres soldats allemands d'un poste de garde que je n'avais pas aperçu. Ils portent à leur cou des plaques de métal sur lesquelles je lis : *Feldgendarmerie*. Ce sont des gars avec lesquels mieux vaut ne pas plaisanter. Par ailleurs, la mine résolue de la sentinelle et le canon luisant de son fusil me font comprendre que toute résistance est vaine. Je me résigne à la suivre, tandis que Drouin, les mâchoires serrées et grommelant des imprécations, pousse sa moto devant lui. On nous conduit dans la cour lépreuse d'une caserne où environ cent cinquante prisonniers sont déjà rassemblés. Avoir passé à travers la colonne blindée à Mazières, avoir été laissés libres, puis repris à Thouars, puis relâchés, puis repris à Vendôme, il y a de quoi devenir enragé ! Etre capturés

postérieurement à l'entrée en vigueur de l'armistice nous paraît un coup bas. Mais qu'y faire ?

Nous passons la nuit sans dormir dans un baraquement. Drouin pleure sa Harley-Davidson. « Les salauds ! Les salauds ! » répète-t-il entre ses dents.

Nous cherchons à nous évader par une petite porte dérobée. Mais elle est bouclée et le clair de lune projette nos silhouettes en ombres chinoises contre le mur. Un chien aboie et donne l'alarme. Au son rauque de sa voix, je crois deviner que c'est un berger allemand. J'entends, de l'autre côté du mur, des commandements suivis d'un bruit de pas précipités. Il faut y renoncer. Je tente de calmer Drouin, qui est sur le point de faire une bêtise.

— Ne nous énervons pas ! lui dis-je. Cela ne durera pas longtemps... Quelques jours tout au plus... Le temps de vérifier nos papiers...

— Nos papiers ! Nos papiers ! Je m'en fous de nos papiers ! me répond-il hors de lui. Je veux qu'ils me rendent ma moto ! Elle est à moi, après tout !

— Et crois-tu que tu la récupéreras plus vite en sautant le mur ?

Drouin reste interdit.

— Tu as raison, grogne-t-il en laissant retomber les bras dans un geste d'impuissance.

Le lendemain matin, un camion militaire allemand nous transporte à Voves, en Eure-et-Loir, à quelques kilomètres de Chartres, dont la cathédrale profile ses flèches effilées au-dessus des champs de blé.

Là, les barbelés se refermeront sur nous.

Mais là aussi grandira en moi un sentiment que je n'ai encore jamais ressenti avec une pareille plénitude. C'est un amour infini, grave comme un sacrement et profond comme une musique. L'amour de mon pays.

TABLE

Achevé d'imprimer en mars 1990 dans les ateliers de la S.E.P.C. sur presse CAMERON à Saint-Amand-Montrond (Cher), pour Julliard, éditeur à Paris

N° d'Édition : 4917. N° d'Impression : 517. Dépôt légal : février 1989.

Imprimé en France